Vorlesungen

über die

Sittenlehre.

von

Dr. Wilhelm Martin Leberecht de Wette.

Erster Theil.

Die allgemeine Sittenlehre.

1. Band.

Berlin,
bey G. Reimer.
1823.

Vorwort.

Diese Vorlesungen sind im vorigen Winter in Basel vor einer zahlreichen gemischten Versammlung gehalten worden. Indem ich dadurch den Einwohnern Basels nützlich werden, und meinen persönlichen Wirkungskreis erweitern wollte, war zugleich meine Absicht, in der deutschen Litteratur eine Lücke auszufüllen durch eine allgemeinfaßliche, ansprechende, und doch wissenschaftliche Bearbeitung der Sittenlehre. Ob mir solches gelungen sey, wird der Erfolg lehren. Möge das Buch dieselbe gute Aufnahme finden, welche die Vorlesungen bey den Einwohnern Basels gefunden haben, denen ich mich dafür auf das innigste verpflichtet fühle.

Der zweyte Band dieses ersten Theils ist unter der Presse, und wird noch vor Ende des Jahres erscheinen. Den zweyten Theil der Sittenlehre, nämlich die besondere Pflichtenlehre, beabsichtige ich im nächsten Winter vorzutragen, und künftigen Sommer herauszugeben.

Basel zu Ende Septembers 1823.

Der Verfasser.

Inhalt.

Inhalt.

Erste Vorlesung.

Einleitung in die Sittenlehre: über den Begriff und Umfang derselben.

Verehrteste Versammlung!

Die beschränkte Natur der menschlichen Erkenntniß bringt es mit sich, daß wir keinen Gegenstand mit Einem Male ganz und von allen Seiten erkennen können; wir sehen von Allem zuerst nur einen Theil, fassen davon ein unvollständiges Bild, einen vorläufigen, allgemeinen und oberflächlichen Begriff auf, und vervollständigen dann unsere Erkenntniß durch eine nähere, genauere Betrachtung, vor welcher sich der Gegenstand in allen seinen Theilen und Verhältnissen entwickelt. Oft ist es sehr wichtig, welche vorläufige Kenntniß wir von den Dingen erhalten, wie sie sich uns auf den ersten Blick darstellen und ankündigen; der erste Eindruck entscheidet oft ganz über das Urtheil, das wir über eine Sache, ihren Werth und ihren Nutzen, fällen, und bestimmt uns, dieselbe zu suchen oder zu meiden. Darum trägt der verständige Mensch dafür Sorge, daß Alles, was er vor die Blicke und das Urtheil der Menschen hinstellt, sich auf eine dem Werthe desselben angemessene Weise ankündige, daß es gleich auf den ersten Blick für sich einnehme, und zur nähern Betrachtung, zur Theilnahme, zum Genuß, zur Benutzung einlade. Ein kluger Baumeister wird einem großen, bedeutenden Gebäude nicht nur eine Aussenseite geben, welche dessen wichtiger Bestimmung und erhabener Würde entspricht, er wird auch denjenigen, welche in dasselbe eintreten, um dessen innere Einrichtung kennen zu lernen, sogleich einen würdigen, die Pracht des Innern ankündigenden Anblick bereiten. Er wird sie in eine Vorhalle treten lassen, welche auf wohlgeordneten Säulen ruht, und mit passenden Bildwerken und Zierrathen ausgeschmückt ist; er wird von da Säulengänge auslaufen lassen, welche dem staunenden Blicke die Größe des Ganzen enthüllen, und das darin herrschende Ebenmaaß ankündigen; er wird breite hohe Stufen aufführen, welche durch ihre bequeme sanfte Erhebung dem Auge wohlthun, und den Betrachter einladen, aufzusteigen, um die obern Theile des Gebäudes kennen zu lernen.

Eine Wissenschaft, wie die Sittenlehre, welche Ihnen vorzutragen ich die Ehre haben soll, ist einem großen erhabenen Gebäude zu vergleichen, dessen Umfang, Anlage, Verhältnisse und Inhalt erst bey längerer Betrachtung und Untersuchung übersehen und begriffen werden können. Es ist ein unermeßliches Gebäude, indem es das ganze menschliche Leben nach allen seinen Verhältnissen umfaßt, und ein Bild desselben in seiner Ordnung, Uebereinstimmung, Vollendung und Schönheit geben soll. Es ist ein erhabenes heiliges Gebäude, das die ernste, fromme Betrachtung in Anspruch nimmt, das dem Dienste Gottes geweiht ist; es ist ein Tempel, welcher in seinem erhabenen Bau und seinen großartigen, majestätischen Verhältnissen dem Geiste dessen, der das Weltall mit seiner Allmacht erfüllt, dessen heiligen Gesetzen sich alles beugt, was ist und lebt, entsprechen, und dadurch zur Anbetung auffodern und die Eintretenden mit ehrfurchtsvollem Schauer erfüllen, zugleich aber auch durch den Reichthum, den Glanz und die Anmuth seiner Verzierungen die Herrlichkeit, Fülle und Schönheit der Welt und die Freundlichkeit ihres Schöpfers abspiegeln, und durch sinnreiche, bedeutungsvolle Gemälde und Bildwerke die Offenbarungen und Gnadenbezeugungen des seine Kinder leitenden und erziehenden himmlischen Vaters vor die Augen führen, und so die fromme Betrachtung beschäftigen soll.

Mit Zagen gehe ich an die Aufführung dieses Gebäudes, dessen Bild ich wohl in der Seele trage, aber vor Ihren Augen, verehrteste Zuhörer! auf eine würdige Weise zu entwickeln mich zu schwach fühle. Mit Recht erwarten Sie von mir, daß ich Ihnen einen vorläufigen allgemeinen Begriff von dem Inhalt und Umfang der vorzutragenden Wissenschaft gebe, um zu wissen, was Sie von meiner Behandlungsart derselben zu erwarten haben; Sie wollen auch wissen, welchen Nutzen ich Ihnen von der Sittenlehre verspreche, welche Ansicht ich von der Wichtigkeit und Nothwendigkeit derselben habe, nicht sowohl, weil Sie Zweifel dagegen hegen, sondern um daraus den Geist kennen zu lernen, in welchem ich Ihnen diese Wissenschaft vortragen werde, weil auch diese Betrachtung mit zu dem vorläufigen Begriffe gehört, den Sie mit Recht erwarten. Möchte es mir gelingen, Ihnen eine solche

Uebersicht von der Sittenlehre zu geben, wodurch Ihre Aufmerksamkeit angezogen, und die Achtung, die Sie schon vor dieser Wissenschaft haben, erhöht und tiefer begründet würde! Möchte es mir gelingen, eine Vorhalle vor Ihren Augen aufzubauen, welche Ihnen von dem zu betretenden Tempel eine würdige Andeutung gäbe, und den Eindruck vorbereitete, welchen der Anblick des Heiligthums selbst auf Ihr Gemüth machen soll. Möchte ich im Stande seyn, Ihnen in wenigen einfachen Grundlinien die ewigen heiligen Gesetze der sittlichen Weltordnung, ein Bild der ruhigen Größe, des erhabenen Ebenmaaßes, der hohen reinen Schönheit des nach diesen Gesetzen gestalteten menschlichen Lebens vor die Augen zu führen!

In dieser Stunde will ich mich darauf beschränken, Ihnen den **Begriff** und **Umfang** der Sittenlehre vorzulegen.

Die Sittenlehre ist die Wissenschaft von den **Gesetzen und Zwecken des menschlichen Lebens** oder von der Bestimmung des menschlichen Daseyns. Alles in der Natur ist, bildet und entfaltet sich nach bestimmten, von der Natur vorgeschriebenen Gesetzen, und durchmißt einen regelmäßigen Kreislauf seines Daseyns. Die Pflanze entsproßt dem in der Erde befruchteten Samenkorn, entfaltet sich nach den Gesetzen ihres innern Baues zu einer Staude, einem Strauch, einem Baum, treibt Zweige, Blätter, Blüthen, streut wieder Samen aus, und sinkt, wenn sie das Maaß ihres Daseyns erfüllt hat, in den Schooß der Erde zurück. Sie hat ihre Bestimmung vollendet, wenn sie sich nach den ihr eingebornen Anlagen vollständig entwickelt hat, und der Gipfelpunkt ihres Daseyns ist ihre Blüthe, worin sie in ihrer Fülle und Schönheit prangt. Sie verfehlt ihre Bestimmung für sich selbst, wenn sie durch äussere Einwirkungen in ihrer vollständigen Entwickelung gehemmt wird, wenn sie krüppelhaft oder kümmerlich aufwächst, wenn sie in der Sonnenhitze aus Mangel an Nahrung verwelkt, oder durch andere feindselige Kräfte zerstört wird, ehe sie ihre Blüthe entfaltet und ihre Frucht getragen hat. Eben so hat jedes Thier seinen von der Natur geordneten Kreislauf, mit dessen Erfüllung es seine Bestimmung, in Beziehung auf sich selbst, erreicht. Die Raupe, die am Boden kriecht, und welche der Fuß des Wandrers zertritt, ist in dem Beginn ihres Daseyns zerstört und erreicht das ihr vorgeschriebene Ziel nicht. Sie sollte, wenn sie ihr volles Wachsthum erlangt haben würde, sich als Puppe einspinnen, dann nach gehaltenem kurzen Schlummer, sich zum Schmetterling entfalten, als solcher die Blumen, im Farbenglanz mit ihnen wetteifernd, umgaukeln, und im bunten, fröhlichen Gemählde des Frühlings eine Stelle einnehmen.

Auch der Mensch hat seine Bestimmung, zu welcher er geschaffen worden; in seiner Natur liegen Gesetze, Kräfte, Triebe und Anlagen, nach welchen er sein Leben entfalten und somit den Willen des Schöpfers erfüllen soll. Aber er unterscheidet sich hierin sehr von den andern Geschöpfen. Erstens darin, daß er um sein selbst willen lebt oder Selbstzweck ist, während die andern Geschöpfe ihm selbst oder sich unter einander als Mittel dienen. Die Blume, welche durch ihren Farbenglanz und ihren schönen Bau das Auge des Betrachters ergötzt, gefällt uns allerdings um ihrer selbst willen, und scheint einen ihr selbst angehörenden Werth in sich zu tragen. Aber wenn die gefräßige Raupe herankriecht und sie verzehrt, so ist zwar die Bestimmung derselben in Beziehung auf ihr eigenes Daseyn vereitelt; aber weil die Raupe von der Natur angewiesen ist, sich von derselben zu nähren, so verehren wir auch in ihrer Zerstörung die Ordnung der Schöpfung; und wenn hinwiederum der Vogel, um seine Jungen zu ätzen, die Raupe wegnimmt, so daß sich kein schöner Schmetterling aus ihr entfalten kann, so urtheilen wir, daß auch dieses mit zu der Bestimmung dieser Thierart gehöre, andern zur Nahrung zu dienen. Ganz anders der Mensch, der Herr der Schöpfung, dem wie der heilige Dichter sagt (Ps. 8, 8 f.), alles unter seine Füße gethan ist, die Thiere des Feldes, die Vögel des Himmels und die Fische des Meeres, dem das Recht und die Macht gegeben ist, sich vor den feindlichen Gewalten der Natur zu sichern, und alle Geschöpfe zu seinem Dienst und Nutzen zu verwenden, der auch keinem seiner Brüder als willenloses Werkzeug dienen, sondern mit ihnen nur denselben Gesetzen gehorchen, dieselben Zwecke erstreben soll. Er ist seines Lebens eigner Zweck, oder vielmehr sein Zweck ist, unmittelbar in seinem selbständigen herrschenden Daseyn den Willen des Schöpfers zu erfüllen und dessen Ehre zu verkündigen.

Zweytens, die Bestimmung des Menschen ist nicht allein auf diese Erde beschränkt. Es ist wahr, auch in der übrigen Schöpfung begegnen uns überall Spuren und Andeutungen eines höheren Lebens, als welches von den Gesetzen körperlicher Kräfte umschlossen ist. Die Blumen mit ihren schönen, zarten Farben, mit ihrem schön gewölbten Bau, mit ihrer oft phantastischen Gestalt erinnern uns dunkel an höhere Kräfte und Gesetze, erscheinen uns als stumme Sinnbilder des in uns zum Bewußtseyn und zur Sprache gekommenen Geistes, und ihre Betrachtung wecket oft in uns die Sehnsucht nach einer höheren Befriedigung, als uns dieses Leben gewähren kann. Jedes Thier spricht in seiner Gestalt die Ahnung eines höheren, gleichsam in ihm schlummernden Daseyns aus. Man betrachte den Stier, der im Grase wiederkäuend in behaglicher Ruhe daliegt: ist es nicht, als wenn in ihm die Ruhe und der Friede, die über die Natur verbreitet sind, und das sich Selbstgenugseyn ihrer schaffenden Kraft zur Erscheinung käme? Die Bilder des Stiers, des Löwen, des Adlers, wie das des Menschen, deuteten im Gesicht des ahnungsvollen Propheten die schöpferischen Kräfte an, welche zu den Füßen des Allmächtigen seines Winkes gewärtig sind. Selbst die leblose Natur verkündigt uns das über die ganze Schöpfung verbreitete Leben des Geistes. Die gewaltigen Gebürge, durch eine uns unbegreifliche Macht aufgethürmt, stehen da als stumme, aber beredte Zeugen der göttlichen Schöpferkraft, und erheben den Geist des Betrachters zum Bewußtseyn der auch ihm einwohnenden hohen Kräfte. Und der gestirnte Himmel ist der herrlichste Tempel, in welchem wir den Schöpfer verehren, zieht den Geist zur Andacht und Ahnung eines höheren Seyns empor, und erfüllt ihn mit heiligem Schauer; ja, unsere Sprache kann die höhere ewige Welt, aus welcher wir stammen, wohin wir zurückkehren, mit keinem andern Namen als mit dem Worte Himmel bezeichnen.

Aber eben der Mensch ist es nur, der diese Ahnungen in der Betrachtung der Natur auffaßt, weil er in sich selbst die Ahnung einer höhern Bestimmung trägt. Die Geschöpfe selbst sind den Gesetzen der irdischen Natur unterworfen, und ihr Daseyn ist ganz in die nothwendige Verkettung der körperlichen Kräfte verschlungen. Wenn der gefühlvolle Betrachter in der Blüthe der Pflanze eine Offenbarung der Schönheit, einen Abglanz des höhern Lichtes, und darin die Bestimmung dieses Geschöpfes ahnet: so weiß der streng und kalt forschende Naturkundige aus der Beobachtung der Naturgesetze überhaupt und aus der Zergliederung des innern Baues der Pflanzen darzuthun, wie durch die Einwirkung von Licht, Luft, Wasser und der darin spielenden Kräfte und den Kreislauf der Nahrungssäfte die Bildung der Blüthe eben so nothwendig vor sich gehe, als die Magnetnadel nach Norden zeigt oder ein vom Felsen herabgerissener Stein sich zerstörend in das Thal wälzt: so daß die Ahnung eines höheren, geistigen Lebens vor dieser Art von Betrachtung ganz verschwindet. Und haben die Pflanzen und andere Geschöpfe den vorgeschriebenen Kreislauf ihres Wachsthums vollendet, dann werden sie von der allgemeinen Masse des körperlichen Stoffs verschlungen, und die Stätte, wo sie gestanden und sich bewegt haben, ist wie der Fußtritt im Sande, welchen der Wind verwehet. Der Mensch ist ebenfalls dem Gesetze der Vergänglichkeit unterworfen, und wird wieder zur Erde, woher er genommen ist. Auch seine Werke vergehen mit ihm, und nur Ausgezeichneten gelingt es, in dauernden Denkmälern ihres Wirkens, ihres Namens Gedächtniß auf die Nachwelt zu bringen, wiewohl auch diese endlich der alles auflösenden und verwischenden Gewalt der Zeit erliegen. Aber nicht die Spanne Zeit, welche dem Leben und Wirken des Menschen zugemessen ist, nicht der Raum der Jahrhunderte, auf welche er seine Wirksamkeit und seinen Ruhm ausdehnen kann, wenn ihn das Schicksal auf einen höheren Standpunkt gestellt hat, erfüllt die ins Unendliche gehende Sehnsucht seiner Brust, mit welcher er nichts Vergängliches, nichts, was in die Schranken der Zeit eingeschlossen ist, erstrebt, sondern das Ewige, was über allem Wechsel liegt, was einen unvergleichbaren, unmittelbar durch sich selbst geltenden Werth in sich trägt, zu erfassen sucht. Die Wahrheit, deren ewige Gesetze das irdische Auge nicht faßt, die Gerechtigkeit, welche in ihrer unbefleckten Reinheit kein menschliches Gesetzbuch und Gericht kennt und verwirklicht, die ewige, vollendete Schönheit, von welcher die Erde nur schwache Abbilder zeigt, diese himmlischen Urbilder trägt der Mensch in seiner Brust; er strebt und ringt und kämpft, sie in seinem Leben zu erreichen, aber er erreicht sie nicht, und das sehnende Herz sinkt unbefriedigt in den Staub. Wir alle theilen das Loos des Mannes Gottes, der das gelobte Land, das er vierzig Jahre hindurch mit rastlosem Bemühen zu erreichen gestrebt hatte, nicht selbst erreichte, sondern nur von dem Berge, welcher in einem seiner Thäler die sterbliche Hülle desselben aufzunehmen bestimmt war, mit sehnsuchtsvollen Blicken schaute. Ebendeßwegen aber, weil der Gedanke und das Streben des Menschen über dieses beschränkte Daseyn auf Erden hinausgeht, weiß er — ihm sagt es der Glaube an die Stimme Gottes in seinem Herzen und in der Offenbarung — daß er unsterblich ist und seine Bestimmung nicht bloß auf dieser Erde zu suchen hat. Er strebt und arbeitet und bildet sich für die Ewigkeit: sein Thun auf Erden, wie sein zum Staube zerbröckelter Leib, ist der Saame, der, für ein höheres Leben ausgestreut, in der Ewigkeit die schöneren Früchte bringen wird. Und weil er für die Ewigkeit lebt, soll er nicht, wie die andern Geschöpfe, mit blinder Nothwendigkeit den Gesetzen der irdischen Natur, den Bedürfnissen und Begierden des Augenblicks, dem Drange der Umstände in seinem Handeln dienen, sondern die ewigen Gesetze, die ihm in das Herz geschrieben und vom Schöpfer geoffenbart sind, frey und unwandelbar befolgen; er soll, wie er als Herr allen Geschöpfen gebietet, auch die gewaltigen Kräfte der Natur, die ihn vom Ziele abführen wollen, mit der Kraft des unsterblichen Geistes beherrschen, oder wenigstens tapfer bekämpfen, und sich lieber unter den Trümmern seines irdischen Glückes begraben lassen, als dem vergänglichen Reize huldigend seinem Herzen und seinem Schöpfer untreu werden.

Aber dieß kann der Mensch nur dadurch leisten und unternehmen, daß er — und das ist der dritte Unterschied, der zwischen ihm und den übrigen Geschöpfen Statt findet — daß er sich seiner Bestimmung und der ihm vorgeschriebenen Gesetze bewußt ist. Selbstbewußtseyn ist der große Vorzug, den der Schöpfer dem Meisterstücke der Schöpfung, dem Menschen, vor den übrigen Wesen zugetheilt hat; Selbstbewußtseyn ist der höhere Strahl, der uns die Welt und unser Inneres in dem himmlischen Lichte der göttlichen Weltordnung, der heiligen Gesetzgebung Gottes zeigt, durch den wir den Weg zu unsrer höhern Bestimmung erkennen. Selbstbewußtseyn! — welche Fähigkeiten und Kräfte, aber auch welche Ansprüche und Pflichten liegen in diesem hohen Vermögen! Wir können damit den Gedanken Gottes, des heiligen Schöpfers, fassen, seine heiligen Gesetze vernehmen: und was können und sollen wir Alles, wenn wir dieses im Stande sind! Wir erkennen uns selbst, fühlen die Würde unsers eigenen Wesens, und so erkennen wir auch unsere Brüder als Theilhaber derselben Würde, achten sie als unsers Gleichen, und stiften mit ihnen den Bund einer heiligen Gemeinschaft in Liebe und Gerechtigkeit.

Nur schwach und dunkel sind die Spuren des Selbstbewußtseyns in der Thierwelt. Am häufigsten findet sich das Gefühl des freundlichen oder feindseligen Verhältnisses zu andern Geschöpfen, so daß das eine Thier das andere, ihm feindliche, schon von ferne erkennt und flieht, oder umgekehrt demselben nachstellt, wobey sich die Anfänge eines Nachdenkens, einer Berechnung finden. Je edler die Thiere sind, desto mehr kennen und suchen sie ihres Gleichen, und leben mit einander in Gemeinschaft; jedoch ist dieses auch oft die Wirkung eines dunkeln Triebes. Diejenigen Thiere, welche der Mensch zu seinem Dienst gebraucht, haben gleichsam vom menschlichen Bewußtseyn einen Schimmer angenommen, und man hat Beyspiele von ihrer Klugheit und Besonnenheit, welche in Erstaunen setzen. Aber kein Thier erhebt sich zu einer klaren und umfassenden Erkenntniß seiner selbst; und wie weit es im Gebrauch seiner schwachen Seelenkräfte durch den Menschen und den Umgang mit ihm gekommen sey, so reicht dieses nicht an den niedrigsten Stand des menschlichen Bewußtseyns, und es ist zwischen Thieren und Menschen eine Kluft befestigt, welche keines derselben je überspringen kann.

Das Leben der Thiere ist nur träumend, das des Menschen hingegen ist wach und klar bewußt, und vorzüglich deßwegen, weil demselben mit dem Selbstbewußtseyn zugleich das Vermögen der Sprache gegeben ist, wodurch er andern mittheilen kann, was in ihm vorgeht, und sich dadurch selbst erst klar wird. Ohne die Sprache würde unser Selbstbewußtseyn immer dunkel bleiben, schon darum, weil der Mensch erst in der Mittheilung und Gesellschaft mit seines Gleichen zum Menschen wird. Wie sich das Bild des Menschen im Auge des andern, der vor ihn tritt, und ihm ins Auge sieht, abspiegelt: so erkennt er sich auch im Nebenmenschen erst geistig; erst wenn ihm die Gestalt des ihm gleichen Wesens entgegen tritt, wenn er die befreundete Stimme vernimmt, erwacht in ihm die Idee des Menschen. Was ihm der Bruder kund thut, Schmerz und Lust, Furcht und Hoffnung, was irgend das Herz bewegt und den Geist erweckt, das findet er auch mehr oder weniger auf die gleiche Weise in sich selbst, und erkennt im Zustande des Andern seinen eigenen Zustand; indem er ihm zur Erwiederung seinen eigenen Gemüthszustand offenbart, wird dieser ihm dadurch klarer; er spricht, indem er mit dem Andern spricht, mit sich selbst, und daher ist das Denken oft bey den Naturmenschen ein Reden mit sich selbst gewesen und auch so genannt worden. Welch ein unschätzbares Geschenk ist die Sprache! Sie ist der Zauberschlüssel, welcher uns das Innere der Geisteswelt aufschließt, der magische Spiegel, der uns das Unsichtbare zur Anschauung bringt. Welche wunderbare Erfindung, den Schwingungen der Luft die Gedanken des Geistes, die Empfindungen des Herzens, als geflügelten Boten anzuvertrauen, mit den Lauten des Mundes die Gemüthsbewegungen abzumalen! Auch das Thier hat den Ausdruck des Schmerzes und der Lust, und der Gesang des Vogels erweckt Sehnsucht und Freude im Herzen des Menschen; aber was das Thier mit seiner Stimme ausdrückt, ist die Empfindung des Augenblicks; Gedanken und Gefühle, welche darüber hinausgehen, liegen nicht in seiner Gewalt. Nur der Mensch kann den ganzen, dauernden Zustand seines Innern hervor in das Reich der Töne heben, und eine ganze geistige Welt in den mannichfaltigen Formen der Sprache entwickeln.

Noch wunderbarer ist die Erfindung der Schrift, wunderbarer darum, weil der Sprache das natürliche Vermögen, sich durch unwillkührliche Laute auszudrücken, zum Grunde liegt, hier aber alles willkürlich und reine Erfindung des Menschen ist. Die willkürlichen Töne, welche unsere Gedanken bezeichnen, bezeichnen wir wiederum durch willkürliche Zeichen für das Auge, und wenige an sich nichts sagende Striche malen uns das Bild eines geistigen Zustandes. Durch die Schrift können wir auch Abwesenden unsere Gedanken mittheilen, und die Erfahrungen der Vorwelt, wie die unserer Zeitgenossen benutzen; dadurch treten wir in eine noch größere Gemeinschaft und Wechselwirkung mit unsers Gleichen, und die geistige Welt breitet sich vor uns ins Unendliche aus.

Durch diese beyden Werkzeuge der Mittheilung, Sprache und Schrift, wird das Selbstbewußtseyn des Menschen erst zur vollkommenen Klarheit, Sicherheit, Freyheit und Einheit erhoben; es wird zum Verstande mit welchem wir unsers innern Lebens vollkommen Meister werden.

Der Verstand ist für die Sittenlehre ungemein wichtig, und wir werden späterhin versuchen, uns von diesem Vermögen des menschlichen Geistes eine umfassende Ansicht zu verschaffen. Hier bemerken wir nur, daß wir uns mittelst desselben allein unserer Bestimmung ganz klar und sicher bewußt werden, und unser Leben selbstständig beherrschen. Mit dem Verstande erkennen wir die ewigen Gesetze, denen wir unser Leben zu unterwerfen haben; er ist der Deuter der unserm Herzen eingegrabenen Schrift der göttlichen Wahrheit und der uns in der Geschichte enthüllten göttlichen Offenbarungen; er ist der innere Führer, der uns in der stürmischen Nacht der Leidenschaften die Fackel der Vernunft vorträgt; er ist der Wagenlenker der Psyche, der das sich bäumende schwarze Roß der Sinnlichkeit mit fester Hand zügelt; er ist der Meister und Ordner des ganzen menschlichen Lebens.

Mittelst des Verstandes bringen wir das Vermögen der Willkür in unsere Gewalt, und erheben uns zum Gebrauch der Freyheit des Willens, welches der letzte und höchste Vorzug des Menschen vor den Thieren ist.

In der körperlichen Natur folgt Alles den nothwendigen Gesetzen der Materie, der Anziehung und Abstoßung; hier herrscht die Nothwendigkeit mit ihrem eisernen

Scepter. Der Wassertropfe folgt der Gewalt des Stromes, die ihn forttreibt, oder der ihn auflösenden Kraft der Sonnenstrahlen, die ihn als Dampf den Lüften preisgeben, bis die entweichende Wärme ihn wieder zum tropfbaren Zustande zurückkehren und im Regen herabträufeln läßt. So folgt ein jeder Theil der körperlichen Natur, so folgt jede körperliche Kraft der Gewalt der größeren Masse, der größeren Kraft, und nichts kann für sich selbst seyn und seinem eigenen Gesetze folgen. Die Pflanze ist an den Boden gefesselt, und trinkt vom Thau und Regen des Himmels, was ihr gespendet wird; vertrocknet ihr diese Quelle, so erliegt sie verschmachtend, und kann ihr Daseyn nicht behaupten; eine höhere Gewalt erdrückt sie. Das Thier kann sich willkürlich bewegen, aber nur vermöge innerer Triebe, die durch äussere Erregung in ihm geweckt werden, und denen es nicht widerstreben kann. Gleich den Wasserfluthen, welche sie tragen, einem unwiderstehlichen Zuge folgend, kommen alljährlich große Schaaren Fische aus dem nördlichen Meere, und drängen sich in die Netze der Menschen, ohne rechts oder links ausweichen zu können. Die vollkommenern Thiere bewegen sich freyer, suchen zum Theil mit Klugheit und List ihre Nahrung, und vermeiden die Nachstellungen der Menschen; aber der Kreis, in dem sie sich bewegen, ist bestimmt gemessen, und es gibt einen Punkt, den sie mit ihrer Willkür nicht überschreiten, und wo sie der Naturnothwendigkeit erliegen. Wie zusammengesetzt das Getriebe ihres Lebens sey, es ist doch einer Maschine zu vergleichen, die nach einem bestimmten Gange abläuft, welche vom Gesetze der Nothwendigkeit beherrscht ist.

Anders der Mensch. Er kann Hunger und Durst, Hitze und Kälte ertragen, um eine Absicht zu erreichen, einen Plan auszuführen; er fühlt die Triebe seiner irdischen Natur ebenfalls, aber er kann ihnen widerstehen; er kann sich über die Anregung des Augenblickes erheben, und einen vorübergehenden Genuß aufopfern, um dafür ein bestehendes Gut zu erlangen; er kann den Schmerz ertragen, um damit eine höhere Lust zu erkaufen; er kann die entsprechenden Mittel wählen, die ihn zur Erreichung des beabsichtigten Zweckes führen. Sein Verstand läßt ihn das ganze Leben überschauen, so daß er heute mit morgen vergleicht, und sich einen Weg erwählt, der ihn zum dauernden Glücke führt, damit er nicht morgen bereue, was er heute gethan, damit er nicht jeden Tag von neuem beginne, sondern am Gebäude seines Lebensglückes nach einem Plane stets fortarbeite, nachdem er, wie ein kluger Baumeister, den Grund dazu gelegt, und die nöthigen Stoffe und Werkzeuge zum Bau in Bereitschaft gesetzt. Und wie der Mensch sein eigenes Leben ganz überschauen und ordnen kann: so lernt er auch die Natur in immer größerem Umfang kennen, begegnet ihren widrigen, zerstörenden Einflüssen und Wirkungen, damit sie seinen eigenen Wirkungskreis nicht durchbrechen, und bringt ihre wohlthätigen Kräfte in seine Gewalt, so daß sie seinen Bedürfnissen und seinem Vergnügen dienen.

So beweist der Mensch eine weit größere Willkür als irgend eines der vollkommensten Thiere. Aber den schlimmsten Kampf hat er mit seiner eigenen Natur zu bestehen, damit er sich zur wahren Unabhängigkeit und Freyheit erhebe. Die wilden, reißenden Thiere kann er bezwingen und verscheuchen, den zerstörenden Wasserfluthen kann er einen Damm entgegen setzen: aber schwerer ist es, die wilden Leidenschaften des Zornes, der Rachsucht, der Herrschsucht, der Wollust zu bezwingen. Er weiß den trägen Stoff in Bewegung zu setzen, mit dem Bogen schnellt er den geflügelten Pfeil ab. Der Bach muß ihm das Rad treiben, das Roß ihm seine Lasten ziehen; aber schwerer ist es, seine eigene Trägheit, die thierische Neigung zur Ruhe, zum trägen Genuß zu überwinden, und den Körper den Gesetzen des Geistes dienstbar zu machen. An diesem schweren Werke, den Geist ganz von dem Körper zu befreyen, ihm die freye, unbeschränkte Herrschaft über das Leben zu verschaffen, dasselbe nach den ewigen Gesetzen der Wahrheit und Gerechtigkeit zu gestalten, die wahre Freyheit zu erringen, arbeitet die Menschheit seit Jahrtausenden. Es ist ihr mancher Schritt vorwärts zum Ziele gelungen, aber oft ist sie wieder weit auf der Bahn zurückgewichen. Von der Natur sich zu entfernen, den stillen, engen Kreis des einfachen Naturlebens zu überschreiten ist ihr nur zu leicht gelungen; aber dafür hat sie sich künstlichen Verderbnissen Preis gegeben; denn verderblicher als die Herrschaft der rohen Naturtriebe ist das Zwingherrnthum der durch Verwöhnung und Entartung zügellos und unbändig gewordenen Lüste und Begierden, welche das Gemüth zerrütten, und das eigene, wie das fremde Leben, gewaltsam zerstören. Die Menschheit von den Banden des Fleisches und dem Dienste des Irrthums und der Sünde zu erlösen, erschien der Sohn Gottes selbst in Menschengestalt, enthüllte die Gesetze der ewigen

Wahrheit, trat hin als leuchtendes Vorbild der Weisheit und Tugend, zeigte an seinem Beyspiel, wie der Mensch die Sünde im Fleische überwinden solle und könne, und versammelte die irrenden Menschen um sich mit dem Rufe der Liebe, daß sie ihm nachfolgen sollten auf dem Wege der Wahrheit und Gerechtigkeit. In ihm hat die Freyheit ihren höchsten Sieg gefeyert, in ihm ist die Menschheit zur göttlichen Herrlichkeit verklärt worden. Wir und Millionen vor und mit uns, haben ihn als den Herrn und Meister der Menschheit anerkannt, und streben seinem Vorbild nach, um so zu werden, wie er, die Erlösung in uns zu vollenden. Aber immer von neuem gewinnt die Sünde die Herrschaft über uns, in neuen Truggestalten tritt der Irrthum auf, und verblendet die Gemüther, und nur wenigen Frommen und Weisen gelingt es, sich die wahre Erlösung und Geistesfreyheit anzueignen.

Ein weites Feld der bildenden Thätigkeit eröffnet sich der menschlichen Freyheit in der Herbeyführung und Vervollkommnung jenes willkürlichen, künstlichen Lebenszustandes, den wir den Zustand der Gesittung und Bildung nennen. Die Thiere bleiben meistens in den Verhältnissen, in welche sie die Natur gestellt hat, ohne sie selbstthätig zu verändern. Nur einige bereiten mit zum Theil bewundernswürdigem Kunsttriebe Wohnungen für sich und ihre Jungen; aber es ist ein nothwendiger, dunkler Trieb, aus welchem sie es thun, und nur schwache Anfänge einer die Umstände beachtenden und benutzenden Ueberlegung zeigen sich dabey. Daß die Seidenraupe, die Spinne, ihr zartes, künstliches Gewebe bereiten, ist eine eben so nothwendige

Folge des organischen Getriebes, als daß sie ihre Nahrung suchen und sich bewegen. Hingegen der Mensch beweist seine Freyheit schon in der Mannichfaltigkeit seiner Kunstthätigkeit. Wie verschieden sind die Arten der Bedeckung und der Nahrung bey den verschiedenen Völkern, welche doch alle dieselbe menschliche Natur mit einander gemein haben! Sodann weiß der Mensch die Umstände klüglich zu benutzen, und sich nach Maßgabe derselben seine Bequemlichkeiten zu verschaffen. Die von der Jagd und Viehzucht lebenden Völker bereiten sich Thierfelle und die Wolle der Schafe zu Kleidern, die Ackerbau treibenden verfertigen sich Gewebe aus Pflanzen; die Viehhirten wohnen unter Zelten, die Ackerbauer in Hütten und Häusern aus Holz und Stein. Die Meeranwohner treiben Fischfang, vertrauen sich den Wogen in Kähnen aus Schilf oder Baumstämmen, und wohnen in Hütten aus Fischgräten und Schilf. Vorzüglich aber unterscheidet sich die bildende Thätigkeit der Menschen von der der Thiere dadurch, daß sie mit dem Triebe der Vervollkommnung verbunden ist und ihr darin keine Grenze gesetzt ist. Welch ein ungeheurer Unterschied zwischen der Hütte des Wilden und dem Palast des Europäers, welcher unendliche Stufengang der Vervollkommnung liegt dazwischen! Das mächtige Kriegsschiff, welches wie ein Palast auf den Fluthen schwimmt, sich im Nu auf den Wink des Befehlshabers dreht und mit Windesflügeln dahin fährt, erregt mit Recht unsere Bewunderung, und doch ist es aus dem einfachen Kahn hervorgegangen; von diesem geringen Anfang ist die Kunstthätigkeit bis zu jenem Gipfel der Vollkommenheit fortgeschritten. Zu welcher bewundernswürdigen Fertigkeit kann es der Mensch in körperlichen Uebungen bringen; er gibt seinem Körper eine Schwung- und Schwebe-Kraft, welche denselben den Gesetzen der Schwere zu entheben scheint; er bringt die Bewegungen desselben mit seinen Gedanken und Empfindungen in einen wunderbaren Einklang, er bildet mit seinen Händen der schaffenden Natur nach, und übertrifft sie oft durch die Schönheit seiner Werke. Auch die Thiere können zu einer bewundernswürdigen Fertigkeit abgerichtet werden, aber eben nur abgerichtet. Die freye, erfindende Kraft des Geistes leiht ihnen der Mensch, und treibt sie mit Zwang zu dem vorgeschriebenen Dienst. Sich selbst überlassen, bleiben sie in dem ihnen von der Natur angewiesenen Kreise.

Der Mensch aber sorgt nicht bloß für die Bedürfnisse seiner sinnlichen Natur, und bildet nicht bloß seinen Körper und die körperliche Natur zu Werkzeugen seines Handelns; er greift auch schaffend in die geistige Welt ein, stiftet Formen der Gemeinschaft, gibt sich und seinen Mitbrüdern Gesetze, gründet das gesellschaftliche bürgerliche Leben, tritt in den Verein der Andacht und Gottesfurcht, in den Verkehr geistiger Mittheilung, unterwirft sich eigenthümlichen Sitten und Gebräuchen, und schafft um sich her eine ganz neue Welt, welche der Natur eben so fremd als bey verschiedenen Völkern verschieden ist. In diesem Kreise ist es, wo der Verstand, das Bewußtseyn der Gesetze und Kräfte, welche im Menschen liegen, vorzüglich waltet, und wo er die Urbilder des Geistes zu verwirklichen trachtet. Es ist sein Wirkungskreis und zugleich seine Uebungsschule;

denn je mehr er bildet, desto mehr vervollkommnet er sich, desto freyer und klarer wird seine Erkenntniß, und desto höher treibt er das Werk der Vervollkommnung der Menschheit. Unaufhaltsam ist der Gang der Bildung, wenn sie einmal in diese Bahnen geleitet ist, und unendlich ist ihre Laufbahn.

Betrachten wir einen Menschen von Bildung, erzogen in der Familie, ausgerüstet mit nützlichen und edeln Kenntnissen und Fertigkeiten, Mitbürger eines freyen Gemeinwesens, in welchem Gerechtigkeit und Tugend herrscht, Mitglied einer Kirche, in welcher Gott im Geist und in der Wahrheit verehret wird, und vergleichen ihn mit einem rohen Wilden, der, wie das Thier der Wüste, einsam umherstreift, nichts wissend von Gesetz, Ordnung und Sitte: welch ein unendlicher Unterschied! Und doch sind beyde Menschen, beyde aus der schaffenden Hand des Herrn der Natur gleich hervorgegangen. Das ist die veredelnde, vervollkommnende Macht der Bildung; das ist die neue Schöpfung, zu welcher Gott dem Menschen die Kraft und Anlage verliehen hat!

Auch Pflanzen und Thiere können veredelt werden. Die stolzprangende Nelke würde man kaum für den Abkömmling der einfachen, unscheinbaren Blume halten, welche die Raine unserer Aecker schmückt, und das edle, wohlgeübte Pferd ist von dem, welches in den Steppen umherschwärmt, nicht weniger verschieden. Aber der Verstand des Menschen ist der Erzieher der übrigen Geschöpfe, wie der Menschen selbst. Der kluge, sinnige Gärtner beobachtet die Eigenthümlichkeiten und Anlagen der Blumen, bringt dieselben zur Entwickelung, veredelt sie dadurch und erhebt sie zu einer oft überraschenden

Vollkommenheit. Der Verstand ist ein zweyter Schöpfer, er lauscht der Natur ihre Gesetze ab, erforscht ihre Bildungstriebe, und ruft so neue, edlere Bildungen hervor.

Aber der Verstand veredelt nicht immer die Natur; er verderbt und verunstaltet sie auch, indem er aus Mangel an wahrer Freyheit die Gesetze derselben mißversteht, und das Werk der Bildung unvollendet lassend, das Leben aus dem einfachen Gange der Natur reißt, und es dann den wilden Trieben der sinnlichen Natur überläßt. Der Irrthum mit seinen mannichfaltigen verderblichen Erzeugnissen, dem Wahne, der Thorheit, der Verkehrtheit, welche das menschliche Leben zerrütten, ist ein Werk des Verstandes, welcher sich noch nicht zur Weisheit erhoben hat. Mit dem Irrthum dringt die Sünde und das Laster zerstörend ins Leben, wenn der Verstand noch nicht gelernt hat, die bösen Kräfte der Sinnlichkeit den sittlichen Gesetzen zu unterwerfen, und sie vielmehr durch die Reize der verfeinerten Genüsse aufregt. Im Naturzustand ist die Sinnlichkeit wie ein unschuldiges Kind, das mit wenigen einfachen Freuden zufrieden ist; im Zustand der halbvollendeten Bildung aber ist sie ein unersättlicher Wollüstling geworden, der die natürlichen Genüsse verschmäht und auf neue, künstliche sinnt. Das ist die schwerste Aufgabe der Weisheit, den Menschen durch diesen Durchgangspunkt der Verbildung zur wahren Bildung zu führen, zu dem Punkte wo er sich über die Natur erhebt, aber sich ihr nicht entfremdet, sondern mit ihr in Einklang lebt, wo er die wahre Freyheit behauptet und eben sowohl von den Banden der natürlichen Sinnlichkeit, als der Angewöhnungen und künstlichen Bedürfnisse frey ist.

Die Lehre der Weisheit, dieser Weisheit, welche den Menschen mittelst der Kraft der Freyheit zur Tugend und Vollkommenheit erzieht, die ewigen Gesetze der Gerechtigkeit und sittlichen Schönheit aus der Offenbarung der Natur und Geschichte schöpft und dem Leben der Menschen im Ganzen und Einzelnen als Regel vorschreibt, welche die Anlagen und Fähigkeiten der menschlichen Natur erforscht und nach Maßgabe derselben zur Veredelung derselben wirkt: das ist die Sittenlehre. Sie ist mit der Erziehungskunde verwandt, oder vielmehr diese ist ein Theil von ihr. Wie wir unsere Kinder zur Tugend und Vollkommenheit erziehen, so lehrt uns die Weisheit, uns noch immer fort selbst zu erziehen und an der Veredelung unseres Herzens, an der Stärkung unseres Willens, an der Erleuchtung unseres Verstandes zu arbeiten: so suchen die Weisesten des Volkes erziehend und bildend auf das Ganze einzuwirken, so wollen Staat und Kirche die Gerechtigkeit, Tugend und Gottesfurcht immer mehr unter den Menschen herrschend machen, und die Rohheit, Gewaltthätigkeit, Sünde und Gottlosigkeit immer mehr ausrotten, bis daß das Leben der Einzelnen und der ganzen Völker dem Urbilde menschlicher Vollkommenheit entspricht, bis die Worte des heil. Dichters (Ps. 85, 11 ff.) in Erfüllung gehen:

Güte und Treue begegnen sich,
Gerechtigkeit und Friede sich küssen:
Treue sprosset aus der Erde,
Gerechtigkeit blicket vom Himmel.

Jehova gibt Segen,
Und unser Land gibt sein Erzeugniß;
Gerechtigkeit wandelt vor seinem Angesicht,
Und schreitet fürder auf ihrem Pfad.

Aus diesem übersichtlichen Begriff der Aufgabe der Sittenlehre erhellet ihr großer Umfang: das ganze menschliche Leben ist ihr Gegenstand, sie will den ganzen Menschen bilden.

Da der Mensch nur in der bürgerlichen Gesellschaft zum Menschen gebildet wird, so kann die Staats- und Rechtslehre der Sittenlehre nicht fremd seyn. Es ist Eine Weisheit, welche den Staaten und Völkern Gesetze vorschreibt, und die Bildung des einzelnen Menschen übernimmt. Unglückseliger Wahn, daß die Moral und Politik nichts mit einander gemein haben sollen, daß die letztere nur der Macht und dem Nutzen dienen, von einer die Gerechtigkeit verhöhnenden Klugheit geleitet werden soll! Die Lenker und Richter der Völker müssen, wie die Lehrer und Erzieher, den ewigen Gesetzen der sittlichen Weltordnung dienen; aber jene waffnen sich mit dem Schwerte der Gewalt, um die Rohheit und Zügellosigkeit dem Dienste Gottes zu unterwerfen, während diese nur durch die milde Kraft des Geistes, der Wahrheit und Liebe, wirken. Jene müssen Krieg führen mit den Feinden der Ordnung und Gerechtigkeit, während diese das Amt des Friedens verwalten. Aber beyderley Wirksamkeit, in ihren Mitteln verschieden, ist in Ansehung des Zweckes Eins, und nie darf der Gebrauch der Macht und Klugheit mit der Gerechtigkeit in Widerstreit kommen. Die Sittenlehre wirkt auf den Verstand und das Herz des Menschen, um seine Erkenntniß und

Gesinnung zu bilden; die Gerechtigkeitspflege und Regierung hat es hingegen nur mit dem äussern Betragen desselben zu thun; aber Aeusseres und Inneres soll bey dem Menschen in Einklang kommen, und ist der innere Quell gut und rein, so geht nur Gutes daraus hervor. Die Politik bedarf der Sittenlehre, damit die Menschen von innen heraus gebildet werden, und die Anwendung der Zwangsmittel entbehrlich machen. Die Sittenlehre bedarf hinwiederum der Mitwirkung der Politik, weil der Mensch nur in einem gerechten öffentlichen Leben gerecht wird, und der Einzelne der Masse zu folgen genöthigt ist. Sie muß auf das öffentliche Leben Rücksicht nehmen, um nicht den Menschen als Einzelwesen zu sehr abzusondern und in ihren Ansichten engherzig und einseitig zu werden. Sie soll nicht bloße Hausmoral seyn, wie man sie leider zu oft behandelt hat, damit sie nicht der Eigensucht des Menschen, welcher sie gerade entgegen wirken soll, auf einer andern Seite wieder schmeichle, als ob er nur für seine eigne Vollkommenheit zu sorgen habe, und sich um Alles übrige nicht zu kümmern brauche.

Die Sittenlehre soll den ganzen Menschen bilden von Seiten der Erkenntniß, der Gesinnung und des Handelns. Sie erleuchtet den Verstand allerdings zunächst dadurch, daß sie ihn die sittliche Wahrheit kennen lehrt. Aber die Wahrheit ist nur Eine, und alle Erkenntnisse stehen mit einander im innigsten Zusammenhang. Und so behauptet die Sittenlehre eine gewisse Herrschaft über alle Wissenschaften, und schreibt ihnen ihre Gesetze und Zwecke vor. Alle sollen mit dem sittlichen Geist der Wahrheitsliebe, des heiligen Ernstes betrieben werden, von allen sollen die Ergebnisse der sittlichen Vervollkommnung des Menschen dienen. Die Weltweisheit dient ihr unmittelbar, indem sie die Gesetze des menschlichen Geistes und seines Verhältnisses zu Gott und der Welt erforscht, und sie wird zur Afterweisheit und Klügelei, wenn sie nicht vom sittlichen Gefühl ausgeht und dahin zurückkehrt. Die Naturforschung soll nicht nur die Herrschaft des menschlichen Geistes über die Natur und deren Dienstbarmachung zu menschlichen Zwecken befördern, sondern überhaupt auch für die bloße Erkenntniß den Geist siegreich über sie erheben, ihn zum vollen Bewußtseyn seiner Freyheit und Würde führen helfen, und ihn die Allmacht des Schöpfers erkennen lehren. Oft ist sie zur Gottesleugnerin und Zweiflerin an allem Ewigen und Unsterblichen geworden, aber nur weil sie sich dem sittlichen Geist entfremdet hatte. Die Geschichtsforschung soll zu oberst die sittliche Bildung des Menschengeschlechts im Auge haben und an alle Erscheinungen den sittlichen Maaßstab legen; das Urbild der menschlichen Bestimmungen im Auge habend, soll sie keiner menschlichen Größe und Herrlichkeit huldigen, die nicht derselben entspricht, worin nicht ein rein menschlicher Werth und Vorzug anzuerkennen ist. Kein Wissen, von welcher Art es sey, soll nur der bloßen müßigen Unterhaltung oder dem Eigendünkel und der Prunksucht dienen, es soll irgend eine sittliche Frucht bringen. Die Rechts- und Staatswissenschaft gehören ohnehin ihren Grundlagen nach in das Gebiet der Sittenlehre, und empfangen von ihr die zu lösenden Aufgaben; sittliche Ideen sind es, die sie verwirklichen sollen.

Indem die Sittenlehre das Herz und die Gesinnung des Menschen bilden will, trifft sie mit der Religion zusammen und theilt mit derselben ihre Herrschaft über die Gemüther. Kann wohl Sittlichkeit ohne Frömmigkeit, und Frömmigkeit ohne Sittlichkeit bestehen? Beyde gehen aus derselben Quelle, aus dem Glauben an Gott und die Ewigkeit hervor; beyde sind auf das Ewige gerichtet; die Sittlichkeit mit dem Gefühl und dem Handeln, die Frömmigkeit mit dem Gefühl und der Betrachtung; das Handeln soll aber nicht ohne Hinblick auf das Ewige, und die Betrachtung nicht müßig und thatenlos seyn. Der sittliche Geist, die Liebe, soll in beyden herrschen; ja die Liebe ist, wie der Apostel sagt, größer als der Glaube und die Hoffnung. „Und wenn ich Prophezeyung hätte und wüßte alle Geheimnisse und alle Erkenntniß, und wenn ich allen Glauben hätte, so daß ich Berge versetzte, und hätte keine Liebe, so wäre ich nichts." Die Glaubenslehre ist mithin der Sittenlehre ebenfalls verwandt, und die Kirche, der Verein zur Frömmigkeit und Andacht, als eine in der menschlichen Gesellschaft Platz findende, in die rechtlichen und sittlichen Verhältnisse eingreifende Anstalt, ist ein Gegenstand der sittlichen Gesetzgebung.

Endlich soll die Sittenlehre den Menschen als thätiges Wesen bilden, und hat somit den ganzen Wandel desselben zum Gegenstand. Nichts was er thut und treibt, was er schafft und bildet, kann ihr ganz gleichgültig seyn, denn es dient wenigstens mittelbar den sittlichen Zwecken. Alle Fertigkeiten und Geschicklichkeiten, die sich der Mensch erwerben kann, sollen in den Dienst der Sittlichkeit treten. Die kräftige

Ausbildung des Körpers, welche den Muth und die Thatkraft erhöht und Ausdauer in Mühe und Beschwerden gibt, ist keine der geringsten Angelegenheiten für die sittliche Vervollkommnung, und selbst Spiele und Vergnügungen sind dafür nicht ohne Bedeutung. Das ganze große Gebiet des Berufslebens, der Gewerbsthätigkeit, der Geschäfte, im öffentlichen und Privatleben, alles, worin sich die besondern Geistesgaben entwickeln und zum gemeinen Besten fruchtbar erweisen, unterwirft die Sittenlehre ihrer Gesetzgebung. Selbst die schönen Künste, Dichtkunst, Malerey, Bildnerey, Tonkunst, worin die freye schaffende Kraft des Menschen, anscheinend ohne bestimmte Zwecke, waltet, sollen den sittlichen Zwecken dienen. Die Sittenlehre zeichnet in ihren Gesetzen die Grundzüge aller Kunstschönheit, und verwirft alles, was im Gebiete der Künste mit dem Geiste der Sittlichkeit in Widerspruch steht, maßt sich aber übrigens nicht an, der künstlerischen Schöpferkraft Gesetze vorzuschreiben; ja, wohl einsehend, daß die höchsten Urbilder sittlicher Vollkommenheit nicht in ihrer ganzen Fülle und Lebendigkeit mit dem dürftigen Verstandesbegriff, mit dem kalten Worte der Lehre erfaßt und mitgetheilt werden können, überläßt sie es den Künstlern gern, das, was sie nur andeutet, in lebensvollen Bildern darzustellen und durch den Zauber sinnlicher Schönheit und Anmuth die Ahnung der geistigen Schönheit zu erwecken.

So umfaßt die Sittenlehre das ganze menschliche Leben, bezieht Alles auf die sittliche Bestimmung des Menschen, trägt in alle Gebiete menschlicher Thätigkeit, in alle Zustände und Verhältnisse des Lebens, den Geist der Liebe, des heiligen Ernstes, das Bewußtseyn einer höhern Vollendung, das Andenken an Gott, bringt Alles in Zusammenstimmung und Einklang, und hebt allen Widerstreit zwischen den verschiedenen Richtungen und Bestrebungen auf, ohne das mannichfaltige Spiel der Kräfte zu unterdrücken; sie will, daß das menschliche Leben sich reich, voll, kräftig, harmonisch, wie ein vielstimmiger, in mannichfaltigen Weisen und Alles verschmelzendem Einklang ertönender Gesang sich entwickele, als ein Lobgesang zum Preise des Schöpfers, das Herz erhebend, die Brust mit hohen Ahnungen erfüllend, als ein Vorspiel jener ewigen Harmonieen, welche um den Thron des Höchsten ertönen.

Zweyte Vorlesung.

Fortsetzung der Einleitung: über die Nothwendigkeit und den Nutzen der Sittenlehre. Ob wir sie darum schätzen und pflegen sollen, weil sie uns den Weg zur Glückseligkeit zeigt? Ihr wahrer Nutzen besteht in dem bildenden Einfluß auf unser Leben.

V. 3.

Sie haben vielleicht in dem Begriffe, den ich Ihnen von der Sittenlehre gegeben, die Bestimmung vermißt, daß sie die Anweisung zur Erlangung der Glückseligkeit sey. Denn so wird sie von vielen aufgefaßt und mitgetheilt. Ich habe aber mit Fleiß davon geschwiegen, weil die Weisheit und Sittlichkeit und die Frage nach dieser das erste und wichtigste, die Glückseligkeit aber das zweyte ist, und die Frage nach ihr uns so leicht den wahren Standpunkt verrückt, von welchem aus wir nach der Sittlichkeit streben sollen.

Wir werden zu seiner Zeit sehen, wie die Erreichung unserer Bestimmung, so weit sie auf dieser Erde möglich ist, die Erfüllung unserer Pflichten und das Streben nach Vollkommenheit, uns auch diejenige

Glückseligkeit, Zufriedenheit, und Seelenruhe gewährt, deren der Mensch in dieser unvollkommenen Welt fähig ist. Der Fromme, der Gerechte, der Tugendhafte ist allein glückselig und selig. Er trägt die unstörbare Ruhe der Seele in sich, und lebt mit sich, mit der Welt und mit Gott in Frieden. Er bereitet sich auch durch die Kraft des Geistes, durch die Befolgung des Rathes der Weisheit und Klugheit, ein angenehmes äusseres Leben, indem er die Natur seinen Absichten dienstbar macht, und sich vor ihren feindseligen Einflüßen sichert; indem er sich die Achtung und Liebe seiner Mitmenschen erwirbt, und in dem Dienste, den er ihnen leistet und hinwiederum von ihnen empfängt, eine Fülle von freudiger Thätigkeit und Belohnung dafür findet. Aber die Glückseligkeit, die er in sich selbst und seinem geistigen Leben findet, ist die wahre; und diese kann ihm nichts, kein Wechsel des Schicksals, rauben.

Jedes irdische Gut kann ihm genommen werden, das Gebäude des äußern Glückes, woran er Jahrelang gearbeitet, kann der Wetterschlag eines feindlichen Geschickes zertrümmern, es können ihn Verfolgung, Armuth, Schmerz und Krankheit treffen. Dann bleibt ihm die Liebe der Seinigen, der Eltern, der Gatten, der Kinder, die er höher schätzt, als alle irdischen Güter, worin er Trost für alle Leiden findet; die Geliebten helfen ihm tragen und dulden, in ihrer Theilnahme wird ihm das Unglück zur Quelle des höhern Glückes; denn erst im Unglück erprobt sich die wahre Liebe, da zeigt sich, daß das liebende Herz nur das Wohl und die Zufriedenheit des Andern will, und gern auf das eigene Glück Verzicht leistet, um nur dem Andern Ruhe und Trost zu gewähren; da entwickeln sich die Tugenden der Selbstverläugnung, Hingebung und Aufopferung; da entzündet sich der edle Wettstreit liebender Herzen, die Last des Unglücks allein zu tragen, die Sorgen, den Schmerz dem Geliebten zu verhehlen und mit blutendem Herzen den lächelnden Blick zu erheucheln, damit ihn auch nicht die Ahnung des Kummers treffe.

Der Römer Cäcina Pätus lag tödlich krank zugleich mit seinem Sohne, der durch Tugend und Schönheit gleich liebenswürdig, den Eltern unendlich theuer war. Der Sohn starb, während der Vater noch mit der schweren Krankheit rang. Um ihn nicht mit der Schmerzensbotschaft zu erschüttern, begrub, ihm unbewußt, seine edle Gattin Arria die theure Leiche, und verhehlte vor ihm die Thränen des mütterlichen Schmerzes. So oft sie an das Krankenlager trat, gab sie vor, der Sohn lebe und bessere sich. Er fragte oft, wie der Knabe sich befinde, sie antwortete: er hat wohl geruht, er hat mit Appetit gegessen. Wenn die lange zurückgehaltenen Thränen hervorbrechen wollten, verließ sie das Zimmer, und weinte sich aus. Mit getrockneten Augen und heiterm Blick kam sie dann wieder, als hätte sie den Verlust hinter sich gelassen. Sie vergaß den Schmerz, weil sie sich selbst vergaß, weil die Sorge für die Ruhe des theuern Gemahls ihr Gemüth beherrschte, weil die falsche Hoffnung, die ihn erheiterte, und die aus seinem Blick ihr entgegenleuchtete, ihr der schönste Trost war. Wenn nun Pätus, von seiner Krankheit genesen, die traurige Wahrheit vernahm: mußte ihm nicht die Liebe einer solchen Gattin den Schmerz um den geliebten Sohn versüßen? war ihm dieses Unglück nicht die Quelle des seligen Gefühls, ein solches Herz sein nennen zu können? hätte er dasselbe ohne diesen schmerzlichen Verlust in seiner ganzen Hingebung und Selbstvergessenheit kennen gelernt? Wahrlich, er war beneidenswerth in seinem Unglück! Der Trost, der ihm dafür wurde, war die Arzney nicht nur für diesen Schmerz; sein Gemüth erhob sich dadurch über alles, was ihn noch treffen konnte, über alles irdische Weh und alle irdische Freude; denn das Bewußtseyn, geliebt zu werden, in einer tugendhaften Seele ein zweytes Leben zu leben, sich in andern Herzen reiner und höher wieder zu fühlen, erhebt uns in das selige Reich der Geister, wo kein Wechsel von Glück und Unglück ist, wo der reine Werth des Geistes gilt, wo seine aus ihm selbst quellende Kraft herrscht und die ungetrübte Heiterkeit seines innern Friedens strahlt. Und hätte der Tod dem glücklichen Gatten das liebende Herz von der Seite gerissen: würde ihm wohl in dem unendlichen Schmerze, den es der schwachen sinnlichen Natur gekostet, die Erhebung des Geistes gefehlt haben? würde ihm nicht das Gefühl der Liebe, die im Schmerze unwandelbar, im Tode ewig ist, lebendiger, reiner, geistiger geworden, würde er nicht darin seliger als vorher gewesen seyn? — Das Schicksal hatte es anders mit Pätus beschlossen, er sollte diesen Schmerz nicht erfahren, der Tod sollte ihm die größte irdische Seligkeit bereiten. Der Wille des Tyrannen gebot, daß er sich selbst den Tod gebe. Zögernd schied er vom Leben und von der theuren Gattin, die er zurücklassen sollte. Da ergriff Arria den Dolch, stieß ihn sich in die Brust, zog ihn heraus und reichte ihn dem Gatten mit den Worten: „Pätus, es schmerzt nicht!" Sie ging ihm voran in den Tod, und machte ihm denselben zum seligsten Augenblick seines irdischen Daseyns. Als ihm nun auch der Mordstahl das Herz zerschnitt, da leuchtete ihm die Sonne des irdischen Lebens sinkend im schönsten Glanze; es war der Lichtblick des höhern Lebens, der Sonnenstrahl der ewigen Liebe, offenbart in der höchsten irdischen Liebe, der seine Seele verklärte und ihr die Schwingen lieh, sich in das Reich des Lichtes zu erheben.

Der Fromme, der Tugenhafte kann nie unglückselig seyn. Hat ihm das Schicksal alle die Seinigen von der Seite gerissen; hilft ihm keine elterliche oder kindliche Liebe, nicht die Zärtlichkeit des Gatten, die Last des Unglücks tragen: so hat er Freunde, die ihm hülfreich und tröstend zur Seite treten; ja das Unglück, das er mit Muth und Würde trägt, gewinnt ihm vielleicht erst die rechten Freunde, die nicht der Glanz seines Glückes, nicht der Reiz seiner äußern Umgebung, sondern der reine Werth seines Charakters, seiner unerschütterten Tugend herbey zieht. Das ist der Segen, den das Unglück mit sich bringt, daß wir das Leben, von allem zufälligen Reiz entkleidet, in seinem innern Werthe erkennen, und daß wir uns selbst in dem was wir sind, zeigen können; und so aller falsche Schein, der um uns her lag, und uns selbst und Andere blendete und verwirrte, verschwunden ist; dann erscheint uns die wahre Gestalt der Dinge, das Nichtige hat der Sturm des Schicksals weggeführt, und es bleibt, was fest und unverwirrbar ist, und wird uns dann erst recht eigen, weil wir es erst recht erkennen. Jahre lang gehen Menschen an einander vorüber, ohne sich zusammen zu finden und einander zu verstehen, ohne sich die Liebe, die sie, sich selbst unbewußt, im Herzen zu einander tragen, zu erkennen zu geben, weil der falsche Schein der äußern Umgebung sie aus einander hält. Da kommt das Unglück, und schlägt Alles zwischen ihnen nieder, was nicht ihnen selbst angehört, und die Gleichgesinnten erkennen sich, fallen einander in die Arme, und schliessen auf den Trümmern ihres Glückes, den innigen Bund der Seelen, der ihnen die Quelle eines neuen höheren Glückes wird.

Und ist dem Frommen auch dieser Trost geraubt, daß ihm Freunde zur Seite stehen; hat ihn die Grausamkeit seiner Verfolger aus ihrem Kreise gerissen, hält sie jeden von ihm zurück, den das sich erbarmende Herz, die Achtung und Liebe zu ihm zieht; hat der Aberglaube, die Verbländung oder die boshafte Verleumdung ihn zum Gegenstande des allgemeinen Hasses, der allgemeinen Verachtung gemacht, so daß selbst die Freunde an ihm irre werden, oder sich doch scheu zurück ziehen; steht er ganz verlassen, ganz allein auf dieser weiten Erde, ohne allen Schirm den Schlägen des Schicksals preis gegeben, ohne eine mitleidige Hand, welche linderndes Oel in seine Wunden gießt: dann bleibt ihm der Trost des guten Gewissens, das um so lauter spricht, als jede Stimme des Lobes, des Beyfalls, der Schmeicheley um ihn her schweigt; es bleibt ihm der tröstende Gedanke an die entfernten Freunde, in deren Herzen er lebt, an die hingeschiedenen Geliebten, deren Bild ihm in der Einsamkeit heller erscheint, deren himmlischer Geistesathem um seine Schläfe erfrischend weht; es bleibt ihm der Trost mit den Guten, den Freunden der Wahrheit, Tugend und Gottesfurcht in der Mit- Vor- und Nachwelt gleich zu denken, von ihnen erkannt zu seyn oder es noch zu werden; es bleibt ihm die Hoffnung, daß die seinen Werth und seine gerechte Sache verhüllenden Nebel sich nach seinem Tode zerstreuen werden; es bleibt ihm der Trost des Andenkens an seinen Heiland, dessen Kreuz er im Glauben in der Herrlichkeit des ewigen Sieges erblickt, das mit himmlischem Glanze das umnachtende Gewölk seines irdischen Leidens durchbricht; es erhebt ihn der Gedanke, daß er, wie Christus, für die Wahrheit und Gerechtigkeit leidet, und wenn er in der Duldung treu besteht, an seinem Siege, an seiner Herrlichkeit Theil nehmen wird; schon winkt ihm die Palme, welche der Sieger ihm, dem Mitsieger, dem treuen Nachfolger, bereit hält. Es bleibt ihm endlich der tröstende Glaube an den himmlichen Vater, dessen unendliche Liebe er auch in seinem Leiden erkennt, dem er für das Geschenk des Lebens auch in Thränen und Jammer dankt, weil er auch darin das Bewußtseyn seiner menschlichen Würde, den Gedanken des Allmächtigen und Allgütigen, und nur reiner und höher, fassen kann, dem er sich näher fühlt, da alle irdischen Scheidewände eingesunken sind, und er mit sich, seiner unsterblichen Seele und Gott allein ist.

Im Kerker ist der Fromme selig. Er ist einsam und verlassen; aber die Geister seiner Lieben, Christus und Gott und die Engel sind mit ihm: es ist finster um ihn her; aber das Licht des Himmels umstrahlt ihn, himmlische Lüfte wehen ihm Erquickung zu, und die

Blumen des Paradieses blühen um ihn her. Er ist in Martern und Todesqualen selig; indem der Schmerz sein Fleisch durchschneidet, und die sinnliche Natur krampfhaft erbebt, ist sein Geist frey und heiter, und sieht gleich der Sonne, welche auf die von Stürmen umbrauste, von Erdbeben zuckende Erde ihr ungetrübtes Licht sendet, lächelnd herab auf den gemißhandelten Leib, den er bald als entseelte Hülle der Erde überlassen wird. Die Folter dehnt und reckt seine Glieder gewaltsam auseinander; aber sein innerer Mensch sammelt um so mehr Kraft zum Widerstande gegen das Böse, und steht um so fester auf dem tugendhaften Entschluße des Willens. Die Flammen des Scheiterhaufens schlagen zischend wie gierige Schlangen um sein Haupt zusammen; aber indem das irdische Feuer seinen Leib verzehrt, durchglüht die ätherische Läuterungsflamme seine Seele, und indem die zu Asche verbrannten Glieder von seinem Leibe abfallen, wirft die gereinigte Seele alle irdischen Schlacken von sich, und schwingt sich als weiße Taube der Unschuld gen Himmel.

Der Fromme ist im Unglück, im Schmerz, im Tode selig, während der Böse auch im Glanze des irdischen Glückes unselig ist, und den Stachel des bösen Gewissens, das Höllenfeuer der Leidenschaften, den Schlangenbiß der Sündenlust im Herzen trägt. Prüfen wir uns selbst! Welchen Gewinn hatten wir davon, wenn wir einmal aus Schwachheit, aus Eigennutz, aus Feigheit von der Bahn der Wahrheit, Gerechtigkeit und Tugend wichen, um irgend einen Vortheil zu erlangen, um uns nicht aus unserer trägen Ruhe aufstören zu lassen? Genossen wir des erlangten oder behaupteten Vortheils mit wahrer Freude und Seelenruhe? Das verletzte Gewissen ließ uns nicht rasten, bis wir das Unrecht wieder gut gemacht, und wieder auf die rechte Bahn zurückgekehrt waren. Welche Qual, diesen innern Ankläger beständig in sich wach zu wissen, seinen mahnenden Ruf immer zu vernehmen! Er stört uns in jeder Freude, mischt Wermuth in den Becher der Lust, unterbricht die Ruhe, verfolgt uns, wohin wir fliehen; vor ihm gibt es keine Freystätte. Kein größeres Unglück, als mit sich selbst in Zwiespalt zu stehen, vor sich selbst zu zittern, vor seinem eigenen Bilde zurück zu schaudern! Und ist der Mensch so tief gesunken, daß er sein Gewissen unterdrückt und die innere Warnungsstimme zum Schweigen gebracht hat, so daß er ungehindert seinen Lüsten fröhnen kann: wird er dann glückselig seyn? Ein solcher Mensch ist zum Thiere herabgesunken, hat sein Bewußtseyn aufgegeben, hat sich von seiner Seele geschieden, und sich in die dunkle Materie, in den Pfuhl der Sinnenlust, gestürzt. Gibt es ein Glück für den Menschen ohne Bewußtseyn von sich selbst, der Welt und Gott, ohne den zum Himmel aufgehobenen Blick? — Aber der Mensch kann sich nicht ganz von seiner Seele scheiden, und das Gewissen nicht ganz unterdrücken. Es wird einmal erwachen, und sey es nur auf dem Sterbebette, wenn man die Donner der Ewigkeit von ferne vernimmt, wenn sich der Abgrund der ewigen Nacht vor dem brechenden Auge aufthut, und kein Licht der Hoffnung vor der ungläubigen, verzweifelten Seele darin schimmert. O was ist ein Leben der Lust und des Glanzes gegen diesen schrecklichen Augenblick? Es ist ein Irrlicht, das über dem Sumpfe flackert, unter welchem die

Verwesung und Fäulniß gährt. Wer in der Nacht der Gewissenlosigkeit, der thierischen Lust, dem schwachen, falschen Glanze zueilt, sinkt in den Abgrund; und wenn die Morgensonne der Wahrheit, des Gerichts, darüber aufgeht, so ist das trügerische Licht ausgelöscht, und der Ort des Verderbens liegt öde und wüste da.

Erinnern wir uns, welches Gefühl uns strafte, wenn wir einmal einer Leidenschaft gefröhnt, wenn wir mit Unmäßigkeit den Becher der Freude geleert hatten: welche Oede in unserm Gemüth zurück blieb, wie wir unsern Geist gelähmt und erschlafft fühlten, wie gleichsam die Fittige desselben geknickt waren! Und war es eine niedrige, unwürdige Leidenschaft, der wir geopfert hatten: wie fühlten wir uns niedergedrückt und gebeugt! Hatten wir uns einer Aufwallung hingegeben, im Jähzorn gehandelt, in der Gier des Augenblicks die Hand nach der verbotenen Lust ausgestreckt, und die Leidenschaft war nun befriedigt, das Feuer der Sinnlichkeit ausgelöscht: erschienen wir uns da nicht wie ein Gewaffneter, den, vom Schlummer überrascht, ein Weib entwaffnet und bindet, und im Triumph spottend an der Kette daher führt? Wie gern hätten wir das erröthende Antlitz vor uns selbst verborgen, wenn es eine Hülle gäbe, die uns vor uns selbst verdeckte! Und wie mag es nun gar denjenigen zu Muthe seyn, welche beständig an der Sklavenkette der Leidenschaften liegen, beständig von dem brennenden Durst der Begierden getrieben, den trüben Blick, wie das Thier, an den Boden heften und nach der schmutzigen Nahrung spähen? Sollen wir ihren Zustand vor der Befriedigung der Lust, wenn sie, wie das blutdurstige Raubthier, auf der Lauer liegen, und all ihre Gedanken und alle Kräfte ihrer Seele auf den einen Gegenstand der Begierde gerichtet haben, so ihr ganzes Wesen bewußtlos nach aussen gezogen ist — sollen wir diesen Zustand niedriger, beklagenswerther nennen, oder den nach der Befriedigung der Lust, wenn der innere Vulkan ausgebrannt ist, und Schlacken und Asche den Abgrund decken, wenn die Reize des Genusses abgestumpft, die thierischen Kräfte erschöpft sind, und keine Kraft des Geistes, nicht die Lust an einem edeln Lebenswerke, kein Funke einer höheren Begeisterung, nicht einmal der Stachel der Reue und der Vorsatz der Besserung, die Stille des Todes unterbricht? — Tage, Wochen lang hat die Riesenschlange auf ihren Raub gelauert; vergebens blühten für sie rings her die Blumen, beleuchtete die Sonne das schöne Erdenrund, wölkte sich Nachts das gestirnte Himmelszelt; sie fühlte nichts als den nagenden Hunger im zusammengeschrumpften Leibe, die Gier nach dem Fraß und die Witterung des nahen Raubes: nun ersieht sie den weidenden Stier, stürzt über ihn her, umringelt ihn, daß die Gebeine krachen, und schlingt und schlingt so lange, bis sie träg und ohnmächtig da liegt, ohne sich zu regen, und ein Kind sie tödten kann. Siehe da das Bild des Leidenschaftlichen, des Wollüstlings, der die Kräfte seiner Seele in Sinnengenuß vergeudet, seinen Geist mit dem Erdenstoff überschüttet und sich der finstern trägen Gewalt der Materie preisgibt! Und ein solcher sollte glückselig seyn? Es gibt keine Glückseligkeit als für das Lebendige, und es gibt nichts lebendiges als ein Geist, in der selbständigen siegreichen Kraft des Geistes.

Von der sittlichen Verderbniß und Verworfenheit solcher Menschen, in welchen nicht das Gewissen unterdrückt, alle Geisteskraft gelähmt und der innere Mensch in die Fesseln der Sinnenlust geschlagen ist, sondern in welchen das Bewußtseyn des Bösen und des Zwiespaltes mit sich selbst und dem Sittengesetz wach und lebendig, die Geisteskraft rege und thätig, aber auf das Böse gerichtet, und an die Stelle des Eifers und der Liebe zum Guten die Lust am Bösen, die teuflische Lust, sich selbst im Laster zu übertreffen, die Unschuld zu verführen und die Herrschaft der Sünde zu verbreiten, getreten ist: von diesem Abgrund der Bosheit haben wir kaum einen Begriff. In ihrer Vollendung gehört sie dem Reiche der Hölle an, jenem Reiche, das an der Zerstörung der göttlichen Weltordnung seine Herrschaft und seinen Triumph sucht, das in einigen fressenden Flammen sich selbst aufzehrt und mit unstillbarer Gier alles Leben und Seyn in seine Selbstvernichtung hinab zu reißen glüht. Nur einzelne Funken ihrer Flammen kann die Hölle auf die Erde werfen, nur schwache Anfänge jener teuflischen Lust am Bösen zeigen sich in der menschlichen Natur; und sie entstehen aus dem Bewußtseyn, böse zu seyn, verbunden mit dem Mangel an Willenskraft zur Besserung, indem man sich jenes strafenden Gefühls entledigen will, und die Rechtfertigung des Bösen im Bösen selber sucht. Man kann und will nichts Gutes um sich leiden, weil man darin eine Anklage gegen sich selbst findet, man freut sich, wenn Andere auf denselben bösen Wegen wandeln, und sucht sie zu locken, daß sie mit uns sündigen. Welche Verderbniß, nicht nur in sich selbst zerrüttet zu seyn, sondern auch alles um sich her zu zerrütten! Welche Qual des eignen Zwiespalts, die dazu treibt, auch Andern den innern Frieden zu rauben! Welcher fressende Schmerz muß in der Freude seyn, Andere zur Sünde verführt zu haben! Das Lächeln dieser Freude ist das Hohngelächter der Hölle, das die Seele mit geheimem Grauen erfüllt. Dieser Labetrunk verwandelt sich, an die Lippen gesetzt, in flammendes Feuer, welches die letzten Kräfte der Seele ausbrennt und sie mit unendlichen Qualen erfüllt.

Nur der Fromme ist selig, selig im Unglück, Jammer und Tod. Seht jene Bilder an, welche uns die christlichen Heiligen, von ihren Verfolgern gemartert, darstellen. Vergleicht in den Gesichtern der ersten den Ausdruck der seligen Ruhe, der heitern Hingebung, des erhabenen Geistesschwungs, des Triumphs im Unterliegen, des Jubels im Schmerz, mit dem Ausdruck der dumpfen, thierischen Rohheit, des Grimms, der Schadenfreude, in den Gesichtern der zweyten. Wollten wir wohl diesen ihr Glück beneiden, und uns an ihre Stelle wünschen? Wollten wir die rohen Kriegsknechte seyn, welche die Pfeile in den nackten Leib des heiligen Sebastian senden? Seht, mit welcher Ruhe dieser Märtyrer sich den durchbohrenden Geschossen darbietet! Der Friede des Himmels lächelt in seinem verklärten Blick. Was ist der Schmerz der Wunden gegen diese Seligkeit? O hätten wir diese Kraft und Reinheit der Seele, diese Stärke des treuen, Gott ergebenen Willens, diesen Glauben und diese Hoffnung, diese Begeisterung, diesen himmlischen Sinn: mit Freuden würden wir an seine Stelle treten, und die Brust den tödlichen

Pfeilen bieten! O der Wollust, im körperlichen Schmerz die Seligkeit des Himmels zu fühlen, in jedem Pfeil, der das Band der Seele vom Leibe löset, einen Sonnenstrahl des ewigen Lebens herabsteigen zu sehen, in jeder neuen Wunde zur Unsterblichkeit zu genesen, in jeder Todeszuckung, welche das Herz durchschneidet, den Sieg des Lebens zu feyern! — Seht die heilige Katharina, wie sie, von den Marterwerkzeugen gefaßt, welche in ihren schönen Leib die zermalmenden Zähne setzen, lächelnd dem Himmel entgegen sieht! Vergleicht mit ihr die heidnische Liebesgöttin dort, welche, wollüstig auf das weiche Lager hingestreckt, mit allen Reizen der Erdenlust geschmückt, mit allem Glanze der Schönheit übergossen ist. Welcher himmlische Zauber, welche ätherische Anmuth umschwebt den zarten, keuschen Leib der Himmelsbraut! In den Qualen, die sie duldet, keine unschöne Zuckung des Schmerzes, keine Spannung des innern Kampfes; leicht, wie die Grazien, die ihre Glieder umspielen, umspielt der Schmerz ihre Seele; aus der innern Fülle ergießt sich die Klarheit, der Wohllaut, der Friede über die ganze Gestalt, löst die Schmerzenschauer in Lust auf, verklärt den Todeskrampf zum Entzücken, und schmückt das heilige Opfer mit den Rosen des ewigen Frühlings. Wie der Mond vor der Sonne erbleicht, so erlöscht der Glanz jener irdischen Schönheit in der Fülle der sinnlichen Lebenslust vor dieser Martergestalt in himmlischer Verklärung und Seligkeit. Schaut sie an und zweifelt noch, ob der Fromme selig sey auch in Schmerz und Tod!

Die Tugend und Frömmigkeit macht allein glückselig, und führt uns den Weg des wahren Lebens;

und die Sittenlehre, die uns zur Tugend und Frömmigkeit erzieht, lehrt uns diesen Weg suchen und finden. Aber der Fromme fragt nicht, indem er das Werk der Tugend übt, nach dem Lohne, der ihm dafür werden soll; auch die Sittenlehre soll uns nicht auf die Glückseligkeit hinweisen, welche uns erwartet, wenn wir ihren Gesetzen folgen, sondern auf die Tugend soll sie uns unmittelbar hinweisen; den Gehorsam gegen die Gesetze Gottes, die Liebe zu den ewigen Gütern soll sie in uns erwecken. Wer die Tugend des Lohnes wegen will, der hat beides verloren; wer die Sittenlehre als Anweisung zur Glückseligkeit betrachtet, hat ihren Geist nicht gefaßt.

Ja, es gibt einen Lohn, eine Glückseligkeit, welche man berechnen, suchen und erlangen kann. Wie man eine Summe Geldes an den Kauf eines Gutes wendet, so kann man mit verständigem, klugen Bemühen durch ein angemessenes Verhalten gewisse Zwecke des Lebens erreichen. Man schätzt die Gesundheit, und will sie sich erhalten und stärken: nun wohl! es gibt gewisse Regeln der Mäßigkeit und Vorsicht, welche den Leib vor Uebersättigung und nachtheiligen Einflüssen bewahren, und ihn, so weit die menschliche Berechnung reicht, vor Krankheit sichern. Aber ist das die wahre Tugend der Mäßigkeit, welche den Geist frey und wach erhält im Sinnengenuß, und ihn emporhebt über die Herrschaft des Körpers? Wenn nun doch jenen klugen Freund und Pfleger der Gesundheit eine schmerzhafte Krankheit befällt, wird er die Kraft haben, mit Ruhe und Fassung die Schmerzen, welche sie ihm bringt, zu ertragen? Er übte seine Seele nicht aus reiner Liebe zur geistigen

Freyheit, aus reiner Tugend, in der Versagung und Mäßigung der Genüsse; er erkaufte nur mit einem Theile der Lust, den er sich entzog, ein anderes irdisches Gut, das er mit richtigem Verstande höher schätzte, und der Lohn seiner eigennützigen Bemühung ist ihm nun entrissen. — Man erkennt wie wichtig es sey, die Achtung und das Zutrauen seiner Mitbürger zu besitzen, und man sieht die Mittel und Wege vor sich, zu diesem Ziele zu gelangen. Man gehorcht den Gesetzen des Staats, erfüllt treu die eingegangenen Verpflichtungen, verletzt und beschädigt niemanden, und kann sicher seyn, daß man den beabsichtigten Lohn für dieses Verhalten einerntet. Aber thut man dieses alles nicht aus reiner Liebe zur Gerechtigkeit, sucht man nur den Lohn, nicht das, wodurch wir denselben verdienen, lauert bey der äußerlichen Gerechtigkeit im Gemüth die Eigensucht und Habsucht: was gilts? irgend einmal kommt die Versuchung, der man nicht widerstehen kann, ein Fall des Lebens, wo die innere Schlechtigkeit hervorbricht und der innere Mensch vor Aller Augen in seiner Blöße dasteht; und dahin ist dann der Gewinn eines halben Lebens, die Frucht aller berechneten Klugheit. Und bleibt man auch stets auf dem Pfade der Redlichkeit, so weit sie der gemeine Lauf des Lebens in Anspruch nimmt, so kommen außerordentliche Fälle des Lebens, welche eine höhere Tugend in Anspruch nehmen, wo das öffentliche Wohl in Gefahr ist und nur durch muthige, tapfere, selbstverläugnende Tugend gerettet werden kann. Wer dann sich frey und eigensüchtig zurückzieht, wird der die Achtung seiner Mitbürger behaupten? wird er in der Zurücksetzung, die ihn trifft, noch mit Selbstzufriedenheit des bürgerlichen Glückes genießen, das er sich durch sein mühsames, wohlberechnetes Verhalten bereitet hat? Und wird der, welcher die Redlichkeit nicht um ihrer selbst, sondern um des Lohnes willen aus Eigennutz geübt hat, sich mit der Stärke des Willens mit der Kraft der Tugend ausgerüstet haben, welche solche Lagen des Lebens fodern? — Man will sich Ansehen, Wirksamkeit, Einfluß unter seinen Mitbürgern erwerben, und dazu führt die Wahl eines nützlichen, ehrenvollen Berufs, und der Fleiß, mit welchem man sich die dazu nöthigen Kenntnisse und Geschicklichkeiten erwirbt. Verschafft man sich überdieß Freunde und einflußreiche Verbindungen, so wird man des anhaltend verfolgten Zieles nicht verfehlen: der Lohn für das verständige gemessene Verhalten ist gefunden. Aber wer einen Beruf nicht aus innerm Triebe wählt, wer nur fleißig ist, um sich dadurch nützlich und bedeutend in der Welt zu machen, der wird doch nur auf der Grenze der Mittelmäßigkeit stehen bleiben, ausgezeichnet, herrschend, lebendig wirkend, wird er nicht werden. Wer z. B. als Gelehrter nicht die Wahrheit um ihrer selbst willen sucht, und nicht ihrem Dienst alle irdische Rücksichten unterordnet, der wird sich vielleicht Kenntnisse und Fertigkeiten erwerben und sich zu einem brauchbaren Geschäftsmann bilden, aber die wahre Weihe des Mannes der Wissenschaft wird er nie erlangen; die Göttin, welcher er mit unlautern Absichten dient, deren Tempel er mit rückwärts in die Welt gerichtetem Blicke betritt, wird ihm nicht den Schleier von ihrer verhüllten Gestalt fallen lassen, und sein düstres Geistes-Auge nicht mit ihrem Himmelslicht erhellen. Er wird sich mit den verworrenen Sagen und Ueberlieferungen, welche ihm ihre Priester mittheilen, begnügen müssen; und wird ihm damit das Räthsel der Welt gelöst seyn? wird er als Lehrer und Führer des Volks auftreten können? Ja, solche Afterjünger der Wahrheit können eine Zeit lang die blinden Führer der Blinden seyn, und einer angemaßten Achtung genießen, bis Einer kommt, der aus dem Lichtquell unmittelbar geschöpft, und die ächte Weihe erhalten hat. Er tritt auf, und spricht mit der Kraft der Ueberzeugung, verkündigt das Wort des Lebens, und Alle wenden sich zu ihm, und verlassen ihre bisherigen Führer. Verloren ist nun der Gewinn ihrer Bemühungen, der eng gezogene Kreis ihrer Wirksamkeit ist durchbrochen, die Kraft des Geistes, welche sie nie gekannt, hat ihre dürftige Klugheit überwunden.

Jede Thätigkeit, der man sich nicht um ihrer selbst willen, aus Liebe, mit dem Bestreben, das Vollkommene darin zu leisten, sondern in der Absicht, einen ausser derselben liegenden Gewinn zu erlangen, widmet, wird diesen Gewinn nur spärlich, und am Ende vielleicht gar nicht mehr liefern. Bleiben wir bey dem Niedrigsten stehen, bey der Bereitung der Mittel und Bedürfnisse des täglichen Lebens. Wer seine Mühe und seinen Fleiß allzugenau nach dem geltenden Marktpreiß abwägt, seine Erzeugnisse nur in der Beschaffenheit liefert, die ihnen für den Augenblick den Absatz sichert, wer nicht sinnt und strebt, ihnen die möglichste Vollkommenheit zu geben, der wird bald von einem fleißigern übertroffen und vom Markte verdrängt werden, der vielleicht Jahre lang sich mit geringerem Gewinn begnügt, über die Erfindung einer neuen Bereitungsart, eines neuen

Werkzeugs nachgesonnen und nun gefunden hat, was er suchte, und die Früchte seiner Anstrengung einerntet. Wer zu rasch und gierig dem vorgesetzten Ziele zueilt, wird nur dem betretenen Wege folgen, und dem befangenen Blicke bleibt der nähere, bessere Weg verborgen, welchen der sinnige Wanderer entdeckt, und, ungeachtet seiner geringern Eile eher am Ziele anlangt. Wer das Wesentliche sucht, erreicht auch das Zufällige; wer aber das Zufällige sucht, erreicht das Wesentliche nicht. Von einem ahnenden, obschon abergläubigen Verlangen getrieben, in das Geheimniß der Natur einzudringen, mischte der sinnige Scheidekünstler verschiedene Stoffe im Schmelztiegel, und siehe! zwar nicht der Stein der Weisen, aber ein künstlicher Stoff, aus dem wir noch die zierlichsten Gefäße bereiten, ging aus der Mischung hervor, reichlich belohnend die langwierige, kostbare Mühe. So in dieser hingebenden Liebe sollten wir alles treiben, was wir treiben, in Allem das Höchste suchen und keinen bestimmten Lohn ängstlich erwarten und suchen, ohne doch an der Belohnung zweifeln zu dürfen.

Wenn also selbst im Gebiete des Fleißes und der Berufsthätigkeit die lohnsüchtige, berechnende Bemühung des rechten Zieles verfehlt: wie viel mehr im Gebiete der Sittlichkeit! Wer nach dem Lohne der Tugend gierig greift, dem entschwindet er; er zerstört den kostbaren Preis, wie das Kind, welches die Rose, dem Auge zum lieblichen Anblick bereitet, als Speise zum Munde führt, oder wie der rohe Knabe, der das lieblich klingende Tonzeug mit ungeschickten Händen zerbricht. Die Tugend ist wie die Liebe; ja, sie ist selbst die höchste Liebe. Schüchtern naht sich der liebende

Jüngling der Jungfrau, deren Schönheit sein Herz gerührt hat; noch wagt er nicht ihr seine Liebe zu bekennen, geschweige, daß er schon um ihr Herz und ihre Hand bäte. Stumm, nur unbewußt mit den Blicken sich verrathend, widmet er ihr seinen Dienst, ob es ihm gelinge, ihre Gunst zu gewinnen; er lauscht nach jeder Gelegenheit, ihr gefällig zu seyn; er erspäht ihre geheimsten Wünsche, um sie mit der Erfüllung zu überraschen; er forscht, was ihr gefällt und was ihr misfällt, und bildet sich nach den zarteren Gefühlen ihres Herzens, legt manchen Fehler, manche Thorheit und Rohheit ab, und strebt der Vollkommenheit nach, welche er in ihr verehrt. Dann kommt der schöne Augenblick, wo sich Auge und Auge in einander spiegelt, wo des Bekenntniß der Liebe und Gegenliebe sich begegnet, und der Glückliche den Lohn seiner Treue empfängt. Derjenige, der nach dem Lohne der Tugend fragt, und sie um dessen willen übt, ist wie der rohe Jüngling, der ohne zu lieben, das Glück der Liebe begehrt. Er begehrt, was er nicht kennt, wovon er eine niedrige, unwürdige Vorstellung hat.

Die Glückseligkeit der Tugend kennt nur der Tugendhafte; sie ist dem Rohen, dem Eigensüchtigen ein Geheimniß. Der Trieb nach Glückseligkeit ist allen Menschen, ja allen Geschöpfen eingeboren; aber so verschieden ist diese Glückseligkeit, wie die Natur der verschiedenen Geschöpfe, wie der Bildungsstand der einzelnen Menschen. Der Wurm ist glücklich im feuchten, dunkeln Erdboden, den er durchwühlt; die Lerche ist glücklich, wenn sie sich in die heitern Lüfte singend erhebt. Der sinnliche Mensch sucht sein Glück im Genuß und Besitz, noch ist sein Trieb nach Gückseligkeit ganz an das Irdische gefesselt. Wie mag er sich unterfangen, nach der Glückseligkeit der Tugend zu fragen, die hoch über ihm in den heitern Gebieten des Geistes liegt? Der Sittenlehrer, der ihn zur Tugend locken will mit der Verheißung, ihn glücklich zu machen, betrügt sich und ihn; er glaubt ihn zur Tugend zu locken, und hat bloß seine Eigensucht rege gemacht, die er bey der Tugend ablegen soll; er verheißt ihm Glückseligkeit, und kann das Versprechen nicht in seinem Sinne erfüllen, da er es von sinnlicher Glückseligkeit verstanden hat. Nein! er wecke ihn mit der ernsten Mahnung zur Pflicht aus seinem sinnlichen Traume; er locke nicht, er gebiete! Und ist in dem Menschen ein Funke des höheren Bewußtseyns, so wird derselbe dadurch geweckt werden; er wird dem Rufe zur Pflicht folgen, dem unwürdigen Dienste der Sinnlichkeit entsagen, und das anfangs schwere Joch des Gehorsams auf sich nehmen, das ihm immer leichter und leichter wird, bis er darin seine Lust und Freude findet.

Wir alle, wenn wir auch den Ruf der Pflicht schon vernommen, und auch schon die Seligkeit, welche ihre Erfüllung mit sich bringt, gekostet haben, stehen doch noch weit vom Ziele der Vollkommenheit, und haben nur eine schwache, unwürdige Vorstellung von dem Lohne, den uns die höchste Vollkommenheit bringen wird. Streben wir unaufhaltsam vorwärts auf der Bahn der Tugend, ohne stillzustehen, und uns nach dem Lohne umzusehen, der uns dadurch werden wird! Oft wird uns der Weg durch Klippen und Dornen führen, wo sich keine Aussicht in das lachende Thal der Ruhe zeigt, nach welchem das arme bange Herz verlangt. Streben wir vorwärts! ermatten wir nicht, wie weit sich der Weg dehne, wie rauh und wild er werde! Die Stimme des Herrn ruft, sein Kreuz schwebt uns voran: können wir zögern und uns rückwärts wenden?

Ein feiger Knecht, der stille steht,
Wenn ihm voran der Feldherr geht!

Nur zu oft widerstrebt der Trieb nach Glückseligkeit in uns der Forderung der Pflicht, dem Gebote des bessern Selbst. Wie viel wir auch schon der Tugend geopfert haben, wie geübt wir seyn mögen, uns in der Pflichterfüllung die Genüsse des Lebens zu versagen, die Eigensucht zu beugen; so wie die Tugend nur dann lebendig ist, wenn sie mit immer erneuter Kraft höher und höher strebt, so legt sie uns auch immer neue Opfer auf; und wer weiß, was über uns beschlossen ist, in welche schwere Prüfung wir noch geführt werden sollen, welche Opfer noch einst von uns verlangt werden? O lassen wir Gott, den Vergelter alles Guten, den Vater der Liebe, der sich aller seiner Geschöpfe, wie ein Vater seiner Kinder, erbarmt, lassen wir ihn für unser Schicksal sorgen, folgen wir seinem Rufe, folgen wir der Stimme des Herzens, welches nur in der Erfüllung der Pflichten der Liebe und des Gehorsams seinen Frieden findet!

Wahrlich hätten die edlen Seelen, deren Tugend und liebende Hingebung wir mit Rührung und Bewunderung betrachten, nach dem Lohne gefragt, der ihnen dafür werden sollte; sie hätten das nicht vollbracht, wodurch sie auf die Höhe der Menschheit gelangten. Fragte Arria wohl nach ihrer Glückseligkeit, als sie sich den Dolch ins Herz stieß? Der kurze Augenblick, wie sie dem geliebten Gatten dadurch den Tod erleichterte, war ihr Lohn, ein Lohn, den ihr im Nu der eilende Tod raubte. Fragten die heiligen Märtyrer nach ihrer Glückseligkeit, wenn sie im Bekenntniß des Glaubens die Martern des Todes litten? Thaten sie es etwa, um die Seligkeit des Himmels damit zu verdienen? Seht in ihr demüthiges Angesicht, ob ihr darin den Ausdruck der anmaßlichen Lohnsucht entdeckt! Ihnen war es schon Gewinn, für den Herrn zu leiden; sie schwammen schon in Seligkeit, als noch die Martern durch ihre Glieder zuckten.

Als König Albrecht von seinem Neffen und Mündel, Johann von Schwaben, meuchlings umgebracht worden, und die Rachgier seiner Kinder im Blute aller derjenigen, welche der Theilnahme am Morde verdächtig waren, schwelgte: da ward auch der Ritter Rudolf von Wart ergriffen, und mit gebrochenen Gebeinen lebend aufs Rad geflochten. Vergebens hatte seine liebende Gattin vor der rachedürstenden Agnes im Staube gejammert, und um das Leben des Schuldlosen gefleht. Sie folgte dem Geliebten zum Tode, kniete nieder neben dem Marterpfahl, weinte und betete, und verließ die Stätte nicht, bis die theure Seele entflohen war. Fragte die Dulderin wohl nach ihrer Glückseligkeit, als sie, dem Triebe des liebenden Herzens gehorchend, die Martern des Todes mit dem Gatten theilte? Sie that, was ihr die Liebe, die Pflicht gebot; die Thränen, die sie vergoß, waren lindernder Balsam für die Martern des Gatten; beyde trugen vereint die schreckliche Last des Leidens. Und war sie nicht seliger in ihrem Schmerz, als die rachsüchtige Agnes, welche die Lust des bösen Herzens in dem Blut und den Thränen der Unschuldigen kühlte? — Die Rachsucht der Giebeoniter, an welchen der König Saul sich blutig vergangen hatte, forderte den Tod von sieben seiner Söhne zum Opfer, und David, auf das Geheiß eines göttlichen Ausspruchs, überließ ihnen die fünf Söhne Michals, die sie dem Adriel geboren, und die beyden Söhne Rizpa's, welche sie dem Saul geboren, daß sie sie auf dem Berge bey ihrer Stadt aufhängten. Es war zur Zeit des Anfangs der Ernte, als sie starben. Da nahm Rizpa, die Mutter zweyer von den Hingerichteten, ein härenes Tuch, und breitete es sich zum Lager aus auf dem Felsen; hier blieb sie vom Anfang der Ernte, bis daß im Spätjahr Wasser über sie träufelte vom Himmel, und hütete die theuern Leichen, daß kein Vogel des Himmels auf sie fiel am Tage und kein Wild des Feldes in der Nacht. (2 Sam. 21.) Die treue Mutter! warum übte sie diese traurige Pflicht, einsam, im Angesicht der Verwesung, welche die Leiber ihrer Kinder verzehrte, Monate lang? Sie hatte nicht den Trost, die Sterbenden zu trösten; ihre Thränen flossen von niemand bemerkt, ihre Seufzer verhallten ungehört in die Lüfte. Den geliebten Kindern die letzte Ehre zu erweisen, war die traurige Lust ihres liebenden Herzens. Als David hörte, was die Mutterliebe that, ließ er die Gebeine der Gehenkten abnehmen, und ehrlich zur Erde bestatten. Das war der kümmerliche Lohn der Mutterliebe, sie hatte die Schmach von den theuern Todten abgewendet. Nein! die Liebe, die Treue war ihr Lohn, die schmerzliche Erfüllung der Pflicht war ihre Seligkeit.

So wollen wir also die Sittenlehre nicht dadurch entweihen, daß wir sie zur Dienerin unsers immer unlautern Strebens nach Glückseligkeit machen; die reine Himmelstochter wollen wir nicht zu uns hernieder in den Staub ziehen, sondern zu ihr auf wollen wir streben, den Blick wollen wir emporheben zu den verklärten Bildern sittlicher Vollkommenheit, welche sie uns zeigt, ihre ernste, warnende Stimme mit gehorsamem Herzen vernehmen, den Weg betreten, den sie uns zu dem erhabenen Ziele führt!

Der wahre Nutzen der Sittenlehre ist einmal, daß sie unser sittliches Selbstbewußtseyn zum Verstande, zur Weisheit erhöht, uns die Gesetze des sittlichen Handelns erkennen läßt, uns die Musterbilder der Vollkommenheit vor Augen hält, mit einem Worte, daß sie uns belehrt. Wir haben früher gesehen, wie das Selbstbewußtseyn, die selbstbeherrschende Kraft des Verstandes und der Weisheit, den Menschen zum Menschen macht, ihn über die Thiere erhebt und ihn seiner hohen Bestimmung inne werden läßt. Die Sittenlehre, die ächte, ist der Abdruck des wahren menschlichen, sittlichen Bewußtseyns, der Inbegriff aller Weisheit, welche seit Jahrtausenden die größten Geister des Menschengeschlechts und der menschgewordene Gott gefunden und enthüllt haben. Diese Weisheitslehre soll uns nun nicht bloß zur edlen Unterhaltung dienen, als Mittel und Gegenstand der Beschäftigung unseres Verstandes; sie soll zugleich unser Herz rühren und den Samen der edleren, sittlichen

Bestrebung in dasselbe werfen. Die Stimme der Pflicht soll in ihr zu uns reden, ernst, streng, warnend und mahnend, wie das Wort eines Vaters; der sanfte Ruf der Liebe, der heiligen, begeisterten Liebe zu allem Großen und Herrlichen, soll in ihr zu uns ertönen, wie die rührende, lockende Stimme einer Mutter. Des falschen Empfehlungsmittels der Tugend durch die Verheißung der durch sie zu erlangenden Glückseligkeit sich entschlagend, will die Sittenlehre die Tugend und Vollkommenheit unmittelbar durch sie selbst empfehlen, von ihrem innern Werthe überzeugen, nicht durch einen erborgten Schimmer blenden und locken. Ihre großen Worte, die, wie der Gedanke der Ewigkeit, das Herz des Leichtsinnigen erschüttern, sind: du sollst! du kannst! Die Pflicht gebietet, ohne allen Nachlaß, ohne alle Bedingung und Einschränkung; zu jeder Zeit, unter allen Umständen, in jeder Lage des Lebens sollst du wollen und thun, was du sollst. Die zagende sinnliche Natur widerstrebe, wie sie wolle; du sollst! das Opfer, das zu bringen ist, sey noch so schmerzlich; du sollst! das bange Herz schlägt ängstlich, das Auge schwimmt in Thränen; du sollst! Aber, sagt, der sinnliche Mensch: es ist mir zu schwer, ich habe die Kraft nicht, ich erliege unter der Last der Pflicht! Die Weisheit antwortet: du bist frey, du sollst dich frey machen von aller Neigung und Angewöhnung: du kannst, was du sollst, und was du willst! wolle nur so, kannst du! Kann ich die lange genährte Neigung die mit tausend zarten Fäden in mein Herz verwachsen ist, herausreißen, ohne daß es sich verblutet? Du kannst, wenn du willst!

die Kraft der Freyheit ist unendlich! Ich liebe mein Vaterland, ich sehe die Gefahr, die ihm droht, ich möchte es retten, aber soll ich die weinende Geliebte verlassen, ihr schönes Herz der bangen Sorge preis geben? und ach! wenn ich nicht zurückkehrte, würde sie den Schmerz überleben? nein! ich kann nicht! Du kannst, denn du sollst, denn du willst, deinem besseren Selbst nach! Die Kraft der Freyheit ist unendlich, Gott ist in den Schwachen mächtig; er wird das schwache Herz trösten: sey muthig, du kannst! — Du sollst! du kannst! dieser Gedanke kann, wie der Glaube, Berge versetzen, die Welt aus ihren Angeln heben; es ist der Glaube selbst, der Glaube an die Kraft Gottes im Menschen. Und hat der Mensch erst diesen Gedanken gefaßt, ist ihm der Ruf der Pflicht vernehmlich geworden, ist das sittliche Bewußtseyn in ihm erwacht, und hat er sich von den Banden der Sinnlichkeit losgemacht: dann ist alles Uebrige leicht; dann braucht die Weisheit nicht mehr zu gebieten und zu fordern, sie braucht nur zu empfehlen, anzupreisen, und der tugendhafte Mensch folgt willig. „Das ist schön, das ist edel, das ist vollkommen! Ich werde dich nicht verachten, wenn du es nicht thust, aber ich werde dich lieben, dich bewundern, wenn du auch noch diese Höhe ersteigst; du wirst dir selbst in deinen Augen werther erscheinen, ein höheres Gefühl der Selbstzufriedenheit wird deine Brust schwellen." Und der treue Jünger der Weisheit vernimmt kaum diesen Rath, so eilt er schon in die angewiesene Bahn, und strebt, das erhabene Ziel zu erreichen. Ihre schönsten Lehren hat die Weisheit nur denen zu geben, welche reines und edlen Herzens sind; die Rohen, die Unlautern verstehen sie nicht.

Aber, kann man sagen, was helfen eben deßwegen alle sittlichen Vorschriften? wo der Wille schlecht, das Herz roh und verdorben ist, da ist alles Predigen vergeblich. Der Baum bringt gute oder schlechte Früchte nach Maßgabe seiner Natur, der Beschaffenheit seiner Lebenssäfte: und so der Mensch. Wie der innere Quell, so die äusseren Handlungen. Von aussen werdet ihr das Bessere nicht in ihn hineinbringen, und im glücklichsten Fall werdet ihr durch eure Vorschriften nur den Ausbruch der Rohheit und Schlechtigkeit zurückdrängen, den Menschen abrichten, wie man das Thier abrichtet, nicht aber sittlich bilden; oder ihr werdet ihn gar zum Heuchler machen, daß er nur den äusserlichen Schein der Tugend nachahmt, während er innerlich schlecht und verdorben bleibt, wie er von Anfang war. Fern sey es von der Sittenlehre, die Tugend so zu entweihen, daß sie dieselbe in ein äusserliches Werk, in eine äussere Zucht und Angewöhnung verwandelte, und ihr freyes, reiches Leben in die dürftigen Formeln von Lebensregeln zwängte, so daß sie dem Menschen jeden Schritt, den er zu thun hat, vorschriebe, und ihn zu jeder Bewegung und Gebehrde, welche dem sittlichen Menschen ziemt, abrichtete. Leider hat man dieß oft gethan, und thut es noch. Man quält die Menschen mit den Vorschriften guter Handlungen, mit den Warnungen vor Lastern, ohne sie zu überzeugen, warum die einen zu suchen, die andern zu meiden seyn. Man hält ihnen edle Handlungen vor, die sie nachahmen sollen, ohne zu zeigen, von welchem Punkte man auszugehen, welche Mittelstufen man zu übersteigen hat, bis man dahin gelangt, wo solche Handlungen möglich sind. Dieß ist gerade so, als wenn man zu dem Anfänger in der Turnkunst sagte: mache diesen Sprung, klettere an dieser Stange hinauf! bevor man ihm die ersten Uebungen gezeigt, ihm die Kraft, die in ihm liegt, kennen, üben und brauchen gelehrt hat. Besonders hat man die armen Kinder mit diesem Sittenpredigen geplagt, und ihr Ohr und Herz damit betäubt; oder man hat aus ihnen sittliche Drahtpuppen gebildet, vernünftelnde, ängstliche Menschen, ohne Geist und Herz, ohne Eigenthümlichkeit und Gepräge. Daher haben sich die Bessern zu der entgegengesetzten Ansicht gewendet, daß man gar nicht lehren, sondern nur durch die That, durch lebendigen Vorgang und Beyspiel erziehen müsse. Fürwahr, wer möchte die Kraft des guten Beyspiels, der unmittelbaren, lebendigen Anleitung leugnen? Glücklich die Kinder, die solcher Eltern sich freuen, deren Thun und Leben ihnen das Bild der Tugend darstellt, deren Blicke und Gebärden ihnen die Hoheit und Würde eines edlen, großen Gemüths, einer schönen Seele abspiegeln! Ihnen gilt der Wink des Vaters mehr, als die klugen Worte des Sittenlehrers, der beyfallächelnde Blick der Mutter mehr, als die rührendste Schilderung einer fremden schönen That. Bey Kindern soll allerdings die unmittelbare Anleitung mehr thun, als Lehre und Ermahnung; aber doch soll zugleich ihr Herz gebildet und für edle, fromme Gefühle empfänglich gemacht werden; und je mehr sie heranwachsen und am Verstand erstarken, desto mehr soll auch die Erkenntniß ausgebildet werden, aber durch die Erregung der eigenen Selbstthätigkeit.

durch freye Entwickelung dessen, was sie selbst in sich tragen, nicht durch An- und Einlernung fremder, todter Begriffe. Die Ansicht, daß man nur durch das Leben selbst sittlich gebildet werden könne, ist einseitig; denn der Mensch ist ein selbstbewußtes, erkennendes Wesen, und in der Erkenntniß wird er erst sein selbst inne, und tritt mit sich in Einklang. Aber zu entschuldigen war jene Einseitigkeit, weil man die Ausbildung der sittlichen Erkenntniß falsch betrieben hatte. Alle Erkenntniß ist nur dann wahre Erkenntniß, wenn sie selbstthätig gewonnen, aus dem innern Quell der Wahrheit geschöpft ist; und die sittliche Erkenntniß bildet nur dadurch das Herz und den Willen, daß wir uns bewußt werden, unser besseres Selbst fodere, was die Tugend gebietet, das sittliche Gesetz sey unser eigenes Gesetz, das wir in uns selbst tragen. Diese Erkenntniß soll die Sittenlehre geben, indem sie die Selbstthätigkeit innerlich aufregt, das Geistesauge des Menschen in ihn selbst hinein lenkt, daß er erkennt, wer er selbst sey, was in ihm selbst liege. So versucht sie, ob sie selbst den Rohen und Verwilderten zur Einkehr in sich selbst bringen könne; sie hält ihm den klaren, blitzenden Spiegel der Wahrheit vor, den kein Hauch der Lust erblinden macht, und ruft ihm zu: erkenne dich selbst! Sieh das schwarze Bild deines entarteten, befleckten innern Menschen, und sieh daneben den weißen Engel deiner unsterblichen Seele, mit verhülltem Angesicht, trauernd über deinen Abfall! Erschreckt, verschließt er das Auge, und wendet sich ab; aber der Flammenblitz der Wahrheit ist in seine Seele geworfen, er stürzt sich, um ihm zu entfliehen, in die Nacht der Sinnenlust, aber nur heller leuchtet es in ihm; und wenn noch ein Funke der guten Kraft in ihm schlummert, so wird er sich ermannen, sich wiederfinden, und auf den rechten Weg zurückkehren.

Aber, sagen die Freunde der andern Ansicht, das Höchste werdet ihr doch mit der Sittenlehre nicht in den Menschen bringen; die Selbsterkenntniß ist gut, so lange es den Kampf mit der Sinnlichkeit und dem Laster gilt. Aber das Höchste der sittlichen Vollkommenheit ist nicht das Ergebniß des Nachdenkens über sich selbst. Wie die Kunstlehre den Künstler nur Fehler vermeiden, aber nicht eigenkräftig, lebendig schaffen lehrt, so auch die Sittenlehre. Die höchste sittliche Begeisterung ist, wie die Begeisterung des Künstlers und Dichters, unbewußt: ein höherer Geist, den wir nicht der Macht der Selbstbetrachtung unterwerfen können, beseelt den Menschen in den seltenen Augenblicken, in denen er das Höchste vollbringt. Er weiß nicht, was ihn treibt, aber er fühlt, daß es ihn treibt; er weiß nicht, wie er es vollbringen soll, aber er vollbringt es; die Kräfte wachsen ihm, indem er es unternimmt, und wenn er es vollendet hat, so staunt er selbst darüber, daß es ihm gelungen ist. Wer hat die Arria gelehrt, daß es schön und groß sey, ihrem Gemahl in den Tod zu folgen? Hat sie diesen großen Entschluß aus einem Lehrbuche der Sittenlehre geschöpft? Wenn man die Menschen zur Sittlichkeit durch die Lehre erziehen will, so wird jede Handlung die Nachahmung einer früheren seyn, und Neues, Uebertreffendes werden sie nicht vollbringen; aber die Sittlichkeit soll immer neu seyn, immer schönere und herrlichere Schöpfungen hervorbringen.

Wir antworten: ihr kennt die wahre Sittenlehre nicht, noch die wahre Selbsterkenntniß! Das höchste Selbstbewußtseyn ist nicht in der in sich selbst zerspaltenen Ueberlegung und Betrachtung, welche zwischen zwey Entgegengesetzten hin und her schwankt. Wer auf der Höhe der sittlichen Vollendung steht, streitet nicht mit sich, ob er dieses thun und jenes lassen solle; er sieht nur das Eine, das Gute und Schöne, was zu thun ist, er sieht es, und ist auch zugleich entschlossen, es zu thun. Das ist das wahre Selbstbewußtseyn, mit sich einig zu seyn im Einklang der Erkenntniß, des Herzens und des Willens. Wollt ihr das Unbewußtheit nennen, nun wohl! so ist es das Ziel der sittlichen Selbsterkenntniß, nach dieser Unbewußtheit zu streben, sich los zu machen von allen Fesseln der Eigensucht, jeden Widerstreit in sich zu beschwichtigen, und sich hinzugeben der höheren Gewalt, sich hinein zu stürzen in das Meer des ewigen Lebens, in welchem wir nicht mehr uns selbst mit eigenem Willen und Streben, sondern als Tropfen des großen Oceans fühlen, und dem Wehen des darin webenden heiligen Geistes folgen, wohin er uns treibt. Die ächte Sittenlehre schreibt keine bestimmten Handlungen vor, maßt sich nicht an, die Fülle der Mannichfaltigkeit des Lebens in enge Kreise zu bannen; sie weiß wohl, daß der Geist schöpferisch waltet und stets Neues, die bisherigen Vorstellungen Uebertreffendes hervorbringt. Sie will nur das Herz für die belebende bildende Kraft des Geistes öffnen, und diese darin erregen und entzünden; sie will die harte Rinde, welche die Rohheit und Verbildung um die Brust des Menschen legt, durch das sanfte Feuer der Ueberzeugung erweichen, daß die hervorbrechende innere Kraft sie sprenge, und der erlöste Geist die Fittiche entfalten und sich frey in die Lüfte schwingen könne.

Zweytens besteht der Nutzen der Sittenlehre darin, daß sie uns die Anweisung gibt, wie wir zur Tugend erzogen und darin geübt werden können. Indem sie uns unsere wahre Bestimmung und die uns verliehenen Anlagen zur Sittlichkeit kennen lehrt, zeigt sie uns zugleich die Hindernisse, welche der Entwickelung derselben im Wege stehen, und die Mittel, diese Hindernisse wegzuräumen, und die innere, selbstthätige Kraft zu befreyen, zu stärken und zu leiten. Allerdings ist es nicht genug, die Erkenntniß zu haben, wir müssen auch darnach handeln; handeln aber erfordert Kraft und Uebung. Der Geist steht im beständigen Kampfe mit der Sinnlichkeit, im Siege des ersten besteht die Tugend. Viele Menschen schwanken ihr ganzes Leben hindurch zwischen diesen widerstreitenden Gewalten. Sie haben die Erkenntniß, und wissen, was die Gesetze des Geistes fodern, wollen auch denselben nachleben; aber sie haben die Kraft nicht, dieselben zu vollziehen, weil sie in den Banden der Sinnlichkeit liegen, und so ist ihr Leben ein beständiger Wechsel von guten Vorsätzen, Sünde, Reue und Versuchen zur Besserung. Und wie sind sie in diesen Zwiespalt mit sich selbst gekommen? Wir alle liegen von Natur in den Banden der Sinnlichkeit, und sind mit unserm bessern Selbst entzweyt; aber wenn wir von Jugend auf geübt werden in der Ueberwindung unserer Neigungen und Begierden, so gewinnt der gute Wille Kraft, der bessern Erkenntniß zu folgen, und je weiser und verständiger wir werden, desto mehr werden wir des Sieges mächtig. Wer aber nicht frühe schon kämpfen und überwinden gelernt hat, bleibt sein Lebenlang ein Sklave der Sinnlichkeit. Der junge Herkules zerdrückte schon in der Wiege die Schlangen, die an ihn heran krochen, und so konnte er als Mann jene ungeheure Schlange überwinden, und so viele Kämpfe der Tapferkeit bestehen. O wachet, Eltern, wachet über eure Lieblinge schon in der Wiege, daß die Schlangen der bösen Lust sie nicht umschlingen, und mit ihrem Gifthauch die reinen unschuldigen Seelen verderben! Mit dem ersten Athemzug beginnt in uns der Kampf des Geistes mit der Sinnlichkeit, und kaum erwacht in uns das Gefühl des Bedürfnisses, so erwacht auch die Selbstsucht. Engel in körperlicher Hülle sind euch, Mütter, in die Arme gelegt, und eurer zarten, frommen Sorge anvertraut! Ihre Flügel sind von der irdischen Kälte erstarrt: an der Geisteswärme eures Herzens sollen sie erwarmen, und sich entfalten. O vergeßt nie den Engel über der irdischen Hülle, vergeßt nicht, daß der Himmelsgeborne sich hier reinigen soll von den Schlacken der Erde! Stärket früh die Kraft der jungen Seele, richtet ihre Liebe nach oben, erdrückt die bösen Neigungen im Keime, und seht nicht mit schwächlicher Weichheit dem Eigensinne, dem Hange zur Sinnlichkeit nach! Und ist der junge Held erstarkt, so lehre ihn der Vater die schwerern Uebungen der Tapferkeit und Geduld, der Entsagung und Selbstbeherrschung, und bereite ihn vor auf den langen, harten Kampf des Lebens.

Zwölf Arbeiten bestand Herkules; hatte er die eine vollbracht, so erwartete ihn die andere, nie freute er sich des Sieges, und ein beständiger Kampf war sein Leben. Dieses Loos ist auch das unsrige: aus einer Prüfung gehen wir in die andere; und haben wir einer Versuchung widerstanden, so drohet uns schon wieder eine neue. Die Sittenlehre weist uns an, wie wir uns zu diesen Prüfungen rüsten, wie wir uns in der Tugend üben sollen, damit uns der Sieg immer leichter werde. Wohl uns, wenn wir ihren weisen Lehren folgen! Wenn wir die Waffen, die sie uns reicht, mit Muth und Klugheit gebrauchen, und den Helm der Besonnenheit auf dem Haupte, den Schild der Mäßigung auf der Brust, das Schwerdt der Tapferkeit in der Hand, dem Feinde entgegen gehen: so kann uns der Sieg nicht fehlen. Und wenn uns das Erdengift des Todes den Leib verzehrend durchdringt, so empfangen uns die himmlischen Läuterungsflammen, und die unsterbliche Seele schwingt sich auf zum Urquell des Lichtes, aus welchem sie entsprungen.

Dritte Vorlesung.

Beschluß der Einleitung: von den Quellen der Sittenlehre.

Ehe wir an die Entwickelung der Sittenlehre selbst gehen, müssen wir zuvor ihre Quellen kennen lernen; ehe wir die Wahrheiten, die sie uns lehrt, vernehmen, müssen wir wissen, woher sie dieselben schöpft und worauf sie sie gründet. Sie will das Gebäude des menschlichen Lebens, im Zusammenhange der Gesetze desselben vor dem Auge der Betrachtung aufführen, und wir fragen mit Recht vorher, auf welchem Grunde sie dieses Gebäude aufführen will?

Vielleicht denken Manche unter Ihnen: diese Frage wollen wir den Gelehrten überlassen, welche die Sittenlehre behandeln. Wir sind nicht dazu aufgelegt, über die Gründe der Wahrheit nachzudenken, wir wollen, daß uns dieselbe einleuchtend, anziehend, lebendig und eindrücklich vorgetragen werde: der Vortragende mag sich bey den Gelehrten rechtfertigen über die von ihm gewählte Lehrart und den Gang seiner Forschung; wir wollen unmittelbar die Ergebnisse seiner Forschung empfangen, und unser Herz wird uns sagen, ob sie richtig sind; die Wahrheit wird uns unmittelbar überzeugen, das Gute sich selbst empfehlen.

Ja, eben dieß ist das schöne Ziel, meiner Bemühungen, mit Ihrem Herzen, mit Ihrem unbestochenen Wahrheitssinn stets in Einklang zu bleiben. Was ich ausspreche, soll in Ihrem Gemüthe wiederklingen; ich möchte der Ausleger Ihrer innersten, eigensten Gefühle seyn, und, was in Ihrem Herzen lebt, hervor in das Licht der gemeinsamen Betrachtung ziehen. Ich will Sie überzeugen, nicht durch die Fülle der Rede übertäuben, nicht durch die Blendlichter künstlich gestellter Gründe täuschen. Aber eben deßwegen muß ich mit Ihrem Herzen und ihrem Wahrheitssinn von Grund aus in Einklang und Wechselwirkung zu treten suchen, und nicht bloß lehren, sondern auch belehrt werden wollen. Ueberzeugung ist nur möglich durch die Einwirkung auf den selbstthätigen Geist des zu Belehrenden und durch die Rückwirkung desselben auf den Lehrenden. Seht den aufmerksamen Schüler, wie er den forschenden Blick auf das leuchtende Angesicht des Lehrers heftet, und in seinem Auge den zündenden Blitz der Wahrheit sucht! Der Lehrer müht sich lange den rechten Ausdruck zu finden, aber vergebens; noch blickt ihn der Schüler fragend an, und hat ihn nicht verstanden. Endlich hat sich Geist und Geist getroffen, das Licht der Wahrheit hat den Weg zum Herzen gefunden, das erhellte Auge des Schülers verkündigt dem Lehrer, daß es ihm gelungen ist, ihn zu überzeugen, und mit freudiger Sicherheit schreitet er in der Mittheilung fort; denn er hat nun den Weg des Verständnisses gefunden. Ja, er hat selbst dabey gelernt; denn er hat gesehen, wie er die Wahrheit in der besondern Beziehung auf den geistigen Zustand des zu Belehrenden anfassen und darstellen soll; es ist ihm eine Seite derselben klarer geworden: irgend ein Vorurtheil, irgend ein Irrthum, mit dem sie zu kämpfen hatte, und das Mittel, denselben aus dem Wege zu räumen, ist ihm zur unmittelbaren Erkenntniß gekommen; er ist der Wahrheit mächtiger geworden. Aller Unterricht beruht auf Wechselwirkung der Geister, ist ein Gespräch des Geistes mit dem Geiste. Ueberzeugung ist nur möglich durch Selbstthätigkeit des zu Ueberzeugenden, Wahrheit ist nur für den Erkennenden da, sie ist nur Wahrheit, in sofern sie erkannt wird; Erkenntniß aber ist Selbstthätigkeit, lebendige Auffaßung, innerliche Verarbeitung, Aneignung. Was der Geist gewinnt, kann er nur durch Selbstthätigkeit gewinnen, denn er ist ein selbstthätiges Wesen. Er ist nicht, wie ein Spiegel, der die in ihn einfallenden Bilder wiedergibt, wie sie sich ihm darstellen; sondern wie das Auge (durch das er auch am lebendigsten zu uns spricht) die empfangenen Bilder der gestaltenden Kraft der Einbildung übergibt, um sie in die selbstgeschaffene Welt der Vorstellungen einzureiben: so faßt er nichts auf, ohne es selbstthätig zu gestalten, so gibt er nichts wieder, ohne ihm sein Gepräge aufgedrückt zu haben. Wie ein Schall in den Saiten des Instruments durch die ganze Tonleiter hindurch wiedertönt, wie der tonlose Windzug die Aeolsharfe zu lieblichen Harmonien aufregt: so empfängt der Geist keinen Eindruck, ohne denselben selbstthätig zu verarbeiten, ohne in seiner innerster Kraft aufgeregt zu werden. Die Stimme des Lehrers hallt im Gemüthe des Lernenden wieder nach den Gesetzen seiner innern Harmonie, und nur die gleichgestimmten Gemüther werden sich zum lieblichen Wohlklang in einander verschmelzen. Wie zahlreich und gemischt die Versammlung sey, vor welcher der Redner auftritt; er muß sich im Geist ein Gesammtbild von ihr entwerfen, das geistige Auge derselben muß ihm vor der Seele stehen, in das er, wie der Lehrer in das Auge des Schülers, blickt, um darin den Ausdruck des Verständnisses, der Befriedigung zu lesen. So, wenn ich durchdenke und niederschreibe, was ich Ihnen vortragen will, versetze ich mich schon im Geist an diese Stelle, und prüfe, was Ihrem Sinn und Gefühl entsprechen kann, und während ich zu Ihnen rede, so fühle ich, ohne daß ich ein bemerkbares Zeichen empfange, ob ich verstanden werde, und ob Ihr Geist und Herz dem meinigen befreundet entgegenkommt.

Aber eben deßwegen nehme ich Ihre Selbstthätigkeit und Mitwirkung für Alles in Anspruch. Alles, was ich vortrage, soll vor Ihren Augen entstehen; von dem Gewebe, das ich vor Ihnen ausbreiten will, soll Ihnen jeder Faden und die Art seiner Verschlingung klar werden, ohne daß ich Sie doch mit dem Rüstzeug der Wissenschaft und ihrem trockenen Formelwerk behellige. Nicht das Werk, sondern die Thätigkeit, durch welche es zu Stande kommt, soll die Gabe seyn, die ich Ihnen biete. Und wie schwach und gering diese Thätigkeit sey, so ist sie die schönere Gabe. Nichts schöneres kann der Mensch bieten, als die Thätigkeit seines Geistes, die Absicht, die Gesinnung, das Bemühen. Nicht die tugendhafte Handlung hat den höchsten Werth, sondern die Tugend; nicht der Beweis der Liebe, sondern die Liebe; und die edle wohlwollende Handlung gilt nur in so fern, als sie uns den Blick in das innere Leben des Gemüths öffnet. Wo Geist und Geist, Herz und Herz einander so innig vertraut sind, daß sie offen vor einander da liegen: da bedarf es nicht der Handlungen und Werke mehr, da ist schon die Regung der Liebe, der Wille, der Entschluß genug; da ist jeder unmittelbare Aus- und Abdruck überflüßig. Glücklich, wer ein Herz so sein nennen kann! denn was wir mit unsrer schwachen Kraft vollbringen, ist doch immer nur ein unvollkommener Abdruck unsers Innern; die Lebenswärme erkaltet, wenn sie in den äussern Stoff bildend übergeht, das Licht des Geistes erbleicht, wenn es sich im trüben Mittel bricht. Mit der Wissenschaft ist es, wie mit der Tugend und Liebe; denn sie ist selbst eine Tugend und Liebe; die Sittenlehre zumal ist innig verbunden mit der Sittlichkeit, welche ihr Gegenstand ist: an ihr, wie an der sittlichen Handlung, hat nur die Liebe, das Bestreben, die Thätigkeit, wahren Werth; der sittliche Geist, der sich in ihr ausspricht, gibt ihr die Bedeutung und die Kraft der Ueberzeugung, nicht die Bündigkeit der Begriffe, noch die Klarheit und Lebendigkeit des Ausdruckes. Und so will ich Ihnen meine sittliche Ansicht ganz und aus der Tiefe meines Innern mittheilen; Sie sollen sehen, wie Alles in mir zusammenhängt, wie eins das andre trägt und stützt, wie eins des andern Grund und Folge ist. Sie sollen Zeuge seyn, wie ich mich bemühe, die sittliche Wahrheit zu finden, welchen Weg ich in ihrer Erforschung betrete, welche Richtung ich der Betrachtung gebe;

Sie sollen Zeuge und Theilnehmer seyn, Ihre Mitwirkung soll mich unterstützen und leiten.

Damit Sie aber vollständig sehen, welchen Weg ich in der Erforschung der sittlichen Wahrheit einschlage, muß ich Ihnen von den Quellen, aus welchen ich schöpfe, Rechenschaft geben. Sind es nicht die rechten, begehe ich gleich zu Anfang den Fehlgriff, die Wahrheit da zu suchen, wo sie nicht zu finden ist: so ist all mein Bemühen vergeblich. Ich kann die Wahrheit nicht finden, wenn ich sie nicht auf dem rechten Wege suche; ich kann sie wenigstens nicht in ihrer Tiefe, ihrem Zusammenhang und umfassenden Umfang erkennen; nur einzelne Bruchstücke vielleicht, einzelne Strahlen ihres Lichtes, können in das Flickwerk und Dämmerbild der Täuschung und Lüge eingehen; aber das Ganze kann keine innere, feste Haltung, Folgerichtigkeit und Klarheit haben.

Es sind drey verschiedene Ansichten über die Quellen der sittlichen Wahrheit zu prüfen, nach welcher Prüfung sich zeigen wird, ob wir uns für die eine oder die andere zu entscheiden, oder ob wir vielleicht einen Mittelweg einzuschlagen haben. Die erste ist die der Ungläubigen und Zweifelnden, welche alle Sittengesetzgebung für das Erzeugniß der menschlichen Willkür, für die Erbschaft der Ueberlieferung und für das veränderliche Mittel und Werkzeug der Klugheit halten. Die zweyte ist die der Weisheitsforscher, welche an eine ursprüngliche Erkenntniß der Vernunft glauben, und aus den Gesetzen derselben den ganzen Inbegriff der sittlichen Wahrheit abzuleiten sich unterfangen. Die dritte ist die der gläubigen, strengen

Christen, welche die sittliche Wahrheit in ihrer Reinheit aus der göttlichen Offenbarung ableiten, und der menschlichen Natur die Fähigkeit absprechen, eine befriedigende Weisheitslehre aufzustellen, und die Idee der höchsten Tugend zu fassen.

Zuerst also die Ansicht der Zweifler, welche an keine schlechthin geltende Wahrheit im Gebiete der Sittenlehre glauben, welche kein Urtheil über das, was recht und gut ist, als unabhängig, untrüglich und in sich selbst sicher anerkennen wollen. Dieses Geschlecht von Zweiflern ist heut zu Tage, Gott sey Dank! aus der Schule ganz verdrängt; wer jetzt ihre Lehre wissenschaftlich ausgebildet vortragen wollte, würde sich dem öffentlichen Gelächter und der allgemeinen Verachtung Preis geben. Aber im Leben finden sich noch viele Anhänger dieser trostlosen Ansicht; aus dem Lichte der Wissenschaft verdrängt, hat sie sich in das Dunkel unlauterer Gemüther zurückgezogen, in welchen kein Glaube ist an das in sich feste und ewige Leben des Geistes, keine Achtung vor dem Heiligen, keine Liebe zu dem, was den Werth in sich selbst trägt, welche nichts als den Nutzen kennen, nichts als die Gewalt und das Herkommen ehren. Nur unter den Rechtsgelehrten gibt es noch Manche, welche die mit dieser sittlichen Ansicht verwandte Ansicht von dem Rechte haben, die an kein ursprüngliches Recht, an keine vernünftige Gesetzgebung für das Leben der Menschen im Staate glauben, sondern alles, was darüber gilt, nur für das nach und nach entstandene Werk der menschlichen Klugheit und Gewalt, für das Ergebniß willkürlicher Abmachung und Festsetzung halten, und diejenigen für Schwärmer erklären, welche von einem Vernunftrecht reden, und darauf dringen, daß nach demselben die bürgerliche Gesetzgebung umgebildet und verbessert werde.

In der That hat diese Ansicht einen gewissen Schein für sich, und diejenigen, welche sich derselben ergeben haben, verdienen einige Entschuldigung. Setzen wir uns in die Stelle der Rechtsgelehrten! Ist eine verwickelte Rechtsfrage zu entscheiden: dürfen sie wohl das Gefühl der Billigkeit fragen, das in ihrer Brust für den einen oder den andern der streitenden Theile spricht? Nein! sie müssen die Bücher fragen, in welchen solche Fälle entschieden sind. Und welche Bücher sind dieß! In Staaten, welche keine eigenthümliche Gesetzgebung haben, sind es nicht etwa bloß solche Bücher, welche die Aussprüche einheimischer Rechtsverständigen enthalten, die im Einklange mit der Sinnesart und den Sitten des Volkes, in Beziehung auf die aus dessen innerm, eigenem Wesen entsprungenen Rechtsverhältnisse, die Vorschriften des Rechts gegeben haben; sondern die Festsetzungen der Rechtsgelehrten eines fremden, alten Volkes, das eine ganz andere Religion, Verfassung und Sitte hatte, sind es vorzüglich, welche heut zu Tage noch in mehreren Staaten über Recht und Unrecht entscheiden. Und in welcher Verwirrung finden sich diese Satzungen unter einander gemischt! Späteres hebt Früheres auf, oder ist auf dieses willkürlich aufgesetzt; kein durchgreifender, lichtvoller Gedanke, kein Faden, der sich durch das Ganze zieht, keine Bildung aus Einem Guß. Das Gebäude dieser Rechtsgelehrsamkeit ist ein großer Scherbenberg, in welchem verschiedene Völker und Zeiten die Trümmern und Schalen ihres

Rechts und ihrer Verfassung in den zerstörenden Fluthen der Völkervermischung abgesetzt haben. Wen nun der Beruf angewiesen hat, sein Leben lang in dieser Aufschichtung zu wühlen und einige Ordnung in das Gemisch zu bringen: können wir es einem solchen verargen, wenn er den Blick in die freye menschliche Natur verliert? — Und wie oft widerstreitet die Entscheidung des herkömmlichen Rechts dem natürlichen Gefühl der Billigkeit! Das strengste Recht ist oft das größte Unrecht, und dann gibt es keinen Trost, als das harte Wort: das Recht muß gelten, und sollte die Welt darüber untergehen! (Fiat iustitia, et pereat mundus.) Nur zu wahr ist, was der Dichter sagt:

Es erben sich Gesetz und Rechte
Wie eine ew'ge Krankheit fort,
Sie schleppen von Geschlecht sich zum Geschlechte,
Und rücken sacht von Ort zu Ort.
Vernunft wird Unsinn, Wohlthat Plage;
Weh dir, daß du ein Enkel bist!
Vom Rechte, das mit uns geboren ist,
Von dem ist leider! nie die Frage.

Jene verstockten und eingerosteten Rechtsgelehrten haben wohl darin Recht, daß sie das, was gilt, wofür die öffentliche Macht sich erklärt hat, so lange es gilt, für die Regel halten, wornach zu entscheiden ist. Der Ausspruch der Vernunft, das Urtheil des Gefühls über Recht und Unrecht, kann nicht ohne weiters zum Gesetz werden: denn sonst würden wir in einen gefährlichen Zustand der Unsicherheit gerathen. Die glücklichen Zeiten sind nicht mehr, als der Fürst oder der Richter auf dem Markt oder im Thore der Stadt saß, und Recht sprach nach keinem andern Codex, als nach dem Gefühle seines Herzens! Wie ein Gottesurtheil verehrten die Streitenden seinen Ausspruch, und leicht war aller Hader geschlichtet. Unsere Verhältnisse sind zu verwickelt, als daß der einfache Sinn der Wahrheit sie lösen könnte. Aber weiter sollten die Rechtslehrer auch nicht gehen, als daß sie Gehorsam und Unterwerfung unter ihre Rechtsaussprüche fodern, weil es die Ordnung der Dinge nicht anders mit sich bringt, als daß ein festgesetztes Recht gelte; nicht aber sollten sie das Gefühl des Herzens verachten, welches sich oft dagegen empört, und das Recht für Unrecht erkennt; sie sollten nicht daran zweifeln, daß nach diesem Gefühle die Gesetzgebung könne und solle gebessert werden, wenn die öffentliche Macht demselben Gehör geben wollte, daß es ein ewiges angebornes Recht gibt, von welchem alle Gesetzgebung nur der unvollkommene Abdruck ist, und daß es ihres Amtes wäre, dieses ursprüngliche Recht zu erforschen, und dazu beyzutragen, daß es in die bürgerliche Gesetzgebung eingeführt würde.

Welche Scheingründe können aber diejenigen gebrauchen, welche sogar im Gebiete der Sittlichkeit nichts Ursprüngliches und Allgemeingültiges anerkennen wollen? — Sie führen an, daß in den Sitten und sittlichen Begriffen der verschiedenen Völker in verschiedenen Zeiten so viel Abweichendes, ja Widersprechendes sey. Wir halten es für das Erste und Unerlaßliche eines sittlichen Verhaltens, daß man die Gesetze über Mein und Dein beobachte, einem jeden sein Recht gebe, und ihn nicht beraube und bestehle. Was aber kümmern sich rohe, wilde Völker darum? Die Bewohner von Otaheiti machten sich kein Gewissen daraus, den Englischen Seefahrern wegzustehlen, was irgend ihre Augen reizte. Die arabischen Beduinen lauern auf die Caravanen in der Wüste, fallen über Menschen her, die sie nie beleidigt haben, und plündern sie rein aus. Erkennen diese auch nur die ersten Anfangsgründe der Sittlichkeit? Die Raubritter des Mittelalters dachten eben so; sie beraubten den friedlichen Kaufmann ohne Scheu, und suchten sogar in diesem Gewerbe eine Art von Ehre. — Bey uns gilt die Ehe mit der Mutter für ein Verbrechen, vor welchem die innerste Natur erbebt, und König Oedipus beraubte sich zur Strafe, weil er unwissend mit seiner Mutter in der Ehe gelebt, des Augenlichtes; bey den Assyrern und alten Persern hingegen war diese Ehe durch religiösen Aberglauben geheiligt. — Mehr als ein Weib zu haben, ist bey uns durch göttliche und menschliche Rechte verboten; aber selbst die alten Hebräer noch fanden in dieser Sitte nichts Strafwürdiges. — Das Christenthum gebietet, auch selbst die Feinde zu lieben; aber die Wilden suchen ihren Ruhm darin, daß sie ihre gefangenen Feinde zu Tode martern, und wohl gar ihre Leiber mit scheuslicher Eßlust aufzehren.

Wenn man aber auch diese Beyspiele von Verschiedenheit in den sittlichen Begriffen der verschiedenen Völker noch mehr häuft, wie es nicht schwer seyn würde: so wird damit nur bewiesen, daß die Menschen nicht immer auf die gleiche Weise das sittliche Gefühl ausgebildet und in den äusseren Sitten ausgesprochen haben. Wir schätzen eine sittliche That nicht ohne weiteres nach ihrer Uebereinstimmung mit einer anerkannten Regel, sondern nach der Gesinnung, aus welcher sie geschieht: und so müssen wir auch die Sitten der Völker beurtheilen. Die Beduinen Arabiens sind roh und räuberisch, aber dabey edel und in ihrer Art gerecht. Sie berauben die Reisenden, weil sie sich für die Herren der Wüste halten, und jeden Fremden, der sie betritt, als ihnen zinspflichtig ansehen: hat er ihnen keinen Wegezoll entrichtet, so glauben sie ein Recht zu haben, ihn zu berauben. Aber sie sind dabey mitleidig und großmüthig. Sie werfen den Ausgeplünderten wieder einige Kleidungsstücke zu, um ihre Blöße zu decken, sie geben ihnen die Lastthiere zurück, damit sie ihre Reise fortsetzen können, ja, sie begleiten sie oft auf ihrem Wege, damit sie nicht in der Wüste umkommen. Denselben Reisenden, den ein Beduine, in der Wüste angetroffen, ausgeplündert haben würde, empfängt er, wenn er Schutz in seinem Gezelt sucht, gastfreundlich, und vertheidigt ihn gegen seine Verfolger mit Gefahr seines Lebens. Von der Sicherheit auf der Straße, und daß man den friedlichen Reisenden ruhig ziehen lassen müsse, haben diese Menschen keinen Begriff; aber das Zelt ist ihr Heiligthum, die Gastfreundschaft ihre Tugend. Das sittliche Gefühl können wir ihnen nicht absprechen, sie achten, was ihnen pflichtmäßig und heilig ist; aber ihnen ist nicht alles das heilig, was uns heilig ist, weil sie noch nicht vollkommen bürgerlich und sittlich ausgebildet sind. Die Ritter des Mittelalters waren im Kriegszustand mit den ruhigen Bürgern, weil diese ihre anmaßlichen Ansprüche nicht befriedigen, ihre Burgrechte nicht anerkennen wollten, weil überhaupt damals der Landfriede noch nicht anerkannt war. Aber diese rohen Räuber und Zwingherren beugten ihre Kniee in Andacht vor dem Heiligen, hielten ihr gegebenes Wort, verfochten die Sache der Unschuld, und folgten dem aufgehobenen Kreuze zum Kampfe gegen die Feinde des Glaubens, verlassend ihre Weiber und Kinder, ihre Burgen und Güter dem Verfalle preisgebend. Sie erkannten etwas Heiliges an, wofür sie Gut und Leben opferten; und die hingebende Begeisterung, welche sie für die gemeine Sache der Christenheit bewiesen, beschämt die kalte, eigensüchtige Gleichgültigkeit unserer Zeitgenossen, welche sich ihrer sittlichen Verfeinerung rühmen. — Das eheliche- und Familien-Leben ist nicht überall so zart und rein ausgebildet, wie unter den christlichen Völkern, und vornehmlich fehlt vielen die zarte Achtung und Sorge für die Keuschheit und Scham; aber kein Volk, es müßte dann unter der Stufe nicht bloß der Bildung, sondern selbst des Naturlebens stehen, verleugnet die Gefühle der Eltern- und Kindes-Liebe, die Grundgefühle der Menschlichkeit; überall trifft man auf das Heiligthum der Häuslichkeit, und wäre es auch in einem Felsen oder hohlen Baume aufgeschlagen; überall brennt das heilige Feuer der Göttin des Heerdes. Der Säugling liegt an der Brust der Mutter, und lallt ihr den Dank des zum frohen Lebensgefühl erwachenden Herzens zu; die Mutter beugt sich lächelnd über ihn, und der Vater tritt hinzu, und freut sich des gedeihlichen Wachsthums des kleinen Lieblings.

Als die Engländer zum ersten Mal an der Insel Otahaiti gelandet hatten, sahen sie sich von den

Einwohnern in einem förmlichen Treffen angegriffen, und genöthigt, durch etliche Flinten- und Kanonen-Schüsse sich Achtung und Ruhe zu verschaffen, wobey mehrere Indianer ums Leben kamen. Einige Zeit später nach hergestelltem Frieden erblickte der englische Befehlshaber am Lande jenseit des Flusses ein altes Weib, welches heftig weinte. Sobald sie merkte, daß man die Augen auf sie gerichtet hatte, schickte sie einen Jüngling mit einem grünen Zweige in der Hand durch den Fluß, welcher eine lange, unverstandene Anrede an den Engländer hielt, und den Zweig zu dessen Füssen niederlegte. Hierauf kehrte er zurück, und brachte die Alte selbst herüber, mit welcher ein anderer junger Mann kam, welcher ein Geschenk von Mastvieh überbrachte. Die Alte sah jedem der Engländer der Reihe nach ins Gesicht, und brach von neuem in bittere Thränen aus; und als der Jüngling, welcher sie herbeygeführt hatte, in des Befehlshabers Gesicht Mitleid und Erstaunen las, hielt er eine zweyte, noch längere Anrede an ihn, die aber eben so wenig verstanden wurde, als die erste. Hierauf bemühte sich die Alte, durch Zeichen die Ursache ihres Schmerzes zu erkennen zu geben; und es gelang ihr. Man merkte, daß ihr Gatte und drey von ihren Söhnen in dem neulichen Gefechte mit dem Schiffe umgekommen waren. Als sie geendigt hatte, sank sie, vom Schmerz übermannt, den beiden jungen Männern, welche vermuthlich ihre noch übrigen Söhne und ebenfalls heftig bewegt waren, ohnmächtig in die Arme. Der Englische Befehlshaber suchte sie zu trösten, und wollte ihr ein Gegengeschenk machen; aber sie war nicht dazu zu bewegen, es anzunehmen. Sie reichte ihm zum Zeichen der Freundschaft und Versöhnung die Hand, und ließ sich wieder fortführen. — Rührend ist dieser edle großmüthig verzeihende Schmerz einer Gattin und Mutter, um so rührender, als er sich nicht durch die Sprache, sondern nur durch Thränen und Gebehrden ausdrücken konnte. Durch den Schleier, den die unverständliche Sprache über ihre Gedanken und Gesinnungen zog, brach der Schmerz in natürlicher Sprache hervor, welche jedes menschliche Herz versteht. Der Sprache sind Sitten, Gesetze, Gebräuche zu vergleichen, welche ein Volk von dem andern unterscheidet, oft eben so unverständlich und Mißverstand erzeugend, als jene. Aber hinter der vielleicht verzerrten Maske weint ein menschliches Auge, unter der fremdartigen Hülle schlägt ein Herz von Schmerz und Lust bewegt; die menschliche Natur trägt überall den Himmelskeim der Liebe in sich.

Im amerikanischen Kriege schlug eine Schaar vom Stamme der Abenakis einen Haufen Engländer in die Flucht, und ein junger englischer Offizier sah sich von zwey Wilden verfolgt, denen er nicht entrinnen konnte. Entschlossen, sein Leben so theuer als möglich zu verkaufen, setzte er sich zur Wehre, und kämpfte mit Verzweiflung. In diesem Augenblick legte, in einiger Entfernung, ein alter Amerikaner den Pfeil auf ihn an, und drohte ihn zu durchbohren; aber sogleich ließ er den Bogen sinken, lief auf ihn zu, und warf sich zwischen ihn und seine Gegner, welche sich sogleich ehrerbietig entfernten. Der Greis nahm den Engländer bey der Hand, sprach ihm durch Liebkosungen Muth ein, und führte ihn in seine Hütte, wo er ihn wie einen Sohn behandelte, ihn die Sprache seiner Volkes lehrte, und in den bey demselben üblichen

Kunstfertigkeiten unterwies. Bisweilen heftete er lange den Blick auf ihn, und vergoß Thränen. Im nächsten Frühjahr zog der Stamm wieder in den Kampf; auch der Greis machte sich auf, und der Engländer begleitete ihn. Man befand sich bald im Angesicht eines englischen Lagers. Da sagte der Wilde zu dem Engländer: Siehst du deine Brüder, welche uns zum Kampfe erwarten? Ich habe dir das Leben gerettet, dich die Waffen bereiten und führen gelehrt, dich zum Jäger und Krieger gebildet; du verdankest mir Alles. Könntest du so undankbar seyn, dich zu deinen Brüdern zu schlagen, und die Waffen gegen uns zu kehren? Der Engländer betheuerte, daß er lieber tausendmal sterben, als das Blut eines Abenakis vergiessen wolle. Da sah ihm der Greis ins Gesicht, und sagte mit einem Tone, in welchem sich Schmerz und Zärtlichkeit mischte, zu ihm: Hast du einen Vater? — Er lebte noch, antwortete der Jüngling, als ich mein Vaterland verließ. — O wie unglücklich ist er! rief der Wilde. Nach einer Pause fuhr er fort. Ich war auch Vater; ich bin es nicht mehr! Mein Sohn fiel im Kampfe an meiner Seite; er fiel als Mann, bedeckt mit Wunden, und ich habe ihn gerächt, ja, ich habe ihn gerächt! Er sagte dieses mit starker, aber schluchzender Stimme; der Schmerz übermannte ihn; er zitterte, seine Augen starrten, und hatten keine Thränen. Nach und nach ward er ruhiger, und sich gegen die aufgehende Sonne wendend, sagte er zu dem jungen Engländer: Siehst du diese schöne Sonne im Glanze des jungen Lichtes, macht es dir Freude sie zu sehen? — Ja, antwortete dieser, es macht mir Freude sie zu sehen. — Mir, sagte der Greis, einen Strom von Thränen vergießend, macht es keine mehr! Hierauf wies er auf einen Baum, der in voller Blüthe stand. Siehst du diesen schönen Baum, sagte er, macht es dir Freude ihn zu sehen? — Ja, es macht mir Freude ihn zu sehen. — Mir macht es keine mehr, sagte der Greis. Geh, setzte er schnell hinzu, geh in dein Land zurück, auf daß es deinem Vater noch Freude mache, die aufgehende Sonne und die Blumen des Frühlings zu sehen! — So fühlte ein Wilder! Sein Herz, erstorben für die Freude des Lebens, wollte, daß ein Vater, fern jenseits des Oceans, der Genosse eines feindlichen Volkes, Freude hätte am Sonnenaufgang und an den Blumen des Frühlings! — Und dieser liebende Vater hatte während seines Lebens wer weiß wie vielen Feinden das Haar vom Schädel gezogen, wir nennen ihn mit Recht einen Barbaren; aber er trug doch ein menschlich fühlendes Herz im Busen. — Die Wilden sind grausam gegen ihre gefangenen Feinde und freuen sich der Martern, mit denen sie ihnen den Tod geben; aber sehn wir nicht auf diese Grausamkeit, betrachten wir die rohe, aber starke Tugend der Gemarterten, mit welcher sie die Freude ihrer Feinde an ihren Qualen durch spottende Unempfindlichkeit zu täuschen suchen. Es ist ihre Ehre, ihr Märtyrerthum, freudig in Qualen zu sterben; auch in der Rohheit zeigt sich das Gefühl der Menschenwürde.

Diejenigen, welche die ursprüngliche sittliche Kraft im Menschen leugnen, haben wohl nie die Kinder beobachtet in ihrer geistigen Entwickelung. Wie der Gärtner sich am Morgen überrascht sieht durch die aufgebrochene schöne Blume, welche er am Abend noch verschlossen fand: so staunen wir oft über die in den jungen Herzen erwachenden sittlichen Gefühle und ihre selbstständigen, entschiedenen Urtheile über menschliche Thaten. Kinder lesen keine Geschichten, ohne ganz bestimmt und entschieden Parthey für und gegen die handelnden Personen zu nehmen; und wahrlich sie wählen nicht schlecht! Sie treten nicht auf die Seite der Macht und des Glücks, sondern der unterdrückten Unschuld, und vergießen aufrichtige Thränen über den endlichen Fall derselben, oder frohlocken über ihren Sieg. Wer die Sittlichkeit nur für eine dem Nutzen und der Ruhe dienende Erfindung hält, der lerne bey den Kindern besser denken von der menschlichen Natur! Was wissen die muthigen, freyen Herzen von dem Nutzen? Ist es nützlich, das Schwert zu ziehen, und den Unterdrücker der fremden Unschuld anzugreifen? fragt aber die Kinder, ob sie nicht dafür rasch entschlossen stimmen werden? Stellt ihnen gegen einander über einen ruhigen, klugen, bedächtigen Mann, der niemanden etwas zu leide thut, aber auch niemanden in der Gefahr und Noth beyspringt, und einen edlen, begeisterten Helden, der für die gerechte Sache der Mitbürger, ja der Fremden selbst, kämpft, der die Bösen überall, wo er sie trifft, züchtigt: fragt sie auf wessen Seite sie treten, und vernehmt die Antwort, die euch beschämt! „Lasset die Kindlein zu mir kommen und wehret ihnen nicht; denn ihrer ist das Reich Gottes!" So sprach der Erlöser der Menschen, welcher wußte, was im Menschen war. Er hielt die Kinder nicht nur für fähig des Reiches Gottes, durch ihre unverdorbene Natur empfänglich für den Samen des Guten, den er ihnen ins Herz streuen wollte; er stellte sie sogar als Muster auf für die, welche in das Reich Gottes kommen wollten. „Wenn ihr nicht werdet, wie die Kinder, so werdet ihr nicht ins Reich Gottes kommen!" In den jungen Herzen leben die Triebe des Guten eben so, wie in denen der Erwachsenen, und nur reiner und stärker: noch hat sie nicht das böse Beyspiel und die Macht der herrschenden Verderbniß geschwächt und unterdrückt. Noch hat der Geist der Erde, der Selbstsucht und Eitelkeit nicht die Macht über die Kinder gewonnen, welcher die Erwachsenen erliegen; sie sind noch Fremdlinge auf dieser kalten, schmutzigen Erde, und stehen dem Himmel näher, aus dem sie entsprungen.

Diejenigen, welche die Sittlichkeit für etwas Angelerntes und Erfundenes halten, würden vielleicht auch sagen, daß der Mensch das Athemholen erst von seiner Mutter gelernt habe, daß die Thränen des Auges, die Seufzer des Herzens Erfindungen des Schauspielers der Erde seyen, um die Zuschauer zu täuschen und für seine Absichten zu gewinnen. Sie würden vielleicht auch die Freude der Mutter am lächelnden Säugling und ihre Thränen am frischen Hügel, welcher die abgefallene Blüthe ihres Glückes einschließt, für eine angelernte Geberde halten!

Gegen diese ungläubigen Sklaven des Herkommens und Nutzens treten nun die Lehrer der Weisheit auf, und behaupten, daß in der menschlichen Natur ewige Gesetze der Gerechtigkeit und Tugend liegen, welche man nur aufmerksam zu beachten und auf ihre letzten Gründe zurückzuführen brauche, um eine vollständige, in sich nothwendige sittliche Gesetzgebung aufzustellen.

Man greife nur in seinen Busen, sagen sie, so wird man des Gesetzes inne werden: handelt nach der Regel, von welcher ihr wünscht, daß Alle darnach handeln; oder: die Achtung, die ihr für euch selbst fordert, müßt ihr auch Andern erweisen. Besinnt euch doch, was es ist, worauf ihr den höchsten Werth legt sowohl an euch selbst, als an Andern: ist es nicht der Gehorsam gegen die Pflicht, rein aus Achtung gegen die Pflicht, oder die reine pflichtmäßige Gesinnung? Und das ist das Grundgesetz der sittlichen Welt, das ist das unbedingte Gebot!

Ja, wohl erkennen wir ein Gesetz, das in unser Herz geschrieben ist, das Gesetz der Natur, wornach uns das Gewissen richtet, und welches auch selbst die heil. Schrift anerkennt, indem sie sagt, daß darnach die Heiden, welche kein geschriebenes Gesetz haben, sollen gerichtet werden. Aber läßt sich dieses Grundgesetz so vollständig und bestimmt entwickeln, daß daraus alle Pflichten des Lebens abgeleitet werden können, so daß der Mensch sich und Andern in jedem besondern Falle bestimmt sagen kann, was zu thun sey? O ja, antworten zuversichtlich die Sittenlehrer: es gibt einen vollständigen Inbegriff von Sittengesetzen, welche unter sich so streng zusammenhangen, als das Lehrgebäude der reinen Mathematik, die einem Jeden einleuchtend gemacht werden können, und wornach alles, was im Leben vorkommt, gemessen und beurtheilt werden kann.

Wir kennen den Zeitraum der herrschenden Moralphilosophie, der Sucht zu moralisiren, und Alles auf die Grundsätze der Moral zurückzuführen; wir kennen die Anmaßung, mit welcher die Philosophen Alles ihrer eingebildeten Weisheit unterwerfen, und Alles, was nicht der sogenannte kategorische Imperativ oder das Sittengesetz war, entbehren zu können glaubten; wir kennen die dürftige Kälte, welche sich aus dieser Schulweisheit in das Leben verbreitete, und alle Begeisterung und alles lebendige Gefühl zu unterdrücken drohte. Aber es kam die Zeit, da dem wissenschaftlichen Stolze der angemaßte Scepter wieder entrissen wurde. Der alte, kindliche Glaube an die göttliche Offenbarung, eine Zeit lang in die Kreise der stillen, einfältigen Frommen zurückgescheucht, fand wieder Eingang in die Schulen der Wissenschaft, und es traten Lehrer auf, welche die Zulänglichkeit und Selbstgenügsamkeit der Weisheitslehre bestritten und tadelten.

Diese wandten den anmaßlichen Lehrern der Weisheit ein: Ihr täuscht euch selbst und Andere, wenn ihr behauptet, daß die Vernunft durch eigene Kraft der Erkenntniß die Gesetze des Guten vollständig erforschen könne. Jetzt mögt ihr wohl einen in sich wohl zusammenhangenden Inbegriff der natürlichen Gesetze der Sittlichkeit aus der Vernunft aufstellen; aber ihr vergeßt, daß ihr diese Einsicht der göttlichen Offenbarung verdankt. Wenn euch nicht durch diese das Naturgesetz in dem Abdrucke der geoffenbarten mosaischen und christlichen Gesetze vor Augen wäre gelegt worden: so würde eure anmaßliche Weisheit noch ganz im Finstern tappen; denn die menschliche Erkenntniß ist von Natur verfinstert, und bedarf des höhern Lichtes, um selbst das den Menschen in das Herz geschriebene Sittengesetz zu erkennen.

Das wollen die Moralisten nicht zugeben, und berufen sich auf die Weisheitslehre der Heiden, welche ohne das Licht der Offenbarung die sittlichen Gesetze der Natur erkannt und oft so sinnreich und nachdrücklich ausgesprochen haben. Alle eure christlichen Sittenvorschriften, sagen sie, auch die am meisten bewunderten, lassen sich bey den heidnischen Sittenlehrern nachweisen. Christus sprach: ihr habt gehört, daß gesagt ist: Du sollst deinen Nächsten lieben, und deinen Feind hassen. Ich aber sage euch: liebet eure Feinde, segnet, die euch fluchen, thut wohl denen, die euch hassen, und betet für die, so euch verläumden und verfolgen, auf daß ihr Söhne eures Vaters im Himmel seyd. Vernehmt dagegen den Ausspruch des Heiden Pittakus: Fluche dem Freunde nicht, ja, nicht einmal dem Feinde! Oder die sinnige Rede des Socrates! Als jemand die Antwort lobte, welche Cleomenes auf die Frage, worin die Pflicht eines guten Königs bestehe, gegeben hatte, daß er den Freunden wohl, den Feinden übel zu thun habe, sagte Socrates: richtiger hätte er gesagt: daß er den Freunden wohl thun und die Feinde zu Freunden machen solle.

Die Offenbarungsgläubigen antworten: Wir leugnen nicht, daß die heidnischen Weisen helle Blicke in die sittliche Natur des Menschen gethan haben; aber ist es ihnen gelungen, eine umfassende und fehllose Sittenlehre aufzustellen, dergleichen wir in der Offenbarung besitzen? vielmehr sind sie in entgegengesetzte Irrthümer verfallen, indem die Einen lehrten, man solle Alles um des, wenn auch feineren Vergnügens willen thun, die Andern hingegen den unbeugsamen Stolz des menschlichen

Geistes, die Standhaftigkeit und Tapferkeit im Unglück, als Musterbild der Tugend aufstellten. Eure so hochgerühmte stoische Tugend zeigt sich meistens im Selbstmord, den wir als Christen verwerfen müssen.

Die Moralisten erwiedern: Wir wissen wohl, daß eure Kirchenlehrer den heldenmüthigen Tod einer Lucretia, eines Kato, nicht gelten lassen wollen; und wir selbst halten den Selbstmord für unerlaubt. Aber es gibt Tugendhandlungen der Heiden, an welchen selbst der strengste Beurtheiler derselben, der heil. Augustinus, nichts tadeln kann, z. B. der Tod des Regulus. — Dieser römische Feldherr wurde von den Carthagern, in deren Gefangenschaft er gerathen war, nach Rom geschickt, damit er den Frieden oder wenigstens die Auswechselung der Gefangenen bewirken möchte, jedoch unter dem eidlich gegebenen Versprechen, im Fall er nichts ausrichten würde, wieder in die Gefangenschaft zurückzukehren. Er kam nach Rom, und entledigte sich vor dem Senat seines Auftrags; aber anstatt denselben zum Frieden oder zur Auswechselung der Gefangenen zu überreden, widerrieth er ihm vielmehr beides, weil Carthago ohnehin so sehr erschöpft sey, daß es sich bald werde zum Frieden bequemen müssen, und weil die Römer mehr Gefangene von den Carthagern, als diese von jenen, hätten. Der Senat billigte diese Meinung, wollte jedoch den Vortheil des Vaterlandes nicht mit dem Opfer eines so edlen Lebens erkaufen. Aber Regulus war entschlossen, seinem Eidschwur gemäß nach Carthago zurück zu kehren. Vergebens baten ihn die Freunde, in Rom zurück zu bleiben, vergebens banden ihn die Priester von seinem Eidschwur los. Er blieb unerschüttert, und damit ihn nicht die Thränen seiner Gattin und seiner Kinder erweichten, vermied er sie zu sehen. Er ging nach Carthago zurück, wohin ihn die Pflicht rief; er verließ alles, was ihm theuer war, und ging einem qualvollen Tode entgegen, aber er ging, seinem Eidschwur getreu. — Kann die pflichtmäßige Gesinnung, die Selbstverläugnung aus Liebe zum gemeinen Besten und die unwandelbare Treue, reiner erscheinen, als in dieser großen, nie genug zu preisenden That?

Das ist ein schöner Zug, sagen die Offenbarungsgläubigen, aus dem Gemälde des römischen Lebens, worin die großen Tugenden der Tapferkeit und Seelenstärke sich hervorheben, dem aber der milde, schöpferische Geist der Liebe fehlt. Es ist ein großes Schlachtstück, in welchem gewaltige, trotzige Naturen, von Mordlust entzündet, mit einander ringen. Wozu der Kampf Roms mit Carthago? war es der Kampf für die Wahrheit, für das Gute? Nein! für die römische Eigen- und Herrschsucht. Carthago sollte unterliegen, damit Rom die Weltherrscherin würde. An diese unlautere Idee, an diesen Wahn des Ruhmes, setzte Regulus sein edles Leben. Alle Tugend der Heiden, so glänzend sie seyn mag, trägt diesen Flecken; wie aufopfernd und hingebend sie sey, sie dient nicht der reinen Liebe, nicht dem demüthigen Gehorsam gegen Gott. In ihr will sich immer der menschliche Stolz verherrlichen; sey es, daß es die eigene Ehre gilt, und das Gefühl der Unabhängigkeit, der unerschütterliche Wille eines starken Charakters, sich im Kampfe mit dem Unglücke bewährt; sey es, daß es den Ruhm des Vaterlandes gilt, und die begeisterte Liebe zu demselben hohe Thaten der Aufopferung vollbringt.

Es gibt nur Eine vollkommene Tugend, die, welche wir in dem menschgewordenen Gott mit Anbetung schauen; sie allein glänzt mit fleckenloser Reinheit; denn in ihr hat sich das Himmelslicht der Wahrheit und Heiligkeit selbst geoffenbart. Er, vom Throne des Vaters herabsteigend, mit göttlicher Macht und Herrlichkeit bekleidet, hielt es nicht für einen Raub Gott gleich zu seyn, sondern erniedrigte sich selbst; Er, der alle Kronen der Welt hätte auf sein Haupt setzen, und ein Reich, größer als alle, welche je die menschliche Tapferkeit und Ruhmsucht errichtet, stiften können, er wählte die Dornenkrone; sein Thron, von welchem er die Welt beherrschen wollte, war das Kreuz, an welchem er für die Sünden derselben blutete. Die Wahrheit, die reine Liebe für das Menschengeschlecht und dessen geistiges Heil, der Gehorsam gegen seinen himmlischen Vater, die reinen Triebe des göttlichen Geistes, nicht die unlautern Flammen einer menschlich eigensüchtigen Liebe, führten ihn ans Kreuz, und ohne Haß und Zorn, unter sanften Worten des Trostes und der Versöhnlichkeit, in schmählicher Verkennung nicht zweifelnd am Siege der Sache Gottes und der Wahrheit, voll Hoffnung und Vertrauen, starb er den Tod, durch welchen er den Menschen das Leben gewann, tödtend die Sünde und brechend die Macht des Fleisches in der menschlichen Natur, sie wiedergebärend zu einem neuen Leben des Geistes, der Liebe. Er sprach Worte der Wahrheit, des ewigen Lebens; vor dem Himmelslichte seiner Weisheit erscheinen alle Lehren der andern Weisen als trübe Lichter in der Nacht; aber er lehrte nicht bloß, er handelte und litt, und goß in das menschliche Geschlecht einen neuen heiligenden, schöpferischen Geist, den Geist der reinen Liebe. Die Tugend derer, die ihm nachfolgen, ist nicht die zerstörende einer mit Leidenschaft und Haß gemischten Liebe, es ist die wohlthätige, heilende, erbauende Kraft der Liebe für die Wahrheit, der Begeisterung für das Reich Gottes. Und es ist nicht die Tugend des menschlichen Stolzes, in welcher sich der menschliche Geist in seiner Größe und Herrlichkeit spiegelt; es ist die reine, hingebende, gläubige Demuth, welche, wenn sie alles gethan, was sie thun konnte, doch nichts gethan zu haben glaubt. Die heidnische Tugend will durch eigene Gerechtigkeit gelten; die christliche erkennt ihre Schwachheit und Unwürdigkeit selbst in ihrer größten Verherrlichung; wer sich rühmt, der rühmt sich des Herrn; durch ihn sind wir rein gewaschen von Sünden, in seinem göttlichen Lichtglanze tilgen sich die Flecken, welche auch an der reinsten Seele noch haften; nur aus Gnaden werden wir selig, nur der Glaube rechtfertigt. Was nicht aus dem Glauben kommt ist Sünde, und ohne denselben ist die schönste Tugendhandlung ein Götzendienst der menschlichen Eitelkeit, eine glänzende Sünde.

So reden jene; und in der That müssen wir es anerkennen, durch Christus ist dem Menschengeschlecht erst die sittliche Vollendung geworden, in ihm ist erst die wahre Tugend erschienen. Wie stark der Wille, wie uneigennützig der Trieb, wie pflichtmäßig die Gesinnung sey; die tugendhafte Handlung empfängt erst dadurch das Gepräge der Vollendung, daß sie im Hinblick auf das höchste Urbild, auf das höchste Gut, im Dienste der reinen Liebe geschicht. In einem Leben, wie das römische, dessen Grundtrieb die Volksselbstliebe, der Stolz die Herrschsucht war, welchem kein Ziel der Geistesbildung, der Gerechtigkeit, der Wahrheit, sondern allein die Herrschaft und der Ruhm galt, konnte keine vollendete Tugend gedeihen. Nur im Geiste desjenigen, dem das Urbild der reinen Menschheit als Ziel seines Strebens entgegenleuchtet, der sich als Glied und Werkzeug des Reiches Gottes fühlt, erblüht die wahre Tugend als die reine, vom Himmelslicht genährte Pflanze. Vor Christus hatte sich die Menschheit nie zum vollen Bewußtseyn des rein Menschlichen erhoben; und was die Weisen davon ahnten, war nichts als die Regung einer unbefriedigten, ohnmächtigen Sehnsucht, welche nicht vermochte, der Menschheit die Richtung dahin zu geben. Lange strebte die menschliche Natur, rang und rang, von dunkler Ahnung getrieben, sich sittlich zu gestalten; manch edles Gewächs trieb sie hervor, aber alles trug den Keim der Verderbniß in sich; manche schöne Knospe versprach, die Blume der Vollendung zu entfalten, die Frucht des Heils zu bringen; aber ehe sie sich entfaltete, stach sie der verderbliche Wurm, und wenn sie sich entfaltet hatte, war es doch nur eine irdische Blume, welche die Frucht des Heils nicht trug. Da fiel ein himmlischer Sonnenblick auf die Erde, und aus Davids Stamm sproßte ein Reis hervor, wuchs und entfaltete sich in der Stille, und sieh! an ihm erschien die Blume der Menschheit, wie sie im ewigen Garten Gottes blüht, und die Frucht des Lebens, welche dem, der sie genießt, die Arzney für die Sünde und den Tod wird. Nun steht das Urbild der sittlichen Vollendung Allen vor Augen, und in der Richtung auf dasselbe läutert und heiligt sich alle menschliche Bestrebung, jede menschliche Liebe folgt dem gewaltigen Zuge der himmlischen Liebe; jede menschliche Schönheit leiht vom Himmelslichte ihren Glanz. Die christliche Tugend empfängt aber erst ihre letzte und höchste Weihe von der selbstverläugnenden Demuth, welche nicht bloß im Gehorsam gegen Christus und in der liebenden Hingabe an seine Gebote und sein Vorbild, sondern auch in der Verzichtleistung auf allen eigenen Ruhm, in der Anerkennung der dem Menschen stets anhangenden Schwachheit und Sünde und in dem Vertrauen auf die allesübertreffende Gerechtigkeit Christi, seine Liebe und Gottes Gnade, ihren Ruhm und ihre Rechtfertigung und Seligkeit sucht. Diese Demuth gibt allein der Glaube, und im Glauben vollendet sich erst die Tugend.

Aber demungeachtet wollen wir die menschliche Weisheitslehre nicht verschmähen, und die Tugenden der edlen Heiden nicht verachten. Christus, der Gottessohn, hat uns das Urbild der menschlichen Tugend vor Augen gestellt; aber als der Menschensohn, als der vollkommene, reine Mensch, hat er es in menschlicher Art und Gestalt, uns faßbar und nachahmlich, vom Himmel zur Erde hernieder gebracht; es ist das reine Himmelslicht, aber es spielt in milden, irdischen Farben; es vereinigt alles frühere Licht der Weisheit in sich, aber es ist nur die entwölkte Sonne, welche seit der Schöpfung die Erde erleuchtet und erwärmt hat. Seine Tugend ist die vollendete, aber es ist keine neue; er hat die menschliche Natur neu geschaffen, aber nur nach dem Bilde Gottes, wornach sie von Anfang geschaffen war; er hat sie nur gereinigt und von der Krankheit der Sünde geheilt. Seine Gesetze sind die ewigen, alten, welche die Menschen dunkler oder deutlicher erkannt, aber nie ganz klar und vollständig gefaßt hatten. Er legt nicht, wie ein Tyrann, fremde, willkürliche Gesetze auf; sein Joch ist sanft und seine Last ist leicht; indem wir ihm gehorchen, gehorchen wir unserm eigenen Gesetz, welches Gott in unser Herz gelegt; wir gehorchen, wenn er gebietet, nicht weil er gebietet, sondern weil er das Wahre, das Gute gebietet; wir gehorchen ihm, wenn wir es auch nicht verstehen, warum er es gebietet, aber wir fühlen und glauben, daß er nur das Wahre und Gute gebietet; und üben wir die noch unbekannte Pflicht, so wird sie uns in der Uebung klar, und wir erkennen sie als heilig und beseligend. Wir folgen ihm, gezogen von seiner göttlichen Gewalt; aber unser eigener, besserer Geist treibt uns ihm zu folgen; wir gehorchen mit freyem Willen, und werden frey, wenn wir ihm gehorchen. Indem er uns belehrt, macht er uns fähig die Wahrheit in uns selbst zu finden, und entzündet in uns das innere Licht; sein Geist erforschet alle Dinge, auch die Tiefen der Gottheit. Er wirft den Strahl der Wahrheit und Selbsterkenntniß in unser Inneres, und klar liegt es vor uns mit all seinen Trieben, Gesetzen und Kräften. Er ist unsere Weisheit geworden, durch ihn werden wir selbst weise.

Die Sittenlehre oder Weisheit tappt freylich, sich selbst überlassen, im Finstern; sie sieht das Licht schimmern, aber kann den Weg dahin nicht sicher finden. Alle Weisheitslehrer sind doch nur einer des andern Jünger, und vermögen nichts ohne Anleitung und Anregung; ist ihnen das Ziel der Wahrheit gezeigt und sind sie dahin geführt worden, dann können sie auch den

Weg zurücklegen und von neuem finden, ja, oft finden sie einen eigenen. Der Mensch trägt eine selbstthätige Kraft in sich, aber sie muß erregt, geleitet, gebildet werden; und keiner kann ohne allen Führer seinen Weg wandeln: und so muß auch die wissenschaftliche Selbstthätigkeit erst durch Unterricht und Anweisung zur wahren Weisheit entwickelt werden. Christus ist aller Weisheitslehrer Meister, alle spätern haben von ihm gelernt, und die frühern stehen als unvollkommene Anfänger da. Aber seit er uns die Wahrheit gelehrt hat, können wir sie auch selbstthätig finden; im Lichte seines Geistes können wir die menschliche Natur und deren Gesetze erforschen. Ja, wir müssen es. Nur die selbstthätige Erkenntniß ist wahre Erkenntniß; nur die freye Ueberzeugung ist wahre Ueberzeugung; nur die selbstbildende und selbstbeherrschende Kraft des Geistes ist die Kraft der Tugend. So erziehen wir unsere Kinder: wir gebieten, wenn sie noch nicht verstehen können, aber wir gebieten, damit sie verstehen lernen; wir erregen und nähren nach und nach die selbstthätige Kraft in ihnen; wir biegen sanft die jungen Zweige, aber die innere Lebenskraft macht, daß sie wachsen und erstarken, und die gegebene Richtung selbstständig behaupten. So erziehen wir uns selbst; wir handeln nicht ohne freye Ueberzeugung, aber wir bilden stets an unserer Erkenntniß; wir bekämpfen und unterdrücken böse Neigungen, aber nur damit der innere bessere Trieb frey hervortrete und herrsche; wir halten uns Muster vor, aber nicht um sie knechtisch nachzuahmen, sondern um uns ihren Geist lebendig anzueignen.

Und so möchte ich Ihnen, V. Z., in dem Werke der Selbsterkenntniß und Selbstbildung und der Kindererziehung durch diese Vorträge förderlich seyn, indem ich Ihr Nachdenken auf die Gesetze der menschlichen Natur und die Vorschriften der menschlichen Weisheit lenke, und die Uebereinstimmung der Lehren des Christenthums mit denselben ins Licht setze. Selbstständige Ueberzeugung, gegründet auf Selbsterkenntniß und freye Einsicht in die Gesetze der Natur und Offenbarung, ist das heilsame Ergebniß der Sittenlehre, die Quelle eines wahrhaft sittlichen, freyen Lebens, aufrichtiger, ursprünglicher, lebendiger Tugend: und dieses Ergebniß hervorzubringen, ist das Ziel meiner Bemühungen.

Aber die Sittenlehre hüte sich vor einer doppelten Anmaßung, wodurch sie ihren wohlthätigen Zweck verfehlen würde. Erstens maße sie sich nicht an, alles auf dem Wege der Wissenschaft finden und begreifen, alles mit dem wissenschaftlichen Begriff beherrschen zu wollen: sie benutze die Erfahrung der Geschichte und Offenbarung, und erkenne dankbar den Gewinn, den uns beyde gebracht haben. Manches, worin gerade die höchste Zierde und Vollkommenheit des Lebens erscheint, würde die Weisheit nicht gefunden haben, wenn uns nicht Gott in der Geschichte und Offenbarung dazu nach und nach erzogen hätte. Gerade das Schönste der sittlichen Ausbildung läßt sich nicht in Formeln und Begriffe pressen, und dem Verstande ganz faßlich machen: solches müssen wir dem Herzen, dem Glauben und Gefühl überlassen, indem wir nur darauf hindeuten, daß ein frommes, edles Herz sich der Anregung des göttlichen Geistes hingeben, und, wie dieser es bewegt und treibt, mit treuer, demüthiger Liebe fühlen und handeln müsse. Alle die schönen Gesinnungen und Handlungen der Freundschaft, der Liebe, des Gemeingeistes, der frommen Begeisterung lassen sich nicht unter bestimmte Gesetze und Regeln bringen; sondern wer den Geist der Liebe hat, der hat ihn, und von ihm erfüllt und bewegt, vollbringt er die schönen Thaten der Großmuth, der Hingebung und Aufopferung. Daher kam die Kälte und Leerheit jener Sittenlehre, welche mit ihrem bleiernen Scepter alles zu beherrschen drohte, weil sie alles begreifen, bestimmen, erschöpfen und umfassen wollte, und dem Glauben und Gefühl nichts überließ, ja, diese selbst dem Begriffe des Verstandes zu unterwerfen sich anmaßte.

Aber woher kommt uns der Glaube und das lebendige Gefühl? woher der Geist, der uns erregen, erwärmen und erleuchten soll? Das ist die zweyte Anmaßung, vor welcher sich die Sittenlehre zu hüten hat, daß sie nicht glaube, jenen Geist mittheilen zu können, ohne welchen sie selbst in den wichtigsten Dingen ohne Licht ist, und auch ihre Jünger ohne Licht läßt, und daß sie nicht hoffe, mit ihrer verständigen Erkenntniß den Menschen, den sie belehrt, auch wirklich sittlich zu machen und ihm die Kraft zur Tugend mitzutheilen. Der Geist, die lebendige Kraft kommt uns aus verborgener Quelle in der Natur, welche die Gemüther oft mit außerordentlichen Kräften ausstattet, und in der Geschichte, in der bürgerlichen und kirchlichen Gemeinschaft, durch welche das, was die Natur in uns gelegt hat, erregt, genährt und gebildet wird. Von Christo her ergießt sich ein geistiger Lebensstrom durch seine

Kirche bis auf uns, von welchem wir alle gehoben und getragen werden. Ewig wirksam ist die schöpferische Kraft des göttlichen Geistes, beydes in der Natur und Geschichte; aber bald stärker, bald schwächer ist dessen Wirksamkeit. So wie zuweilen in der äussern Natur alle Quellen des Segens erschöpft zu seyn scheinen, kein Regen und kein Thau vom Himmel fällt, und die Bäche und Flüsse versiegen, so daß alles schmachtet und lechzt, und nichts gedeiht und Früchte trägt; dann aber ergießt sich mit einem Mal die Fülle, die Fenster des Himmels werden aufgethan, die Quellen der Erde sprudeln, und alles labt sich und wächst und blüht und steht in Gedeihen und Segen: so gibt es auch Zeiten im Reiche des Geistes, da kein frisches, kräftiges Leben sich regt, und eine Oede und Stille herrscht, welche das fromme Gemüth mit Sehnsucht erfüllt, und den Kleingläubigen zagen und fürchten macht; mit einem Mal aber thun sich die Brunnen des Geistes auf, ein frischer Lebensathem weht über den Garten Gottes, neue Kräfte regen sich und schaffen und wirken, jedes fromme Herz fühlt sich neu belebt und mit frischer Begeisterung erfüllt, und neue, große Werke gedeihen zur Ehre Gottes und zur Erbauung seines Reiches auf Erden. — Wo Gott sein Gedeihen nicht gibt, da ist alles Bemühen der Menschen vergeblich; wo die Kraft fehlt, die er allein geben kann, da läßt sich nichts bilden und schaffen. Das erkenne ein jeder demüthig, vor Allen aber der Sittenlehrer, der in der geistigen Welt arbeitet! Er pflanzt und begießt, aber Gott gibt das Gedeihen.

Und so möge auch mir in meinem schwachen Bemühen, Ihnen die Gesetze und Zwecke des menschlichen Lebens und die Musterbilder der Tugend und Vollkommenheit vor Augen zu stellen, der Beystand des Geistes nicht fehlen, welcher über uns alle mächtig waltet, der uns mehr lehrt, als wir wissen und verstehen, und dem wir oft nur mit dem ahnenden Herzen gehorchen und folgen können! Möge es mir gelingen, nicht nur klar zu machen, was der Verstand begreifen und in Gesetze und Regeln fassen kann, sondern auch das sittliche Gefühl in seiner Tiefe aufzuregen, die dunkeln Ahnungen zu wecken, und die verhüllten Urbilder des Guten und Schönen vor das höhere Bewußtseyn hervorzurufen! Und wenn es mir vollends gelänge, schlummernde Kräfte zu wecken, Funken der Begeisterung in die Gemüther zu werfen! — ich würde es nicht gethan haben, sondern der Geist, der Alles schafft und wirkt, in welchem wir leben, weben und sind.

Vierte Vorlesung.

Sittliche Natur des Menschen: dessen Triebe; der sinnliche Trieb.

Nunmehr haben wir den Vorhof der Sittenlehre durchschritten, und die Vorbegriffe, die vorbereitenden und einleitenden Ansichten, aufgefaßt, nach welchen sich die Erwartungen, die wir von der Wissenschaft selbst zu hegen, die Ansprüche, die wir an dieselbe zu machen haben, bestimmen sollten: jetzt heben wir den Fuß, um in das Heiligthum selbst einzutreten. Ein heiliger Schauer ergreift mich, indem ich Ihnen, V. Z., voran gehen soll. Was beginn' ich? Hier stehen die hohen, ehrwürdigen Gestalten der Weisheit und Tugend, im Strahlenkreis der Begeisterung; ein Schleier verhüllt sie vor ungeweihten Augen: soll ich es wagen, denselben wegzuziehen, und Ihnen die Götterbilder zu zeigen? Wird mein schwaches Auge nicht vor ihrem Lichtglanz erblinden? — Hier steht die mächtige Gestalt der Klugheit, von aller irdischen Herrlichkeit umgeben, in kühner, vorschreitender Stellung, das blitzende Schwert der Gewalt in der starken Rechten, das Richtmaß in der Linken; sie steht, des Winkes der Weisheit und Tugend gewärtig; ihr ist alle Macht über die Erde verliehen, über die Elemente und Kräfte der Natur und über den Geist des Menschen; aber sie neigt sich demüthig dem Scepter der Weisheit, und gehorcht dem strengen Gebote der Tugend. — Noch aber weilen wir nur im vorderen Heiligthum; ein dichter Vorhang zieht sich vor das Allerheiligste, in welchem die Frömmigkeit, ins Anschauen des Ewigen, das sich ihrem geweihten Auge offenbart, verloren, lauschend dem Sphärengesang in heiliger Verzückung, von himmlischem Lichte verklärt, betend kniet. Den Vorhang darf niemand heben; aber dem sehnsüchtigen, darauf gehefteten Blicke des frommen Betrachters verschwindet er nach und nach, wie ein leichtes Gewölk, das die Sonnenstrahlen durchbrechen und zerstreuen, und es erscheint die himmlische Gestalt in ihrer obschon gemilderten Verklärung; wir knieen mit ihr nieder in heiliger Andacht, die irdische Hülle fällt von unsern Augen, wir schauen das Unsichtbare, wir hören das Unaussprechliche: die Weihe ist vollendet.

In der That, ich fühle lebhaft die Schwierigkeit und Wichtigkeit meiner Aufgabe. Ich soll die Wahrheiten der Sittenlehre nicht bloß so, wie sie das gefühlvolle Herz ansprechen und sich unmittelbar für das Leben bewähren, in anziehender Auswahl vortragen, sondern das Ganze derselben in ihrem innern Zusammenhange darlegen, und so Verstand und Herz zugleich befriedigen. Wird meine Rede nicht trocken und kalt werden, wenn ich den wissenschaftlichen Faden streng festhalte? werde ich lebendige Bilder des Lebens vorführen, wenn ich sie bestimmt und scharf zeichne? und, will ich diesen Fehler vermeiden, werde ich nicht in den entgegengesetzten verfallen und dunkle Dämmer- und Nebelbilder aufstellen? werde ich nicht, um den Verstand zu befriedigen, das Herz von mir abwenden, und um dieses zu rühren, den Denker unbeschäftigt lassen? Und werde ich dann wahrhaft nützen, wenn ich nicht den ganzen Menschen zu ergreifen weiß? wird die Aufklärung des Verstandes erwärmen, begeistern? und was hilft das dunkle Gefühl des Herzens ohne das Licht des Geistes?

Ich baue auf Ihre Nachsicht: Sie werden das Bemühen und den Versuch für die Leistung gelten lassen, Sie werden das Angedeutete ergänzen, die matte Zeichnung beleben, und wenn der schwache Geist nur die Flügel regt, um sich aufzuschwingen, wird er vor Ihren Blicken sich wirklich aufschwingen.

Wir haben die Sittenlehre als die Lehre von den menschlichen Zwecken und Gesetzen oder als die Lehre der Weisheit bezeichnet, jener Weisheit, welche die Bestimmung des Menschen erkennt, und ihn dieselbe erreichen lehrt, der Königin des Lebens, welche die Herrschaft führt über alles, was der Mensch sinnt, strebt und thut, welche im Gemüth des einzelnen Menschen und im Gesammtleben der menschlichen Gesellschaft das Reich der Gerechtigkeit, des Friedens, der Seligkeit, das Reich Gottes, gründet und verwaltet. Sie ist es, welche die rohen, zerstörenden Gewalten der sinnlichen Kräfte, der Begierden und Leidenschaften, bändigt und zähmt, und das was sich unter einander widerstreitet, hemmt und stört, in Ordnung, Einklang und Ebenmaß fügt; welche gebietend, besänftigend, versöhnend unter die von Aufruhr bewegte Menge tritt, sich an ihre Spitze stellt und sie zum gemeinsamen nützlichen Lebenswerk anführt. Sie ist es, welche mit umfassendem, durchdringendem Blicke das Leben der Menschen in allen Zeiten und Völkern überschaut, das Innere des menschlichen Geistes erspäht, und alles, was wahr, gerecht, würdig, lieblich, was wohllautet und ziert, in die Tafeln ihrer Gesetzgebung einträgt; welche, auf dem königlichen Stuhle sitzend, das Buch der ewigen Wahrheit vor ihr aufgeschlagen, über das Thun der Menschen richtet, Lob und Tadel austheilt, und das Eitele und Verwerfliche der ewigen Vernichtung übergibt; welche, die Klugheit und Macht an ihrer Seite, den Kampf der Wahrheit mit der Lüge und dem Irrthum, der Gerechtigkeit und Tugend mit der Ungerechtigkeit und dem Laster, siegreich leitet, immer neue Triumphe feyert, ihr glückliches, blühendes Reich immer weiter ausdehnt, bis sie das Böse in das Reich der Finsterniß zurück gescheucht und die Erde von seinem Verderben gereinigt hat.

Ein König kann nicht weise und glücklich regieren, wenn er nicht seine Unterthanen kennen gelernt, ihre Natur und Sinnesart, ihre Sitten, Gewohnheiten, Tugenden und Fehler, ihre Bedürfnisse und Bestrebungen und überhaupt den Zustand ihres ganzen innern und äußern Lebens erforscht hat; denn was er irgend unternimmt, um sein Volk besser und glücklicher zu machen, muß sich auf dessen Bedürfnisse und Fähigkeiten beziehen; die beste Gesetzgebung und Regierungsform ist nur diejenige, welche dem Zustande des Volks am meisten entspricht. Ein Erzieher wird nur dann mit Erfolg arbeiten, wenn er die Sinnesart, die Anlagen und Fähigkeiten, die Fehler und Tugenden des zu erziehenden Kindes gehörig erforscht hat, und darnach den Plan und Gang der Erziehung einrichtet und fortführt. So auch die Weisheit. Sie soll den Menschen beherrschen und leiten; aber was ist der Mensch? was liegt in ihm, welche Anlagen, Kräfte, Fähigkeiten, Triebe? Die Weisheit soll den Menschen über seine Bestimmung aufklären, und ihm den Weg nach dem Ziele seines Strebens zeigen; aber was ist seine Bestimmung? welches Ziel, welche Zwecke des Lebens sind ihm vorgeschrieben? Die Weisheit will den Menschen zur Vollkommenheit führen; alles, was gerecht, gut, schön, liebenswürdig, edel, groß und herrlich, soll er in sich vereinigen, alle Blüthen der Menschheit will sie in den Kranz der Vollendung flechten und ihm auf das Haupt setzen; aber was ist die Vollkommenheit? was achten, ehren, lieben und bewundern wir am Menschen? welches sind die Blätter und Blumen jenes Kranzes, nach welchem die edlen Ringer streben?

Gute Könige gingen verkleidet unter ihrem Volke umher, um dessen Sitten und Eigenthümlichkeiten kennen zu lernen; sie mischten sich unter das Volk, wenn es zu fröhlichen Festen vereinigt war, und beobachteten es in seiner Lustigkeit und Ausgelassenheit; sie gingen auf die Märkte und an die Häfen, und sahen, wie es sich im Handel und Verkehr bewegte; sie traten in die Werkstätten der Handwerker und Künstler; sie wohnten den Gerichtshandlungen bey, um zu sehen, wie die Gerechtigkeitspflege gehandhabt werde; sie beobachteten die verschiedenen Stände in ihren Sitten und Vergnügungen; sie sprachen mit Hohen und Niedern, Greisen und Jünglingen, um sich ein vollständiges Bild von dem

Leben des Volkes zu verschaffen. Und wenn sie dann auf den Thron zurückkehrten, so konnten sie in das so aufgefaßte Ganze durch weise Gesetze Einheit und Ordnung bringen, hier ein Gebrechen heilen und ein Laster bestrafen und zügeln, dort eine gute, gesunde Kraft von ihren Fesseln befreyen, und eine Tugend belohnen und in Wirksamkeit setzen.

So entkleidet sich die Weisheit der Glorie, welche ihr Haupt umleuchtet, und in welcher die himmlischen Urbilder des Guten und Schönen sie umschweben, und steigt hernieder zur menschlichen Natur, um deren sittliche Anlagen kennen zu lernen, damit sie dieselbe in Gemäßheit dieser beherrschen und bilden könne.

Das erste, was sie im Menschen erforscht, sind seine Neigungen und Triebe, die Richtungen seines Verlangens, seiner Liebe und Achtung, was ihm am Herzen liegt, Werth und Wichtigkeit für ihn hat, wodurch er zur Thätigkeit, zum Streben und Kampf aufgeregt wird. Was nicht im Menschen ist, kann nicht aus ihm hervorgehen, und nicht in ihn hineingebracht werden. Ein guter Baum bringt gute Früchte, ein schlechter schlechte, sagt Christus: lieset man wohl von Dornen Trauben, und von Disteln Feigen? Die Biene bereitet vermöge ihres Naturtriebes Wachs und Honig; der Wespe ist dieser nützliche Trieb versagt, und sie bereitet sich ihren Brutstock aus schlechtem Stoffe. So in der ganzen Natur; alles hat seine bestimmte Richtung und eigenthümliche Bildungskraft. In der Erziehung der Kinder haben wir deren Triebe sorgfältig zu beobachten, und sie zu unterdrücken würde ein vergebliches, thörichtes Beginnen seyn. — Vergebens warnt mit ängstlicher Stimme die Henne die von ihr ausgebrüteten jungen Enten, sich nicht dem gefährlichen Elemente anzuvertrauen; aber sie suchen, von ihrer Natur getrieben, das Wasser, schwimmen fröhlich darin umher, und achten nicht der ängstlichen Stimme ihrer Mutter. — Das eine Kind hat Trieb zu mechanischen Arbeiten, das andere zur Malerey, das dritte zur Musik: man thut übel, wenn man diese Triebe nicht beachtet, und den Kindern einen Lebensberuf aufdringt, der ihnen zuwider ist. Sie werden darin nicht mit Lust und Liebe arbeiten, und es wird ihnen auch die Fähigkeit dazu mangeln; denn der Mensch fühlt, was er vermag, und wozu er die Kraft besitzt, und er liebt es, wie sein Eigenthum, weil es sein eigen werden kann. Das wußte Ulysses wohl, als er die List ersann, den jungen Helden zu entdecken, den man in weiblicher Kleidung in die Gesellschaft von Jungfrauen gebracht hatte, um ihn der Theilnahme am Kriegszuge gegen Troja zu entziehen. Er brachte weibliche Kleider und Spielwerke zu Geschenken für die Jungfrauen, darunter aber auch Waffen: nach diesen griff Achilles, dem Heldentriebe folgend, der ihn verrieth und hinaus in das Feld der Ehre rief.

Es sind zweyerley Triebe im Menschen zu unterscheiden: die besondern zu irgend einer Berufsthätigkeit, wie die so eben bezeichneten, welche mit den Gaben oder Talenten verbunden sind, und die allgemeinen, welche einem jeden Menschen eigen sind, er mag sonst Gaben haben, welche er wolle. Von den zweyten ist hier die Rede: die einen, wie die andern, hat die Weisheit zu beachten und zu leiten, um den

Menschen zur Vollkommenheit zu bilden; aber die zweyten geben die Grundstoffe zu der eigentlichen sittlichen Gesetzgebung, welche wir jetzt aufzusuchen Willens sind.

Wie tritt der Mensch auf dieser Erde auf? Der Himmelskeim seiner Seele ist in den irdischen Stoff gelegt; als einen zarten Sprößling pflanzt ihn Gott in den stillen, umschirmten Garten der Familie, und übergibt ihn der zarten Pflege der Mutter. Die Elemente dringen stürmend ein auf das zarte Gebild; der erste Athemzug ist der Anfang des Kampfes, den die Lebenskraft mit dem todten Stoffe zu bestehen hat, sie will sich in eigenthümlicher Gestaltung gegen denselben behaupten, sich eine Stelle im Reiche des Lebendigen erringen, eine selbstständige, in sich abgerundete und doch mit der übrigen Schöpfung zusammenhangende Welt bilden; sie hat sie sich schon gebildet, im Augenblick, als sie zündend in die Materie einschlug, aber die Bildung soll vollendet und behauptet werden. Die sorgsame Hand der Mutter hält von der zarten Pflanze alle verderblichen Einflüsse der Elemente ab, und erleichtert ihr den Kampf; sie wärmt und nährt sie an ihrem Busen, bis die Lebenskraft mehr erstarkt und fähig geworden ist, festere Stoffe zu bezwingen, und rauheren Einflüssen zu trotzen. Die ersten Lebenszeichen des Kindes, die ersten Aeußerungen seines inneren Zustandes sind die Begierde nach Speise, die im Weinen ausgedrückte Unlust des empfundenen Bedürfnisses, das Lächeln und die fröhliche Bewegung der Glieder nach der Sättigung. Das Geschrey des schmachtenden Säuglings durchschneidet der Mutter das Herz, und sie eilt ihm die Brust zu bieten: Wonne durchströmt ihren Busen, wenn sie ihn, den gesättigten, den zufrieden lächelnden, auf dem Schooße wiegt. Und wer ist so roh, daß er ihre Empfindung nicht theilte? wer könnte ungerührt das Wimmern des hungrigen Säuglings hören? wer blickte wohl gefühllos in den Himmel des kleinen lächelnden Angesichts? Was ist der Trieb, das Verlangen, das Bestreben des Neugebornen? Er will sein ganz noch in organischer Thätigkeit beschlossenes Daseyn behaupten und erweitern, er will wachsen und gedeihen; er sucht und liebt, was seine Lebensentwicklung fördert, er flieht und haßt, was dieselbe hemmt und stört; die Lebenslust, die Empfindung des Wohlbehagens, der Befriedigung, ist der Gegenstand seiner Liebe; er liebt die Mutter und die Gewalt der Natur zieht ihn zu ihr hin, weil sein Leben noch mit dem ihrigen verschlungen ist; aber er liebt sie nur noch als die Stütze und Quelle seines Daseyns. Sein Trieb ist noch ganz der thierische; er, der künftige Herr der Schöpfung, ist noch selbst ganz Thier; noch schlummert der Mensch in ihm, und die Mutter sucht ihn mit den leisen Morgenliedern der Liebe zu wecken.

Tritt her an die Wiege des Neugebornen, stolzer Vernunftmensch, betrachte sein eng beschlossenes, unbewußtes Daseyn, und erkenne deine niedrige Abkunft! Wagst du ihn zu verachten, weil er noch ganz an die Erde gefesselt ist, und all seine Kraft daran wendet, sich aufzurichten? Siehst du nicht in ihm dein eigenes Bild, fühlst du nicht mit ihm in seiner engen Lust und seinem kleinen Schmerz? Verargst du es der Mutter, daß sie sorgend das Auge auf ihn heftet, seinem Triebe dient und seine Lust und Unlust theilt? Wärest du, was du bist, wenn dich die Mutter nicht auch schützend und pflegend in die Arme genommen, den feindlichen Gewalten der Erde entzogen, und empor in das freye Daseyn des Geistes gehoben hätte?

Welche Freude für die liebenden Eltern, wenn der kleine Liebling endlich sich aufrichtet, steht und wandelt, und das Auge zum Himmel hebt, wie es dem nach Gottes Ebenbild Erschaffenen ziemt! Dem Gängelband entlassen, strebt er hinaus ins Freye, in den Hof, in den Garten. Wie ihn alles reizt und anzieht, was er um sich her erblickt, jede Blume, jeder farbige Stein, die rothe Beere, der goldene Käfer, der bunte Schmetterling! Alles will er haben und genießen: wie er tobt und trotzt, wenn ihm etwas versagt und entzogen wird! Alles, meint er, sey für ihn geschaffen, seiner Lust zu dienen. Wie freut sich die Mutter seiner lebhaften Begierden, wenn sie ihm auch Manches versagen muß, seines Zornes, seines Eigensinns, seiner Herrschsucht, wenn sie auch diese kleinen Leidenschaften brechen muß! denn sie sind ihr ein Zeichen seiner gesunden Lebenskraft. Mit inniger Freude hängt ihr Auge an seiner gesunden, vollen, blühenden Gestalt; täglich bemerkt sie, wie er mehr gedeiht, wächst und erstarkt. Wie er sich umhertummelt, springt und hüpft! — Aber er ist einsam; die Spiele wollen ihm nicht lange behagen, er zerbricht das Steckenpferd, das ihn langweilt, er wirft das Spielzeug wild durch einander. Es fehlt ihm Gesellschaft: jetzt werden ihm Gespielen gebracht: wie er sich freut, seines Gleichen zu sehen, wie sich Alles an ihm belebt! Nun gewinnt jedes Spielwerk neuen Reiz, nun werden neue Spiele erfunden, nun wird lustig umhergeschwärmt.

Die Mutter sieht dem muntern Schauspiel zu; wie ergötzt sie das fröhliche Bild des Lebens! wie innig fühlt sie die Lust des Daseyns mit, in welcher sich ihr Liebling bewegt!

Das Kind wächst heran zum Knaben, der Knabe zum Jüngling. Er steht in der Blüthe der Gesundheit und Kraft: schlank und kräftig ist seine Gestalt, in der breiten, gewölbten Brust schlägt ein muthiges Herz, das dunkle Auge blickt kühn hervor unter der freyen, heitern Stirn. Thatkraft strömt in seinen Adern, es treibt ihn hinaus ins Leben, er will die Kraft erproben, will streben, ringen, kämpfen. Gebt ihm das Schwert und die Lanze, sich zum Kampfe zu üben! Gebt ihm das muthige Roß, es zu tummeln! Er will seine Kraft an Andern messen, er sucht den Wettkampf. Die Bahn ist eröffnet; die Läufer stürzen aus den Schranken, und eilen dem Ziele zu; der Sieger hebt frohlockend den Kranz in die Höhe. Der Besiegte bietet einen andern Wettkampf an; sie wollen sich im Ringen messen. Wie kräftig sich die Arme umschlingen, wie gewandt sich die Ringer im Kreise drehen, und schnell das verlorne Gleichgewicht wieder gewinnen! Jetzt versucht der Eine einen gewaltigen Schwung, und faßt den Andern, und hebt ihn empor, um ihn nieder zu werfen; aber dieser zieht ihn mit sich zu Boden, und der Sieg ist entschieden. Seht das fröhliche, kräftige Leben rings umher! Hier werfen Einige die Lanze, dort üben sich Andere im Springen, Andere klettern an dem glatten Mast hinauf, Andere tummeln das Roß, schwingen sich auf und nieder, und erhaschen es im Laufe, um sich wieder aufzuschwingen. — Jetzt ordnet man sich zum kriegerischen Tanze; die

Trompete schmettert; die Schilder schlagen dröhnend zusammen, die Schwerter klirren, und zwischen ihnen bewegen sich frey und kühn die nackten Tänzer. — Das Jagdhorn ertönt, und ruft zum ernsteren Spiele, die bellenden Hunde stören den wilden Eber auf, wüthend kommt er hervor gerannt, der Jäger erwartet ihn fest mit dem Jagdspieß, ein Fehlstoß, und er ist verloren; aber er stößt richtig und fest, das Thier ist erlegt, und unter Jubel und munterem Hörnerschall, mit Eichenlaub geschmückt, ziehet die muntere Schaar nach Hause.

Seht dort ein lieblicheres Bild! Jungfrauen sitzen auf dem Rasen, und winden Blumenkränze. Die Schalmey ertönt, sie springen auf, um zu tanzen, sie bilden Reihen und Kreise, sie umschlingen sich mit den Kränzen, und lassen sich wieder los. Welch ein reizendes Gewühl, welche liebliche Bewegung! Jetzt stehen sie alle im Kreise still, und die eine, die geschickteste Tänzerin, tritt herein, das Tambourin und die Castagnetten in den Händen, und tanzt. Welche Anmuth, welche Zierlichkeit in den Bewegungen! wie leicht heben sich die zartgebildeten Füße, wie lieblich schwingt sie die Hände! Jetzt wird die Bewegung rascher und rascher, der Busen hebt sich ungestüm, die Wangen glühen, die Lust des Tanzes wird zur Begeisterung, sie tanzt nicht mehr, sie schwebt und fliegt. Die Gespielinnen klatschen ihr Beyfall, und umschlingen sie mit all ihren Kränzen als die Siegerin und Königin des Spieles.

Unter den Blüthenbäumen des Frühlings wandelt still und sinnend die Jungfrau, und horcht auf den Schlag der Nachtigall; eine unbewußte Sehnsucht schwellt ihren Busen, sie geht sinnend weiter und weiter, und hat sich in die Wildniß verloren. Da bricht die gejagte Hindin aus dem Dickicht, die Hunde hinter ihr her, und stürzt sich keuchend zu ihren Füßen, um bey ihr Schutz zu suchen. Der Jäger eilt mit gehobenem Wurfspieß seiner Beute nach, er sieht sie zu den Füßen der Schönen, und die Waffe sinkt ihm aus der Hand; ihr Blick begegnet dem seinigen: ein unwiderstehliches Verlangen ergreift ihn, und er kniet nieder zu ihren Füßen. — Nun ist ihm das Vergnügen der Jagd verleidet, in der Gesellschaft der Jugendgenossen fühlt er sich einsam, ihr Bild schwebt vor seiner Seele, er denkt nur an sie, sein Lebensglück findet er nur bey ihr; mächtig zieht es ihn hin zu ihr, er wirbt um ihre Liebe, und gewinnt sie. Nun führt er die myrthenbekränzte Braut heim: die schönsten Blüthen der Lebenslust sind ihm aufgegangen, und immer neue Knospen brechen hervor; der süßeste Trieb ist gestillt, und aus Genuß und Verlangen, aus Verlangen und Genuß knüpft sich, wie aus Früchten und Blüthen, der schöne Kranz, der das glückliche Paar umschlingt.

Die Lust des Lebens, der sinnlich frohe, gesunde Genuß des Daseyns, ist der große, reiche Strom, in welchem Alles in der Natur webt und wimmelt, was Athem hat; immer von neuem wiederholt sich der Kreislauf des fröhlichen Naturlebens; jedes Jahr führen die Horen den lieblichen Reigentanz über die Erde. — Laue Lüfte haben die Bande des Frostes gelöst, und der Erde das weiße Trauerkleid abgestreift: seht, welch ein frisches, fröhliches Leben erwacht! Auf dem grünen Anger weiden Heerden, von jungen Lämmern umhüpft, der Schäfer sitzt unter dem Baum und spielt die Flöte; dort vor der

Hütte spielen kleine Kinder, und pflücken Blumen; im nahen Hain schlägt die Nachtigall, und der Dichter horcht, im Grase sitzend, in süße Ahnungen verloren, auf den lieblichen Gesang; drunten auf der Wiese tummeln sich die Knaben im fröhlichen Spiel. — „Laßt uns den Berg ersteigen, um die schöne Aussicht zu genießen, es ist heute so heiter!" Man steigt hinauf; mit jedem Schritt erweitert sich der Blick, ein Thal nach dem andern thut sich auf; jetzt erscheint dieser See, dann jener Fluß; selbst die ferne Stadt zeigt sich mit beleuchteten Thürmen. Jetzt steht man oben. Welche erquickende, reine Luft! wie tiefblau umspannt der heitere Himmel die freudetrunkene Erde! O welch ein herzerhebender Anblick! — Dort steigt ein Adler in die Luft: o wer mit ihm fliegen könnte, um über die Berge und Thäler hin zu schweben, jetzt hinabzutauchen in das duftige Thal, jetzt wieder aufzusteigen zur sonnigen Höhe! Wie lieblich dort das Dörfchen aus seinen Blüthenbäumen hervorblickt! Wie ruhig sich die blaue Spiegelfläche des Sees in das Thal ausbreitet! Berg und Wald tauchen sich in die klaren Fluthen, um das sonnige Haupt, die heiße Brust zu kühlen. Durch die Ebene schlängelt sich der Strom, und tränkt Wiesen und Felder; Städte und Dörfer haben sich an seinen Ufern gelagert, um seine Segnungen zu empfangen; Schiffe segeln hinab, und bringen fernen Gegenden die Fülle des fruchtbaren Landes. Ueberall wohnen glückliche, thätige, lebensfrohe Menschen, und freuen sich des blauen Himmels und der grünen Erde und der Fülle des göttlichen Segens.

Dort streut der Sämann den goldenen Samen in die schwarzen Furchen, und denkt froh an die künftige

Ernte, die ihm hundertfältig wieder geben wird, was er der Erde anvertraut. Daneben grünen schon lustig die Saaten, welche die weiße Hülle des Schnees vor dem Froste geborgen und dann befruchtet hat. Der Landmann geht, um die blühende Wiese zu mähen. Wie lustig sich das Thal belebt! Das ganze Dorf ist beschäftigt, das Heu zu sammeln, und auf vollbeladenen Wagen heim zu führen. Welche frohe Thätigkeit! welche Freude am vollen, reichen Segen! Unterdessen ist die Saat gereift; sie wallt und wogt nicht mehr im Wehen des Windes, die goldene Last drückt sie darnieder, und sie erwartet die Sichel des Schnitters. Eine neue fröhliche Thätigkeit! neue Arbeit und reicher Lohn! — Jetzt wird der letzte Garbenwagen heimgeführt, und die Schnitter gehen voran mit dem Erntekranz in lautem Jubel. Der Hausherr gibt ihnen ein Fest, die Tenne verwandelt sich in einen Tanzsaal; aber schöner ist die Freude, wenn er, die Gattin am Arm, den Segen Gottes in der vollen Scheuer beschauet, und beide einer sorglosen Zukunft für sich und ihre Kinder entgegen sehen.

Das Jahr neigt sich zu Ende. Die Bäume stehen schwer beladen mit Früchten, die Zweige herabsenkend, als wollten sie der Erde von ihren Gaben den Zoll des Dankes reichen. An der Rebe schwillt die purpurne Traube, und verheißt in Fülle den köstlichen Saft, welcher des Menschen Herz erfreut. Jubel erschallt durch die Berge, denn die Zeit der Lese ist gekommen. Die Kelter fließt über vom süßen Most, es mangelt an Gefäßen, die reiche Fülle zu fassen. Seht dort den Zug der mostberauschten Winzer und Winzerinnen: wie sie, die Thyrsusstäbe schwingend, vom Berge herabschwärmen, und sich unten zum raschen Tanze sammeln. Hier hat Thespis seine rohe Bühne aufgeschlagen, und, mit Weinhefen beschmiert, vom Gott des Weines beseelt, treten die kunstlosen Spieler auf, und belustigen die ländlichen Zuschauer. Am Heerde sitzt der Greis; der Sohn bringt ihm den gewonnenen Most, ihn zu kosten: prüfend schlürft er ihn, lobt ihn und freut sich des Segens, dankend dem Herrn der Natur, dessen Gnade immer neu ist, und dessen Güte ewiglich währet.

Gott, du siehest nach der Erd' und leihest ihr Ueberfluß,
Reichlich begabst du sie,
Gottes Bäche sind voll Wassers:
Getreide bereitest du, wenn du sie also bereitest.
Du tränkest ihre Furchen, ebnest ihre Schollen,
Schwemmst sie mit Regengüssen, segnest ihr Gewächs.
Du krönest das Jahr mit deinem Segen,
Und deine Fußtapfen triefen von Fett;
Es triefen die Anger der Wüste,
Mit Jubel die Hügel sich gürten;
Es kleiden sich die Triften mit Schafen,
Und die Auen sind gehüllt in Korn;
Alles jauchzet und singet. (Ps. 65, 10—14.)

Auch die Tage, von welchen wir sagen, sie gefallen uns nicht, die Tage des schwächlichen Alters, entbehren nicht ihrer Freuden. Am Stabe gebückt, schleicht der Greis über die blühende Wiese; er steht still, und freut sich des reizenden Anblicks. Er ist matt, und kann die Hütte nicht mehr verlassen: die Tochter führt ihn zur Bank vor der Thüre, wo er sich sonnen kann; vor ihm spielen die Enkel im Grase. Spärlich ist seinen letzten Tagen die Lust des Lebens zugemessen; er genießt wenig:

aber froh sitzt er am Tische im Kreise der Kinder und Enkel, theilnehmend genießt er im Genuß der kräftigen Jugend den Segen der Natur; er fühlt sich wohl am häuslichen Heerd, im Kreise der Lieben. Ein alter Freund besucht ihn: wie sich im heitern Gespräche bey der Wiederholung alter Geschichten die schlaffen Züge beleben, wie das matte Auge von jugendlichem Feuer erglänzt!

Was die Natur uns nicht gewährt, das gewährt uns die Geselligkeit, die Unterhaltung, der Scherz, das Spiel. Der Mensch ist ein geselliges Wesen; in der Theilnahme an fremder Lust erhöht sich die eigene, im Austausche werden die Empfindungen stärker und lebendiger. Wie der Mensch überall willkürlich bildet, so erfindet er sich auch künstliche Genüsse, Unterhaltungen, Spiele; denn er sucht überall Reiz, Abwechselung, Spannung. Er mischt Arbeit und Spiel, Ernst und Scherz, und würzt das eine durch das andere. Ernsthaft nachdenkend, genau berechnend sitzen die Schachspieler da; fürwahr, man sollte denken, sie brüteten über wichtigen Planen; mehr Anstrengung bedarf es oft nicht, um einen wichtigen Handel abzuschließen, und es ist nur ein eingebildeter Wettstreit, ein Spiel mit stumpfen Waffen. — Ueberhaupt welch reiches Feld des Lebensgenusses bietet uns die geistige Thätigkeit, das ewig rege Spiel der Einbildungskraft! Es sind geistige, innere Freuden, die sie uns bereitet, und doch von sinnlicher Art, ersetzend die körperlichen Genüsse, ja, ihnen erst den Glanz und Reiz verleihend. Es ist nicht bloß der süße Duft, die liebliche Farbe, was uns beym Anblick der Rose erfreut; es ist das innere Bild, das im Geiste wiederstrahlt, und ihm eine irdische Farbe verleiht. Nicht der Gaumenkitzel, nicht die Aufregung der körperlichen Kräfte ist es allein, wodurch uns ein Trunk Weines erquickt und erfreut; es ist die Belebung des geistig sinnlichen Spiels der Einbildungskraft; es ist das Morgenroth der Hoffnung, das Abendroth der Sehnsucht, der heisse Sonnenglanz der Gegenwart, in welchem sich die Fittiche des Geistes färben, und gaukelnd um die Seele spielen. Der Mensch genießt alles, was er genießt, doppelt, mit seinen leiblichen Sinnen und mit seiner geistigen Sinnlichkeit. Ja, er kann alles in unendlicher Vervielfältigung genießen in der Erinnerung und in der Hoffnung. Was wäre unser Leben ohne diese beyden uns begleitenden Genien? Der eine trägt auf seinen breiten Flügeln den Duft und die Farben von allen Blumen, die uns je am Lebenswege geblüht haben; aus dem Thale der Kindheit hat er jedes unscheinbare Blümchen, jedes Vergißmeinnicht, gesammelt, und zum unverwelklichen Kranze geflochten, den er uns gaukelnd vor das Auge hält; und, führt uns der Lebensweg durch rauhe, felsige Gebirge, so umflattert er uns erfrischend, und labt uns mit der Erinnerung an die reizende Ebene, die wir durchschritten. Der Genius der Hoffnung fliegt uns voran; sein Gefieder schimmert von den Regenbogenfarben des Himmels: indem wir die steile Höhe hinanstreben, erwartet er uns oben auf dem Gipfel und schwingt fröhlich die Flügel; sind wir oben angelangt, so ist er entflohen und lockt uns von einem höheren Gipfel. Und doch werden wir nicht müde seines täuschenden Spieles; und wenn wir ja ermatten, so kommt er mitleidig herab, und weht uns erquickende Labung zu.

Unerschöpflich ist die Fülle der Freude, welche der Schöpfer den Menschen zugetheilt. Ist jede Quelle ausser uns versiegt, ist kein Reiz von aussen fähig, den Geist aufzuregen; ist der Kranz der Erinnerung vor dem umdüsterten Geist erblichen, und lockt uns die Hoffnung nicht mehr: dann tröstet und erquickt uns die Dichtung mit ihrem Zauberspiel. Sie taucht ihren Pinsel in das Morgen- und Abendroth und in die Farben des Regenbogens, und übermalt das bleiche Bild des Lebens mit den Farben ewiger Jugend; aus ihrem Füllhorn quellen alle Blumen, welche die Erde trägt; ihr Zauberspiegel faßt alle schönen Bilder, die im Lichte der Sonne sich entfalten; sie nimmt uns auf ihre Schwingen, und hebt uns über Berg und Thal und zeigt uns alle Herrlichkeiten der Welt; sie verzückt uns in das Paradies, das wir verloren, und wohin das Herz sich sehnsuchtsvoll wendet; sie entlehnt vom Sphärengesang die Töne, und tröstet das Herz mit ihren süßen Harmonien.

Unerschöpflich ist die Fülle der Lebenslust für den Menschen. Ein Ocean umwogt und umrauscht uns; tausend Fühlfäden des Genusses strecken wir aus, alle Elemente bringen uns ihre köstlichsten Gaben; Erde, Wasser, Luft, Licht, Farben und Duft und Klang weben vor unsern Sinnen den bunten Teppich der Lust, und alle Geister und Kräfte des Lebens führen vor uns den Reigentanz der Freude auf.

Aber betrachten wir nun auch die Rückseite des Bildes!

Eine Legion von Krankheiten lauert im Hinterhalte,

um sich gierig auf das menschliche Leben zu stürzen und es zu verderben. Die blühenden Kinder kehren unlustig und blaß vom Spiele heim, und legen sich: die bösen Blattern sind im Anzuge. Bald sind die lieblichen Gesichter, ehedem die Bilder der Gesundheit und Schönheit, mit scheuslichen Pockenlarven bedeckt, die Augen sind geschlossen. Wie leiden die armen Kleinen! Wie fürchten die Eltern für ihr Leben, für ihre gesunden Glieder, für ihre Augen! Aengstlich harren sie des Tags, wo sie diese wieder öffnen: Gott sey Dank! eines nach dem andern zeigt die köstlichen Sterne unversehrt, nur das letzte liegt noch in den Banden der Blindheit, und ach! es sieht das Tageslicht nicht wieder; das verderbliche Gift hat sich auf die Augen geworfen und sie zerstört. O preisen wir die menschliche Klugheit, welche die Jugend von dieser Plage befreyt hat durch ein untrügliches Mittel! Die Arzneykunde beschwor diesen Dämon, und reinigte die Erde von seinem verheerenden Pesthauch. Aber wie viele Krankheiten sind uns geblieben, wie viele neue sind uns gekommen, mit welchen diese wohlthätige Kunst zu ringen hat! Gerade die Kindheit wird am meisten von ihnen heimgesucht. Wie viele Blüthenknospen verderbt der Reif in Einer Frühlingsnacht! die Eltern flehen den Arzt um Trost und Hülfe; vergebens! die böse Gewalt der Natur ist ihm zu stark, seine Kunst erliegt im Kampfe, und er sucht nur noch die Leiden des armen Kleinen zu mildern, indem der Tod dessen zarte Hülle zerbricht. Kein Alter ist sicher vor dem plötzlichem Erscheinen des Knochenmannes mit Stundenglas und Hippe. Er ruft nicht bloß diejenigen ab, welche, des Lebens satt und müde, ihm gern zur Ruhestatt folgen; er tritt unter die fröhlichen Haufen der Jünglinge und Jungfrauen, und fodert sich seine Beute; er tritt an die Tische der lustigen Zecher, und reicht ihnen den Wermuthsbecher des Todes. Und wenn er nur seine Beute im Nu wegführte, und schnell die Flamme des Lebens auslöschte! aber vor ihm her geht die Furcht, welche ihre Schatten in das heitere Bild des Lebens wirft, und die froh Genießenden aus dem Wonnetraum aufscheucht. Die Furcht des Todes beschwört keine Kunst und Wissenschaft, diesen bittern Tropfen, der in den Becher der Lust fällt, versüßt keine Arzney, bereitet aus den Säften der Erde: hier muß ein anderer Arzt helfen!

Die Mutter Erde, an deren Brüsten wir hangen, spendet uns gern ihre Fülle; aber der erzürnte Himmel entzieht bisweilen den befruchtenden Segensblick, die Quellen der Erde versiegen, und Hungersnoth sucht die Völker heim. Die Kinder schreien nach Brod, aber der Vater hat die Nacht hindurch gearbeitet, und nicht so viel gewonnen, um einen Laib Brod zu kaufen, womit er die Kleinen auf einen Tag sättige. O herzzerreißender Ruf: Vater mich hungert! wenn man nichts als die leeren Hände reichen kann! Selig der Vater, der dieß nie erfahren! — Bleiche Gestalten wanken über die Straßen, und lagern sich vor den Thüren der Reichen, um die wenigen Brosamen zu empfangen, welche man ihnen zuwirft. Andere irren im Felde umher, und graben sich Wurzeln, um damit den nagenden Hunger zu stillen; verschämte Arme erwarten still im Hause den Hungertod. Hätte die Obrigkeit bey Zeiten mit wohlthätiger Klugheit gesorgt, und die Vorrathshäuser gefüllt, wie viel Jammer wäre dadurch erspart worden! Ach! und vielleicht war es nicht bloß Mangel an Klugheit, wodurch die Plage über das Land kam. Kornwucherer haben die Früchte aufgehäuft, und schlagen sie nur um unerschwingliche Preise los: der Glanz des Goldes erbleicht nicht vor ihren gierigen Augen durch den darauf liegenden Schweiß der Armuth. O schändliche Habsucht des Menschen, daß er mehr begehrt, als er genießen kann, und darum Andern den Genuß des Lebens, ja selbst die kümmerliche Nothdurft raubt! Ist das der Trieb nach Nahrung und Lebensgenuß, der ihn zu einem solchen Raubthiere macht? Hat ihn die Natur zum Verderben seiner Mitbrüder geschaffen?

Wie verschieden sind die Bedürfnisse der Menschen! Der Hirt ist zufrieden mit Milch und Käse; der Bauer schätzt sich glücklich, wenn (was Heinrich IV. seinen Unterthanen wünschte) Sonntags ein Huhn in seinem Topfe steckt: welch eine Thätigkeit dagegen in der Küche des Schwelgers! Der Koch hat am Morgen zwey Mal den Küchenzettel ändern müssen; die abgestumpfte Eßlust des Herrn verlangt heute ganz seltene Gerichte, heute müssen alle Künste der Verfeinerung aufgeboten werden. Macht es so viel Arbeit, ein Thier zu füttern? Ist es der Mühe werth, auf die Foderungen des Magens so aufmerksam zu horchen und ihm die leisesten Wünsche abzulauschen? Wie kommt es doch, daß dieser Mensch sich einem so unwürdigen Dienste hingegeben hat? Er ist verwöhnt worden. In Ueberfluß und Ueppigkeit erzogen, hat er schon früh an allen Genüssen Theil genommen, und darin das Glück des Lebens finden gelernt. Man hat ihn nicht gewöhnt, an den edleren Freuden des Lebens Geschmack zu gewinnen; er hat sich dem Müssiggang ergeben, oder ein geistloses Geschäft getrieben, das ihm nicht die höhere Lust geistiger Thätigkeit kennen lehrte; er ist ohne Bildung und Geschmack geblieben und keine höhere Liebe hat Eingang in sein Herz gefunden: und so ist er zum Thiere herabgesunken; ja, er ist schlimmer, als ein Thier, da dieses nur sein Bedürfniß zu stillen sucht, er aber sich künstliche Bedürfnisse schafft, damit er nur etwas zu befriedigen habe.

Der Wein erfreut des Menschen Herz; er macht dem Armen Muth und läßt ihn seine Noth vergessen; er erheitert den Schwermüthigen, öffnet das Herz zur vertraulichen Mittheilung, und leiht der Einbildungskraft Flügel. Aber war es nicht der Wein, der den Vater Noah im Zelt entblößt hinstreckte, daß der entartete Sohn seiner Schande spottete? War es nicht der Wein, der jene Mänaden berauschte, welche Orpheus, den Sänger der Weisheit, in Stücke zerrissen? Ach! wie oft macht er die Menschen ihrer Würde vergessen, daß Kinder ihrer spotten! Wie oft verletzen die, in welchen sein wildes Feuer tobt, die Gesetze der Weisheit und Tugend! Wie mancher Jüngling verlor im Taumel der umnebelten Sinne seine Unschuld, und fand den vorher unbekannten Weg des Lasters!

Die Wollust — soll ich dieses Scheusal nennen, welches den schöpferischen Trieb der Natur vergiftet, die Kraft der Seele mit Höllengluth ausbrennt, und die Gesundheit und Schönheit des Leibes zerstört, welches das Heiligthum der Familie entweiht, und in alle Verhältnisse des Lebens das Verderben trägt? Sie schmückt sich mit allen Reizen der Erde, mit allem Zauber der

Sinnlichkeit, um ihre Beute heranzulocken. Wie lieblich wallt das goldene Haar der Sirene auf den blendenden Nacken, wie süß schmelzend erklingt ihre lockende Stimme! Nahe dich ihr nicht! es ist ein Ungeheuer, entsprungen aus dem Abgrund der Erde; sähest du seine ganze Gestalt, du würdest schaudern; nahest du dich, so zieht es dich in den schrecklichen Abgrund. — Folgt mir, Jünglinge, in jene Höhlen des Jammers, wo die Schlachtopfer der Wollust wimmernd liegen, lebendig der Fäulniß und den Würmern preisgegeben, folgt mir, zu sehen, wohin die Verirrung des Lasters führt! Diese blassen, verfallenen Wangen wetteiferten sonst mit den Rosen, diese bleyfarbenen Lippen umschwebte das Lächeln der Grazien, in diesem eingesunkenen, erloschenen Auge spiegelte sich der Himmel heiterer Unschuld. Blickt hin und schaudert! So verderbt sich selbst die Natur, so zerfleischt sie, von wilder Lust entflammt, ihre eigenen Glieder!

Welches ernste Geschäft treiben dort jene Männer, im Kreise sitzend? Sie reden wenig; aber die Leidenschaften malen sich in ihren Gesichtern, die Erwartung spannt ihre Züge, und unter erkünstelter Kälte kocht die Gluth der Begierde. Sie spielen. Eben setzt einer die letzte Rolle Gold auf ein Blatt, und starrt nach dem verhängnißvollen Ausschlag hin; er verliert, und Verzweiflung zuckt durch sein blasses Gesicht. Er steht auf, und geht; es folgt ihm niemand, hier ist keiner sein Freund. Am Morgen findet ihn ein Fischer im Flusse; er hat sich den Tod gegeben, weil er sein ganzes Vermögen verspielt und an diesem Tage einen Wechsel zu zahlen hatte. Er hinterläßt Weib und Kinder in drückender Armuth und Schande; er betriegt einen Freund um die Hälfte seines Vermögens. Ist das die Folge des Spieles, welches zur Erheiterung und Erholung dienen sollte? Nein! das ist kein Spiel, das ist die Erfindung verderblicher Thorheit, das Reizmittel der Geistesleerheit, mit dem Gifte der Habsucht versetzt!

Ist des Elendes, der Verderbniß, des Lasters und der Thorheit noch nicht genug? muß auch die liebliche Göttin der Phantasie sich in eine Furie verwandeln, welche die armen Sterblichen wüthend verfolgt, ihnen das Licht der Vernunft raubt und ihr Gehirn mit scheußlichen Bildern erfüllt! Dasselbe Haus des Jammers nimmt die Schlachtopfer des Lasters und die Unglücklichen auf, welche eine Beute des Wahnsinnes geworden. Hier wandeln sie träumend gleich dem Schatten am Ufer der Lethe. Ach! und wäre Vergessenheit ihr Loos, daß sie nicht ihres tiefen Falles inne würden! Aber von Zeit zu Zeit ergreifen sie die Furien des Bewußtseyns, und ängstigen sie, bis sie ermattet wieder in ihre Träume sinken. Hier wandelt still, in Schwermuth versunken, ein junges Mädchen, das ihr Geliebter verlassen hat; sie hatte ihn lange sehnsuchtsvoll erwartet, der Tag war da, wo er zurückzukehren versprochen, und statt seiner kam ein Brief, der ihr das Wort der Treue zurückgab. Seht! wie sie jetzt mit ausgebreiteten Armen vorwärts eilt, als wollte sie jemanden empfangen, sie träumt die Ankunft ihres Geliebten; sie fährt schaudernd zurück, sie hat den verhängnißvollen Brief empfangen.— Dort tobt ein starker Mann mit schwarzem, wallendem Haupthaar und langem Bart an der Kette; er ist von Sinnen gekommen, weil er, von ungemessenem Ehrgeiz besessen, eine Beschimpfung erlitten und keine Genugthuung erhalten hat. — Dort zählt einer in einem fort Geld, das er in der Lotterie zu gewinnen gehofft und nicht gewonnen hat. — Dort jammert ein von frommen Zweifeln Gequälter, er glaubt eine Sünde begangen zu haben, welche nicht vergeben werden könne, und alle Schreckbilder der Hölle stehen vor seiner geängstigten Seele. — Alle diese Unglücklichen hat die Macht der Einbildungskraft übermannt, sie verloren die Herrschaft über sich selbst; ein Gedanke, eine Vorstellung hat, sich selbst überwachsend, wie ein trüber Waldstrom, das blühende Gefilde ihres Geistes überschwemmt und fluthet und tobt darüber hin mit wilden Wogen.

O schützt das Heiligthum der Dichtung und der Künste, daß der unreine Geist der Wollust und des Lasters nicht in dasselbe dringe, und seinen Gift und Pesthauch hinein trage! der Cherub der Weisheit und Tugend trete mit flammendem Schwerte vor die Pforte, und wehre ihm den Eingang! Die unschuldige Lust der Erde, die Flora mit ihren lieblichen Kindern, der jugendliche, heitere Bachus auf dem von Leoparden gezogenen Wagen, die himmlische Liebesgöttin, sollen einziehen; aber nicht jener finstere, scheußliche Dämon! Er findet auch nie den Eingang; aber den niedrigen Seelen, denen, wie ihm, der Eingang versagt ist, welche um den Vorhof schwärmen und nach der Herrlichkeit lüstern sind, welche im Tempel wohnt, singt er, als Dichter verkleidet, buhlerische Lieder, und gaukelt ihnen wollüstige Gemälde vor. So wird selbst die Dichtung, wenn gleich in verfälschenden Nachäffungen, zum Reizmittel der wilden Lust, zum Opium der lüsternen Schwärmerey gemißbraucht! Abgelaufen ist Gottlob! jene Sündfluth elender, alberner Romane voll süßlicher, weichlicher, schmachtender Empfindsamkeit, zum Theil voll schamloser, lasterhafter Schilderungen, womit uns die früheren Jahrzehnde überschwemmten; aber die abgegriffenen Exemplare, aus den höheren Lesezirkeln verwiesen, wandern nun zur niedern Volksklasse, um auch diese zu vergiften.

Das ist das Bild des sinnlichen Triebes der Menschen in seinen einfachen, gesunden Aeusserungen, und in seinen erkünstelten, krankhaften, verderblichen Gestaltungen: das ist ein kurzer Abriß der Lust und des Wehes der Erdensöhne, ihrer Freuden und Leiden. Es ist ein Chaos widerstreitender Elemente, die Wonne kämpft mit dem Schmerze, das Leben mit dem Tode, die Hoffnung mit der Furcht, die Anmuth mit dem Widrigen. O wer bringt in dieses gährende Chaos Licht, Ordnung, Einklang? Wer kennt das Zauberwort, das die feindlichen Kräfte beschwört?

Die Weisheit! — Sie lehrt uns den sinnlichen Trieb kennen und in seinem Werthe schätzen, zugleich aber warnt sie uns, ihn nicht zu überschätzen, und vor seiner verderblichen Ausartung auf unserer Hut zu seyn. Sie bringt uns zum Bewußtseyn, was es denn eigentlich ist, was wir mit diesem Triebe suchen, und in welchem Zustande sich unser Geist in der Befriedigung desselben befindet. Es ist die Beförderung unserer organischen Lebensthätigkeit und die Nährung und Stärkung unserer den Erdenstoff überwindenden Kraft, welche wir suchen; und das ist allerdings zu schätzen. Die fröhliche Lebenslust ist ein Geschenk der Natur, das wir mit Dank aus ihren Händen empfangen sollen.

Wir nennen dasjenige, was den sinnlichen Trieb befriedigt und die Lebenslust erhöht, angenehm, und dasjenige, was jenem zu wider ist und diese unterdrückt, unangenehm. Das Angenehme hat seinen Werth, aber dieser ist von der untersten Bedeutung für das Leben. Das Angenehme ist nur für den Augenblick und flüchtig und vergänglich, wie dieser: der Genuß desselben dauert nur so lange, als der Reiz des Bedürfnisses und der Empfänglichkeit dauert. Dem Gesättigten ist die Speise gleichgültig, den Uebersättigten ekelt sie an; die Lust gränzt dicht an den Schmerz. Die flüchtige Erscheinung des Genusses wird von der Einbildungskraft festgehalten, von der Erinnerung wiederholt, von der Hoffnung vorausgenossen; aber auch selbst dieser innere Genuß hängt von der Stimmung des Geistes und Körpers ab, und das reizendste Bild der Einbildungskraft kann in manchen Stimmungen uns nicht locken. Jedes Alter hat seine eigenthümlichen Freuden und Genüsse, und was das Kind reizt, verachtet der Mann. Nach und nach sterben uns alle Organe des irdischen Genusses ab, und zuletzt steht der Baum des Lebens kahl und entblättert da, der zerbrechliche Kahn schwankt und schaukelt nicht mehr auf den Wogen des Lebens, und wir sehnen uns aus dem wilden Treiben nach dem Hafen der ewigen Ruhe. — Im sinnlichen Triebe lieben wir unser irdisches Daseyn, in wie fern es an die flüchtigen, wechselnden Erscheinungen des Lebens gebunden ist, und selbst als flüchtige Erscheinung an der Erde, wie der Schatten der vor der Sonne vorüberfliegenden Wolken, vorübergeht. Wir müssen es so lieben, weil es die Gestalt unsers Lebens auf unserer Erde ist; aber es ist nicht unser Leben selbst, sondern nur dessen vergängliche Hülle. Wir lieben uns selbst, wenn wir unser sinnliches Leben, das Gefühl der gesunden Kraft und der Freude lieben und schätzen; aber es ist doch nicht unser Wesen selbst, das wir in dieser Beziehung lieben, sondern dessen veränderliche Erscheinung, dessen irdisches, sterbliches Schattenbild; denn nicht nur in dem Sonnenblicke der Freude lieben und achten wir uns, auch im Sturm und Ungewitter, und höher ist das Gefühl des Selbstbewußtseyns, welches alsdann unsere Brust schwellt, wenn wir ohne Zagen und Wanken feststehen im Aufruhr der Natur.

Der Genuß reizt und regt uns auf, aber doch ist der Geist darin leidend. Jeder Genuß als solcher fodert Ruhe und behagliches Hingeben, und bringt auch immer die Erholung und Abspannung mit sich. Sehr wohl kann körperliche Bewegung und Arbeit mit dieser Ruhe des Geistes im Genusse vereinbart seyn; ja, selbst eine solche geistige Thätigkeit, welche gegen die höhere Anstrengung als Ruhe und Erholung gilt, kann damit bestehen, wie dieß beym Spiele, beym Lesen und Gespräche, der Fall ist. — Wie der Kämpfende in der Hitze des Gefechtes die strömenden Wunden nicht fühlt, welche ihm der Feind geschlagen hat, weil das Streben, die Thätigkeit allen Schmerz überwindet: so macht auch die Arbeit, der Eifer, die Anstrengung, aller Lust vergessen. Der eilende Wanderer bemerkt nicht die Erdbeeren am Wege, die seinen Durst stillen könnten; und wenn er sie bemerkte, so würde er sie verschmähen. Der müßige Lustwandler dagegen späht nach jeder Blume, die ihm am Wege blüht, und pflückt sie und flicht sie in seinen Strauß. Das Honig der Lust beschwert die Fittiche des Geistes, daß er den nach dem hohen Ziele gerichteten Flug senken muß; Thätigkeit ist seine reine Freude, das ist der leichte Aether, in welchem er am freyesten seine Flügel schwingt. Freylich jede Thätigkeit trägt in dem Erfolg und Lohn, den sie gewährt, die süße Frucht der Lust, so wie am Citronenbaum zugleich die Blüthen und die goldenen Früchte prangen; und was auf Erden lebt und webt, selbst der menschliche Geist, bedarf der Lust als Erquickung, Anregung, Ermunterung; aber der Mensch, wenn er im Geiste lebt, soll nie träg im Genusse der süßen Frucht seines Strebens ausruhen, und sich von den Banden der Lust an die Erde fesseln lassen; rastlos vorwärts strebend, im Fluge, erhasche er den Kranz des Lohnes, und indem er ihn gefaßt hat, blicke er nach dem höheren Ziele, wo die Palme des schöneren Sieges winkt.

Der Weise schätzt und gebraucht die irdische Lust, wie die Dichter und Künstler. Diese bedürfen der irdischen Reize und Farben, um die Einbildungskraft zu beleben, daß sie die in die irdische Hüllen verkleideten geistigen Gestalten fasse und in sich nachbil , sie sammeln alle irdische Schönheit und Herrlichkeit vor unsern Sinnen, um uns damit wie mit Seilen der Sehnsucht zu der himmlischen Schönheit emporzuheben; sie sättigen das Gemüth mit der Fülle irdischer Lust, um uns darin die Seligkeit des Paradieses ahnen zu lassen. Aber nicht genießen sollen wir in der Dichtung und Kunst, nicht träg und weichlich den Reizen, die sie bieten, nachhangen; aufstreben sollen wir, empor uns schwingen über die blühende Erde zur ewigen Sonne!

Erkennen wir dieses beydes, daß die Befriedigung des sinnlichen Triebes oder die irdische Lust vergänglich ist und keinen bleibenden Werth in sich trägt, und daß sie nicht dem reinen, thätigen, ewig beweglichen Leben des Geistes angehört: dann werden wir gerne den Lehren der Weisheit folgen, die sie uns für die Beherrschung und Leitung dieses Triebes ertheilt.

Fünfte Vorlesung.

Die geistigen Triebe: der Trieb zur Vollkommenheit.

Wir haben den sinnlichen Trieb in seinen mannichfaltigen Aeusserungen kennen gelernt und den Werth des Angenehmen oder des Sinnengenusses im Allgemeinen bestimmt. Das Angenehme, wie wir erstens bemerkten, gilt immer nur für den Augenblick, und dauert bloß in der Einbildung an; es ist flüchtig und veränderlich, und hängt gleichsam am Nu des Pulsschlages, der in jedem Augenblicke das Leben erneuert, und einen veränderten Zustand desselben herbeyführt. Das zweyte, was wir bemerkten, war, daß der Geist im Genusse des Angenehmen leidend ist, daß nur die Anregung unseres sinnlichen Lebens darin besteht, und daß, wenn wir einen geistigen Genuß haben, derselbe nur der sinnlichen Seite des Geistes, nicht seinem reinen, innern Wesen angehört, welches allein in der Thätigkeit, im Streben, im Aufschwung besteht.

Allein das Angenehme der Befriedigung des sinnlichen Triebes hat, abgesehen von seinem Genusse, welcher immer nur augenblicklich und sinnlich ist, auch einen höhern Werth, welchen der Geist anerkennt. Unser irdisches Leben, so vergänglich und dem Wechsel unterworfen es ist, gilt uns doch als das höchste irdische Gut, als der Inbegriff aller irdischen Güter; es ist der Schauplatz unsers Wirkens, die Form der Erscheinung unseres ganzen Wesens. Wir glauben an ein ewiges, unsichtbares, unvergängliches Wesen in uns; aber wir werden uns desselben nur in den wechselnden Erscheinungen, im wandelbaren Ablauf des sinnlichen Lebens bewußt, innerhalb der Schranken der Geburt und des Todes, der Vergangenheit und Zukunft, im Wechsel des Schlafens und Wachens, der Arbeit und Ruhe, des Bedürfnisses und Genusses. Unseren Geist selber erkennen wir nicht; wir sehen nur die Bilder, die er in unser Bewußtseyn wirft, nicht aber ihn selber. Unser Bewußtseyn gleicht einer Bühne, auf welcher ein Auftritt dem andern folgt, die unter sich zusammenhangen, die aber nur in ihrer wechselnden Folge ein ganzes Bild des Lebens darstellen. Den Dichter, der das Ganze entwirft und leitet, sehen wir nicht, wir errathen nur aus den mannichfaltigen Bildern, die er uns vorführt, die Ideen seines denkenden und schaffenden Geistes. So erscheint uns auch unser eigener Geist nur in dem wechselvollen Abflusse des an den Augenblick gebundenen Bewußtseyns; und wie sich das Ganze des Schauspiels aus den einzelnen Auftritten und Handlungen erbaut, so gestaltet sich auch das Bild unseres ganzen Lebens aus den einzelnen Wahrnehmungen unseres Bewußtseyns. Dem Menschen ist das Vermögen gegeben, aus diesen einzelnen Wahrnehmungen ein Ganzes zusammenzusetzen, und sich eine umfassende Uebersicht über sein Leben zu verschaffen: dieses Vermögen ist der Verstand, und durch diesen werden wir eines höhern Bewußtseyns mächtig, welches nicht an den Augenblick gebunden ist, worin wir das ganze wechselnde Schauspiel des Lebens in eine höhere Einheit zusammenfassen, in jedem Augenblicke der Gegenwart zugleich die Vergangenheit und Zukunft mit denken, und die Gegenwart als die Folge der Vergangenheit und als die Quelle der Zukunft ansehen. — Vor diesem verständigen Bewußtseyn nun stellt sich die augenblickliche Lebenslust als eine Erscheinung dar, welche zwar einzeln und vergänglich ist, aber doch in das Ganze unseres irdischen Lebens gehört, und welcher ein anderer Werth zukommt, als den wir im sinnlichen Genuß empfinden.

Wenn der sinnliche Trieb in allen seinen naturgemäßen Foderungen befriedigt wird und das organische Leben sich allseitig entwickelt und gedeiht: so haben wir das allgemeine Gefühl des Wohlbefindens, welches sich über unser ganzes Wesen verbreitet, und von einer gesunden, frischen und frohen Kraft des Lebens begleitet ist. Dieses Gefühl ist ausserordentlich wichtig für unser ganzes Leben, und selbst der Verstand muß es anerkennen. Er erkennt, daß ohne die gesunde Kraft unseres organischen Lebens, und ohne die kräftige, heitere Gefühlsstimmung, welche die Begleiterin der körperlichen Gesundheit ist, nicht nur die körperliche Arbeit, sondern auch die geistige Thätigkeit nicht von Statten geht, ja, daß selbst das Herz mit seinen höheren Trieben, mit seiner Liebe des Guten und Schönen, ermattet und erkrankt. Das Leben ist, wie unser Leib selber, ein Gliedbau, in welchem sich der Lebensgeist kreisend bewegt, und aus einer Ader in die andere ergießt; wenn nun der eine Theil leidet, so leiden die andern alle mit, weil alle zusammen und aufeinander zurückwirken. Leider sind wir ein Gewächs, das im irdischen Boden wurzelt: ziehen aus demselben die Wurzeln keine gesunde, hinreichende Nahrung, so welken nicht nur die Blätter — die frische Kraft unseres sinnlichen Lebens; sondern auch die Blüthe, welche sich dem Sonnenlichte zukehrt — das Leben des aufstrebenden, schaffenden Geistes — erkrankt und senkt das Haupt.

O welch ein unschätzbares Geschenk der Natur ist die Gesundheit! Ein Gefühl des Wohlbehagens verbreitet sich über unser ganzes Wesen; wir fühlen uns frey und heiter; die Brust athmet leicht, das Herz schlägt frisch, das Auge blickt hell, die Stirn ist unbewölkt, und spiegelt die innere Heiterkeit ab; die Lebenslust strömt durch unsere Glieder, wie der Bach durch die vom Morgenthau erquickten Wiesen, über welchen die Sonne im heitern Blau des Himmels aufsteigt. Kräftig und frisch stehen wir da, wie ein Baum, der die Zweige lustig in die heitere Luft ausstreckt, und den Gipfel der Sonne entgegenträgt. So fühlen wir uns selbst, und so erscheint uns das ganze Leben; wir sehen es als einen blühenden Garten, in dessen Blumen laue Weste spielen, über welchem sich der blaue Himmel wölbt. — Wir fühlen uns durch die Gesundheit zu allem aufgelegt und ermuntert; die Arbeit geht uns leicht von den Händen, und gelingt uns nach Wunsch; muthig beginnen wir neue Geschäfte, und die Anstrengung, welche sie fodern, erscheint uns als ein leichtes Spiel. Ist der Körper gesund, so ist auch der Geist frischer und munterer; er faßt und überblickt leichter, die Gedanken strömen ihm zu, er bewegt sich schneller und freyer. Die Heiterkeit des körperlichen Gesundheitsgefühls strahlt im Gemüthe wieder; die innere Welt lacht uns entgegen, wie die äussere. Beschwerden und Unannehmlichkeiten verstimmen uns nicht so leicht; wir sehen Alles in einem heitern Lichte, und sind empfänglicher für angenehme, als unangenehme Eindrücke. Das Herz schlägt lebhafter für Alles, was es schätzt und liebt; wärmer umfassen wir den Freund, eifriger und kräftiger erfüllen wir unsere Pflichten, und der Strahl der Begeisterung fällt entzündend in das offene, warme Herz. Wir sind theilnehmender, milder, wohlwollender gegen Andere; selbst des Lebens froh, möchten wir Alles um uns her froh und glücklich sehen. Die Einbildungskraft erhöht und vollendet das frohe Lebensgefühl des Gesunden. Wie eine Biene fliegt sie von einer Lebensblüthe zur andern, saugt aus allen Honig, und trägt den befruchtenden Samenstaub von der einen zur andern. Sie wirft das Licht der frohen Gegenwart zurück in die Vergangenheit und vorwärts in die Zukunft, sie gibt der flüchtigen Gegenwart Dauer, indem sie zum Genusse die Hoffnung des Zukünftigen, und die Erinnerung des Vergangenen fügt; sie rundet das frohe Bild des Lebens ab und faßt es in den goldenen Rahmen der Betrachtung.

Dasjenige, was einen bleibendern Werth als das bloß Angenehme hat, nennen wir gut: und so gilt uns die Gesundheit nicht nur als sinnliches Wohl, sondern als ein wirkliches Gut, weil ohne dieselbe unser Leben unvollkommen ist und unsere Arbeit und Thätigkeit nicht von Statten geht.

Betrachten wir dagegen den Kranken! Er befindet sich übel und unbehaglich, ist nicht nur von seinen Geschäften abgehalten, und muß das Lager hüten: er ist auch geistig krank und nicht im Besitze seiner vollen Seelenkräfte; er muß die geistige Anstrengung meiden, die Federkraft seines Geistes ist gelähmt. Seine Krankheit ist auch von der Art, daß sie ihn mürrisch und unfreundlich macht, und sein Herz gegen die mildern Gefühle verschließt. Die Krankheit erscheint uns also nicht bloß als unangenehm und als ein Uebel, sondern der Verstand erkennt darin den Mangel eines wirklichen Gutes.

Indem das Angenehme, dasjenige, was dem sinnlichen Triebe schmeichelt, in Beziehung auf unser ganzes irdisches Leben betrachtet, und vom Verstande anerkannt und geschätzt wird, gilt es nicht mehr bloß für den Augenblick und durch den Genuß des Augenblicks; sondern es gilt als ein solches, dessen Dauer und Beständigkeit für das ganze Leben und dessen Gesundheit zu wünschen ist; ja, um den Besitz dieses Gutes zu behaupten, müssen wir uns manches, was uns für den Augenblick angenehm wäre, und was der sinnliche Trieb als solcher fodert, versagen, weil es uns schädlich werden kann. Der verständige Mensch wählt unter den Genüssen, die sich ihm darbieten, diejenigen aus, welche nicht nur nicht für seine Gesundheit schädlich, sondern ihr auch zuträglich sind; er sucht das Angenehme mit dem Nützlichen zu vereinigen. So wird selbst dasjenige, was an sich nur den Werth des Angenehmen hat, wie Speise und Trank, körperliche Bewegung, Vergnügen, durch die Berechnung des Verstandes zu dem Werthe des Guten erhoben. Weil die Gesundheit als ein Gut zu schätzen ist, so ist auch dasjenige, was derselben dient, mittelbar, in Beziehung auf den höheren Zweck, gut zu nennen. Es ist ein ganz anderes Urtheil, ob wir sagen, diese Speise ist angenehm, oder ob wir sagen, sie ist gut für den Magen; über das Angenehme urtheilt der Sinn, über das Gute der Verstand. Umgekehrt kann selbst das Unangenehme der Gesundheit zuträglich seyn, und die Arzney schmeckt gewöhnlich sehr schlecht; aber, obgleich unangenehm, ist sie doch gut, so daß also dem Urtheile des Sinnes das des Verstandes geradezu entgegengesetzt ist, und dieser derselben Sache, welcher jener allen Werth abspricht, einen bedeutenden Werth zuerkennt. Zugleich ist es klar, wie dasjenige, was sonst nur für den Augenblick gilt, von demselben losgerissen und in das Ganze des Lebens eingereihet wird. Eine Arzney, welche für den Augenblick Ekel verursacht, kann für das ganze Leben von heilbringenden Folgen seyn. Ein Hausvater, von dessen Leben die Versorgung und Erziehung einer zahlreichen Familie abhängt, ist krank; die Gattin, die Kinder stehen ängstlich um sein Lager; der Arzt hat bisher vergeblich das rechte Mittel gesucht, die Krankheit zu heben, nur eines bleibt noch übrig; er verordnet es, und siehe! es schlägt an, der Kranke sinkt in einen tiefen Schlaf, und als er erwacht, ist er wie neu geboren und verkündigt den Geliebten seine Genesung. Wie viel hing hier an einem Tranke, den vielleicht die sinnliche Natur im Augenblicke des Genusses verabscheute, den aber die berechnende Kunst des Arztes als heilsam verordnete!

Wir erkannten, daß im Genusse des Angenehmen, im Gefühl der Lebenslust, der Geist leidend sey, daß mithin das eigene Leben desselben, als reine Thätigkeit, nicht im Genusse bestehe, und daß er sich nie der trägen Ruhe in der Lust ergeben dürfe. Aber wenn der Verstand das Angenehme als nützlich empfiehlt, und wir dasselbe um des Nutzens willen genießen: so sind wir im Genusse nicht mehr bloß leidend, wir streben über denselben hinaus mit geistiger Thätigkeit, indem wir den höheren Zweck ins Auge fassen. Der Verständige weiß, daß auf die Anstrengung Ruhe und Erholung folgen muß, damit der Geist Kraft sammle zu neuer Anstrengung: und so ruht er am Abend des schweren Tagwerkes aus; er ruht, aber nicht bloß um zu genießen; indem er genießt, freut er sich der wiederkehrenden Kraft; er vergißt zwar die Arbeit, und lenkt die Aufmerksamkeit des Geistes auf Gegenstände, die ihn abziehen und zerstreuen; aber er verliert sich nicht in die Zerstreuung, der höhere Zweck seines Lebens schwebt ihm beständig vor, und er bleibt stets sein selbst bewußt. — Der Feldherr hat sein Heer in einem angestrengten Marsche dem Feinde entgegengeführt, und morgen soll geschlagen werden; alle Anordnungen sind getroffen, jeder Befehlshaber hat seine Weisung, jeder Heerhaufe seine Bestimmung erhalten, und nur die Nacht liegt noch zwischen dem entworfenen Plan und der verhängnißvollen Ausführung. Jetzt gönnt der Feldherr seinen Schaaren eine kurze Ruhe und Erquickung, und erlaubt ihnen, die Mahlzeit zu bereiten; fröhlich lodern die Kochfeuer im Lager, man setzt sich zum Essen, der Becher geht im traulichen Kreise umher, die Kampfgenossen schwören vom Weine glühend, zu siegen oder zu sterben. Sie genießen der Ruhe und Erquickung, aber der tapfere Geist blickt im Genusse vorwärts auf den bevorstehenden Kampf; er gibt sich nicht träg und leidend dem Genusse hin und ist thätig mitten in der Ruhe. — Als Teucer seine Vaterstadt Salamis verließ, um sich ein neues Vaterland zu suchen, versammelte er am Vorabend der Abfahrt die Gefährten zum fröhlichen Gelag, und, das Haupt mit dem Kranze umwunden, den Becher in der Hand, redete er sie folgender Maßen an:

Nichts ist der Hoffnung versagt, wo Teukros führt und die Gottheit:
Denn es verhieß unfehlbar Apollo,
Salamis soll gleichnamig auf Fremdlingsboden hervorblühn.
Tapfre, wohlan! noch herberes oftmals
Trugt ihr Männer mit mir! Nun tilgt im Weine den Unmuth;
Morgen erneun wir den mächtigen Meerlauf!

Fürwahr, dieser frohe Abend war kein Opfer, dem trägen Lebensgenuß dargebracht; diese süße Frucht schloß den Kern einer thatenreichen Zukunft in sich; der Geist der Unternehmung, der Tapferkeit gewann im Genusse neue Kraft, er tauchte die Fittiche in den kühlen Quell der Lust, um sie zu erfrischen, und dann kräftiger zu schwingen.

Indem aber das Angenehme als nützliche Erquickung und Erholung und somit als gut betrachtet wird, erhält es nur einen mittelbaren Werth; den unmittelbaren Werth an sich hat es als angenehm für den sinnlichen Trieb, der höhere Werth kommt ihm nicht in sofern zu, als es diesem schmeichelt, sondern in sofern es als Mittel zu einem höheren Zwecke dient. Das Unangenehme hat gar keinen Werth an sich, für den sinnlichen Trieb ist es verwerflich; aber der Verstand erkennt es als ein Mittel an, ein höheres Gut dadurch zu erreichen oder zu behaupten.

Daß es Dinge gibt, welche an sich keinen oder doch nur einen untergeordneten Werth haben, und nur als Mittel zu schätzen und zu gebrauchen sind, mit diesem Gedanken müssen wir uns etwas näher vertraut machen. Aller Besitz, Reichthum, Gut und Geld gehört in diese Klasse der mittelbaren Güter.

Ein Hausvater mit seiner Gattin und wenigen Kindern besitzt ein Landgut, welches so viel Getreide trägt, daß davon vielleicht tausend Menschen könnten ernährt werden. Was machen die Besitzer mit diesem Ueberfluß an Nahrung? Sie verkaufen ihn, lösen daraus vieles Geld, kaufen sich dafür andere Lebensbedürfnisse, und verschaffen sich sonst mancherley Annehmlichkeiten und Bequemlichkeiten. Das große Besitzthum dient ihnen nicht nur dazu, ihnen Brod zu geben, welches unmittelbar den Hunger stillt; sondern es ist ihnen das Mittel, womit sie sich andere Güter des Lebens verschaffen. Wäre nicht ein Handelsverkehr eingerichtet, wodurch das eine Gut mit dem andern vertauscht werden kann, so hülfen ihnen die Ackergebreiten nicht mehr, als wenige Morgen Landes, auf welchen sie das nöthige Brodkorn bauen könnten.

Dasjenige Besitzthum, welches schlechthin nur einen mittelbaren Werth hat, ist das Geld. Die edeln Metalle, aus welchen wir es prägen, Gold und Silber gefallen durch ihren schönen Glanz, womit sie selbst das Kind und den Wilden reizen. Darum schätzen wir auch die blitzenden, schimmernden Edelsteine. Aber schöner, als das Gold, strahlt die purpurne Wolke, welche am Abendhimmel steht; schöner, als der Diamant, der Thautropfen, der im Kelche der Rose im Strahle der Morgensonne zittert. Aber freylich jene Abendwolke führt der Hauch des Windes hinweg, und den Thau saugt die durstige Mittagssonne auf; das Gold aber und der Edelstein bleiben. Die Metalle sind um so edler und werden um so höher geschätzt, als sie unzerstörbar sind. Gold und Silber leiden und verlieren am wenigsten im Feuer. Alle irdischen Stoffe werden von den verwitternden und zersetzenden Kräften der Luft und des Wassers angegriffen; Kleider werden von den Motten gefressen, Palläste sinken ein, Bildwerke, Gemälde zerbröckeln und erbleichen; nur Gold und Silber bleiben, wenn sie auch die Gestalt verlieren, die ihnen die bildende Hand gegeben hatte. Sie sind die Stellvertreter des todten, trägen Stoffes; in keinen Wechsel des wachsenden und abnehmenden Lebens verflochten, bleiben sie immer, was sie sind. Das Wasser löst sich auf und steigt als Dunst empor, um die Wolken zu bilden, welche in wundersamen Gestalten über den Bergen stehen, um dann wieder herabzufallen, und als Thau oder Regen die Blumen zu erfrischen: hier ist Beweglichkeit, Empfänglichkeit, eine Art oder ein Schein des Lebens; aber ein Klumpen Goldes liegt Jahrtausende lang in Luft und Wetter und bleibt, was er war; er nimmt nicht am Lebensspiel der Natur Theil. Auf dem Marmor bildet sich der sammtene Ueberzug des Mooses, oder das Netz des Epheus spinnt sich darüber hin, und in seinen Spalten keimen Pflanzen und Gesträuche; aber das Gold hält alles Leben von sich ab, nicht einmal den Rost nimmt seine Oberfläche an. O trauriger Vorzug der kalten, todten Natur, ein stummer, theilnahmloser Zeuge alles Lebens zu seyn! Der Leib des Menschen, das Meisterstück der Natur, zerfällt in Staub; seine edlen Züge, welche der Maler der Leinwand anvertraut hat, erbleichen; die Werke, die seine Hand gebildet, zerfallen; sein Andenken, welches im Gedächtniß der Freunde ruht, löscht die zerstörende Hand des Todes aus; aber das Gold, das er im Kasten gehäuft, bleibt, was es war; es wandert von Hand zu Hand, aber es bleibt, was es war, und die Enkel schätzen es, wie es die Ahnen schätzten. Ausserdem ist das Gold das schwerste Metall, und schließt in der kleinsten Ausdehnung den meisten Stoff in sich. Die übrigen Körper streben mehr oder weniger nach oben; das Gold aber, seinem Ursprung im Innern der Erde getreu, drückt hinab zum Mittelpunkt alles Irdischen; es lastet träg und todt auf dem Boden. Darum, weil das Gold so ganz irdischer Stoff ist, hat man es zum Stellvertreter alles irdischen Gutes gemacht; für Gold kann man Alles kaufen, was die Erde hervorbringt; es ist der Maßstab alles irdischen Werthes.

Dennoch ist der Werth desselben nur eingebildet, und beruht auf der angenommenen Meinung der Gesellschaft. Ausser dieser ist es von keinem Werthe. Robinson fand auf seiner Insel einen Klumpen Goldes, und, getäuscht in seiner Erwartung, daß es Eisen sey, woraus er sich hätte nothwendige Werkzeuge bereiten können, legte er es mit Verachtung bey Seite. Den Bewohnern goldreicher Länder gilt das Gold und Silber für nichts, als was es von Natur ist, für einen dauerhaften Stoff, aus welchem sich brauchbare und zierliche Geräthe bereiten lassen; europäische Kunsterzeugnisse, selbst vom schlechtesten Stoffe, sind ihnen mehr werth, als Klumpen Goldes. Wo kein Handel, sondern nur Austausch der Naturerzeugnisse Statt findet, da kennt man auch kein Geld. Die Spartaner hatten Geld von Eisen, was so gut, als gar keines war. Und wahrlich! sie haben ein ruhmvolles Leben gelebt; noch rühmt die Geschichte ihre großartigen, starken Tugenden und Gesinnungen.

Selbst bey uns, bey denen das Geld Alles gilt, ist es doch nicht immer das unfehlbare Mittel, sich Alles zu verschaffen. In einer belagerten Stadt fehlt es an Wasser, weil der Feind die Quellen abgegraben hat; es ist Wache an den einzigen Brunnen gestellt, welcher noch kärgliche Labung spendet, und jeder Einwohner erhält nur einmal des Tages einen kleinen Theil der unentbehrlichen Erquickung zugemessen. Der Reiche bietet vergeblich seine Schätze für einen vollen Krug Wassers; hier ist Wasser kostbarer, als Gold. Wenn die Natur nicht mehr ihre Gaben spendet, wenn der Lauf des bürgerlichen Verkehrs unterbrochen ist: dann kann man mitten in Haufen Goldes und Silbers verschmachten.— König Midas hatte von Bacchus die Gabe erhalten, daß Alles, was er berührte, zu Gold wurde. Der Unglückliche! Alles verwandelte sich um ihn her in Gold; selbst die Speise, die er zum Munde führen wollte, der Wein, den er an die lechzenden Lippen setzte, erstarrte zum harten, ungenießbaren Erz, und er mußte den Gott bitten, die unglückselige Gabe wieder zurückzunehmen. — Gold ist der Preis, wofür man alle irdischen Güter kaufen kann, wenn diese dafür feil sind; sonst aber hat es keinen andern Werth, als den der Staub der Erde hat, welchen wir mit Füßen treten.

Und was sind es für Dinge, die wir mit dem Golde erkaufen können? zunächst alles, was zur Befriedigung der Bedürfnisse unserer sinnlichen Natur dient, Nahrung, Kleider, Wohnung, Bequemlichkeit, Annehmlichkeit, Glanz und Zierde, überhaupt die Mittel des Lebensgenusses. Aber der Genuß des Angenehmen hat, wie wir sahen, an sich nur den flüchtigen, vergänglichen Werth der augenblicklichen Erregung unserer sinnlichen Natur, und erhält nur dadurch einen mittelbaren Werth, daß er zur Kraft und Gesundheit des Leibes und Geistes beyträgt. Mithin ist das Geld nur das Mittel zum Mittel, es hat nicht einmal den Werth der Nahrung, der Kleidung und der übrigen zum Leben nöthigen Dinge, sondern es leiht erst von diesen den Werth. Dasjenige, wozu die Befriedigung unserer Bedürfnisse und der Genuß als Mittel dient, und welches wir als ein Gut für sich schätzen müssen, die Kraft und Gesundheit des Lebens, läßt sich mit Geld nicht erkaufen. Mancher Schwelger böte vielleicht große Summen, wenn er sich damit die Eßlust des Armen, der vor seiner Thüre ein Stück trockenes Brod verzehrt, erkaufen könnte. Und ach! die Gesundheit — wo diese fehlt, was hilft da alles Geld und Gut? Ist der nicht der ärmste, der dieses edlen Gutes entbehrt? Es umgeben ihn die Reize der Erde, aber sie gehen ungenossen an ihm vorüber. Glücklicher wäre er, wenn er sie nicht kennte, wenn sie ihm nicht zu Gebote ständen; denn er kennte dann auch nicht die Begierde, die ihn stets an das erinnert, was er entbehrt.

Kann nun aber auch der Reiche seines Reichthums froh werden durch den Genuß der Reize und Annehmlichkeiten des Lebens, die er sich damit erkauft: ist er darum mehr werth in unsern Augen, als der Arme, der nur das Nothdürftige genießt? Nicht die Menge und Größe des sinnlichen Genusses bestimmt den Werth des menschlichen Lebens; denn nicht der Geist genießt, sondern der Leib und die Sinne, und das Leben besteht in der geistigen Thätigkeit, nicht im leidenden, trägen Genuß. Werden wir wohl einen Menschen darum mehr lieben und achten, weil er mehr, als Andere, zu genießen weiß? Noch nie ist das sittliche Urtheil so sehr verwirrt worden, daß man den Schwelger wegen seiner Schwelgerey geschätzt hätte. Man mag in der Ueberschätzung des Reichthums so weit gehen, als man will: immer schätzt man darin nur die Möglichkeit, recht viel zu genießen, nicht aber den wirklichen Genuß selbst: darum nennt man Habe und Gut Vermögen, weil man damit sich Vieles zu verschaffen vermag, und man schätzt diejenigen, welche Vermögen haben, aus Eigennutz, weil man durch sie die Mittel und die Gelegenheit zum Genuß zu erhalten hofft, nicht aber schätzt man sie um ihres eigenen Genusses willen.

Aber mit dem Reichthum kann man sich noch weit mehr und weit wichtigeres und edleres verschaffen, als den Genuß des Lebens: man hat darin die Mittel, sich Bildung zu erwerben, welche doch das edelste Gut des Lebens ist. Der Reiche hat die Zeit, für seine eigene Vervollkommnung zu leben, und kann jedes Mittel und jede Gelegenheit dazu benutzen; er kann seine Kinder besser erziehen, als der Arme, und sie alles lernen lassen, was ein gebildeter Mensch wissen muß. Ja, wir wollen diesen großen Vortheil des Reichthums nicht verkennen, und diejenigen glücklich preisen, welche denselben recht zu gebrauchen wissen. Der Reichthum befreyt uns von der harten Dienstbarkeit des Bedürfnisses, so daß wir nicht die Kräfte des Leibes und Geistes im Kampfe mit den Sorgen verwenden müssen. Die Erde fodert von den Reichen nur den leichten, angenehmen Dienst, ihre Früchte zu genießen, nicht, im Schweiße des Angesichts sie zu bauen; und hält er sich von der Sklaverey der Genußsucht frey, so schwebt er den Göttern gleich über die Erde hin, bricht im Fluge ihre schönsten Blüthen, und lebt im freyen, lichten Gebiete des Geistes. Im Besitz aller Mittel der Erde, braucht er sich nicht damit zu quälen, dieselben mit der Kraft des Armes oder mit den Fähigkeiten des Geistes mühsam zusammen zu suchen, und in diesem Streben sein Leben zu verlieren: er kann unmittelbar den Zwecken des Lebens nachstreben. Die Bahn zu den erhabenen Zielen der Wahrheit, Gerechtigkeit und Tugend ist vor ihm geöffnet und geebnet: er trete nur ein, und beginne den Lauf! Keine Last der Erde beschwert ihn, keine Sorge hält ihn zurück, er wird das schöne Ziel erreichen!

Aber kann man mit dem Reichthum sich die Bildung selbst, Kenntnisse, Urtheil, Geschmack und Geist erkaufen? Keinesweges! Die geistigen Güter erkauft man nicht mit irdischem Stoff; nur Irdisches erkauft man mit Irdischem. Man kann Lehrer bezahlen, daß sie Unterricht und Anweisung geben; aber man bezahlt ihnen nur die Zeit und Mühe, welche sie beym Unterricht anwenden, nicht den Eifer, die Liebe zur Sache, das Vertrauen, die geistige Thätigkeit: dieses alles muß man anregen und verdienen durch Fleiß, Aufmerksamkeit und Liebe. Kein Lehrer, dem es um die Sache zu thun ist, wird um des Lohnes willen sich mit einem Lehrling, der nichts lernen will oder kann, befassen; er wird ihm rathen, sein Geld zu sparen, und ihn seinem Müßiggange und seiner Rohheit überlassen. Man kann sich Bücher, Gemälde und andere Erzeugnisse des menschlichen Geistes kaufen; aber man kauft nur die irdischen Spuren und Zeichen der geistigen Thätigkeit, man bezahlt die Mühe und Arbeit, welche die Schriftsteller und Künstler an ihre Werke gewandt haben, nicht aber die innere, geistige Frucht der Geisteskraft. Was hilft es, Gemälde und Bildwerke um sich zu versammeln, wenn man nicht den Sinn und Geschmack dafür hat? Es ist eben so vergeblich, als wenn man Bücher in sein Zimmer stellt, die in einer Sprache geschrieben sind, die man nicht versteht. Versteht man aber auch die Sprache, so faßt man doch vielleicht den Geist derselben nicht, der sich nur dem strebenden, liebenden Geist offenbart.

Die Gaben des Geistes und die Liebe schließen uns allein die Pforten des geistigen Reiches auf; kein goldener Schlüssel öffnet sie; kein Miethling, mit Gold erkauft, kann Wegweiser zum Tempel der Weisheit werden, da er ihn selbst nie gefunden und betreten hat.

So wie der Reiche zwischen seinen Haufen Goldes verschmachten kann, wenn die Natur ihre Quellen verschließt: so darbt er auch geistig mitten im Ueberfluß aller Mittel geistiger Nahrung und Bildung, wenn nicht in ihm selbst der Brunnquell des Geistes sprudelt, wenn nicht in seinem Herzen die Flamme der Liebe und Begeisterung brennt. O Natur! was sind alle Schätze der Erde, was sind alle Mittel und Werkzeuge des menschlichen Fleißes, was alle Lehre und Uebung gegen deine Gaben? Frey spendest du sie, wem du willst; dem in der Wiege schlummernden Kinde der Sklavin legst du den Strahlenkranz der Begeisterung um das Haupt, und das Kind des Königs, das in Purpur gehüllt ist, lässest du leer ausgehen. Wo du das Füllhorn deiner Gaben ausgiessest, da sproßt und blüht die Pflanze des Geistes auch im dürftigen Boden; wenn du nicht Sonnenlicht, Thau und Regen gibst, so ist alle Kunst der Gärtner vergeblich, und im fetten, gelockerten Boden steht die Pflanze mit welken Blättern und ohne Blüthe.

Die Gaben des Geistes sind ein anvertrautes Pfund, das nur durch Fleiß und Thätigkeit Früchte bringt. Der Reichthum verschafft alle Mittel, diese Thätigkeit zu befördern und zu leiten; aber die Leichtigkeit, sich dieselben zu verschaffen, stumpft den Reiz ab, sie zu benutzen. Der Mensch ist so sehr der Anregung bedürftig, daß er selbst für die geistige Thätigkeit eines äusseren Spornes bedarf; die Schwierigkeiten, die er in seinem Laufe zum Ziele zu überwinden hat, treiben ihn desto mehr an, denselben zu vollenden; ein Siegeskranz ohne vorher bestandenen Kampf hat keinen Werth. Der Reiche begehrt kaum, so wird ihm auch schon geboten, was er begehrt: natürlich, daß er darauf nicht den Werth legt, den ein Anderer darauf legen würde, der es nur mit Mühe erlangen kann. Besonders fehlt dem Reichen die mächtige Ermunterung, welche der Arme in der Aussicht findet, sich durch seinen Fleiß eine ehrenvolle Stelle in der Gesellschaft, Versorgung, Aemter und Würden zu verdienen. Die reine Liebe zur geistigen Bildung um ihrer selbst willen findet sich bey dem Menschen oft erst später; anfangs reizen ihn die äusseren Vortheile, welche damit verbunden sind. Indem er in der Gesellschaft emporzukommen und sich aus seiner Niedrigkeit zu erheben trachtet, geht ihm das höhere Ziel der geistigen Vollkommenheit auf; indem er mit äusseren Hindernissen zu kämpfen hat, erstarkt der Geist zum Selbstgefühl seiner Würde und Kraft Der Reiche aber hat schon durch seinen Reichthum eine gewisse Bedeutung in der Gesellschaft, und steht dem Ziele der Ehre näher, als der Arme; wenn er sich auch nicht durch Kenntnisse und Bildung auszeichnet, so wird er doch hervorgezogen. Welche Zuversicht gibt der Reichthum im geselligen Leben, zumal wenn sich die hohe Geburt damit verbindet! Schüchtern dagegen tritt der Arme auf, wenn er auch vielleicht Allen geistig überlegen ist. Leider fehlt es auch den Reichen und Vornehmen nicht an Schmeichlern, die ihre Eitelkeit nähren und ihnen hohe Begriffe von sich selbst beybringen. Wenn nun der reichgeborne Jüngling sieht, daß er, noch ehe er etwas geleistet, schon so viel in der Welt gilt: so muß ja der Trieb des Fleißes und der Nacheiferung in ihm geknickt und gelähmt werden. So kann leicht der Reiche wegen des Ueberflusses an Mitteln das Ziel ganz verfehlen.

Aber der größte Nachtheil, den der Reichthum bringt, ist, daß er den Menschen hindert, zum reinen Gefühl seines eigenen Werthes und zur freyen Ansicht des

Lebens zu kommen. Der Reiche ist mit äusserlichen Vorzügen, mit Glanz und Reiz so sehr umgeben, daß nur wenige Menschen durch den falschen Schimmer durchblicken, und den reinen Werth des Menschen schätzen, und daß noch Wenigere ihn nach diesem Maßstabe behandeln. Ist es auch nicht gerade der Eigennutz, welcher die Menschen zu Schmeichlern des Reichen macht, und ihnen eine falsche Achtung gegen ihn abnöthigt: so kann selbst der Mann von Ehre dazu verleitet werden, Rücksichten gegen den Reichen zu nehmen, weil er mittelst desselben gewisse Zwecke der Wirksamkeit leichter erreichen kann. Wie aber der Reiche Andern erscheint, so erscheint er auch leicht sich selbst; seine Persönlichkeit verliert sich in das, was ihn umgibt, er wird sich nicht rein bewußt, was er selbst ist. Eben so wenig erscheinen ihm Andere in ihrer wahren Gestalt, weil er selten unmittelbar mit ihnen selbst, sondern nur mittelst dessen, was er besitzt, und was jene von ihm suchen, in Berührung kommt. Ohnehin ist der Mensch vom Menschen durch so viele Aeusserlichkeiten getrennt, und es ist so schwer, daß sich Geist und Geist erkennt. Die Unterschiede der Geburt, der bürgerlichen Verhältnisse, der Gewohnheit und Geistesbildung richten eben so viele Scheidewände zwischen den Menschen auf; und stehen sie sich ganz nahe einander gegenüber, so trennt ihre Seelen noch der Leib. Aber den Reichen umgibt überdieß noch das Rüstwerk seines Reichthums, und hindert, daß man sich ihm nähere. O glücklich derjenige, den das Schicksal frey von Allem, was er nicht selbst ist, ins Leben gestellt hat, und der Alles, was er hat und vermag, nur sich selbst verdankt! Das fühlen auch die

Reichen und Mächtigen wohl, daß sie nicht immer um ihrer selbst willen geehrt und geschätzt werden; und je mehr sie zum Bewußtseyn ihrer selbst gekommen sind, desto mißtrauischer werden sie gegen die Menschen, desto mehr argwöhnen sie Schmeicheley und Betrug. Wie mancher sehnt sich nach dem Glücke, einen Freund zu haben, der nur ihn selbst und seinen innern Werth liebe! Er fühlt, daß er durch eine dichte Scheidewand von allen Menschen getrennt ist, und doch hat er den Muth nicht, sie niederzuwerfen, und frey ins Leben zu treten. Selbst das Glück der Ehe ist dem Reichen und Mächtigen nur selten rein gegönnt. Kann er das sichere Bewußtseyn haben, rein um sein selbst willen geliebt zu seyn? Indem er um Liebe wirbt, steht blendend und lockend um ihn der Reiz des Goldes, und besticht die Augen derjenigen, welcher er nur durch sich selbst gefallen möchte. Ach! und wie oft verleitet die Habsucht den Reichen, nicht die liebende Gefährtin des Lebens, sondern die reiche Erbin in der Gattin zu suchen, und die Ehe wie eine Handelsgesellschaft zu schließen! Für die Mittel des Lebens gibt er das Leben selber hin, das, was durch sich selber gilt, verkauft er für das, was nur um eines andern willen Werth hat!

Wenden wir uns nun von den mittelbaren Gütern des Lebens zu denjenigen, welche den Werth unmittelbar in sich selbst tragen, und auf welche das Gefühl und der Trieb des Herzens unmittelbar gerichtet ist. Was achten und lieben wir am Menschen selbst, abgesehen von allen fremden Umgebungen? Sind es die Vorzüge der äussern Gestalt, Reiz und Schönheit, was wir an ihm lieben? Wohl ist die Schönheit ein köstliches Geschenk der Natur! Sie gehört zur Vollkommenheit des Menschen, der in seiner Gestalt das Ebenmaß und das Gepräge der Vollendung trägt; sie ist der Spiegel der innern Schönheit und Vollendung. Aber sie ist auch das Reizmittel der Sinnlichkeit, und oft hat die Natur all ihre Kraft an die äussere Gestalt verschwendet, und den Geist leer gelassen. Wenige betrachten die Schönheit mit künstlerischem Auge, und lieben sie als reine Erscheinung der Vollkommenheit. Vereinigt sich Schönheit der Gestalt mit Schönheit der Seele: so ist es der Triumph der schaffenden Natur, die höchste Erscheinung des Menschlichen. Aber wie viele blendet der äussere Glanz, daß sie nicht das Innere erkennen! Wie leicht ist die Täuschung, daß man glaubt die Person zu lieben, während man nur ihre Hülle liebt! Es ist ein zweydeutiges Glück, mit Schönheit begabt zu seyn; auch hier ist es schwer, zum Bewußtseyn seiner selbst zu kommen, und rein in seinem innern Werthe erkannt zu werden. Um das schöne Mädchen drängen sich die Anbeter und Bewunderer; aber keiner von Allen vielleicht erkennt den köstlichen Edelstein in der schimmernden, blendenden Fassung. Endlich ist die äussere Schönheit nur das Geschenk der Natur, und gehört nicht dem Menschen selbst, er verhält sich dazu leidend; wem es versagt ist, der kann es sich nicht geben. Aber nicht darin, was der Mensch leidend empfängt, besteht sein wahrer Werth, sondern darin, was er ist als lebendiges, thätiges Wesen. Wir müssen also auch von der äussern Gestalt als einer bloßen zufälligen Umgebung absehen, und den innern, eigenen Werth des Menschen aufsuchen.

Das erste, was uns von dieser Seite entgegenkommt ist die Tüchtigkeit und Brauchbarkeit des Menschen in den Geschäften des Lebens. Wir schätzen den thätigen Kaufmann und Fabrikanten: er hat sich durch Fleiß und Thätigkeit gewisse Kenntnisse erworben, die er dazu anwendet, sich in der Gesellschaft geltend zu machen und dem gemeinen Wesen zu nützen. Wir schätzen den einsichtsvollen, pünktlichen Beamten und Staatsmann: er macht sich durch seinen Verstand und seiner Erfahrung wichtig und nützlich. Wir schätzen den kenntnißreichen Gelehrten, welcher mit unermüdlichem Fleiße die Gesetze der Natur, die Geschichte der Vorzeit erforscht, und durch tiefes Nachdenken die letzten Gründe der Wahrheit aufsucht. Wir schätzen den geschickten Künstler, dessen bildende Hand das Schöne in anschaulicher Form hinstellt zur ergötzenden und erweckenden Betrachtung. Alles dieses ist der Menschen eigenes Thun, und die Frucht geistiger Thätigkeit. Was sie uns gelten und leisten, haben sie nicht von der Natur erhalten, und nicht als Erbschaft von aussen empfangen. Geistesgaben waren ihnen von der Natur zugetheilt; der eine hatte diese, der andere jene Anlagen und Fähigkeiten empfangen; aber sie haben sie ausgebildet, sie sind, was sie sind, durch eigene Thätigkeit. Der Werth, den wir ihren Verdiensten zuerkennen, wird uns auch selbst zum Sporn, eben so thätig, eben so bedeutend und nützlich zu werden; die Schätzung, welche sie bey uns finden, hat ihren Grund in einer inneren, freyen Liebe zur geistigen Thätigkeit.

Hier treffen wir zuerst auf einen höheren Trieb im Menschen, der nicht bloß auf den Genuß, sondern auf die Thätigkeit geht, und sich schon in den Kindern zeigt. Kinder wollen schaffen und bilden und den Gegenständen um sich her das Gepräge ihrer Thätigkeit aufdrücken; ihre Spiele sind nichts als die Mittel und Gegenstände, ihren Thätigkeitstrieb zu äussern; und in der Gesellschaft ihrer Gespielen, bey einem gemeinschaftlichen Spiele, wollen sie gern ordnen, leiten, herrschen und ihren Willen geltend machen. Dieser Trieb ist für die menschliche Gesellschaft ungemein wichtig. Wenn nicht Alle, ein jeder auf seine Weise, in das gemeinschaftliche Leben eingriffen und sich einen Theil des Geschäftes wählten, wodurch sie dem Ganzen nützlich werden: so könnte das Leben nicht bestehn; wir hätten keinen Staat, keinen Handel, keine Gelehrsamkeit, keine Künste, überhaupt keine Gemeinschaft des Lebens; ein jeder stände für sich allein, und hätte alle Last allein zu tragen. Die Eigenschaften des Menschen also, wodurch er für das Gesammtwesen thätig und nützlich ist, sind allerdings an sich zu schätzen, haben einen eigenen innern Werth; sie sind nicht bloß brauchbare Mittel, wie Geld und Gut; sie sind nützlich und erhöhen die Vollkommenheit des Lebens, sie sind g u t für sich selbst.

Viele schätzen auch den Menschen und sein Leben fast nur nach dieser Nützlichkeit. Ihre vornehmste Sorge bey der Erziehung der Kinder ist, sie zu nützlichen Bürgern zu machen: sie weihen sie früh in ihren Beruf ein, lassen sie in den dazu nöthigen Kenntnissen und Fertigkeiten unterrichten, und freuen sich, wenn sie ihr Geschäft, ihr Amt antreten und sich als tüchtig beweisen. Weniger liegt ihnen am Herzen, ob ihre Kinder sich überhaupt als Menschen ausbilden und in anderer Hinsicht die Achtung ihrer Nebenmenschen zu gewinnen geeignet sind. Auch andere Menschen beurtheilen sie fast nur in Hinsicht auf ihre Tüchtigkeit und Nützlichkeit. Wie der Kaufmann denjenigen, mit welchem er ein Geschäft eingehen will, nach seinem Vermögen und seiner Zahlungsfähigkeit beurtheilt: so sehen diejenigen Menschen, welchen die Nützlichkeit und Geschäftstüchtigkeit zu oberst gilt, Alle nur darauf an, was sie mit ihren Kenntnissen und Geschicklichkeiten leisten können. Sie sind den Herren zu vergleichen, welche auf dem Sklavenmarkt sich nach einem Sklaven umsehen, der ihnen ein gewisses Geschäft im Hause verrichten soll; sie fragen nur nach der Geschicklichkeit desselben, und kümmern sich wenig um seine übrigen Eigenschaften. Sie betrachten den Menschen gleichsam als eine Maschine, welche zu diesem oder jenem Zwecke dient. Ja, bey manchen Geschäften und Verrichtungen wäre ihnen vielleicht eine Maschine lieber, wenn sie das leistete, was ein Mensch leisten kann. Man hat Copier- und Rechenmaschinen: eine trefliche Erfindung, die nur weiter ausgedehnt werden müßte! Man wäre so des lästigen Anhangs der menschlichen Persönlichkeit los; man will ja im Geschäfte nicht den Menschen, sondern dessen Arbeit und Geschicklichkeit.

In der That, noch treffen wir in der Tüchtigkeit des Menschen nicht auf den reinen persönlichen Werth desselben. Er ist zwar durch seine Thätigkeit tüchtig und nützlich, aber er selbst ist nicht in dem, was er schafft und leistet. Der Zweck, wofür er thätig ist, liegt zunächst nur ausser ihm, und ist vielleicht nicht einmal ein wahrer Zweck. Es kann seyn, daß der Kaufmann und Fabrikant sein Geschäft nicht aus reiner

Liebe zur Thätigkeit und in der Absicht, nützlich zu seyn, treibt, sondern nur, um sich ein Vermögen zu erwerben. Dem Staatsmann liegt vielleicht wenig daran, daß die Gerechtigkeit im öffentlichen Leben herrsche; er arbeitet vielleicht aus Ehr- und Geldgeiz, und mit demselben Eifer vollzieht er die despotischen Befehle des Fürsten, mit welchem er die bestehenden gerechten Gesetze handhabt. Seine Thätigkeit hat mithin keinen reinen Werth in sich, und begründet nur einen sehr geringen Grad von Achtung, welche durch die Verachtung seiner schlechten Absichten mehr als aufgewogen wird. Der Gelehrte vergräbt sich mit unermüdlichem Fleiße in den ungeheuren Stoff des Wissens, und sein Eifer verdient unser Lob; aber es kann seyn, daß er mit all seiner Gelehrsamkeit nicht einmal noch in den Vorhof der Weisheit gelangt ist, und daß er zwar groß als Gelehrter, aber sehr unbedeutend als Mensch ist, daß er unempfindlich für die übrigen Zweige des Wissens, die er nicht bearbeitet, für die Geistesbildung überhaupt, für die Tugenden des Familienvaters und Bürgers ist. Seine Gelehrsamkeit ist einseitig, ein Auswuchs des Triebes zum Wissen, und die Person schätzen wir darum wenig. Auch der Künstler ist vielleicht eben so einseitig, und trägt den Blick nicht über das enge Gebiet seiner Kunst hinaus; ist er Maler, so hat er keinen Sinn für Musik, und umgekehrt. Er ist vielleicht übrigens roh und unedel, und kennt ausser der Freude an seiner künstlerischen Thätigkeit nichts, als den Sinnengenuß. So wie Manche die Menschen nur auf ihre Nützlichkeit ansehen, und sie gleichsam nach einem Kaufpreise schätzen: so geben sich in der That auch Viele, besonders diejenigen, welche in ihrem Geschäft alt und grau geworden sind, nicht anders. Ihr Herz ist für alles Uebrige verschlossen, und erkennt keinen Werth als den ihres Geschäfts. Der eingerostete Kauf- und Finanzmann wird die auf die schönen Künste gewendeten Kosten mißbilligen, indem er berechnet, wie sie weit nützlicher hätten können angelegt werden. Der engherzige Gelehrte wird einen dicken, mit Gelehrsamkeit angefüllten Folianten weit höher schätzen, als einen kleinen, leichten Band Gedichte; und nur wenn Gedichte alt und in einer fremden Sprache geschrieben sind, wird er sie schätzen, weil er dazu Noten machen kann. In wem die Liebe des rein Menschlichen lebt, der wird solche Arbeitsthiere, solche verknöcherte Menschen, zwar nach dem Nutzen schätzen, den sie für die Gesellschaft leisten, aber als Menschen kann er sie nicht schätzen; ihre Vorzüge sind doch gewissermassen auch nur Anhängsel und Umgebungen ihrer Persönlichkeit, wie der Reichthum und die Schönheit. Sie sind den Fabrikanten und Kaufleuten zu vergleichen, welche ihre Waare zu Markte bringen; wir prüfen und schätzen den Werth von diesen, kümmern uns aber nicht um den persönlichen Werth der Verkäufer.

Die reine Thätigkeit des Geistes, ohne einen bestimmten Zweck des Nutzens, schätzen wir am Menschen um ihrer selbst willen, selbst wenn ihr Gegenstand an sich unwichtig ist. Wir schätzen es am Jüngling, wenn er seinen Körper bildet, zur Ertragung von Beschwerden abhärtet, und ihn in allerley Fertigkeiten übt, wenn er schwimmt, läuft, springt, schwingt, ringt, tanzt und ficht. Diese Uebungen können sehr nützlich werden; er kann als Schwimmer einen Verunglückten aus dem Wasser retten, er kann ein rüstiger, gewandter Krieger werden. Aber dieselben Fertigkeiten schätzen wir am Krieger von Beruf nicht in diesem Grade, weil er dabey einen bestimmten Zweck des Nutzens vor Augen gehabt hat; noch weniger schätzen wir die vielleicht ungleich bewundernswürdigern Fertigkeiten des Seiltänzers und Springers, weil er davon ein unwürdiges Gewerbe treibt. Was ist es denn nun eigentlich, was wir in der körperlichen Ausbildung des Jünglings schätzen? Die reine Thätigkeit um der Thätigkeit willen und aus Liebe zur Sache. Der menschliche Körper hat gewisse Anlagen, welche entwickelt und gebildet werden können; daß sie gebildet werden, gehört zur Vollkommenheit des Menschen, und er erfüllt in dieser Hinsicht die ihm vorgezeichnete Bestimmung seiner Natur; es liegt in dieser Bildung ein Werth in sich, und wer aus reiner Liebe zu diesem Werthe sich dieser Bildung befleißigt, der verdient unsere Achtung. Seine Thätigkeit dafür ist eine Thätigkeit, aus dem Inneren des Geistes entspringend, nicht durch einen äusseren Reiz oder Zwang angeregt.

Wir haben den Trieb der Wißbegierde in uns: ohne daß wir berechnen können, wozu uns eine Erkenntniß nützlich werden kann, suchen wir uns dieselbe zu verschaffen. In reiferen Jahren wählen wir die Gegenstände des Wissens eher nach bestimmten Zwecken aus, indem wir den Mangel an solchen, die uns zu irgend einem Geschäft nothwendig sind, fühlen, und diese Lücke zu ergänzen suchen. Aber die Kinder wollen lernen, um zu lernen, und auch der edle Mann wird nicht engherzig sich auf einen bestimmten Kreis beschränken, sondern in der Muße von Geschäften seiner Wißbegierde freyen Spielraum lassen. Wir schätzen diese Thätigkeit ebenfalls, weil sie rein aus dem Leben des Geistes, aus reiner Liebe zur Sache entspringt. Wissen ist Thätigkeit, Herrschaft des Geistes; je mehr er die Welt kennt, desto mehr erhebt er sich darüber, desto freyer fühlt er sich. Er hat die Anlage der Erkenntniß in sich, und es erhöht die Vollkommenheit, den innern Werth des Menschen, wenn er dieselbe entwickelt und bildet. Wie freut es den Vater so innig, wenn der Knabe wißbegierige Fragen an ihn richtet, und sein jugendlicher Geist forschend über die ganze Erde und das ganze menschliche Leben, ja selbst in das Reich der Geister, schweift! Er erkennt in ihm den erwachenden Menschen, die sich entwickelnde edle Natur.

Wir fühlen den Trieb in uns, auch die übrigen Anlagen unseres Geistes auszubilden; wir halten es für eine Zierde des Menschen, daß er seinen Geschmack für die schönen Künste bildet und sich selbst gewisse Fertigkeiten darin erwirbt, wenn er auch nicht gerade eine derselben zu seinem Beruf erwählt. Er kann mit seinen Kunstfertigkeiten vielleicht niemanden unterhalten, noch weniger sich in der Gesellschaft geltend machen; und doch schätzen wir es an ihm, daß er sie besitzt. Wir schätzen darin die reine Liebe und Thätigkeit und die Vielseitigkeit der Ausbildung oder die Vollkommenheit.

Ein unverwerflicher Beweis, daß wir die Geistesbildung an den Menschen schätzen, liegt in dem allgemein festgestellten Urtheil über die Völker in der Geschichte. Vor allen stehen ausgezeichnet und bewundert die Griechen da, welche, von reiner Liebe zu der Wahrheit und Schönheit getrieben, die Wissenschaften und Künste gepflegt und darin ewig geltende Muster aufgestellt haben. Ihr Gestirn glänzt am Himmel der Geschichte, so lange das forschende Auge des theilnehmenden, liebenden Betrachters darauf gerichtet seyn wird. Wir erforschen ihre Geschichte, und betrachten ihre Geisteswerke aus reiner, uneigennütziger Liebe. Mit der Alterthumswissenschaft können wir weder unsere Gewerbe und unsern Handel fördern, noch sonst im eigentlichen Sinne viel nützen; wir pflegen sie aus reiner, edler Liebe, um Bildung dadurch zu gewinnen, um das Leben der Einzelnen und des Ganzen der Vollkommenheit näher zu führen. Wir verachten denjenigen, der sie nur des Nutzens wegen treibt, um sich damit in der Gesellschaft geltend zu machen, und dadurch eine Versorgung zu gewinnen. Ein solcher ist ein unwürdiger Jünger der edelsten Wissenschaft, ein Miethling und Tagelöhner.

Zur Vollkommenheit aber gehört die gleichmäßige Ausbildung aller menschlichen Anlagen. Wer sich nur einseitig auf einen Theil der Bildung wirft, verräth den Mangel der reinen Liebe, der freyen Thätigkeit, indem er sich von einem einzelnen Triebe allein beherrschen nnd gefangen nehmen läßt. Selten sind die Erscheinungen einer solchen allseitigen Ausbildung, welche das Gepräge der Vollendung trägt. Seht jenen Jüngling! Welche königliche Gestalt! die Gesundheit malt sich auf seinen Wangen, die Glieder bewegen sich frey und leicht, die Gewandtheit paart sich mit der Stärke. Er hat sich zum Staatsmann gebildet, und reiche Kenntnisse dafür eingesammelt; aber er trägt den freyen

Blick des Geistes über das ganze unermeßliche Gebiet der Wissenschaft; eine begeisterte Liebe der Wahrheit glüht in seinem Herzen. Er zeichnet, und ist ein geschickter Liebhaber der Musik; der Kunst huldigt er mit Begeisterung, er hat viele Kunstwerke gesehen, und sein Herz geht auf, wenn sein Auge auf ein schönes Gemälde fällt, wenn die Töne der Harmonie sein Ohr berühren. Für alles Große und Schöne schlägt sein Herz, für alles, was den Menschen ziert und veredelt, ist es empfänglich; nichts Menschliches ist ihm fremd. Das Leben liegt vor ihm, wie eine große Laufbahn, an deren Ziel die Kränze des Ruhmes und der Unsterblichkeit winken, und er betritt sie mit einem hochklopfenden Herzen, das von Muth und Begeisterung glüht. Seht diesen Jüngling, den Spiegel der Vollkommenheit, und gesteht, daß euer Herz ihm entgegenschlägt mit reiner Achtung und Liebe. Ach! und wenn nun ein solcher Mensch, in welchem die reine Liebe des Menschlichen lebt, dir selbst mit Liebe und Achtung entgegenkommt, wenn sein edles Herz in dem deinigen den reinen Werth des Menschlichen findet und dich auszeichnet unter Tausenden als seinen Freund: o unschätzbares Glück, so geliebt zu seyn! Der Freund eines solchen Menschen weiß, daß er um sein selbst willen von ihm geliebt wird: er fühlt sich in dieser Liebe erst recht selbst, und wird seines inneren Wesens bewußt; ist er vom Glücke begünstigt, reich, vornehm, mächtig, so fühlt er sich über alles dieses erhaben; ist er in einer dunkeln, gedrückten Lage, und hat mit den Bedürfnissen des Lebens zu kämpfen, so fühlt er sich doch größer, als der Reiche und Mächtige, der von all seinem äussern Glanze erdrückt sich darin selbst verliert. Glücklich die Braut, welche ein solcher Jüngling, der jeden menschlichen Werth erkennt und schätzt und in sich zu vereinigen sucht, heimführt! Sie weiß, daß sie von ihm geliebt wird, daß er ihr liebendes, treues Herz erkannt und sie darum zur Gefährtin des Lebens gewählt hat. Sie ist reich; aber gern bringt sie ihm diesen Vortheil zu, den er, wie sie gewiß weiß, nicht gesucht hat; es beunruhigt sie nicht der Argwohn, daß er sie um dessen willen gewählt haben möge. Sie ist schön, und sie ist stolz, daß sie ihm, dem Kenner und Schätzer alles Schönen, gefällt; aber sie weiß, daß wenn eine Krankheit ihre schöne Gestalt zerstörte, er sie liebte, wie vorher. Ein solcher Bund, den Herz und Herz geschlossen, in welchem sich zwey Menschen, ohne alle Scheidewand, ohne alle fremde, störende Vermittelung, innig verbunden haben, ist für das ganze Leben, und keine glücklichen oder unglücklichen Ereignisse können darin eine Aenderung hervorbringen; denn was ihnen auch widerfahren mag, so besitzen sie immer einander selbst, und das ist ihr höchstes Gut auf dieser Erde, welches ihnen nur der Tod rauben kann. Und auch dieser kann es ihnen nicht rauben. Mit unauslöschlichen Zügen ist das liebenswürdige Bild des Geliebten in das Gemüth gegraben; was er war, bleibt er; sein Werth war der rein menschliche, der auch in der Erinnerung und in der sehnsuchtsvollen Betrachtung gilt; und es bleibt und dauert bis ans Grab und bis jenseit des Grabes das selige Gefühl, von ihm geliebt gewesen zu seyn.

Das ist eine flüchtige Andeutung dessen, was dem Menschen unmittelbar gilt als g u t i n s i c h s e l b s t, als edel, lobens- und liebenswürdig. Und daß wir dasselbe anerkennen und schätzen, daß wir diejenigen achten und lieben, die es an sich tragen, und daß wir es uns selbst anzueignen suchen, ist die Folge eines in unsere Natur gelegten Triebes, den wir den Trieb der Vollkommenheit nennen. Dieser Trieb zeigt sich im Kinde als ein ursprüngliches Gesetz der Natur; er zeigt sich in allen Menschen aller Länder und Zeiten. Es ist kein Volk, welches nicht diese reine, uneigennützige Liebe zu dem in sich selbst Werthvollen, Achtungs- und Liebenswürdigen hätte, wenn auch seine Begriffe von Vollkommenheit von den unsrigen verschieden sind. Es sind gewisse Fertigkeiten und Geschicklichkeiten, welche unter den Wilden den vollkommenen Mann machen; ihre Vollkommenheit ist die kriegerische, und ihr Ruhm ist der Ruhm der Tapferkeit. Aber immer sind es doch Eigenschaften, deren Werth sie noch über den Nutzen hinausschätzen, und selbst an ihren Feinden anerkennen; es zeigen sich in ihren Bestrebungen unverkennbar die Aeusserungen des Triebes der Vollkommenheit.

Dieser Trieb steht viel höher als der sinnliche Trieb, und ist geistiger Art. Erstens ist in dessen Befriedigung der Mensch nicht leidend, sondern thätig, thätig aus reiner, innerer, geistiger Bewegung; wir genießen nicht dabey, sondern streben und ringen. Auch der sinnliche Trieb empfängt daran seinen Theil, wenn wir uns des Erlangten freuen, wenn uns die Achtung und Liebe Anderer beglückt; aber der Vollkommenheitstrieb an sich geht nicht auf Genuß, sondern auf Thätigkeit, und wir verschmähen oft den Genuß in dieser

Thätigkeit. Der Fleißige versagt sich Vergnügung und Zerstreuung, und bleibt bey seiner Arbeit; er sitzt Tag und Nacht, und versagt sich den süßen Schlummer; im Durst des Wissens vergißt er Hunger und Durst; in der Kraft des Geistes achtet er nicht die Schwächung und das Leiden des Körpers. Die Wißbegierde treibt den Menschen hinaus in die Gefahren des Lebens, unter wilde Völker, auf das stürmische Meer, in die Sandsteppen Libyens, in unwegsame, von Eis umstarrte Gebirge. Nichts ist zu schwer und gefahrvoll für den strebenden Geist; der träge, zagende Leib muß ihm folgen, wohin ihn der unstillbare Trieb, die rastlose Thätigkeit führt.

Zweytens ist der Trieb der Vollkommenheit nicht, wie der sinnliche, an den Augenblick gebunden, und sucht nicht das Vergängliche, sondern dasjenige, was für das ganze Leben Werth hat. Der Knabe sammelt sich Kenntnisse und erwirbt sich Fertigkeiten, welche ihm einst im höheren Alter Früchte bringen sollen. Die Blüthen des Geistes, die wir im Streben nach Vollkommenheit sammeln, welken nicht, wie die Blüthen des Genusses; die Begeisterung für das Gute und Schöne ist nicht, wie der flüchtige Rausch des Weines, welcher Ermattung hinter sich läßt. Der Greis, der nicht viel mehr genießen kann, freut sich noch mit derselben Liebe, wie der Jüngling, der wissenschaftlichen Arbeit, der Kunstbetrachtung; und sind ihm alle übrigen Organe des Genusses abgestorben und gelähmt, so ergötzt sich noch das Auge an der Schönheit eines Gemäldes, und das Ohr vernimmt mit Entzücken die Harmonien der Musik; und sind ihm auch diese Organe abgestorben, so schweben seinem Geiste die Urbilder des Schönen vor, und sein inneres Ohr vernimmt die ewigen Harmonien des Geistes. Ein für das Gute und Schöne empfängliches Herz verdient unsere Liebe auch in der schwächlichen Hülle des Alters. Der Mensch als Mensch, in seinem innern Werth, ist, was er ist, in jeder äussern Umgebung und Lage des Lebens.

Drittens ist dieser Trieb nicht eigennützig, wie der sinnliche Trieb. Genießen thun wir immer nur für uns selbst; wir genießen zwar gern in Gesellschaft mit Andern, aber eben nur um desto fröhlicher zu genießen, weil uns die Gesellschaft erheitert und ergötzt. Wir genießen auch in der Theilnahme, aber nur indem wir uns den Genuß durch die Einbildungskraft aneignen. Wir genießen nicht, indem wir uns den Genuß versagen; thun wir dieses, um zu genießen, so tauschen wir nur den höheren Genuß für den geringeren ein. Wir versagen uns den Genuß der schöneren Frucht, indem wir sie dem Geliebten reichen; aber wir thun dieß nicht vermöge des sinnlichen Triebes, sondern aus Liebe, und ist es die sinnliche Liebe, die uns beherrscht, so ist sie doch auch wieder eigennützig, und wir suchen damit einen höheren Genuß. Wir schätzen den Andern nicht darum, weil er genießt, sondern darum, weil wir mit ihm genießen können. Anders ist es mit dem Triebe der Vollkommenheit. Allerdings suchen wir unser eigenes Selbst dadurch zu erhöhen und zu erweitern, und uns ein höheres Selbstgefühl zu verschaffen, daß wir uns ausbilden und vervollkommnen; aber wir thun es aus derselben reinen Liebe zu den Gütern des Geistes, aus welcher wir die Vollkommenheit Anderer anerkennen. Wir erkennen und schätzen das Vollkommene, wo wir es finden; wo es uns begegnet, bringen wir ihm frey unsere Huldigung dar. Ja, wir suchen gern die Vollkommenheit Anderer zu befördern, als Lehrer, Erzieher und Meister. Nicht der Lohn der Bezahlung gibt dem Lehrer den Eifer, mit welchem er den Unterricht betreibt, sondern die Liebe der Sache. Der edle Meister freut sich, wenn er den Jünger in der Kunst weiter kommen sieht, als er selbst gekommen ist; es ist ja die Kunst, die er liebt, der er sein Leben gewidmet hat, und deren Verherrlichung er wünscht! Wir alle möchten, daß unsere Kinder besser würden, als wir selbst, nicht weil sie unsern Namen und unser Ebenbild tragen, (fern sey von uns diese Eitelkeit!) sondern weil sie das Bild der Menschheit an sich tragen, die wir in ihnen, wie in Allen unseres Geschlechts, verherrlicht sehen möchten. Diese reine, uneigennützige Liebe des Menschlichen, menschlicher Vollkommenheit und Vortrefflichkeit, ist die Quelle der edelsten, bewunderungswürdigsten Handlungen, der zartesten Hingebung, der heldenmüthigsten Aufopferung. Alles, was wir sind, was unser Leben ziert und verherrlicht, verdanken wir den Edeln der Vorzeit, welche mit liebender Selbstvergessenheit für die Vervollkommnung der Menschheit wirkten; wir genießen die Früchte dessen, was sie gepflanzt, was sie im Schweiße des Angesichts gepflanzt, und wovon sie keine Frucht genossen. Glücklich, wenn sie die Blüthenknospen ansetzen sahen, welche ihnen für die Zukunft eine reiche Ernte verhießen: froh dieser Aussicht, heiter lächelnd, legten sie sich zum Schlummer nieder, um von ihrer Arbeit auszuruhen.

Sechste Vorlesung.

Der sittliche oder Tugendtrieb.

Im Vollkommenheits-Triebe sahen wir den menschlichen Geist, sein selbst bewußt, dasjenige, was ihm selbst angehört, seine eigenen Werthe und Güter, suchen und lieben, und rein aus sich selbst sich bewegen und streben. Wenn nun der Mensch diesem edlen Triebe folgt, so wird er nicht mehr ein Sklave der Sinnlichkeit und der thierischen Natur seyn, sondern, wie es unsere heilige Religion fodert, im Geiste leben und nach dem streben, was des Geistes ist.

Aber noch stehen wir nur bey der äussern Gestalt und Erscheinung des Geistes, sind nicht in dessen inneres, festes Wesen eingedrungen, und haben dessen höchstes Gut nicht erkannt. Der Trieb nach Vollkommenheit enthält nicht die Gesetze desjenigen geistigen Strebens, welches die letzte und oberste Gültigkeit und Nothwendigkeit hat.

Dieß erhellet aus der Mannigfaltigkeit und Verschiedenheit der Bestrebungen, welche aus dem Triebe nach Vollkommenheit hervorgehen. Wir haben schon angeführt, daß zwar die Wilden diesen Trieb eben so gut, wie wir, haben, daß er sich aber bey ihnen viel eingeschränkter, als bey uns, äussert, indem sie die menschliche Vollkommenheit fast nur in die körperliche Ausbildung setzen. Ein vollkommener Jäger, ein vollkommener Krieger zu seyn, mit dem Wilde des Feldes im schnellen Laufe zu wetteifern, die Spuren des nahen Feindes im Sande zu wittern: aus diesen und ähnlichen Zügen ist ihr Musterbild der Vollkommenheit zusammengesetzt! Vergleichen wir die eigenthümlichen Bestrebungen der zwey berühmtesten Völker des Alterthums, der Griechen und Römer, auf der Bahn der Vollkommenheit, so finden wir eine wesentliche Verschiedenheit. Die Griechen, zumal die Athenienser, setzten sich die Entwickelung des ganzen Menschen zum Ziele; ihre Jünglinge trieben nicht bloß in den Gymnasien körperliche Uebungen, und erwarben sich Gewandheit und Stärke des Leibes; sondern sie besuchten auch die Schulen der Weisen, und der der Mathematik und Musik Unkundige galt als roh und ungebildet. Die Dichtkunst, deren Milch schon jeder Knabe aus dem Homer einsog, verschönte und verherrlichte das Leben in allen Beziehungen; es galt für den höchsten Ruhm, von den Gesängen der Dichter verherrlicht zu werden, und der Sieg in den öffentlichen Festspielen galt besonders darum für das höchste Zeil des Ehrgeizes, weil der Name des Siegers in den Gesängen der Dichter fortlebte. Kriegerische Ruhm- und Herrschsucht und Vaterlandsliebe waren allerdings mächtige Hebel in den Bestrebungen der Griechen, aber die Künste und Wissenschaften waren ihr höheres Ziel, und die Minerva hieß nicht mit Unrecht die Schutzgöttin der Athenienser. Kein

Volk der Erde hat es den Griechen gleich oder zuvorgethan in der schönen, harmonischen Entfaltung der geistigen Natur, in der begeisterten Liebe zu den Künsten, in der Ausbildung der Sprache, welche in ihrem Wohllaut, ihrer Fülle und Beweglichkeit, ihrer frischen Lebendigkeit und Reinheit, ein Bild ihres ganzen harmonischen Daseyns ist.

Die Römer dagegen kennen nur die Stärke und Kraft; ihr Symbol war der Adler Jupiters mit dem zerschmetternden Donnerkeil. Alle die Tugenden, in welchen sich die Stärke der Seele zeigt, Geduld, Tapferkeit, Mäßigkeit, strenge, einfache Sitten, diejenigen Tugenden, welche die Grundlagen des Staatslebens sind, Häuslichkeit und Gemeinsinn, und vor allen die Ruhm- und Herrschsucht, machen die Züge ihres Musterbildes der Vollkommenheit aus; denn die Welt zu beherrschen war ihr einziges und höchstes Lebensziel. Und warum wollten sie dieß? Vielleicht um den andern Völkern die Wohlthaten ihrer Rechtsverfassung und Sitten zu bringen, die Gerechtigkeit und Tugend auf der Welt herrschend zu machen? Wer herrschen, d. h. seinen Willen geltend machen will, muß doch etwas *wollen*, irgend einen Plan und Zweck haben, den er ausführen und erreichen will. Nicht so die Römer: sie wollten herrschen, um zu herrschen; die übrigen Völker sollten ihnen gehorchen, um zu gehorchen. Die Idee der Menschheit war ihnen noch nicht aufgegangen; sie erkannten keinen rein menschlichen Werth an sich; sie wußten nicht, worin der menschliche Geist sich selbst findet und sein selbst bewußt wird. Darum waren ihnen auch die Wissenschaften und Künste fremd: und als sie späterhin den Werth derselben anfingen zu erkennen, so wußten sie doch nichts zu thun, als die Griechen zu berauben und nachzuahmen.

Auch zwischen den neuern Völkern findet sich manche Verschiedenheit in Ansehung dessen, was als menschliche Vollkommenheit anerkannt wird, obgleich unter denselben die Bildung gemeinschaftlich ist. Der Franzos gilt als vollkommen, wenn er mit körperlicher Gewandtheit Anmuth und Zierlichkeit der Sitten verbindet, der vaterländischen Sprache und Litteratur vollkommen mächtig, auch mit dem Alterthum etwas vertraut ist, und eine gewisse Geschmacks- und Kunstbildung hat; und es wird ihm verziehen, wenn er auch nicht eine einzige ausländische Sprache kennt. Wir Deutschen verlangen dagegen von jedem gebildeten Mann, daß er eine oder mehrere fremde Sprachen verstehe und spreche; leider verzeihen wir es ihm, wenn er der Muttersprache nicht vollkommen Meister ist. Uebrigens verlangen wir von ihm allerley Kenntnisse, und keinem würden wir eine vollkommene Bildung zugestehen, wenn er sich nicht mit den Grundsätzen der Philosophie vertraut gemacht hätte. Im Ganzen und Großen betrachtet, hat jedes neuere Volk eine eigenthümliche Bestrebung: bey den Deutschen waltet die wissenschaftliche Richtung vor, bey den Italienern die künstlerische, bey den Franzosen und Engländern die politische und merkantilische mit der praktischen Anwendung der Wissenschaften.

Selbst in der Mitte eines jeden Volkes sind die Ziele der Vollkommenheit durch die verschiedenen Verhältnisse und Ansichten der Menschen verschieden. Der Hirt der Alpen kennt in dem beschränkten Kreise seines Lebens fast keine andere Zierde und Vollkommenheit, als daß einer ein guter Schütze und tüchtiger Schwinger sey. Nur die Sage seiner Väter, das Andenken an Wilhelm Tell und andere vaterländische Helden, die Liebe zu der Heimath, ihren alten Bergen und alten Sitten, die heimischen Lieder und der Klang des Kuhreigens, weben vor seiner Seele ein geistiges Bild, dem er mit stiller Treue anhängt. Der deutsche Bauer kennt fast nichts von dieser Art; sein Bestreben beschränkt sich fast ganz allein auf die Tüchtigkeit zu seinen Geschäften; wenige setzen darein einen Ruhm, fertig schreiben und rechnen zu können, um in der Gemeinde ein Amt zu bekleiden; und in Thüringen gilt es für einen Vorzug, ein musikalisches Instrument zu spielen, und Mitglied des Kirchen-Musikchores zu seyn. Auch unter den höheren Ständen ist es nicht einem Jeden vergönnt, sich auf dieselbe Stufe der Bildung zu erheben. Am Kaufmann, am Staatsmann, am Krieger, schätzen wir schon, ausser der Tüchtigkeit zum Geschäft, eine allgemeine Verstandes- und Geschmacksbildung, eine gewisse Empfänglichkeit für geistige Anregung, und die Gabe der geselligen Gewandheit und Liebenswürdigkeit; vom Künstler, und noch mehr vom Gelehrten und Dichter, verlangen wir eine tiefere, allseitigere Geistesbildung, verzeihen ihnen dagegen eher den Mangel an geselliger Gewandtheit. Nur wenigen Ausgezeichneten, die von der Natur und vom Glücke besonders begünstigt sind, bleibt es vorbehalten, alle Blüthen der Bildung in den Kranz der Vollendung zu flechten, und als Sieger in allen Wettkämpfen der Vollkommenheit zu glänzen. Wir schätzen den Gebildeten mehr, als den Ungebildeten, aber wir verachten diesen darum nicht; ja, wir achten vielleicht den rohen, aber ehrlichen, biedern Landmann mehr, als denjenigen, welchen alle Vorzüge der Vollkommenheit schmücken.

Alexander der Große war einer der vollkommensten Menschen, den die Geschichte kennt; die Natur hatte ihn mit einer königlichen Gestalt begabt; sein Auge blickte begeistert gen Himmel, wie sein Herz von edler Ruhmbegierde schlug. Er war des großen Aristoteles Schüler, und liebte die Weisheit. Er schrieb einst an diesen seinen Lehrer: „ich wollte lieber in den höhern Wissenschaften, als an Macht, den andern Menschen überlegen seyn." Er liebte den Homer mit Begeisterung, und hatte die Ilias stets unter seinem Kopfkissen liegen. Als man ihm ein Schmuckkästchen brachte, welches man für die größte Kostbarkeit unter allen von Darius erbeuteten Kleinodien hielt, fragte er seine Freunde: was sie wohl für das würdigste hielten, darin aufbewahrt zu werden? Der eine nannte dieß, der andere jenes; er aber sagte: die Ilias will ich darin aufbewahren! Er beneidete den Achilles um das Glück, einen Freund, wie Patroklus, und einen Sänger seiner Thaten, wie Homer, gehabt zu haben. Als man ihn in Troja fragte, ob er nicht die Leyer des Paris sehen wollte? gab er zur Antwort: nein! er suche die Leyer des Achilles, zu welcher er die Thaten tapferer Männer gesungen. Sein Grundsatz war, daß die Ueppigkeit etwas Knechtisches, die Arbeit aber etwas Königliches sey: und in der That, diesem Grundsatze gemäß handelte er. Mitten in der Fülle der erbeuteten Schätze blieb er mäßig und arbeitsam; nicht die Schönheit der persischen Frauen reizte ihn.

Die Ruhmbegierde, die ihn nach Asien trieb, war immer edel, wenn auch nicht von Selbstsucht rein; er wußte freylich nicht, daß er als ein Werkzeug der Vorsehung handelte, um die europäische Bildung nach Asien zu tragen und daselbst mit der Weisheit des Ostens zu vermählen. Ein edler Thatendurst beseelte ihn; sein Geist trieb ihn vorwärts in die Gefahr; nichts war ihm zu groß und schwer; je größer und schwerer, desto mehr reizte es ihn zur Unternehmung. Die Rohheit und Härte, welche er zum Theil gegen die Besiegten ausübte, wie gegen die Thebaner, welche er fast alle als Sklaven verkaufen ließ, wollen wir ihm nicht zum Vorwurfe machen; er huldigte hierin dem Geiste seiner Zeit; denn das Alterthum hatte ein rohes und hartes Kriegsrecht. Er war auch wieder großmüthig gegen die Ueberwundenen, und Darius starb unter Segenswünschen für ihn, wegen der gegen die Seinigen bewiesenen Großmuth. Auch jenen Ehrgeiz wollen wir ihm verzeihen, daß er sich den Sohn des Jupiter nennen ließ; denn es ist noch unentschieden, in welchem Sinne er es that; und im Geiste des Alterthums betrachtet, ist es immer nicht so thöricht, als es uns erscheint. Aber daß er den Philotas, den Sohn seines alten Freundes Parmenio, wegen eines bloßen Verdachtes, und dann aus Furcht auch den Parmenio selbst, einen Mann, der ihm so viele wichtige Dienste geleistet und ihm immer treu angehangen hatte, hinrichten ließ, daß er seinen Freund Klitus in der Trunkenheit, gereizt von dessen kecken Reden, mit der Lanze durchstieß: das sind Flecken, welche seinen ganzen Ruhm verdunkeln. Als er die letztere That vollbracht, wollte er sich in der Verzweiflung mit derselben Lanze umbringen, mit welcher er den Freund durchstossen, wurde aber von seinen Trabanten abgehalten. Die ganze Nacht und den folgenden Tag brachte er mit Klagen und Heulen zu, bis er endlich, ganz ermattet, stumm da lag, und nur noch tiefe Seufzer von sich gab. Da lag der große Alexander, der Besieger von ganz Asien, von sich selbst überwunden; er war herabgestürzt von der Höhe seines Ruhmes, weil er ungerecht gehandelt hatte. Gerechtigkeit geht über allen Ruhm, über alle Auszeichnung und Vortrefflichkeit!

Athen hat viele berühmte Männer gehabt. Themistokles glänzt als Sieger im persischen Kriege; er war ein Feldherr von großen, klugen Entwürfen, die er mit Entschlossenheit und Tapferkeit ausführte. Perikles war ein kunstliebender Staatsmann, und verherrlichte seine Vaterstadt mit den schönsten Denkmälern; sein Zeitalter ist die Blüthe griechischer Bildung. Weniger glänzend dagegen ist der Ruhm des Aristides; sein Nebenbuhler Themistokles übertraf ihn vielleicht an Geist und Kühnheit. Aber er war der Gerechte, und sein Ruhm strahlt wie ein Stern ohne Flecken. Themistokles war habsüchtig, und ein untreuer Verwalter der öffentlichen Güter; Aristides befleckte seine Hände nie. Themistokles trug einst dem versammelten Volke vor, er habe einen Anschlag, dessen Ausführung der Stadt sehr vortheilhaft seyn würde, er müsse aber geheim gehalten werden. Das Volk befahl ihm diesen seinen Anschlag dem Aristides mitzutheilen. Derselbe bestand darin, daß man die vereinigte griechische Flotte in Brand stecken sollte, wodurch die Athenienser die Oberhand zur See erhalten würden. Aristides berichtete der Volksversammlung:

der Vorschlag des Themistokles sey von der Art, daß nichts vortheilhafter, aber auch nichts ungerechter seyn könne; und das Volk verwarf denselben. Mit Recht hielt Plato den Aristides für den merkwürdigsten unter den berühmten Atheniensern. Denn, sagte er, Themistokles, Cimon und Perikles haben Athen mit schönen Spaziergängen, Reichthümern und eitlem Prunke angefüllt; Aristides aber hatte bey den Staatsangelegenheiten die Tugend zum Endzweck.

Ja, Tugend und Gerechtigkeit ist der größte Werth des Menschen; es ist der reine Diamant, der auch in dunkler, schlechter Fassung der köstlichste Edelstein bleibt. Die Gründer der schweizerischen Freyheit waren ungebildete Hirten und Landleute, und die Griechen haben sie in geistiger Vollkommenheit weit übertroffen. Sie hatten keine Dichter und Künstler; sie kannten nicht die Gaben des Apollo und der Musen, und erfreuten sich nur an der kunstlosen Flöte des Pan. Aber bey ihrer Sitteneinfalt und ländlichen Schlichtheit glänzen ihre Tugenden, ihre Ehr- und Freyheitsliebe, ihre unerschrockene Tapferkeit, ihre Hingebung für's Vaterland um so herrlicher. Es ist rührend, den Menschen in äusserer Dunkelheit und Niedrigkeit in seiner Hoheit erscheinen zu sehen; es ist sein eigenes, inneres Wesen, welches darin erscheint, es ist die reinste Offenbarung der Menschenwürde. Und jene Hirten und Landleute thaten es den Griechen nicht nur in großen, bewunderungswürdigen Thaten gleich; sie übertrafen sie noch durch den Geist der Gerechtigkeit und Mäßigung. Einzelne Unterdrücker waren durch die Hand der Beleidigten im Jähzorn und im Drange der Nothwehr gefallen. Aber die Eidgenossen ließen den Landvogt Landenberg und die Seinigen, nach geschworner Urfehde, die Waldstätte auf ewig zu meiden, in Frieden ziehen, sie nahmen ihre alten Rechte und Freyheiten wieder an sich, ohne Blut zu vergießen, und ohne etwas zu beschädigen, was dem Könige oder dem Hause Habsburg im Lande gehörte.

Die Geschichte der Befreyung der Schweiz zieht an durch das Großartige des Muthes, mit welchem diese einfachen Landleute ihre Freyheit behaupteten. Aber vergegenwärtigen wir uns jeden anderen auch der einfachsten Züge von Gerechtigkeit und Gewissenhaftigkeit: so ist unser Urtheil über das Achtungswürdige darin ganz entschieden. — Ibrahim, der letzte Chalif aus dem Geschlecht Ommiah's, nahm, von den Abbasiden entthront und verfolgt, seine Zuflucht in das Haus eines Feindes seiner Familie, und bat um einen sichern Aufenthalt. Der Hausherr nahm ihn, nach der Sitte des Landes, gastfrey auf, und machte ihm seinen Aufenthalt so angenehm als möglich. Ibrahim bemerkte, daß sein Wirth täglich ausritt, um einen Feind aufzusuchen, an welchem er Blutrache zu üben hatte, und bat ihn, ihm diesen Feind zu nennen; denn derselbe sey nunmehr auch der seinige, nachdem er durch so viele Wohlthaten verpflichtet worden. Ibrahim ist es, den ich suche, sagte Osman; der Tyrann hat meinen Vater umgebracht, und nachdem er den Thron verloren, soll er mir mit seinem Blute bezahlen. Ibrahim gab sich ihm zu erkennen, und bot sich seiner Rachbegierde dar. Das sey fern, antwortete Osman, daß ich das Gastrecht verletzen sollte; finde ich dich ausser meinem Hause, so weiß ich, was mir das Recht der Blutrache gestattet, aber bey mir bist du vor mir selbst sicher. Hierauf gab er einem Diener Befehl, ihm 1000 Zechinen zu bezahlen und ihn an einen sichern Ort zu bringen. —

Diese Handlung des Muhammedaners dürfen wir nicht als eine Handlung ausserordentlicher Großmuth betrachten; es war einfache Gewissenhaftigkeit, Achtung vor dem heiligen Gastrecht. Aber sie verdient darum unsere ganze Achtung. Mag Osman sonst ein Mann von geringen Vorzügen, von wenig Geistesbildung gewesen seyn; immer war er ein Mann im ganzen Sinne des Worts. Er überwand die Rachsucht, die stärkste Leidenschaft des Morgenländers, um zu thun was recht war. Diese Tugend des gewissenhaften, ehrlichen Mannes wird bey allen Völkern geschätzt, sie mögen sonst in noch so verschiedenen Sitten leben, auf noch so verschiedenen Bildungsstufen stehen; die Gerechtigkeit, die Treue wird überall und zu allen Zeiten als das Höchste anerkannt.

Wir schätzen die Tugend und Gerechtigkeit nicht nur höher als die Bildung und persönliche Vollkommenheit, sondern selbst über dasjenige, was wir aus der Quelle eines guten, edlen Herzens ableiten und darum sehr hoch schätzen müssen. Es gibt viele Menschen, welche gern recht viel Gutes stiften wollen, welche den Armen wohl thun, für die allgemeine Wohlfahrt thätig wirken, sich bey Unglücksfällen der Nebenmenschen annehmen, und kein Elend sehen können, ohne zu helfen, oder Andere zur Hülfe aufzufodern, die aber doch in der Probe der Tugend nicht bestehen. Einer ist z. B. Richter, und in seinem Berufe fleißig und gewissenhaft, so lange Alles in der gewöhnlichen Ordnung geht. Aber jetzt kommt ein ungerechter Minister ans Ruder, welcher den Fürsten ganz für sich eingenommen hat, und befiehlt, daß ein anhängig gemachter Proceß, wobey einer seiner Günstlinge verlieren würde, niedergeschlagen werde. Der Richter hat zu wählen zwischen der Ausübung seiner Pflicht und seiner Absetzung, und er hat nicht den Muth die letztere zu wählen; denn er hat in der Aussicht die Noth seiner Familie, die er ohne sein Amt nicht ernähren kann, und er beschwichtigt sein Gewissen damit, daß er meint, er sey gezwungen zu thun, was er thut. Es ist aber nur die Schwäche des guten Willens, welcher er erliegt. — Ein Anderer wird als Geschworner zu einem peinlichen Gericht gezogen, vor welches ein Mann von der feindlichen Parthey gestellt ist. Er erkennt ihn nicht für schuldig des Verbrechens, dessen er angeklagt ist; aber aus Partheysucht glaubt er, daß dem gemeinen Wesen damit gedient sey, ihn aus dem Wege zu räumen, und spricht das: Schuldig! über ihn aus. Alle seine sonstige gute Gesinnung reicht nicht hin, diesen Schandfleck seines sittlichen Charakters zuzudecken; er mag das Gute wollen, aber er hat die Kraft nicht, es zu thun.

Es kann selbst Menschen geben, welche aufrichtig fromm sind, und nicht bloß die äusserlichen Uebungen der Frömmigkeit fleißig mitmachen, sondern von Herzen, aus innerem Drange, sich mit der Betrachtung der religiösen Wahrheiten beschäftigen, und für das Heil ihrer Seele sorgen, und die dennoch in der Probe der Tugend nicht bestehen. Ein solcher übt vielleicht als Kaufmann fortwährend eine gewisse Art von Betrug, weil er sein Gewissen damit beschwichtigt, das Geschäft könne nicht anders getrieben werden, und er müsse doch leben. Oder er hilft einem Verwandten, einem Freunde in einer ungerechten Sache durch, weil er meint, er könne ihn nicht bloßstellen. Oder als Staatsmann räth er in einer gefahrvollen Lage des Vaterlandes zu einer Maßregel der Feigheit und Niederträchtigkeit, weil er meint, die Noth gebiete es. Wahrlich alle fromme Gesinnung wiegt eine solche Ungerechtigkeit nicht auf. Die Frucht hat ein liebliches Aussehen, aber sie ist innerlich krankhaft; der Wurm hat sie gestochen.

Was ist es denn, was wir so hoch schätzen, daß selbst alle Vollkommenheit und sonstige Güte nicht daran reicht? Worin besteht das Wesen der Tugend?

Sie besteht nicht in dem, was gethan wird, sondern wie es gethan wird.

Einem Richter ist ein Verbrecher zur Untersuchung überantwortet, welcher reiche und mächtige Verwandte hat. Man bietet ihm eine große Summe, wenn er die Untersuchung so führt, daß er frey gesprochen werden kann. Ihn reizt das Versprechen, und er überlegt, ob er das Geschenk verdienen kann, ohne sich dadurch die Schande und das Unglück der Absetzung zuzuziehen. Er bringt alle Künste der Rechtsgelehrsamkeit in Rechnung, und überschlägt, ob es ihm gelingen kann, die strafbare Thatsache ungewiß zu machen; aber er erkennt, daß es unmöglich ist, und nun schlägt er das Anerbieten stolz aus, und führt die Untersuchung nach aller Strenge durch. Er bleibt ein gerechter Richter, und hat den Gesetzen genug gethan; aber ist er auch ein gerechter Mensch? Nein! seine Handlung ist nur gesetzlich, nicht sittlich, weil er sie nicht aus reiner

Liebe zur Gerechtigkeit, aus Gesinnung, sondern aus Klugheit, that. Er hätte das Gegentheil gethan, wenn es die Klugheit erlaubt hätte. — Ein Anderer findet ein Kästchen mit großen Kostbarkeiten, und sein erster Gedanke ist, es zu behalten. Nachher überlegt er aber, daß er den Inhalt nicht wohl verkaufen könne, ohne entdeckt zu werden, und daß wenn er den Fund anzeigt, ihm eine große Belohnung nicht entgehen werde, und er entschließt sich, das letztere zu thun. Er ist ein ehrlicher Finder, aber nur vor der Menschen Augen; Gott, der in sein Herz schaut, sieht darin die ungerechte Gesinnung. Seine Handlung ist gesetzlich, aber nicht sittlich. — Ein Dritter ist Handlungsdiener bey einem reichen Kaufmann, der eine schöne Tochter hat. Seine früheren Herren hat er betrogen, aber diesem beschließt er treu zu dienen, um wo möglich die reiche Erbin zu gewinnen. Es gelingt ihm das Vertrauen des Herrn zu erwerben, und legt die stärksten Proben von Treue und Eifer im Dienst ab, bis er endlich seinen Zweck erreicht. Meint ihr, der Mensch habe sich wirklich gebessert? Mit nichten! er diente der Gerechtigkeit nur um Lohn, nicht aus Gesinnung. Er gilt nur vor der Welt als gerecht, aber das Böse sitzt noch tief in seinem Herzen. Er ist jetzt Herr des Vermögens, und der ungerechte Sinn bricht frey hervor; er betrügt den Bruder seiner Gattin um einen großen Theil der Erbschaft, ohne daß es ihm bewiesen werden kann.

Selbst ausserordentliche Handlungen, welche über die gewöhnliche Regel der Gesetzlichkeit hinausgehen, können aus einer schlechten Gesinnung fließen. Ein junger Mensch wurde von einem Manne hart und übermüthig behandelt, und konnte, obschon von Rachsucht kochend, sich keine Genugthuung von ihm verschaffen. Das Glück ist ihm in einer Zeit bürgerlicher Unruhen günstig, und er steigt zu einem hohen Rang im Heere auf. Da wird ihm sein alter Feind vorgeführt, als verdächtig der Parthey der Aufrührer Vorschub gethan zu haben. Wie thut es seinem rachgierigen Herzen wohl, den ehemals so Uebermüthigen in der Furcht des Todes vor ihm stehen zu sehen! Ich könnte Sie erschießen lassen, sagt er zu ihm, und Sie haben es nicht um mich verdient, daß ich Ihnen Schonung beweise; aber Sie sind frey, ich will mich mit Ihrem Blute nicht beflecken. — Wird man dieß nicht Großmuth nennen? Und doch war es nur eine großmüthige Art, Rache zu nehmen; es war nicht die Großmuth der Versöhnlichkeit, sondern des Stolzes.

Nicht die äussere Erscheinung der That bestimmt ihren Werth, sondern die innere Beschaffenheit, der gute Wille, die gute Gesinnung.

Diese besteht aber darin, daß wir eine nothwendige Regel des Handelns, ein Gesetz erkennen, dem wir uns aus reiner Achtung unterwerfen, daß wir etwas thun, weil wir erkennen, daß wir es thun sollen, weil es die Pflicht gebietet.

Das erste ist also, daß wir das Gesetz wirklich erkennen und in der Gesinnung anerkennen. Ein Sklav, der alles, was ihm sein Herr befiehlt, es sey gutes oder böses, ausrichtet, mag das Lob der Dienstreue verdienen, aber seine Handlungen an sich haben keinen sittlichen Werth. Der Diener eines Fürsten setzt seinen Ruhm darein, ihm pünktlich zu gehorchen, ohne zu fragen, ob es recht oder unrecht sey: die Anhänglichkeit, der Diensteifer, mögen ihren Werth haben; aber seine Handlungen haben keinen sittlichen Charakter. Ein Andächtiger erhält von seinem Priester den angeblich göttlichen Befehl sich einer That der Aufopferung zu unterziehen; sein Herz sträubt sich dagegen, aber er glaubt, dem göttlichen Befehle gehorchen zu müssen, und vollbringt die That. Er hat mit Pflichttreue, aber sklavisch, nach einer aufgedrungenen Pflicht gehandelt, und seine That ist zwar äußerlich groß und bewundernswürdig, aber sie entbehrt des sittlichen Charakters der Freyheit. Nein! selbst frey erkennen müssen wir das Gesetz, die Regel des Guten muß uns klar vor dem innern Auge stehen, die Pflicht muß für uns selbst entschieden seyn.

Zweytens müssen wir das Gesetz achten, und aus dieser Achtung handeln; die erkannte Pflicht muß auch selbst der Beweggrund der Handlung seyn. Es kann seyn, daß einer das Gesetz erkennt, aber sein Herz sträubt sich dagegen; die Lust der Erde zieht ihn hin zur Uebertretung desselben, und nur die Furcht vor der Strafe und dem Zorne Gottes schreckt ihn ab; er unterläßt das Verbrechen, nicht aus Achtung vor dem Gesetze, nicht aus Liebe des Guten; die Liebe des Lasters bleibt im Herzen, und wird nur von der Furcht überwunden. Wer so handelt, handelt wie ein Sklav, der die Zuchtruthe fürchtet; der Preis der wahren Tugend kommt seiner That nicht zu. Wie die Furcht, so müssen auch alle übrigen fremden Beweggründe fern seyn, alle Rücksichten auf die vortheilhaften oder nachtheiligen Folgen, welche die That für uns haben kann, die Rücksichten der Ehre und Schande, der äussern Ruhe und Glückseligkeit. Das Gute thun um des Guten willen, aus reiner Liebe zu demselben, das ist allein gut.

Drittens darf uns keine andere Liebe und keine Furcht in der Vollziehung dessen, was wir als gut erkannt haben, und was wir als gut lieben, hindern; der Wille muß nicht allein gut, sondern auch stark seyn. Nur diejenigen tugendhaften Handlungen haben einen rechten Werth, bey denen der gute Wille entweder wirklich einen Kampf bestanden hat, oder sich doch überhaupt siegreich über die Antriebe der Begierden, über die widerstrebende sinnliche Natur, erweist. Nicht als ob die Tugend nur neben der bösen Begierde im Herzen wohnen könnte — diese soll vielmehr immer mehr ausgerottet werden; — sondern es muß bey der tugendhaften Handlung die Kraft des Geistes in ihrer Ueberlegenheit über das, was derselben in der menschlichen Natur entgegensteht, wenn dieses auch schon längst überwunden ist, hervortreten, so daß nichts im Stande ist, dieselbe zu beugen, und in der Ausübung der Pflicht zu hindern. Ist Unempfindlichkeit die Quelle einer anscheinend guten Handlung, so hat dieselbe keinen Werth. Einem Sieger ist eine schöne Jungfrau in die Hände gefallen, und er gibt sie, anstatt sie als Sklavin in sein Harem zu nehmen, dem Bräutigam zurück; aber er liebt eben eine viel schönere, und findet keinen Geschmack an jener. Hat seine Handlung wohl irgend den Werth der Selbstbeherrschung? Keineswegs! denn er hatte mit keiner Begierde zu kämpfen. — Alexander sah die schönen persischen Frauen ungerührt, und sagte bloß scherzend: welche Augenschmerzen machen die schönen Perserinnen! das war Enthaltsamkeit, und das ist keiner der schlechtesten

Züge im Charakter des feurigen Jünglings; der hochstrebende Geist hatte in ihm das Uebergewicht über die Sinnenlust erlangt, wenn er auch nicht bey dem Anblicke jeder einzelnen Schönen damit zu kämpfen hatte.— Je fester der gute Wille geworden ist, desto erhabener ist die Tugend. Christi Tugend ist fast ohne allen Kampf; nur einmal rang er mit der schwachen menschlichen Natur, als sie die Furcht des Todes überwältigen wollte; und doch ist seine Tugend die allervollkommenste und gottgleiche. Aber in ihm war der Geist stets herrschend über die menschliche Natur; diese war nicht in ihm ertödtet und gelähmt, sondern nur dem Geiste unterthan, und der Geist hatte sie läuternd und bildend mit seiner Kraft durchdrungen.

Das Gesetz der Tugend ist immer auf irgend eine Weise im Streite mit den übrigen Antrieben der Natur. Sind auch die rohen Begierden gedämpft, so treten andere, edlere Antriebe mit der Pflicht in den Kampf. Sind wir von den niedern Leidenschaften des Zornes, des Hasses, der Wollust, des Geizes frey, so haben wir mit den feineren und edleren Gefühlen der Freundschaft und Liebe, der Gatten- und Elternliebe zu kämpfen, wenn sie der höheren Pflicht der Gerechtigkeit und Ehre in den Weg treten.

Der Gesetzgeber von Lokris Zaleukus hatte kaum die Gesetzgebung vollendet, als sein eigner Sohn eines schweren Verbrechen überwiesen wurde, auf welches er die Strafe der Blendung gesetzt hatte. Die ganze Stadt legte für den Verbrecher Fürbitte bey dem Vater ein, dem sie das der Gerechtigkeit zu bringende schwere Opfer aus Dankbarkeit ersparen wollte. Aber Zaleukus ließ sich nur in so weit von der Bahn der strengen Gerechtigkeit abbringen, daß er die Strafe mit dem Sohne theilte, und ihm das eine Auge und sich das andere ausnehmen ließ. O welche bewundernswürdige Stärke des guten Willens! Es war nicht Unempfindlichkeit des natürlichen Herzens, durch welche es dem Gesetzgeber gelang, der Regel der Gerechtigkeit treu zu bleiben. Kann jemand größere Liebe zu dem Kinde haben, als wenn er sich ein Auge, das kostbarste Glied, und mit dem fürchterlichsten Schmerze, ausnehmen läßt? Alle Empfindungen der sinnlichen Natur, das edelste Gefühl des Herzens, sträubten sich gegen die Vollziehung des Gesetzes, gegen die Ausübung der Pflicht; und doch siegte der gute Wille, und brachte der Pflicht das schwere Opfer.

Ja, nichts, was irgend schätzenswerth und liebenswürdig, nicht das eigene Leben, was aber der Tugendhafte vielleicht noch am liebsten zum Opfer bringt, nicht die eigene Wohlfahrt, die er auch wohl noch am leichtesten hingeben möchte, aber auch nicht — und das ist das schwerste Opfer — das Leben und die Wohlfahrt derer, die er liebt, in deren Liebe er das höhere, schönere Glück des Lebens findet, darf ihm ein zu kostbarer Preis seyn, um die Ruhe des Gewissens zu behaupten, um die Seele von dem Flecken der übertretenen Pflicht rein zu erhalten. Es sind nur seltene Fälle, wo die edlen Gefühle reiner Liebe mit der Pflicht in Widerstreit kommen, auf diese Fälle müssen wir gerüstet seyn. Es komme die schwere Versuchung, und sie soll uns fest und unwandelbar finden! Das schwache Herz zage und schaudre, das Auge schwimme in Thränen; aber die

Pflicht gebietet, und lächelnd im Schmerz und in Thränen, thun wir, was wir sollen, und thun es gern. Entschliessen wir uns doch zu einer schmerzhaften Operation, um unsere Gesundheit zu gewinnen; und einmal entschlossen, halten wir die Schmerzen mit heiterer Fassung aus. Und wir sollten nicht noch Schmerzhafteres erdulden, wenn es die Gesundheit, das Heil der Seele gilt? Wir entschließen uns, was noch viel schwerer ist, an einem geliebten Kinde eine schmerzhafte Operation vornehmen lassen; ja, wir gewinnen es über uns, dabey gegenwärtig zu seyn und die Schmerzen, die es am Körper leidet, im Herzen zehnfach vervielfältigt mit zu leiden: und wir sollten nicht dasselbe thun, wenn es das Seelenheil des Kindes, die sittliche Ordnung, den Willen Gottes gilt? O! der gute Wille vermag Alles, was er will und soll; denn die Kraft Gottes ist mit ihm. Er thut nicht, was sein ist, sondern was Gottes ist. Die Pflicht, der Gehorsam gegen die Gesetze ist nichts von dem, was der menschliche Geist thun oder lassen, wählen oder verwerfen kann; es ist keine Zierde und Zugabe des Lebens, deren man entbehren kann; es ist das innerste, eigenste Gesetz des Geistes, die erhaltende Kraft seines Lebens, ohne welche er dem Tode anheimfällt. Hier ist die Wahl zwischen Gut und Böse, und wer kann da wanken?

Die Tugend des festen, guten Willens, die gute, unwandelbare, lebendige Gesinnung, das reine, fleckenlose Gewissen, ist dasjenige, was wir zu oberst achten; das ist das höchste Gut des Lebens. Häuft alle irdischen Reize in ein Bild zusammen, laßt es in allen Farben blühen, welche sich im Lichte der Sonne entfalten.

umgebt es mit allem Zauber, welcher die Sinne blenden und verwirren kann, laßt es alle Kräfte der Natur im üppigsten Spiel umgaukeln: und betrachtet dagegen das Bild der reinen, spiegelhellen Seele des Tugendhaften im Himmelslichte der Wahrheit und Unschuld, und all jener Glanz und Reiz verschwindet, wie ein Meteor in dunkler Nacht. Denkt euch alle menschliche Vollkommenheit in Ein Bild vereinigt, das mit allen Zierden und Blüthen der Bildung geschmückt ist, welches alle Leiblichkeit, Anmuth und Schönheit umspielt; häuft darauf noch die Züge des Wohlwollens, des Mitgefühls, der edlern Liebe; aus dem Auge spreche ein sanftes, rührbares Herz, Empfänglichkeit für alles Edle und Schöne, und selbst der Strahl der Begeisterung: dennoch entbehrt das Ganze der festen kühnen Zeichnung, des Gepräges eines starken, freyen, unerschütterlichen Willens; ein Zug von Weichlichkeit und Schwächlichkeit drückt das reiche, volle Bild, und löscht darin das Lebensfeuer der wahren Schönheit aus. Seht hingegen die kräftige, aber reizlose Gestalt des tapfern Siegers der Tugend! Hohheit, Erhabenheit des Geistes spricht aus seinen starken, festen Zügen; er blickt frey über die Erde hin, auf der nichts ist, was er fürchtet, nichts was ihn reizt; er ist ernst, aber froh im Gefühl seiner Kraft; er scheint kalt in seiner Ruhe, aber ein mildes Feuer sprüht aus seinem festen Auge, und der Himmel der Unschuld und Seelenruhe schließt sich darin auf. Betrachtet ihn und gesteht, daß euch ein höheres Gefühl ergreift, das Gefühl der reinsten Achtung, und daß euch ein unwiderstehlicher Zug zu ihm hinreißt, seiner Tugend die Huldigung der Ehrfurcht darzubringen. —

Nichts Erhabneres, als die Tugend, nichts Erhabneres, als die Hohheit des Geistes, der sich im Gehorsam gegen das Gesetz beugt, welcher ein Unwandelbares anerkennt und selbst unwandelbar ist im Dienste desselben. Was ist alle Erhabenheit der Natur und des Menschenlebens gegen diese Größe? Thürmt Berge auf Berge, häufet Sterne zu Sternen, Milchstraßen zu Milchstraßen, um ein Bild des Erhabenen zu gewinnen, das ihr damit vergleichen mögt! Wenn es nicht der tugendhafte, seiner Größe bewußte Geist betrachtet und darin sein eigenes Bild findet: so ist es nichts, was nicht der Meßkünstler ausmessen könnte, was nicht zum Theilchen eines größeren Maßstabes zusammenschrumpfte. Was ist größer, als ein Herrscher an der Spitze seiner Hunderttausende, welche seinen Winken gehorchen, auf dessen Wort alle Ungewitter des irdischen Donners sich ihres Verderbens entladen und Hunderttausende niederstrecken, vor welchem Millionen furchtsam knieen und um Gnade flehen? Aber dieser irdische Jupiter ist so klein, daß er nicht der geringsten Lust entsagen kann, und so schwach, daß ihn die erste Aufwallung des Zornes hinreißt. Der geringste von denen, die seine Zornwuth in den Staub geschmettert, war größer, als er; denn dieser hatte den Muth, dem Tyrannen zu trotzen, und ihm zu verweigern, was die Ehre des freyen Mannes verbot.

Das unwillkührliche Gefühl des Herzens, vermöge dessen wir die Tugend als schlechthin und zu oberst gut achten, und selbst unsere Pflicht zu thun uns gedrungen fühlen, fließt aus dem höchsten menschlichen Triebe, den wir den sittlichen nennen.

Wagt es wohl jemand zu leugnen, daß dieser Trieb

in unserer Natur liege? Die Schrift bezeugt es, und die Erfahrung bestätigt es. Die Schrift sagt, daß Gott den Menschen das Werk des Gesetzes ins Herz geschrieben, und daß darnach die Heiden, die ohne Gesetz sind, gerichtet werden. (Röm. 2, 14 f.) In jedem Menschen kündigt sich dieser Trieb durch das Gewissen an. Schon das Kind fühlt die Gewalt des Gewissens, und ist unruhig, wenn es etwas begangen hat, was ihm verboten war; erst das Bekenntniß und die erhaltene Verzeihung macht es wieder ruhig. Wie verschieden die Gesetze und Sitten der Völker seyn mögen, einen Unterschied von Recht und Unrecht erkennen sie an, und in jeder noch so roher Brust lebt ein Gewissen. Es gibt gewissenlose Menschen, welche in sich die Stimme des Guten erdrückt haben, und sich vom Strome des Lasters bewußtlos forttreiben lassen. Aber gewisse Grundsätze der Ehre und Treue werden auch solche Menschen anerkennen; und keiner ist so schlecht, daß ihm nicht noch etwas heilig wäre. Das Gefühl für das Gute ist so mächtig in der menschlichen Natur, daß wir es selbst am verhaßten Feinde anerkennen müssen. Vielleicht sprechen wir ihm alle liebenswürdigen Eigenschaften ab, und beschuldigen ihn boshafter, verderblicher Absichten; aber eine gute, ehrliche Handlung, die er ausübt, zwingt uns bewundernde Anerkennung ab. David traf mit dem König Saul, diesem unbewußt, in einer Höhle zusammen, und hätte ihn tödten können; ja, er mußte seine Leute zurückhalten, daß sie sich nicht an ihm vergriffen. Er schnitt ihm bloß den Zipfel vom Rock ab, zum Beweis, daß er ihm so nahe gewesen, daß er ihn hätte tödten können. Als der König die Höhle verlassen, zeigte ihm

David den Rockzipfel. Da erkannte Saul den Edelmuth seines angeblichen Gegners und rief: Du bist gerechter, denn ich! du hast mir Gutes erwiesen, und ich habe dir Böses erwiesen! — So erkannte auch der Tyrann Dionysius mit Bewunderung die treue Freundschaft von Damon und Pythias, von denen der eine sich zum Bürgen des andern gestellt hatte, und sich von diesem nicht betrogen fand. Der zum Tode verurtheilte traf zur bestimmten Stunde ein, und löste den Freund ab, der nie an seiner Treue gezweifelt hatte. Dionysius war so gerührt von dieser That des freundschaftlichen Vertrauens, daß er den Verurtheilten lossprach, und die Freunde bat, ihn als den dritten in ihren Bund aufzunehmen. Ja, es gibt ein Gefühl des Guten im Menschen, welches oft unterdrückt, oft verwirrt ist, aber immer wieder mächtig hervortritt!

Die Natur des sittlichen Triebes werden wir nun genauer kennen lernen, wenn wir denselben mit den andern Trieben vergleichen.

Die erste Eigenthümlichkeit dieses Treibes ist, daß dessen Foderungen mit Nothwendigkeit gebieten. Der sinnliche Trieb macht seine Foderungen durch den sinnlichen Reiz geltend, er lockt oder schreckt uns; aber wie ungestüm die Begierden fodern mögen, wir erkennen doch darin nichts Nothwendiges, und es bleibt immer noch die Frage, ob wir diesen Foderungen nachleben sollen oder nicht. Wie groß auch das Bedürfniß sey, wie heftig der Hunger oder der Durst, wie drückend der Frost: dadurch ist noch nicht entschieden, daß wir dasjenige thun dürfen, was zur Befriedigung des Bedürfnisses dient. Man hat oft Menschen, die sich nicht zu dem bequemten, was man von ihnen wünschte, durch Hunger und Durst zwingen wollen; man hat Gefangene Alles entbehren lassen, um ihren festen Sinn zu beugen. Aber was würden wir in solchem Falle thun? Soll das Bedürfniß unser Herrscher werden? sollen wir unsere Ehre und Tugend hingeben, damit wir zu essen und zu trinken erhalten? — Der Krieger ist oft in dem Falle, daß ihn auf seinem Posten die Kälte zu tödten droht, und doch darf er nicht von demselben weichen; er wird ehrlos, wenn er nicht ausharrt, und davor schaudert sein Herz zurück, so daß er lieber todt auf dem Platze bleibt. — Der Trieb der Vollkommenheit, die Liebe zu dem, was den Menschen ziert und verherrlicht, waffnet sich oft mit der ungestümen Kraft des Eifers und der Leidenschaft. Die Wißbegierde, die Liebe zur Kunst, zieht die Menschen oft mit unwiderstehlicher Gewalt fort, so daß sie Alles hintan setzen, und dem Triebe der Natur folgen. Aber wir tadeln den Sohn, der seinem Vater ungehorsam wird, indem er dem natürlichen Berufe folgt; wir verachten ihn, wenn er ihn, dem er Versorger und Beystand seyn sollte, hülflos läßt. Er kehrt vielleicht als ein berühmter Künstler zurück; aber er findet den Vater nicht mehr, der vor Kummer ins Grab gesunken ist, und aller Glanz seines Ruhmes deckt nicht diesen Flecken des lieblosen, ungetreuen Herzens. Das Vollkommene erscheint uns als rühmlich und des edelsten Verlangens werth; aber nichts der Art kündigt sich als schlechthin nothwendig an. Du möchtest deinen Körper ausbilden, und ihn mit allen schönen und nützlichen Fertigkeiten ausrüsten: wohl! thue es, wenn du nichts Nothwendigeres darüber verabsäumst. Du möchtest dir Kenntnisse erwerben; aber siehe wohl zu, ob du dazu die Zeit und Mittel hast. Du willst die Laufbahn des Gelehrten betreten; aber bedenke, daß du dann deiner Mutter und deinen Geschwistern das Brod entziehest, und, anstatt sie zu erleichtern, ihnen zur Last fällst. Lernest du ein Handwerk, so kannst du bald deinen Unterhalt selbst verdienen, und noch die Deinigen unterstützen. Du wirst dich weniger ausbilden können, aber ein guter Sohn und Bruder bleiben. — Ein Vater hat viele Kinder, die er zärtlich liebt, aber nicht, wie er wünscht, erziehen kann. Mit Schmerzen sieht er die edle Natur in ihnen verwildern, und kann nicht helfen, und wenn er sich zu Tode arbeiten wollte. Da findet er auf der Straße einen schweren Beutel voll Gold. Er macht den Fund bekannt, aber niemand meldet sich dazu. Es vergehen Wochen, Monate und Jahre, und das Gold liegt noch bey ihm. Da steigt in ihm der Gedanke auf, ob er das Gold nicht zur Erziehung seiner Kinder verwenden soll. Aber nein! es wäre ein ungerechtes Gut, womit er dasjenige erreichte, was zwar wünschenswerth ist, was aber auch unterbleiben kann; die Kinder bleiben roh, aber der Vater behauptet sein gutes Gewissen, und dieser Ruhm ist eine bessere Erbschaft, als eine gute Erziehung. Das sind eben die Foderungen des sittlichen Triebes, welche mit ihrer unerlaßlichen Nothwendigkeit jedem noch so edlen Verlangen des Triebes der Vollkommenheit, jeder noch so ungestümen Begierde des sinnlichen Triebes in den Weg treten. Er spricht seine Foderungen mit einem Sollen aus, vor welchem jedes andere Verlangen zurücktritt. Vater gib uns Brod! rufen die hungrigen Kleinen. Der Vater hat keins, und weiß nicht, wie er welches schaffen soll, wenn er nicht stehlen soll. Er hat schon die Hand nach dem fremden Gute ausgestreckt; aber das Gewissen sagt: du sollst nicht stehlen, und erschrocken zieht er die Hand zurück. Ein Anderer kann durch ein einziges falsches Wort vor Gericht sich einen großen Vortheil verschaffen, in Amt und Brod kommen; aber das Gesetz spricht: Du sollst kein falsch Zeugniß reden! Ein Dritter könnte durch einen einzigen Schritt der Demüthigung zu Ansehen und Reichthum gelangen; aber das Ehrgefühl gebietet: du sollst nicht! — O großes Wort der Pflicht: du sollst, du sollst nicht! Es ist mächtiger, als der Donner, als das Brausen des Meeres, als das Toben des feuerspeienden Berges. Es rollt der Donner mit furchtbaren Schlägen über ihm; der Tugendhafte steht fest, im Gehorsam gegen die Stimme des Gewissens. Die Fluth des empörten Meeres braust heran, um ihn zu verschlingen; er bleibt an seinem Platze, wohin ihn die Pflicht gestellt hat. Im Nu droht die Feuersäule des Vulkans sich zu wenden, und Tod und Verderben auf das Thal zu schütten; aber noch einmal kehrt der Vater in die Hütte zurück, um ein krankes Kind zu retten, und verachtet die drohende Gefahr. — Wer kann zaudern, wenn die Stimme der Pflicht ruft? Wer hört auf die Seufzer des Schmerzes, auf das Stöhnen des Jammers, auf die Lockung der Lust, auf den Jubel der Freude? Alles ist Mißlaut, was nicht in den Ruf der Pflicht stimmt: das ist der Grundton des ewigen Einklangs, in welchem sich die Sphären bewegen; das ist das Schöpferwort, welches von Ewigkeit zu Ewigkeit durch die Welten geht und Alles schafft und erhält.

Die Foderungen des sittlichen Triebes sind zweytens schlechthin gewiß, weil sie schlechthin nothwendig sind. Der sinnliche Trieb fodert bey dem Einen dieses, bey dem Andern jenes; und dem Einen ist Leckerbissen, was der Andere verabscheut. Selbst von Natur sind die Bedürfnisse und Neigungen verschieden, wie viel mehr noch durch Gewohnheit und Erziehung. Läßt sich gewiß darüber entscheiden, was Allen angenehm ist? Gibt es darüber eine untrügliche Regel? — Mannichfaltig sind auch die Begriffe von der Vollkommenheit und der Geschmack für das Schöne. Noch verschiedener sind die Foderungen, welche man hinsichtlich der Vollkommenheit an die Einzelnen macht; denn die Gaben, welche die Natur zugetheilt, die Verhältnisse, in welche uns das Schicksal gestellt hat, machen dem Einen das unerreichbar, was dem Andern zu erreichen gelungen ist, und es gibt darüber kein sicheres Urtheil, wie weit es ein Jeder in seiner Ausbildung bringen, welche Stufe der Vollkommenheit er ersteigen solle. Selbst das eigene Urtheil bleibt darüber ungewiß, was man hierin nothwendig zu thun habe, indem der innere Trieb bald mit dieser, bald mit jener Schwierigkeit zu kämpfen hat. Aber über das, was der sittliche Trieb gebietet, ist schlechthin gar kein Zweifel möglich; man kann an Allem, selbst an dem Daseyn Gottes, zweifeln; aber die Stimme des Gewissens schlägt alle Zweifel nieder. Der sittliche Trieb ist der reinste Funke aus dem Lichtmeere der Ewigkeit, welchen Gott in unser Gemüth gelegt hat; er ist der Stern, der uns in der dunkeln Nacht der Erde unfehlbar leitet. Es gibt verschiedene Begriffe über Recht und Unrecht unter den

Menschen, und bey einem Volke ist erlaubt, was bey dem andern als Verbrechen gilt. Aber darin stimmen alle überein, daß ein Jeder das thun soll, was er für Recht hält, und daß sie den gewissenhaften, ehrlichen Mann achten. Es gibt Gewissenszweifel, aber nur weil die Menschen sich Pflichten einreden lassen, und nicht ihrer eigenen Ueberzeugung zu folgen den Muth haben. Das Gefühl für Recht und Unrecht ist dem Menschen so tief eingeprägt, daß er sich eher von sich selbst als davon scheiden kann. Eher kann der träge Stoff sich vom Gesetze der Schwere scheiden, als der Mensch von diesem Gefühl; eher können die Planeten aus ihren Bahnen weichen, als daß der Geist sich selbst untreu würde. Aber der Mensch handelt doch gegen sein eigenes Gewissen, und sündigt gegen das ihm ins Herz geschriebene Gesetz? Ja, das kann er; aber dem Bewußtseyn, unrecht gethan zu haben, kann er nicht entfliehen. Das ist eben der schreckliche Riß, der durch das Böse in die sittliche Natur gemacht wird, das ist jener unselige Zwiespalt, das ist die Qual des bösen Gewissens! Nichts ist gewisser als die Stimme des Gewissens, welches vom Wissen seinen Namen hat. Mag alle menschliche Weisheit und Klugheit in der Irre gehen, mag alle Wahrheit die Beute des Zweifels werden; das Gewissen bleibt untrüglich, ist wahrhaftig und gewiß.

Der sittliche Trieb ist drittens auf das Ewige gerichtet. Der sinnliche Trieb fodert immer nur, was das augenblickliche Bedürfniß, die flüchtige Lust erheischt. Der Trieb der Vollkommenheit will das Ganze des Lebens zur vollen, reichen Erscheinung entwickeln, und den Geist herrschend und bildend hervortreten lassen. Indem er auf die Güter des Geistes gerichtet ist, berührt er gewissermaßen selbst dessen ewige Natur; die freye Thätigkeit, die Liebe des Rein-Menschlichen, ist nicht so vergänglich, wie der Sinnengenuß: es ist ja das Streben des ewig strebenden Geistes, welchem der Tod keine Schranken setzt. Aber alle Vollkommenheit ist doch in die irdische Erscheinung des Menschen verflochten, und Menschenwerk; alle Schönheit kleidet sich mit irdischen Farben, und nimmt irdischen Stoff an. Daß die Vollkommenheit nicht das Wesen des Geistes selbst angeht, erhellet daraus, daß sie bald größer, bald kleiner seyn kann, ohne daß die Würde des Geistes selbst darunter leidet. Der Geist bleibt, was er ist, er mag mehr oder weniger Vorzüge an sich tragen; hingegen wird er durch die Uebertretung der Pflicht gebeugt und verletzt. Hat er sich keine Vollkommenheit zu erwerben gewußt, so erlag er vielleicht der Gewalt der äussern Umstände und Verhältnisse oder dem Mangel an Naturgaben; verletzt er hingegen die Pflicht, so erliegt er seiner eigenen Schwäche. In Beziehung auf die Vollkommenheit ist der Geist abhängig von der Aussenwelt; aber nicht so in der Pflichterfüllung: hier hat er es nur mit sich selbst zu thun. Wie nun der sittliche Trieb aus dem Wesen des Geistes selbst hervorgeht, und auf dessen unmittelbare Thätigkeit gerichtet ist, der Geist aber seinem innern Wesen nach unsterblich ist: so ist klar, daß dessen Gesetzgebung eine ewige Gültigkeit hat, und sich nicht bloß auf dieses Leben bezieht. Nur das Ewige ist nothwendig. Wir sahen, daß der sittliche Trieb mit Nothwendigkeit gebietet; seine Foderungen sind aber eben deßwegen nothwendig, weil sie aus dem ewigen Wesen des Geistes hervorgehen. Wer im Gehorsam gegen den sittlichen Trieb und gegen das Gewissen lebt, der lebt erst wahrhaft im Geiste, nach dessen ewigen, heiligen Gesetzen.

Viele Menschen quälen sich mit Zweifeln über die Unsterblichkeit der Seele, und bedenken nicht, daß es dafür keines Beweises bedarf, daß wir schon hier unsterblich leben können, wenn wir wollen. Ueberwinde die sinnliche, augenblickliche Lust im Gehorsam gegen das ewige Gebot: so bist du unsterblich. Bleibe stets deiner Pflicht und deiner Würde getreu, und gehe durch die Schlangenwindungen der Begierden mitten hindurch auf dem geraden Wege der Tugend: so bist du unsterblich. Erhebe dich über dein, wenn auch schätzenswerthes, irdisches Streben, über alle menschliche Liebe, wie edel ihre Gegenstände seyen; erhebe dich zu dem Gedanken deiner ewigen Bestimmung, opfere ihr, wenn es seyn soll, alle, auch die edelsten Güter, und indem du das Opfer bringst, bist du unsterblich. Was ist der Tod anders, als das Opfer alles irdischen Glückes, aller Güter des Lebens? und warum fürchten wir ihn? nur weil unser Herz an diesen Gütern hängt. Bist du frey von allem irdischen Band, hältst du am höchsten, ewigen Gute der Tugend, und bist deines ewigen Wesens dadurch inne geworden: so brauchst du den Tod nicht zu fürchten. Unsterblich zu leben schon auf der Erde, im Himmel zu wandeln, während noch unsere Füße den Boden betreten: das ist die wahre Unsterblichkeit.

Endlich ist dieser Trieb der alleruneigennützigste, indem wir seinen Geboten Alles zum Opfer bringen, nicht nur den Genuß und das äussere Glück, nicht nur die Liebe zu unserer eigenen Vollkommenheit, sondern auch die Liebe und den Eifer für die fremde Vollkommenheit. Wir lieben freylich uns selbst auch in diesem Triebe, aber nur unser ewiges Wesen, entkleidet von allem irdischen Glanze und aller menschlichen Vollkommenheit, und von allem, was nur die zufälligen Zugaben unsers Wesens sind, und worin man nur gar zu gern seine persönliche Eigenthümlichkeit setzt. Der Baum unsers Lebens steht herrlich, mit Blüthen und Früchten behangen, da. Aber ist es der Wille des Himmels, so opfern wir eine Blüthe und Frucht nach der andern, hauen einen Zweig nach dem andern ab: wenn nur der Stamm gesund und kräftig steht, und den Gipfel stolz in die Lüfte trägt. Behaupten wir uns selbst, das Bewußtseyn unserer ewigen Würde: dann mag Alles an uns und um uns her untergehen, wir haben nichts verloren, sondern Alles gewonnen, das Heil unserer unsterblichen Seele!

Siebente Vorlesung.

Der Wille, oder das Entschließungsvermögen, im Verhältniß zu den Trieben, als das Entscheidende im Menschen und im ganzen Menschenleben.

Wir haben nunmehr die menschlichen Triebe alle in ihren Grundzügen kennen gelernt. Zuerst den sinnlichen Trieb mit seiner Neigung zu dem Angenehmen und seiner Abneigung vor dem Unangenehmen, und den Gegensätzen des Wohles und Uebels, welche aus der Befriedigung und Nichtbefriedigung desselben, aus dem Uebelbefinden und der Gesundheit, und aus dem Wohlbefinden und der Krankheit, entspringen. Hierauf sind wir durch die Zwischenstufe der mittelbaren Güter, des Brauchbaren und Nützlichen, dessen, was nicht an sich, sondern um eines höheren Zweckes willen gilt, aufgestiegen zu den unmittelbaren Gütern, welche der Trieb der Vollkommenheit schätzt und sucht. Demjenigen, was uns als vollkommen, edel und schön gilt, erkennen wir einen innern Werth zu, einen Werth, den es nicht erst von etwas Anderem zu leihen braucht, und erkennen es für in sich selbst gut. Das Unvollkommene dagegen, das Unedle und Gemeine, verwerfen wir nicht etwa bloß als unbrauchbar oder schädlich, sondern schon darum, weil es des eignen, innern Werthes entbehrt. Aber die Güter der Vollkommenheit erkannten wir noch nicht für die höchsten des menschlichen Lebens; diese fanden wir erst in der guten Gesinnung des Tugendhaften, in der reinen Achtung vor dem Gesetz, welche aus dem sittlichen Triebe entspringt. Wir unterschieden dabey noch die Gesetzlichkeit, welche bloß äusserlich ist, von der wahren Sittlichkeit, welche in der Gesinnung besteht. Hier fanden wir den großen entscheidenden Gegensatz zwischen Gut und Böse, zwischen welchem für den Gutgesinnten keine Wahl Statt findet, wenn er nicht sich selbst und das Heil seiner unsterblichen Seele aufgeben will.

Wir haben schon angedeutet, daß unter diesen Trieben und den verschiedenen Werthen, welche wir ihnen zufolge anerkennen, nicht nur eine Stufenfolge des minder Wichtigen und des Wichtigeren, sondern auch ein Widerstreit Statt findet, indem es Fälle gibt, wo der Trieb der Vollkommenheit dem sinnlichen Triebe in den Weg tritt, und die Befriedigung selbst der nothwendigsten Bedürfnisse aus den Augen setzt, um sein höheres Ziel zu erstreben; und indem der sittliche Trieb nicht nur die sinnliche Lebenslust, sondern auch die Liebe zu den edlen Gütern der Vollkommenheit und Geistesbildung als ein nothwendiges Opfer der Pflichterfüllung fodern kann. Alle Triebe sprechen auf ihre Weise die Liebe aus, die wir zu uns selbst hegen und in unsern Handlungen befolgen; aber der eine macht die Liebe geltend, die wir zu unserm sinnlich erregbaren, an den Wechsel von Bedürfniß und Genuß gebundenen Leben hegen, und vermöge deren wir die flüchtige Lebenslust begehren; der andere macht die höhere Liebe geltend, die wir zu unserem ganzen Leben in dessen vollständiger Entwickelung hegen, und vermöge deren wir die bleibenden Güter des Geistes suchen; der dritte endlich macht die Liebe zu unserem ewigen, unsterblichen, unwandelbaren Wesen geltend, vermöge deren wir nach dem unvergänglichen Heil unserer Seele streben. Wie unser Leben selbst eines Theils in den flüchtigen Wechsel der sinnlichen Erscheinungen verflochten und selbst flüchtig andern Theils eine im Wechsel beharrliche und ein Ganzes ausmachende Erscheinung ist, in dieser Erscheinung aber ein ewiges, unsterbliches Wesen sich kund thut, dessen Seyn über das Grab hinüber dauert und dem ewigen Reiche Gottes angehört; wie unser Bewußtseyn theils sinnlich augenblicklich und an den Wechsel der flüchtigen Erscheinungen gebunden ist, theils sich zu einer verständigen Uebersicht unseres ganzen Lebens erweitert, theils endlich in der Tiefe des Gemüths der Ewigkeit unseres Wesens mächtig wird, und sich zum höchsten, unwandelbaren Selbstgefühl steigert: — so ist auch unsere Liebe und unser Streben dieser Abstufung des Vergänglichen, Bleibenden und Unvergänglichen unterworfen, es verschlingt und vereinigt und durchkreuzt sich in uns die sinnliche, die geistige und die himmlische Liebe.

Wo aber liegt der Mittelpunkt dieser verschiedenen, zum Theil widerstrebenden Richtungen? Was entscheidet in uns, wenn das Herz hin und her gezogen wird von der sinnlichen, geistigen und ewigen Liebe? Was thut den Ausspruch, wenn der sinnliche Trieb fodert, was das Gewissen verbietet? Was ist, was die schon nach der verbotenen Frucht ausgestreckte Hand wieder zurückzieht?

Wir treffen hier auf ein neues, wichtiges Vermögen der sittlichen Natur des Menschen, dessen Betrachtung über das Innere unseres Gemüthes ein großes Licht verbreitet. Die Triebe mit ihren verschiedenen Foderungen, mit ihrer verschiedenen Liebe, gehören dem Herzen an; das Herz ist es, mit welchem wir die verschiedenen Werthe und Güter des Lebens anerkennen, aber das Herz ist nur das Erregbare in uns, nicht dasjenige, was die Handlung hervorbringt, und die Entscheidung gibt zwischen den sich oft widerstreitenden Anregungen. Diese Entscheidung gehört dem Willen oder dem Vermögen des Entschlusses zur That. Kein Gefühl oder Antrieb des Herzens, es sey die sinnliche Begierde oder die geistige Liebe der Vollkommenheit oder die Achtung vor dem unverbrüchlichen Gesetze der Tugend, bringt für sich selbst schon die Handlung hervor; sondern diese entspringt erst aus dem Entschlusse des Willens.

Es gibt unwillkürliche und willkürliche Bewegungen des Menschen, solche, auf welche der Wille keinen Einfluß ausübt und gar nicht ausüben kann, und solche, die er durch seinen Entschluß bestimmt und beherrscht. Zu den unwillkürlichen Bewegungen gehören die organischen Verrichtungen der Verdauung und Aneignung der Nahrungsstoffe. Auf die Bewegungen des Magens und der andern innern Theile hat der Wille schlechterdings keinen Einfluß. Auch daß die Augen sich bey Ermüdung und Abspannung zum Schlafe schließen, ist unwillkürlich; aber hier kann der Wille bis auf einen gewissen Grad widerstehen, und den Schlaf verscheuchen durch allerley Mittel der Anspannung. Die Zuckung der Muskeln und Nerven bey dem Reize des Schmerzes ist unwillkürlich; aber doch können wir ein Glied zum schmerzhaften Schnitte darreichen, ohne zu zucken und zu wanken. Die Bewegungen der Gesichtszüge bey Freude und Schmerz sind auch unwillkürlich, aber wir können sie dermaßen in unsere Gewalt bekommen, daß wir sogar den unserer Empfindung entgegengesetzten Ausdruck zu heucheln im Stande sind. Der Schrey des Schmerzes ist bey dem Thiere und bey dem Kinde unwillkürlich; aber der besonnene, reife Mensch hat nicht nur die Sprache, sondern auch die natürlichen Laute des Mundes in seiner Gewalt, und kann stumm bleiben im größten Schmerz. Die Hand ist das gewandteste und vielseitigste Werkzeug, durch welches der Mensch sich und seinen Zustand verändert und auf die Aussenwelt wirkt, daher wir auch das Handeln von der Hand benennen. Die Hand aber ist ganz in der Gewalt des Willens und alle Bewegungen derselben im gesunden Zustande sind willkürlich. Nichts ausser uns kann uns bestimmen, die Hand zu schließen, oder zu öffnen und zum Ergreifen auszustrecken; man kann sie knebeln und fesseln, aber die Bewegung derselben geht nur von innen aus. Eben so bewegen wir unsere Füße willkürlich, und richten die Schritte, wohin wir wollen. Auch sie sind ein wichtiges Werkzeug, durch welches sich der Wille kund thut, und darum bezeichnen die

Worte Wandel, Schritt, Weg, Bahn, die sittlichen Bewegungen und Richtungen des Menschen. Endlich ist auch die Sprache ein sehr wichtiges Werkzeug sittlicher Handlungen, welches ganz in der Gewalt des Willens ist; wie es der Mensch willkürlich gebildet, so kann er es auch willkürlich gebrauchen. Die willkürlichen Bewegungen oder die Handlungen des Menschen, welche durch seinen Willen bestimmt werden, machen allein das sittliche Leben aus, und kommen hier in Betrachtung. Sie sind das Erzeugniß des Herzens und Willens in ihrer Zusammenwirkung, und kommen auf folgende Weise zu Stande.

Wenn irgend ein Antrieb aus dem erregten Gefühl des Herzens entspringend, irgend ein Verlangen oder ein Abscheu, Liebe oder Haß, Hoffnung oder Furcht, unser Gemüth bewegt: so ist dadurch noch nicht entschieden, daß wir die Hand oder den Fuß bewegen, oder daß wir durch die Sprache unsere Gesinnung kund thun; sondern der Wille wird erst durch den Antrieb veranlaßt, sich so oder so zu entschließen. Wie mächtig die Begierde sey, die uns bewegt; sie ist es nicht, welche uns bestimmt, etwas zu ihrer Befriedigung zu thun; sondern sie wirkt erst auf den Willen ein, und bey diesem steht es, ob er sich derselben gemäß entschließen will oder nicht. Keine Handlung geht unmittelbar aus dem Antriebe hervor, sondern aus einem Entschlusse, den der Wille faßt. — Entschuldige dich nicht, o Zornmüthiger, damit, daß deine natürliche Hitze dich zu der That fortgerissen, durch welche du deinen Nächsten beleidigt hast! Nicht deine natürliche Anlage zum Jähzorne hat dich zu diesem Fehltritte verleitet, sondern dein Wille war zu schwach, um dieser Leidenschaft zu widerstehen; nicht dein Zorn hat gehandelt, sondern du selbst, und dir fällt der Fehler zur Last. Sage nicht, o Wollüstling, daß dir die Natur zu starke Triebe gegeben habe, um denselben zu widerstehen; deine Triebe handeln nicht aus dir, sondern dein von Jugend auf verwöhnter und verderbter Wille, dein schwaches, nichtiges Selbst, das sich von den Begierden treiben und beherrschen läßt! — Die Entschuldigung, die man so oft hört, daß man wegen seiner starken Begierden nicht anders handeln könne, als man handle, wird schon allein durch die Seelenkunde widerlegt. Der Mensch ist nicht eine Zusammensetzung aus Begierden, welche ihn bald dahin, bald dorthin treiben; er ist nicht bloß ein willenloser Gegenstand äusserer Erregungen und der Anreizungen seiner Natur; sondern er ist ein selbstständiges Wesen, das sich durch sich selbst bestimmen kann, und seiner Natur um so mehr entspricht, als es sich selbst bestimmt. Genau betrachtet, hat jedes Wesen in der Natur einen gewissen Grad von Selbstständigkeit, selbst der todte Stoff. Dieser hat seinen gewissen Grad von Federkraft, durch welche er äussern Anstößen entgegen wirkt. Die Pflanze hat ihre Kraft der Aneignung, durch welche sie den Nahrungsstoff in sich verarbeitet und in gleichartige Säfte verwandelt. Das Thier widerstrebt demjenigen, was seiner Natur zuwider ist, und läßt sich nichts Fremdartiges aufdringen; es folgt zwar blind seinen Trieben, aber diese sind auch streng abgemessen und nothwendig, so daß es nichts begehrt, was nicht seiner Natur wohlthätig und zuträglich ist. Dagegen können die Triebe des Menschen durch Gewohnheit und Verbildung ausarten und verwildern;

und wenn er nicht eine Kraft in sich hätte, wodurch er sie zügeln könnte, so wäre er furchtbarer, als das reissende und giftige Thier, unbändiger, als das empörte Meer. Diese Kraft ist der Wille; und Keiner vergesse, daß ihm durch dieses Vermögen alle Gewalt über seine Begierden verliehen ist, Keiner verleugne diesen hohen Vorzug des vernünftigen Menschen, über sich selbst Herr zu seyn!

Es besteht aber die Thätigkeit des Willens darin, daß er zwischen den verschiedenen Antrieben, zumal wenn sie mit einander in Streit gerathen, durch die Willkür entscheidet. Es liegen die verschiedenen Triebe beständig im Gemüth, aber nicht in jedem Augenblicke sind sie alle in Anregung; sondern entweder der eine oder der andere wird eben durch einen besondern Fall des Lebens angeregt, so daß er besonders lebhaft und stark in seinen Foderungen wird. Aber weil die andern Triebe daneben doch auch im Gemüth vorhanden sind, so wird der Wille immer fragen, ob von Seiten derselben nichts gegen die eben gemachten Foderungen des einen einzuwenden sey. Es sey z. B. in mir der sinnliche Trieb, welcher Reiz und Veränderung liebt, durch den Antrag eines Bekannten, mit ihm eine Reise zu machen, angeregt. Auch die Wißbegierde, welche dem Triebe der Vollkommenheit angehört, vereinigt sich mit der Begierde nach Zerstreuung, und das Verlangen wird sehr stark, den gemachten Antrag anzunehmen. Aber ein nothwendiges Geschäft, das ich keinem Andern anvertrauen kann, würde durch diese Reise leiden, und ich würde dadurch meine Pflicht verletzen: und so tritt der sittliche Trieb mit den beyden andern Trieben in Streit. Der Verstand macht gleichsam den Anwald beyder Partheyen, und man beschuldigt ihn nicht mit Unrecht, daß er oft, vom sinnlichen Reize bestochen, sich in den Dienst des niedern Triebes begebe. Mit beredter Kunst weiß er die Vortheile dieser Reise ins Licht zu setzen, wie viel dabey zu lernen sey, welche merkwürdige Anstalten, welche berühmte Männer man kennen lernen könne. Nur einfach und ruhig, aber fest ist die Einwendung des Gewissens: du darfst nicht, du sollst nicht! Der Verstand unterstützt sie nicht mit seiner Beredtsamkeit, aber sie macht sich im Gefühl geltend. Beynahe hat der Verstand für den sinnlichen Trieb den Sieg davon getragen; das reizende Bild, welches er mit Hülfe der Einbildungskraft von dieser Reise entwirft, übt eine solche Gewalt auf den Willen aus, daß er im Begriff ist, sich dafür zu entschließen. Aber jetzt klopft das Herz stärker, und das Gewissen ruft lauter: du sollst nicht! Da ermannt sich der Wille, und nimmt den schon halb gefaßten Entschluß zurück, und nun wendet sich auch der Verstand auf die Seite des Gewissens, und mahlt den Vortheil, zu Hause zu bleiben und jenes nothwendige Geschäft zu verrichten, mit lebhaften Farben aus, jenes Blendwerk der Lust verschwindet, und der Wille entschließt sich, die Reise aufzugeben. Auf ähnliche Weise kommen alle Entschlüsse zu Stande. Wenn auch das Gewissen nichts gegen ein gewisses Vorhaben einzuwenden hat, so wird doch der gute Wille immer gleichsam bey ihm anfragen, ob nichts dagegen stehe, und sich erst entschließen, wenn dieses nicht der Fall ist.

Beachten wir wohl, wie durch diese Art der Entschließung die innere Einheit und Selbstständigkeit des

Menschen behauptet wird. Es ist der ganze Mensch, welcher so handelt; nicht die eine Seite desselben, nicht diese oder jene Begierde, tritt herrschend in ihm hervor, sondern er selbst, aus seiner innern Mitte, entscheidet sich. Wenn nun aber doch die Begierden die Oberhand behalten, so ist diese Mitte nicht stark genug, um sich im Gleichgewicht zu behaupten; der innere Mensch wird nach einer Seite hingezogen, und über den Haufen geworfen. Das ist aber die Schmach des Menschen, wenn er auf diese Weise die Beute seiner eigenen Begierden wird. Wie wir den Richter verachten, der die streitenden Partheyen nicht ruhig und besonnen anhört, sondern sich leidenschaftlich zu der einen wendet, und sich für sie entscheidet; wie uns der Mann schwach und unmännlich vorkommt, der zwischen den, mit verschiedenen Foderungen auf ihn eindringenden Freunden nicht seine Selbstständigkeit behauptet, sondern sich dem Ungestüm des einen hingibt, während der Andere, wiewohl ruhiger, das Bessere fodert: so verachten wir auch den Menschen als schwach und charakterlos, der sich von seinen Begierden beherrschen läßt, und bald so, bald so handelt, je nachdem sein Gemüth angeregt und bewegt wird.

Alles, was der Mensch ist, das ist er durch seinen Willen. Es ist jemand von Herzen gut, sanft und edel; aber es fehlt ihm der Wille, in entscheidenden Fällen nach seinem bessern Gefühle zu handeln, und das gute, aber schwache Herz, ist so viel als gar nicht von Einfluß; höchstens hindert es ihn, schlecht zu handeln, und hält ihn in der Unthätigkeit, so daß er weder Gutes, noch Böses vollbringt. Von dieser Art sind leider viele

Menschen. Sie sind liebenswürdig im Umgang, aber unzuverlässig im Geschäft: sie sind empfänglich für das Gute, fassen vielleicht mit Lebhaftigkeit das angebotene Unternehmen auf; aber wenn es zur That kommt, und irgend eine Schwierigkeit in den Weg tritt, irgend ein Opfer zu bringen ist: so treten sie scheu und zaghaft zurück. Ein gutes, empfängliches, rührbares Herz ist ein edles, kostbares Kleinod! Durch das Herz ist der Mensch guter Eindrücke und Anregungen fähig; wir schätzen mit demselben das fremde Gute, und eignen es uns an, mit demselben schließen wir uns an edle Menschen, und schöpfen aus ihnen die Nahrung guter Gesinnung, edler Gefühle; das Muster guter Beyspiele rührt es, und erfüllt es mit dem Triebe der Nachahmung; das Wort der Ermahnung findet darin Eingang, und gute Vorsätze keimen darin auf. Aber wenn der gute, starke Wille fehlt, so fehlt Alles. Es hat uns ein gutes Buch voll der schönsten Ansichten des Lebens tief ergriffen, und den Wunsch in uns rege gemacht, unser Leben darnach zu gestalten; aber schon der erste gute Vorsatz scheitert an dem Mangel an Kraft des Willens; denn wir sollten eine üble Gewohnheit aufgeben, welche unserer Besserung im Wege steht, und wir vermögen es nicht, dieses über uns zu gewinnen. — Wir haben eine Predigt gehört, welche uns über das Verkehrte unserer Lebensrichtung Licht gegeben, und uns vor unserer eigenen Thorheit erschrecken gemacht hat; wir gehen mit dem guten Vorsatz aus der Kirche, diese Thorheit aufzugeben, und uns des Besseren zu befleißigen; aber bald ist die Erregung des Herzens wieder vorübergegangen, und die Wärme, die es belebend durchdrang, verflogen, und die guten Vorsätze bleiben unausgeführt. — Eine Mutter liebt ihr Kind zärtlich, und möchte ihm eine gute Erziehung geben. Sie ist empfänglich für die guten Lehren und Rathschläge, welche ihr die gelesenen Erziehungsschriften geben; aber um nur einen dieser Rathschläge zu befolgen, müßte sie den Eigensinn des geliebten Kindes brechen und es von einer üblen Gewohnheit abbringen; sie versucht es auch, aber die Thränen des Kindes erweichen ihr Herz, welches gleich rührbar für den Rath der Weisheit und die sinnlichen Eindrücke ist, und das unternommene gute Werk der Erziehung unterbleibt. Oder sie hat es wirklich über das Herz gebracht, dem Kinde etwas zu versagen oder es zu bestrafen; aber nachher wird sie weich und sucht dem Kinde die erlittene Strafe zu vergüten, indem sie ihm mit vermehrter Zärtlichkeit liebkoßt, und ihm ein Vergnügen macht, wodurch es für das Erlittene entschädigt wird: und aller Eindruck, den die Züchtigung auf das junge Herz gemacht hat, wird dadurch verwischt, und das angefangene gute Werk ist wieder in Nichts zerfallen. — Der gute, starke Wille ist der feste, innere Kern des Menschen, er ist der innere Mensch selbst; in ihm liegt aller Werth, alle Tüchtigkeit, aller Gehalt; durch ihn gelingt allein jedes gute Werk; von ihm geht alle sittliche Besserung und Bildung aus. Man sage nicht, daß er nur das Eigenthum des Mannes sey, und daß das zarte, sanfte, gefühlvolle Weib desselben entbehren könne, indem es sich gehorsam und folgsam an den Mann anschließen müsse. Auch im Weibe ist der Wille alles, und alle Güte und Tugend desselben wird dadurch bestimmt. Das Weib lebt vorzugsweise im

Gefühl, wie der Mann in der Erkenntniß und That: aber daß es dem guten, reinen Gefühle treu bleibt, daß nicht die Lockung der Eitelkeit und Genußsucht, nicht der Schmerz der Verkennung und Mißhandlung es von der Bahn der Tugend abbringt, daß das edle Herz stets die Richtung der Liebe und Treue behauptet, und sich in seinem stillen, aber unwandelbaren Gefühle gleichbleibt: dieß gelingt allein durch den Willen, der, wenn auch nicht durch seine Stärke im Kampfe der Leidenschaften siegt, doch durch den innern Einklang der guten Natur seine feste Richtung behauptet. Das Weib wird nicht so hin und her gezogen von Leidenschaften und Entwürfen, wie der Mann, und der Wille waltet in ihm nicht mit der Freyheit und Klarheit des Bewußtseyns, wie im männlichen Gemüth; aber dafür steht er desto fester; eine ruhige, aber desto gewissere Richtung hält den innern Menschen im Gleichgewicht; der Magnet des weiblichen Gemüths erleidet keine gewaltsamen Störungen, und schwankt nicht hin und her, aber eben darum weist er unwandelbar nach dem Pole der Tugend hin.

Bewahre dein Herz, o Mensch, vor unreiner Lust, und falschen Eindrücken! Oeffne es nicht dem giftigen Reize des Lasters, nicht den Lockungen der Wollust! Schließe es nur dem erwärmenden, läuternden Strahle der Begeisterung auf, dem sanften Lichte reiner Liebe, dem ernsten Rufe der Tugend! Aber eben so sehr bewahre deinen Willen! Stärke ihn, daß er fest stehe im Sturme der Leidenschaften, daß er das Steuerruder festhalte, wenn das Herz, von den Wogen der Gefühle überwältigt, wie ein Schifflein auf bewegtem Meere, schwankt.

Das Herz kann uns selbst mit den edelsten Gefühlen aus der Bahn der Tugend treiben; der edle Unwille und gerechte Zorn kann uns in der Aufwallung des Augenblicks zu einer übereilten That, zur übermäßigen Strenge fortreissen: die Liebe zum beleidigten Freunde kann uns mit leidenschaftlichem Ungestüm übermannen, daß wir das Unrecht auf seiner Seite verkennen und mit Partheilichkeit für ihn handeln; die Begeisterung für ein edles Werk, zur Leidenschaft gesteigert, kann uns zur Verletzung fremder Rechte, zur Ergreifung gewaltsamer Maßregeln verleiten; die Sorge für die geliebte Familie kann uns mit Furcht und Bangigkeit erfüllen, daß wir der Gefahr feig entfliehen, der wir muthig entgegen gehen sollten; die Liebe zur Wirksamkeit kann uns verführen, daß wir, um nicht verdrängt zu werden, uns da beugen, wo wir tapfer widerstehen sollten. Das menschliche Herz ist ein trotziges und verzagtes Ding. Wie das bewegliche Element des Meeres alle Farben des Himmels und der Erde wiederstrahlt, und von jedem Wehen des Windes bewegt wird, bald mit spiegelheller Oberfläche ruhig steht, bald mit ungestümen Wogen braust und schäumt: so auch das menschliche Herz, welches allen Eindrücken offen steht, und von tausend Anregungen bewegt wird, in welchem jede Farbe des wechselnden Lebens sich abspiegelt und jeder Ton und Klang wiederhallt, auf welches Schmerz und Lust, Furcht und Hoffnung, Liebe und Haß stürmend eindringen, und es in seiner Tiefe bewegen. In diesem Wechsel, in diesem Drang und Sturm, ist es nur der Wille, welcher den Menschen sich selbst bewahrt: er muß der Fels im Meere seyn, an welchem sich die

Wogen schäumend brechen, ohne ihn zu erschüttern, und welcher gleich fest steht, ob er sich in der klaren Fluth spiegelt, oder ob das empörte Element sich bis zu seiner Spitze aufthürmt und ihn zu verschlingen droht. Der Wille ist die heilige, ewige Kraft des Geistes im Menschen, das Göttliche in ihm, das unwandelbare Selbst seines Wesens. Nicht die Gefühle des Herzens, nicht die edle Rührung, nicht das Feuer der Begeisterung macht die Tugend, sondern der feste, starke Wille, der unwandelbar in der Vollziehung des göttlichen Gesetzes ist. Als einen heiligen Willen denken wir uns Gott, weil er das unwandelbare Gesetz der ewigen Weltordnung ist, weil seine heilige Liebe zugleich die ewige, vollkommene, allmächtige That ist, weil er nur liebt, was er will, und nichts will, was er nicht vollbringt. „Er spricht, so geschieht es; er gebeut, so steht es da." Durch den guten, starken Willen werden wir Gott gleich; nicht die Liebe allein, sondern der Gehorsam macht uns zu seinen Söhnen, an denen er Wohlgefallen hat; nicht was wir geliebt, gewünscht, erstrebt und erfleht haben, sondern die Thaten unsers Lebens werden in der ewigen Wage gewogen und darnach das Urtheil gesprochen.

Was die Geschichte Großes und Herrliches zeigt, ist durch die Kraft des Willens, durch die Entschlossenheit im entscheidenden Augenblicke, durch die beharrliche Ausdauer des festen, unerschütterlichen Vorsatzes zu Stande gekommen. Die Liebe und Begeisterung des Herzens gab die Anregung, und der Wille beschloß die That und führte sie aus. Oft hatte das Herz lange in sehnsüchtigem Verlangen geschmachtet, bis endlich eine entschlossene Hand sich erhob, und die ersehnte Erfüllung brachte.

Oft waren die Flammen der Begeisterung aufgestiegen, aber ohnmächtig wieder in sich zusammengesunken, weil kein kräftiger Wille die gestaltende That vollbrachte. — Das Gefühl des Druckes und der Schmach hatte lange auf den der Freyheit gewohnten Männern von Schwyz, Uri und Unterwalden gelastet, und manches Herz schwoll von edlem Zorn und Unwillen über den Uebermuth der Landvögte, bis endlich nach stillen Vorbereitungen jene drey Männer auf dem Rütli im festen Entschluß, die Freyheit zu retten, die Hände zusammenlegten, und den heiligen Schwur vollzogen. Großer Augenblick, in welchem der Grundstein gelegt ward, auf dem das nun ein halbes Jahrtausend feststehende Gebäude der schweizerischen Freyheit ruht! Dieser Entschluß der drey Männer, dieses feste Zusammenfügen ihrer Willenskraft, ist der Keim, aus welchem alle die Großthaten von Morgarten, Sempach, Näfels, St. Jakob und Murten hervorgegangen. — Dem Rütli gegenüber auf der Platte steht Tells Kapelle, das Denkmal einer andern That der Entschlossenheit, der augenblicklichen Entschlossenheit. Mit fester Hand wußte der kluge Steuermann das Schiff dem Felsen zuzulenken; jetzt springt er auf, und mit dem gewaltigen Tritt des einen Fußes stößt er das Schiff in die Fluth zurück, und mit dem andern erreicht er den Felsen. Er ist frey, und bald sinkt, von seinem Pfeil durchbohrt, der übermüthige Zwingherr, dessen Tod das ermuthigende Vorspiel der Freyheitsnacht des folgenden Neujahrs wurde. Wie viel hing hier an einem Augenblicke, den die kluge Entschlossenheit ergriff! — Die vierzehn hundert Schweizer, welche bey Sempach der gepanzerten Schaar Herzogs Leopold gegenüber standen, waren alle vom heiligen Gefühle der Vaterlandsliebe erfüllt, und bereit für die Freyheit zu sterben; alle hatten sich im inbrünstigen Gebet gestärkt und geweiht. Sie stürzten mit wüthender Tapferkeit auf die eiserne Mauer der Ritter; aber vergebens. Viele sanken von den Lanzen durchbohrt; alle wankten. Vorwärts konnten sie nicht dringen, zurückweichen wollten sie nicht: ein Augenblick banger Unentschlossenheit! Da durchleuchtete der Blitz eines großen Entschlusses die Heldenseele Arnolds von Winkelried: ich will der Freyheit eine Gasse machen, rief er, und umfaßte der feindlichen Speere, soviel er konnte, drückte sie in seinen Leib, und sank. Da war eine Lücke in die eiserne Mauer gemacht, in sie strömten unaufhaltsam die Eidgenossen ein, die Ritter wurden geworfen, und der große Tag war entschieden. O heiliger Augenblick, in welchem ein großes, begeistertes Gefühl sich schaffend in den Willen ergießt, und eine große That ans Licht bringt! Jahrhunderte vergehen, und bringen nichts als eine Reihenfolge gewöhnlicher Handlungen, die Entwickelung früherer großer Thaten, und Ein Augenblick empfängt im geheimnißvollen Zusammenfluß geistiger Kräfte die Frucht, deren Segen sich auf Geschlecht und Geschlecht ergießt! — Zu Luthers und Zwinglis Zeiten sahen Viele die Irrthümer des herrschenden Aberglaubens ein, und fühlten den Druck und die Schmach der päbstlichen Gewissens-Tyranney; aber nur jene Männer hatten den Muth und die Entschlossenheit, gegen die Greuel des Ablaßkrames öffentlich und laut zu predigen und zu schreiben. Sie gaben der allgemeinen Stimmung Ausdruck und Sprache, und traten als Vorkämpfer der allgemeinen Geistesfreyheit auf. Und als nun Luther durch seine Predigten und Schriften das ganze Reich in Bewegung gesetzt hatte, so daß Fürsten und Völker anfingen das päbstliche Joch abzuschütteln, und der Kaiser, um der Unruhe ein Ziel zu setzen, einen Reichstag nach Worms ausschrieb, und Luthern vor demselben zu erscheinen einlud: da war der große Augenblick gekommen, wo der kühne Reformator seine Sache vor der Versammlung aller deutschen Fürsten, ja, im Angesicht des ganzen Deutschlands und Europa's, bekennen und vertreten sollte. Als er erschienen war, und erklären sollte, ob er die unter seinem Namen herausgekommenen Bücher für die seinigen erkennen und deren Inhalt wiederrufen oder darauf bestehen wollte: hatte er die Besonnenheit, um seiner Antwort die gehörige Förmlichkeit zu geben, sich Bedenkzeit auszubitten, wozu ihm auch ein Tag bewilliget wurde. Als er nun am andern Tage wieder vorgeführt wurde, und sich alles zudrängte, um den merkwürdigen Mann zu sehen, klopfte ihm der alte, in Waffen grau gewordene Held Georg Frunsberger im Vorbeygehen auf die Schulter, und sagte: „Münchlein, Münchlein! du gehest jetzt einen Gang, dergleichen ich und mancher Obrister auch in unsrer allerernstesten Schlachtordnung nicht gethan haben. Bist du auf rechter Meinung und deiner Sache gewiß, so sey nur getrost und fahre in Gottes Namen fort. Gott wird dich nicht verlassen!" Ja, es war ein ernster, wichtiger Gang, eine Probe des festen Willens, von der das Schicksal der ganzen Reformation abhing, und deren Folgen für Luther selbst gefahrvoll seyn konnten. Der Kaiser war der Reformation nicht hold, und sein Urtheil partheiisch;

die Fürsten waren uneinig, und nur der kleinere Theil hielt es redlich mit der Wahrheit. Das Beyspiel des Reichstags von Konstanz und das Schicksal von Huß, den man trotz des freyen Geleites zum Scheiterhaufen verdammt hatte, stand warnend vor Luthers Augen. Wenn er wankte im Bekenntniß der Wahrheit, so wankten Alle mit ihm; blieb er fest im Bekenntniß, so reizte er seine Feinde, ihm den Untergang zu bereiten. Aber seine große Seele war fest und unerschütterlich: er sah den Märtyrertod des Scheiterhaufens vor sich, aber er freute sich, der Sache Gottes als ein Opfer zu fallen. Da stand der einfache Mönch, bleich und abgemattet von einem eben überstandenen schleichenden Fieber im Angesicht der größten, glänzendsten, mächtigsten Versammlung der Erde, und Aller Augen waren auf ihn gerichtet. Er erklärte sich über den Inhalt und Zweck seiner Bücher, die er in verschiedene Klassen theilte, mit Klarheit und Ruhe, und zeigte, daß er sie nicht wiederrufen könne, ohne die christliche Wahrheit selbst aufzugeben, und die unerträgliche Tyranney des Pabstes zu stärken; daß er aber bereit sey, Belehrung anzunehmen, und jedermann auffodere, ihn seines Irrthums zu überführen. Und als man von ihm eine runde und schlichte Antwort begehrte, sagte er: „Weil denn eine schlechte, einfältige, richtige Antwort von mir verlangt wird, so will ich eine geben, die weder Hörner noch Zähne haben soll, nämlich also: Es sey denn, daß ich mit Zeugnissen der heil. Schrift oder mit öffentlichen, hellen und klaren Gründen und Ursachen überwunden und überweiset werde (denn ich glaube weder dem Pabst noch den Concilien allein nicht, weil es offenbar und am Tage ist, daß sie oft geirrt und sich selbst widersprochen haben), und ich also von den Sprüchen, die von mir angezeigt und eingeführt sind, überzeugt und mein Gewissen in Gottes Wort gefangen ist: so kann und will ich nichts wiederrufen, weil weder sicher noch gerathen ist, etwas wider das Gewissen zu thun. Hier stehe ich; ich kann nicht anders, Gott helfe mir! Amen." Groß war die Wirkung, welche diese Erklärung, mit solcher Standhaftigkeit, Ruhe und Bescheidenheit abgelegt, auf die Versammlung machte; doch schlug dem Kurfürsten von Sachsen das Herz, daß sich der Mann, dessen er sich bisher angenommen, so würdig betragen hatte, und er beschloß, dieß in Zukunft mit entscheidendem Nachdruck zu thun. Der standhafte, entschlossene Muth hatte gesiegt: damals stand der Reformator allein, aber wenige Jahre hernach auf dem Reichstag zu Augsburg bekannten und vertraten die von ihm verkündigte evangelische Wahrheit viele Fürsten und Städte; er stand fest und wankte nicht, und so schloßen sich an den festen Mann Millionen, und bekannten, wie er bekannte.

Großes hat der entschlossene Wille Einzelner hervorgebracht, noch Größeres die Standhaftigkeit und Beharrlichkeit des zur Ausführung eines großen Planes vereinigten Gesammtwillens Vieler. Wenn ein Volk, eine Gemeinschaft, eine Verbrüderung wissen, was sie wollen, und darauf beharren, das zu erlangen und zu behaupten, was sie wollen: so sind sie unüberwindlich, und keine Macht der Erde kann ihnen widerstehen. Weil alle Schweizer wollten, wie die Männer vom Rütli, weil ihr Wille fest stand, wie ihre Berge, und die Helden von Murten kämpften, wie die von Morgarten: so war ihre Freyheit unerschütterlich, und steht noch fest auf den alten Grundlagen. — Weil sich Fürsten und Völker an Luther anschlossen, weil Johann der Beständige, Churfürst von Sachsen, und die übrigen Fürsten auf dem Reichstage zu Augsburg festhielten am Bekenntniß, und sich zum Schutz und Trutz in ein Bündniß vereinigten; weil Johann Friedrich der Großmüthige selbst in der Gefangenschaft unerschütterlich blieb, und jede falsche Vermittelung der Religionsspaltung standhaft verweigerte; weil der Kurfürst Moriz trotz seines Verrathes, wodurch er dem Kaiser auf kurze Zeit den Sieg in die Hände geliefert, die Sache der Reformation nicht verließ, und den günstigen Augenblick ergriff, um den Kaiser zum Passauer-Vertrag zu nöthigen, auf welchen endlich der Religionsfriede folgte; weil, als späterhin die Sache der evangelischen Freyheit in Deutschland der Macht Oesterreichs zu unterliegen Gefahr lief, und ein Held nach dem andern vergebens das Schwert gezogen, der große Held aus Schweden den deutschen Boden betrat, um für seine Glaubensgenossen in Deutschland zu fechten, und weil, als er auf dem Siegesfelde von Lützen gefallen, der kluge, feste Canzler Oxenstierna das Ruder ergriff und den großen Plan fortführte, und die Helden Bernhard von Weimar, Banner, Torstenson und Wrangel muthig fort kämpften: so wurde endlich im westphälischen Frieden die Freyheit und Ruhe der protestantischen Kirche errungen, und was Luthers großer Geist kühn gedacht und gewollt, durch Beharrlichkeit zum festen Bestand gebracht.

Ein großes Beyspiel eines beharrlichen, unerschütterlichen Gesammtwillens, eines anhaltenden, unverrückten Strebens nach einem und demselben großen Ziel ist Rom, das anfangs so kleine Rom, das aber, weil es wollte und stets und standhaft wollte, die Herrschaft über die Welt errang. Ein Gedanke, Ein Wille, Ein Streben beseelte alle Römer: das Streben nach der Herrschaft Roms über die Welt. Langsam, Schritt vor Schritt, aber beharrlich, rückten sie ihrem großen Ziele entgegen; lange kämpften sie mit den kleinen Völkern, welche ihr enges Gebiet umgaben, bis sie endlich die Arme frey hatten, und über Italien herrschend ausstreckten. Mehr als einmal waren sie fast zu Boden geworfen, aber sie rafften sich wieder auf, und gewannen neue Kraft. Ein Volk der Erde nach dem andern huldigte, als Unterthan oder Bundesgenosse, den Siegern; über die rauchenden Trümmer der Städte, über die Leichenhaufen der Völker schritten sie mit kaltem, aber festem Muthe hin, bis ihre Herrschaft sich von den Säulen des Herkules bis zum Euphrat erstreckte, und die bewohnte Welt ihren Gesetzen gehorchte. Und als das ungeheure Gebäude unter den Bewegungen der Völker zusammengestürzt war, ergriff Rom noch einmal die Zügel der Welt, die geistliche Herrschaft klug mit der weltlichen vertauschend. Man sagt, daß es seit Gregor VII lange nur Einen Pabst gegeben, weil Alle, welche den päbstlichen Stuhl bestiegen, in dem Sinne und Geiste dieses Mannes handelten, und die besondere Persönlichkeit der Einzelnen ganz in den allgemeinen Plan aufging. Man kann aber mit Grund sagen, daß schon von Anfang an in den römischen Bischöfen sich die geistliche

Anmaßung und Herrschsucht auf eine eben so entschiedene und standhafte Weise kund gab, als in den alten Römern der Trieb zur Weltherrschaft. Die feste Schrittmäßigkeit des Verfahrens und die kluge Entschlossenheit, mit welcher die römischen Hierarchen jede Gelegenheit benutzten, um sich und ihrem bischöflichen Sitz ein Uebergewicht über die andern Bischöfe zu verschaffen, hat die ungeheure Erscheinung hervorgebracht, daß alle Völker und Reiche des Occidents dem eingebildeten, angemaßten Ansehn eines Bischofs huldigten und aus einer Stadt, welche nie der Sitz der Frömmigkeit und Gottesgelahrtheit gewesen, geistliche Gesetze empfingen, ja, daß dieser bischöfliche Sitz als die Quelle angesehen wurde, aus welcher alle geistliche und weltliche Macht ausgeflossen sey.

Kann die Festigkeit des Willens, im Dienste der Selbstsucht und Anmaßlichkeit, so Großes hervorbringen: was vermag erst der reine, gute Wille, von der Begeisterung für die Wahrheit und Gerechtigkeit gestärkt und erhoben, dessen Beginnen alle guten Herzen billigen, dem alle guten Kräfte der Menschheit zu Gebote stehen, mit welchem die Kraft und der Geist Gottes selbst ist! Und wenn sich alle Mächte der Hölle wider ihn vereinigen, und alle Leidenschaften der Selbstsucht und Bosheit wider ihn zum Kampfe rufen: er steht fest, und schreitet unaufhaltsam vorwärts; die feindlichen Speere zersplittern an der ehernen Brust; Mauern und Bollwerke werden überstiegen und niedergeworfen; durch die Flammen der Zerstörung schreitet der Sieger unaufhaltsam hindurch; die Gewebe und Schlingen der Hinterlist und Bosheit zerreißt der [illegible]tritt; die Blendwerke des

Truges zerstreut das Sonnenlicht der Wahrheit, die Schreckbilder des Wahnes fliehen vor dem Flammenblicke des Muthes: das hohe, herrliche Ziel winkt, es ist bald erstiegen, und die Palme schlingt sich um das Haupt des Ueberwinders. — Wollet nur, so vollbringt ihr, was ihr wollt! Dem Willen dient die Macht und das Glück; der Entschlossene ergreift die flüchtige Fortuna am Hauptbaar, und stellt ihre rollende Kugel fest; der Beharrliche überwindet die Welt!

Aus diesen Betrachtungen über die Bedeutung und Wichtigkeit des Willens erhellet von selbst die Nothwendigkeit, bey der Erziehung der Kinder die Stärkung und Uebung des Willens vorzugsweise ins Auge zu fassen. Das Herz werde früh mit der Himmelsmilch des Glaubens und des Gebetes genährt, und für den Strahl des höhern Lichtes aufgeschlossen. In den Thaten der großen Männer der Vorzeit, in der Geschichte des Vaterlandes, welche die Kinder begierig auffassen, liegt so viel erweckende Kraft, daß, wenn nicht die gemeine Umgebung erkältend und tödtend entgegenwirkt, das junge Herz bald von der höhern Lebenswärme durchdrungen wird, welche einst in die Flammen der Begeisterung hervorbrechen wird. Man hat das Herz nur vor schädlichen Einflüssen zu bewahren, so wird die Fülle heilsamer Anregung, die ihm von allen Seiten zuströmt, mit der Kraft der guten Natur verbunden, die Keime des Guten erwecken und befruchten. Aber der Wille ist eine selbstthätige Kraft, und muß selbstthätig geübt werden; es ist ein Magnet, der wenn er müßig liegt, seine Anziehungs-Kraft verliert, hingegen wenn er nach und nach immer mehr belastet wird, an Kraft wächst. Den Willen bilden nicht Ermahnungen, noch gute Beyspiele, welche das Herz rühren und erheben, sondern allein die thätige Uebung. Es sind aber hauptsächlich zwey Willensthätigkeiten, welche geübt werden können und müssen, einmal die der Selbstbeherrschung und Entsagung oder die Thätigkeit nach innen, zweytens die Thätigkeit nach aussen in der anhaltenden Arbeit und im Ertragen und Ueberwinden von Beschwerden und Hindernissen. Die Kraft der Selbstbeherrschung, welche schon früh durch manche kleine Entbehrungen geübt werden kann, wird selbst dem Herzen als Schutzwehr gegen die Reizungen der Sinnenlust dienen; und die vorstrebende Kraft des Willens, geweckt und gekräftigt durch angemessene Anstrengungen, wird die Liebe des Herzens von der leidenden Genußsucht abziehen, und einer thatenfrohen Lebensansicht zuwenden. Man kann es unserer Bildung mit Recht vorwerfen, daß die Willensstärke der Anregung und Ausbildung des Herzens zu sehr nachsteht, daß wir in ohnmächtigen Gefühlen unsere Kraft verbrauchen und nicht zur That kommen. Schon unsere Stellung zur Geschichte der Vorzeit und unsere geschichtliche Bildung bringt ein Uebergewicht der Empfänglichkeit mit sich. Keiner, der nur einige Bildung hat, ist mit der Geschichte ganz unbekannt, und die Muster aller Zeiten stehen ihm vor der Seele. Unsere Jugend wird schon früh mit der alten Geschichte und den Werken der classischen Schriftsteller vertraut, und die jungen Herzen nehmen eine unendliche Fülle von Anregungen in sich auf. Das Lesen der Bibel und der christliche Unterricht erfüllt die jugendlichen Gemüther mit den höchsten und heiligsten Gedanken, und schließt sie früh für die ernsten, tiefen Regungen der Andacht auf. Das ganze unendliche Meer der Vergangenheit mit all seiner geistigen Lebensfülle, mit all seinen Mustern und Vorbildern, strömt befruchtend auf uns ein, und schwellt unser Herz mit Gefühlen der Bewunderung und Liebe an. Wie reich und groß müßte unser Leben seyn, wenn all diese Stoffe verarbeitet, wenn alle diese Gefühle in Thaten verwandelt würden! Handelten die Griechen und Römer so groß, welche nur eine kleine Vergangenheit überblickten, in deren Gottesdienst das höhere Licht so spärlich und trübe leuchtete: wie müßten wir erst handeln, denen das Große und Herrliche aller Zeiten vorschwebt, und das Himmelslicht der Wahrheit im reinsten Glanze erschienen ist! Aber unser Leben ist in eben dem Grade klein und eng, als unser Wissen groß und umfassend ist, und fast ganz in den häuslichen Kreis zurückgedrängt. Der Kampfplatz der öffentlichen Tugend und des Gemeingeistes ist hier ganz geschlossen, dort schmal eingeengt, dort ängstlich bewacht und belauert, fast überall von der fröhlich lärmenden Menge theilnehmender Zuschauer verlassen. Es fehlt in unsern stillen, friedlichen Zeiten an großen, schweren Prüfungen der Willenskraft; das ganze Leben ist so sehr geordnet und geregelt, daß selbst ausserordentliche Erschütterungen es kaum aus dem Gleichgewicht bringen können. Die Heldenzeiten sind vorübergegangen, in welchen sich große Tugenden und Willenskräfte entwickeln konnten. Um so mehr müssen wir auf unserer Hut seyn, daß wir nicht erschlaffen, und nicht in leidender, gefühlvoller Empfänglichkeit das Handeln verlernen. Die Zeiten der Gefahr können auch wiederkommen, in welchen das Vaterland der starken Willenskraft, des tapfern Muthes, des kühnen Unternehmungsgeistes bedarf; es können Fälle eintreten, wo auf die starken Schultern Eines Mannes die ganze Last eines verhängnißvollen Augenblicks, die große Entscheidung Eines Entschlusses gelegt werden kann. Diesen Mann, diesen rüstigen Retter des Vaterlandes, bist du, Mutter, vielleicht bestimmt zu erziehen; dir ist der zarte Sprößling zur Pflege anvertraut, aus welchem sich die gewaltige Eiche bilden soll, unter welcher das Vaterland einst Schutz suchen wird. Du sollst die Mutter eines Helden seyn, so sey und handle würdig einer Heldenmutter! Sey stark und fest, daß du einen starken und festen Menschen aus dem Knaben bildest! Uebergib ihn bald der rauhen Luft des Lebens, daß er sich abhärte und tiefer wurzle; im magern, aber kräftigen Boden wachse er auf, daß er sich nicht überwachse, und nicht in der Fülle der Säfte erstícke. Brich ihm die unnützen, üppigen Zweige aus, damit er eine starke, reiche Krone treibe, und den Gipfel hoch in die Luft trage. Du aber, Vater des jungen Helden, vollende das Werk, führe ihn auf den Uebungsplatz der Geduld und Tapferkeit, laß ihn arbeiten, ertragen, ringen und kämpfen, stecke seinem Wetteifer kein zu fernes Ziel, aber laß ihn nicht eher ruhen, bis er es erreicht hat; lege nicht eine zu schwere Last auf seine Schultern, aber laß sie ihn nie ungeduldig und kleinmüthig abwerfen; laß ihn nichts unternehmen, was er nicht vollbringt, laß ihn vor keinem Hinderniß feig zurückweichen und vor keiner Gefahr fliehen; wolle nur, so wird er gehorchen, und indem er gehorcht, wird sich sein Wille stärken. Und dann empfange ihn, den freyen Jüngling, das freye Leben, und er wird sich selbst sein Ziel suchen, und mit der Kraft des starken, unbeugsamen Willens sich seine Bahnen brechen.

Der Mensch wird unüberwindlich, wenn er für eine gemeinsame Sache steht und kämpft, wenn sein Herz mit Aller Herzen schlägt, und er Einen Vorsatz und Entschluß mit Allen theilt. Ein Jeder erhebe seinen Willen zum Gesammtwillen, und suche nicht, was sein, sondern was der Andern ist: so wird er mit Festigkeit wollen, und unerschütterlich bey seinem Vorsatz beharren. Die Kraft der Gemeinschaft wird seinen Willen stärken, und der Beystand der Gleichgesinnten ihn, wenn er wanken will, stützen. Und so lerne auch der Jüngling bald sein Streben an das seines Volkes, seines Vaterlandes, seiner Kirche anschließen, und kämpfen, wofür die Vorväter gekämpft haben. Er trete in die Reihen der Vertheidiger des Vaterlandes, und helfe mit die eherne Mauer bilden, welche zum Bollwerk der Freyheit dient; eng schließe sich der Freund an den Freund, der Bürger an den Bürger, und fühle die stählende Kraft, die von Brust zu Brust strömt, und Alle zu Gliedern Eines Leibes macht. Hell stehe das Andenken an die Thaten der Väter vor der jugendlichen Seele und entzünde den Entschluß, zu kämpfen und zu sterben, wie sie. Die Nachkommen der Eidgenossen des vierzehnten und fünfzehnten Jahrhunderts sollen denken und wollen, wie ihre Väter, und sich nicht rauben lassen, was jene mit ihrem Blute erkauft haben. Ist die Freyheit heute nicht eben das kostbare Gut, das sie vor fünfhundert Jahren war? Ja, noch schlagen alle

Herzen für sie in den alten Thälern; wie die Alpen ihre Wurzeln tief in das Herz der Erde senken, so wurzelt die Liebe des Vaterlandes in jeder Schweizerbrust; wie die Quellen unversiegbar und ewig frisch aus den Felsen sprudeln, so lebt die Erinnerung der alten Heldenzeit erweckend und erfrischend in jeglichem edlen Gemüth. So stehe auch der muthige Wille, die Freyheit zu bewahren, fest, wie die unwandelbaren Säulen des väterlichen Bodens! Wie sich die Ketten der Alpen schirmend von Osten nach Westen, von Süden gegen Norden ziehen, so reihe sich felsenfest Brust an Brust zur undurchdringlichen Mauer! Eine und dieselbe Liebe schlägt in Aller Herzen: so soll auch Ein Wille und Ein Entschluß, der ewige, unwandelbare Entschluß, für das Vaterland zu stehen und zu fallen, in jeder Brust leben. Nicht vergebens lodert die ewige, heilige Flamme der Vaterlandsliebe auf dem Altar des Herzens: werden Opfer gefodert, so eilen die Jünglinge, mit Blumenkränzen geschmückt, herbey, und empfangen jubelnd den Todesstreich. Sie sterben, aber sie leben; denn es lebt, was sie lieben, was sie mit aller Kraft der Seele, mit unerschütterlichem Muth, mit unwandelbarem Willen lieben.

Achte Vorlesung.

Der Wille, als Zusammenwirkung der Thatkraft mit der Erkenntniß: wie sich unter dessen Einflusse der sittliche Verstand oder das sittliche Bewußtseyn ausbildet: dessen Bildungsstufen: Naturzustand; Bildung und Verbildung durch Gewohnheit, zuerst in Ansehung des sinnlichen Triebes.

Den Willen oder das Entschliessungsvermögen, dessen Verrichtung und Verhältniß zum Herzen wir betrachtet haben, müssen wir nun auch in seiner innern Beschaffenheit kennen lernen. Er besteht in der Zusammenwirkung der Erkenntniß oder des Bewußtseyns und der Thatkraft, und ist gleichsam eine Zusammensetzung beyder Vermögen. Die letzte, entscheidende Thätigkeit, durch welche die willkürliche Handlung zu Stande kommt, ist die Thatkraft. Die von innen ausgehende Bewegung des Armes und der Hand, durch welche der Entschluß vollendet und ausgeführt wird, ist ein Werk der Thatkraft; aber diese äusserliche Bewegung ist nur die Folge einer innern Bestimmung der Willkür, und diese gehört ebenfalls der Thatkraft.

Die äusserliche Bewegung der Hand wird vielleicht noch aufgeschoben, weil die Zeit zu handeln noch nicht gekommen ist; aber die Handlung ist innerlich fest beschlossen, die Willkür hat gewählt, die Richtung des Gemüths ist entschieden. Diese Thatkraft ist der eigentliche Kern des Willens, ja, des ganzen innern Menschen. Sie ist das Vermögen, durch welches sich der Mensch Alles aneignet und unterwirft, und Allem sein Gepräge aufdrückt. Alle Erkenntniß ist gemeinsames Eigenthum, und kann es werden, indem sie durch die Begriffe und die Sprache Andern mitgetheilt und von ihnen empfangen wird. Sie ist das Bildsame im Menschen, und strebt zum Allgemeinen hin; ja, sie ist um so gültiger, je allgemeiner sie ist. Die Gesetze der Wahrheit, des sittlich Guten sind eben so nothwendig, als allgemein, und jeder Mensch soll sie auf die gleiche Weise anerkennen. Schon viel mehr eigenthümlich sind die Gefühle des Herzens; keine Sprache kann so ganz und lebendig ausdrücken, was wir fühlen; jeder Begriff, jedes Bild, jeder Ausdruck läßt etwas von dem, was im Herzen lebt, zurück, und nur der bewegliche, schmiegsame Ton der Stimme, die Mienen des Gesichts, der Blick des Auges, helfen dem Mangel der Sprache nach. Aber es gibt doch ein Mitgefühl und eine Theilnahme an fremden Gefühlen; und wie Alle in einen Schrey des Schmerzes und des Jubels einstimmen, so theilen Alle auch dasselbe Gefühl, und Aller Herzen schlagen für dasselbe. Unsere Gefühle streben eben so, wie unsere Erkenntnisse, nach dem Allgemeinen hin, und die Bildung besteht vorzüglich mit darin, daß wir nach allgemeinen Regeln des Guten und Schönen fühlen lernen, daß wir das Große und

Edle in der Geschichte der Menschen anerkennen, daß wir die Kunst- und Dichtwerke verstehen und ihre Bedeutung im Herzen fühlen. Hingegen ist die Thatkraft und die von ihr ausgehende Thätigkeit des Entschlusses das allerbesonderste im Menschen: wir sollen allerdings nach allgemeinen Regeln handeln, aber diese erkennen und fühlen wir mit dem Verstande und Herzen, und indem wir darnach handeln, machen wir sie uns eben eigen, und verwandeln sie in unser Fleisch und Blut. Es gibt äussere Anregungen zum Entschließen und Handeln; Einer kann dem Andern folgen, es können Mehrere ihren Entschluß gemeinschaftlich fassen: aber Jeder muß doch bey sich selbst entschlossen seyn, seinen Theil an der Handlung vollbringen, und seinen Mann stehen, wenn es zur That kommt. Erkenntnisse und Gefühle können angelernt und angebildet seyn, und man kann sich selbst täuschen, daß man sie zu haben glaubt, während man eigentlich anders denkt und fühlt: hingegen bey der That entscheidet sichs, ob man wirklich so fühlt oder denkt, wie man sich und Andern eingebildet hat. Es kann freylich seyn, daß man zwar die Handlung vollbringt, aber aus andern Beweggründen, aus Nachahmungssucht, Eitelkeit, Ruhmbegierde; aber dann ist eben unsere Handlung innerlich eine andere, und ihr Gepräge ist, wie immer, ganz eigenthümlich.

Beobachten wir den Menschen in seinem eigenthümlichen Wesen, wenn er nicht durch die Gewalt des Beyspiels oder der Gewohnheit in eine gemeinsame Form gezwängt ist: so wird eines Jeden Handlung auch bey gleicher Gefühlsstimmung ein eigenthümliches Gepräge tragen. Dieß läßt sich besonders an den Kindern bemerken

— Setzen wir den Fall, daß der Vater von einer Reise nach langer Abwesenheit zurückkehrt, und alle Kinder die Freude theilen, den langersehnten wieder zu empfangen: wie verschieden wird der Ausdruck ihrer Gefühle seyn, wie verschieden wird sich der Eifer zeigen, ihm ein Zeichen der Liebe zu bringen! Alle werden ihm jubelnd entgegeneilen, und ihn im Triumph ins Haus führen; die Tochter wird sich ihm an den Arm hängen, und ihm zärtlich liebkosen; die Knaben werden ihn freudig umschwärmen, und sich beeifern, ihm sein Gepäck nachzutragen, während jene mit der Mutter beschäftigt ist, für seine Bequemlichkeit zu sorgen. Der eine Knabe läuft, die Ankunft des Vaters einem Hausfreund anzusagen, der andere bringt und zeigt ihm ein Buch, aus dem er kürzlich angefangen hat zu lernen, und die Tochter bringt ihm eine Lieblingsfrucht, die unterdessen im Garten gereift ist.

Alle Eigenthümlichkeiten der Neigungen und der Gemüthsstimmung pflegen sich in der Handlung auszuprägen, und der Mensch erscheint ganz, was er ist, in seinem Thun; durch die That bestimmt er sein Verhältniß zur Aussenwelt, und wirkt gegen die auf ihn einwirkenden Dinge zurück; er macht sich dadurch zum Herrn der Natur, und verschafft sich die Mittel seines Unterhalts und seiner Bequemlichkeit; er ordnet dadurch das Leben mit seinen Mitmenschen, stiftet Formen der Gemeinschaft und des Verkehrs und drückt das Abbild seines Geistes in der Aussenwelt ab. Die Geschichte eines Volks ist der Inbegriff seiner Thaten, und darin drückt sich dessen ganzer Charakter ab; sein Schicksal, der Inbegriff alles dessen, was es gelitten, wird doch durch seine Thaten mit bedingt seyn; und hat es sich willenlos und leidend hingegeben, so wird sich darin eben der Mangel an Thatkraft zeigen.

Aber wichtiger noch ist die innere Thätigkeit der Thatkraft und deren Einfluß auf den ganzen innern Menschen, wodurch sie der Mittelpunkt desselben wird. Betrachten wir noch einmal die Art, wie ein Entschluß zu Stande kommt. Verschiedene Triebfedern, aus verschiedenen Trieben entspringend, wirken auf die Willkür ein, und es fragt sich, z. B. ob der Mensch die Hand nach etwas, was der sinnliche Trieb begehrt, ausstrecken soll, oder nicht. Diese Antriebe wirken nicht unmittelbar auf die in der Willkür sich äussernde Thatkraft ein, sondern mittelst des Bewußtseyns oder der innern Erkenntniß, in welcher sie sich gleichsam abspiegeln. Was im Menschen vorgeht, fällt in sein Bewußtseyn, und wirkt mittelst desselben auf das Gemüth: und so äussern auch die Empfindungen und Gefühle, welche aus den Trieben entspringen, ihren Einfluß auf die Willkür mittelst des Bewußtseyns. Aber verschieden ist die Art, wie die verschiedenen Antriebe im Bewußtseyn auftreten. Der sinnliche Antrieb wirkt mit der Gewalt der augenblicklichen, sinnlichen Lebhaftigkeit, und glüht gleichsam in den feurigsten Farben. Der sittliche Antrieb, in diesem Falle das Gefühl, daß die Befriedigung der sinnlichen Begierde wider das Gesetz und die Würde des Menschen sey, hat bey weitem nicht jene sinnliche Lebhaftigkeit der Farben, sondern ist nichts als ein ruhiges, aber tiefes Gefühl. Wie ist es nun möglich, daß der Wille sich dennoch für den letztern Antrieb entscheidet? Man sollte glauben, die stärkere

Kraft müsse ihn bestimmen, so wie in der körperlichen Natur der stärkere Anstoß der Kugel die Richtung gibt. Nun ist der sinnliche Antrieb für den Augenblick der stärkere; denn er ist der lebhaftere und ungestümere. Man beobachte sich nur in einer gereizten, heftigen Stimmung: die Begierde zuckt schon im Arme und in der Hand, um das zu erlangen, was sie fodert; sie hat sich stürmend auf die Thatkraft geworfen, um sie nach ihrem Drange zu bestimmen; und doch halten wir noch die Hand zurück, indem wir überlegen. Die Thatkraft widersteht der Begierde, und verschafft dem Bewußtseyn Zeit, daß auch der sittliche Antrieb sich in demselben geltend mache, und je länger der Widerstand dauert, desto mehr nimmt die Lebhaftigkeit der Begierde ab, und der sittliche Antrieb gewinnt über dieselbe die Oberhand. Dieser Widerstand gegen die augenblickliche Erregung ist von ungemeiner Wichtigkeit. Hätten wir denselben nicht in der Gewalt, so entbehrten wir des Vermögens der Willkür, und würden, von jeder augenblicklichen Aufwallung hingerissen, in den Wechsel der verschiedenen Anregungen verschlungen seyn; wir würden bald so, bald so handeln, je nachdem uns das Leben reizte und bestürmte. Dieser Widerstand macht erst ein stetiges, einheitliches Bewußtseyn möglich, daß wir uns nämlich über den Augenblick zur Vorstellung der Vergangenheit und Zukunft erheben, unser selbst als eines beharrlichen Wesens im Wechsel inne werden und uns so durch uns selbst bestimmen können. Zu dem Widerstand aber, den die Thatkraft den sinnlichen Vorstellungen leistet, kommt noch eine andere selbstthätige Wirksamkeit hinzu, welche die Herrschaft des Willens eigentlich vollendet, und welche wir näher betrachten müssen. Um dieß zu können, müssen wir noch tiefer in das Getriebe der handelnden Thätigkeit des Menschen eingehen.

Der menschliche Geist hat das Vermögen der Einbildungskraft oder einer solchen Beweglichkeit der Vorstellungskraft, durch welche er gehabte Vorstellungen, die im Gedächtniß ruhen, wieder hervorrufen, mit andern ähnlichen verbinden und dadurch neue bilden kann, die zugleich mit der Kraft, Empfindungen zu wecken, ausgerüstet sind. Es sey der Fall, daß die Begierde nach einer schönen Frucht mit aller Lebhaftigkeit sinnlicher Farben im Gemüth eines Kindes auftritt, und deren Genuß fodert. Hätte nun der Wille oder die Thatkraft nicht das Vermögen, Widerstand gegen diese Begierde zu leisten, so würde die Hand sich ausstrecken, um nach der Frucht zu greifen und sie nach dem Munde zu führen; aber indem dieser Widerstand auch nur einen Augenblick lang geschieht, gewinnt die Einbildungskraft Zeit, das Bild eines ähnlichen früheren Genusses, den die Mutter gemißbilligt und verboten, mit der unangenehmen Empfindung des erlittenen Tadels hervorzurufen und die Vorstellung der nach dem Genusse dieser Frucht zu befürchtenden Strafe damit zu verbinden; zugleich macht sich der sittliche Antrieb des Gehorsams dabey geltend: und das Kind unterläßt den Genuß. Diese Thätigkeit der Einbildungskraft ist eines Theils unwillkürlich und an die Gesetze der Aehnlichkeit und Gleichzeitigkeit der Vorstellungen gebunden: wir erinnern uns bey dem Anblicke eines rothen Gegenstandes an einen andern früher gesehenen von der gleichen

Farbe; wir erinnern uns, wenn wir einen gestern gesehenen Menschen wieder erblicken, an den Andern, der in seiner Begleitung war u. s. w. Aber die Thätigkeit der Einbildungskraft kann auch andern Theils willkürlich werden, indem wir an dasjenige denken, woran wir eben denken wollen. Das Kind erinnert sich z. B. zu gleicher Zeit an den angenehmen Geschmack der genossenen Frucht und an den unangenehmen Eindruck, den ihm die mütterliche Mißbilligung gemacht; beyde Empfindungen sind vielleicht gleich stark, aber das Gefühl des Unrechts, oder das Gewissen, macht, daß es in der Betrachtung mehr bey der unangenehmen, als bey der angenehmen verweilt, und mit Hülfe der letztern geliugt es ihm, die Begierde zu überwinden. Dieses Uebergewicht der unangenehmen Empfindung kommt durch die willkürlich festgehaltene Betrachtung zu Stande, und je mächtiger diese Willkür ist, desto mehr wird die Erinnerung der angenehmen Empfindung verschwinden, und die der unangenehmen lebhaft hervortreten. Diese Willkür aber geht von der Thatkraft aus, welche nicht nur einer Vorstellung Widerstand leistet, sondern auch die Einbildungskraft bestimmt, eine andere hervorzurufen und der Betrachtung vorzuführen. Indem, in dem angeführten Beyspiele, das Kind die Aufmerksamkeit von der Vorstellung der Süßigkeit des Genusses auf die Strafandrohung der Mutter richtet, offenbart sich nicht nur die widerstehende Kraft der Thatkraft, sondern zugleich die Selbstthätigkeit derselben, und der Sieg des guten Antriebes ist dadurch schon halb entschieden. Durch das Vermögen der Aufmerksamkeit, welche willkürlich von der einen Vorstellung auf die andere gerichtet werden kann, ist das ganze Bewußtseyn in der Gewalt der Thatkraft: wie sie die Glieder des Leibes lenken kann, so lenkt sie auch die Vorstellungen; wie die Werkzeuge, mit denen sie die Entschlüsse ausführt, in ihrer Gewalt sind, so auch die Vorstellungen und Antriebe, welche bey der Fassung der Entschlüsse thätig sind; sie werden selbst zu Werkzeugen, durch die sie die Entschlüsse faßt. Nicht die Gewalt des sinnlichen Antriebes, auch nicht die Stärke des sittlichen Antriebes, sondern das Maß der selbstthätigen Kraft, welche die Thatkraft in der Gegenwirkung beweißt, bestimmt den Entschluß. Hat sie nicht die nöthige Stärke, um dem erstern zu widerstehen und der Ueberlegung Zeit zu geben; hat sie nicht die selbstthätige Kraft, die Aufmerksamkeit auf die Vorstellung des Gesetzes zu richten: so wird sie einen, dem sinnlichen Antriebe entsprechenden Entschluß mit sinnlicher Schwäche faßen und sich als die Sklavin des sinnlichen Triebes beweisen; behauptet sie aber das Gleichgewicht, widersteht sie, und lenkt die Aufmerksamkeit auf die besseren Gefühle des Herzens; so wird sie einen selbstständigen Entschluß fassen, und sich als Herrin des innern Menschen beweisen. Die Ueberlegung, die besonnene Stimmung, in welcher die Willkür wählt und den Entschluß faßt, und die Kraft der Aufmerksamkeit, welche dabey in Anwendung kommt, geben die Gewähr, daß der Entschluß dem sittlichen Triebe gemäß ausfallen wird; ja, sie enthalten schon den Anfang eines sittlichen Entschlusses: wer überlegt, wird sicherlich gut handeln, wenn er nicht mit teuflischer Bosheit handelt.

Das Vermögen der Aufmerksamkeit, als eine Aeusserung der Willkür und Thatkraft, ist bey weitem noch nicht genug in seiner Wichtigkeit betrachtet. Zuerst hängt alles Denken, Lehren und Lernen davon ab; nur dadurch, daß wir vermögen, unsern Gedanken willkürlich eine beständige Richtung zu geben, und ein bestimmtes Ziel zu verfolgen, können wir denken, oder Gedanken an einander reihen. Ich könnte jetzt nicht von diesem Vermögen der Aufmerksamkeit sprechen und es ins Licht setzen, ohne von ihm selbst Gebrauch zu machen, und Sie, V. Z., könnten mir nicht zuhören und meinen Gedanken folgen, ohne aufmerksam zu seyn. Von dieser Seite werden wir dieses Vermögen späterhin wieder betrachten, wenn wir vom Verstande der Klugheit sprechen: jetzt beschränken wir uns darauf zu zeigen, wie sich durch den vom Willen geleiteten Gebrauch der Aufmersamkeit das sittliche Bewußtseyn oder der sittliche Verstand bildet.

Was nämlich im einzelnen Entschlusse geschieht, daß die Thatkraft des Willens die Erkenntniß mittelst der Aufmerksamkeit willkürlich auf die verschiedenen Triebe richtet, die Ueberlegung veranlaßt und zufolge derselben sich für den einen oder den andern Antrieb entschließt: das wiederholt sich im Großen und Ganzen; und zufolge mehrerer einzelner Entschlüsse bildet sich eine Lebensansicht und Handlungsweise. Bleiben wir bey dem schon gebrauchten Beyspiele stehen, daß ein Kind in Versuchung kommt, eine Frucht zu genießen, die ihm verboten ist. Die erste Versuchung nach dem erhaltenen Verbot ist noch ziemlich stark, so daß der Wille wankt; aber ein zweytes Mal wird der Anblick der Frucht schon weniger reizen, weil die Vorstellung des sinnlichen Triebes schon mehr abgestumpft ist durch die zum Uebergewicht gelangte Vorstellung des Verbotes. Je öfter nun der Sieg des Gehorsams über die Begierde wiederholt wird, desto fester stellt sich das Uebergewicht des sittlichen Antriebes, desto freyer und sicherer wird das Kind in der Tugendübung. Aber zugleich hat es an sittlichem Bewußtseyn oder Verstand gewonnen: die Kraft der Aufmerksamkeit, mit welcher die Willkür die Betrachtung auf die Vorstellung des Verbotes richtet, hat das Uebergewicht über die sinnliche Lebhaftigkeit der Begierde gewonnen, und die Richtung des Bewußtseyns auf den sittlichen Trieb hat sich festgestellt. Die Regel, daß man dem Verbote gehorchen müsse, ist nicht nur durch die Handlung befolgt, sondern auch selbst dem Bewußtseyn deutlicher geworden. Das Vermögen, Regeln und überhaupt Allgemeines zu denken, nennen wir Verstand, mithin hat das Bewußtseyn des Kindes sich zum Verstande gesteigert. Wenn nun durch mehrere ähnliche Uebungen der Enthaltsamkeit und des Gehorsams noch andere sittliche Regeln im Gemüth zur Klarheit und Herrschaft kommen, und so ein Ganzes von Lebensregeln entsteht: so wird die Ausbildung des Verstandes allseitig von Statten gehen, und das Kind wird sittlich wohl erzogen werden.

Wenn der Verstand die Aussprüche des sittlichen Triebes rein und tief auffaßt, und die allgemeingültigen sittlichen Gesetze ins Bewußtseyn treten, so wie sie in jedem sittlichen Gemüth anerkannt seyn sollen; wenn vor der Betrachtung desselben die verschiedenen Triebe dasjenige gelten, was sie gelten sollen, und in ihrer

Unterordnung und ihrem gegenseitigen Verhältniß anerkannt werden: so ist es der wahre sittliche Verstand, das reine sittliche Bewußtseyn.

Hingegen kann der Verstand auch irren, weil er von der Willkür abhängt und diese hin und her schwankt; ja, er irrt mehr oder weniger in jedem Menschen. Dieses geschieht, wenn er dem einen Triebe, der einen Neigung, ein Uebergewicht zugesteht, welches ihnen nicht zukommt, und wenn demzufolge die Lebensansicht und Richtung nicht die reine, nothwendige aller Menschen ist, und nicht dem ewigen Gesetze Gottes, welches in unser Herz geschrieben ist, entspricht. Nehmen wir zum Beyspiel die falsche Lebensrichtung eines Menschen, welchem die Freuden der Tafel das einzige und höchste Ziel des Lebens sind, dem er allein nachstrebt. In ihm hat der Verstand eine falsche Richtung genommen. Er lebt in dieser unwürdigen Lebensansicht nicht durch das unmittelbare Uebergewicht des sinnlichen Triebes, des Reizes der Gaumennerven; denn dieser Trieb für sich allein kann noch keine Handlung hervorbringen: es ist auch nicht die augenblickliche Schwäche der Thatkraft allein, welche in jedem einzelnen Falle von jenem Reize überwunden wird; sondern es ist eine falsche Richtung des Verstandes, in welcher er lebt, und durch welche sich ein dem Gaumen dargebrachtes Opfer an das andere reiht, und sein Leben eine einheitliche, stete Richtung auf diese Art des Sinnengenusses erhalten hat. Er betrachtet nämlich den Genuß des Essens und Trinkens als ein Gut, dem man sein Leben widmen dürfe; er gibt demselben einen Werth, den er in den Augen des Vernünftigen nicht hat; er glaubt zu leben, um zu genießen, während der Vernünftige nur genießt, um zu leben. Er hat eine falsche Regel des Lebens aufgefaßt, welche nicht dem sittlichen Triebe entspricht, sondern vom sinnlichen Triebe entlehnt ist; er gibt demjenigen, was nur augenblicklichen Werth hat, einen bleibenden, für das ganze Leben geltenden Werth. Wenn er nicht so dächte, so würde er nicht so leben; denn der Mensch kann nicht mit seinem Bewußtseyn ganz in Zwiespalt seyn. Da dieser Mensch in seinem anhaltenden Sinnen auf den Gaumengenuß eine Regel im Handeln befolgt, so muß er eine solche Regel auch mit dem Verstande anerkennen; da in seinem Handeln etwas Stetiges und Einheitliches ist, so müssen wir ein solches auch in seiner Erkenntniß voraussetzen. Und in der That gibt es Menschen der Art, welche sich die Lebensansicht gebildet haben, daß der Genuß das einzig gültige Gut des Lebens sey, und daß man verständig handle, wenn man sich dasselbe im möglich größten Grade zu verschaffen suche.

Wie ist nun aber eine solche falsche Richtung des Verstandes, eine solche thörichte Lebensansicht zu Stande gekommen?

Dadurch daß der Mensch von Jugend auf dem sinnlichen Triebe zu schmeicheln gewöhnt, daß in ihm der Wille der Sinnlichkeit unterworfen worden ist, also auf dem, dem obigen entgegengesetzten Wege der sittlichen Erziehung. Wenn eine Mutter aus schwacher, thörichter Liebe ihrem Kinde dadurch wohlzuthun glaubt, daß sie ihm alle Genüsse erlaubt, ja, seiner Sucht zur Näscherey Vorschub thut, und einen Werth darauf legt, daß das Kind dieses oder jenes genieße; wenn man demselben zu früh Geld in die Hände gibt, und es geschehen läßt, daß es dasselbe zu Näschereyen verwendet: so gewinnt nicht nur der Reiz des Gaumenkitzels immer mehr Uebergewicht über die edleren Antriebe, und der Wille wird demselben dienstbar; sondern auch die Aufmerksamkeit des Verstandes richtet sich mehr auf die Betrachtung und Anhörung des sinnlichen, als des sittlichen Triebes, und dadurch und durch die Gewohnheit des Handelns bildet sich vor dem irregeleiteten Verstande die angebliche Regel des Lebens, daß man für den Genuß leben müsse. Was immer geschieht, das gewinnt den Schein, als müsse es immer geschehen, als sey darin eine Nothwendigkeit und Allgemeingültigkeit. Das wahrhaft Nothwendige und Allgemeingültige, die Regel des sittlichen Triebes, wird vom Verstande eines solchen Menschen nicht beachtet, und tritt nicht in die Klarheit seines Bewußtseyns, zumal wenn von andern Seiten nicht auf die sittliche Entwickelung desselben gewirkt, wenn er nicht zum Fleiß und zur Thätigkeit angehalten, und die Selbstthätigkeit des Geistes nicht in ihm geweckt worden ist. Manche Kinder werden in der Jugend von der einen Seite ganz verwöhnt, aber doch von der andern gut erzogen, und im reifern Alter gewinnt dann das Gute über die übeln Angewöhnungen die Oberhand, und sie werfen diese von sich, wie Manche in der Jugend kränkeln und im erwachsenen Alter gesund und kräftig werden. Auch kommt sehr viel auf die Naturanlagen an. In manchen Kindern ist die Sinnlichkeit von Natur so stark, daß sie jeder Verführung und Verwöhnung erliegen, und keine Anregung der geistigen Selbstthätigkeit annehmen, wie häufig sie ihnen auch geboten werde:

sie sind so schwach, daß sich das Schlingkraut der Lüste ganz über ihre junge Seele zieht und sie aussaugt und erstickt. Andere hingegen sind von Natur stärker und frischer von Geist, und alle Reize und Lockungen eines üppigen Lebens können auf sie keinen bleibenden Eindruck machen; wenigstens, so bald sie die höhere Lust geistiger Thätigkeit gekostet, sobald ihnen die höhern Ziele des Lebens aufgegangen sind, verlassen sie die dumpfe Luft des genußsüchtigen Lebens, und eilen in das heitere Gebiet des Geistes, wo ihre Brust freyer und reiner athmet.

Wir stehen hier bey den Anfängen aller sittlichen Bildung, bey der Quelle alles sittlichen Heiles und Verderbens. Geben wir wohl Acht, um über die menschliche Natur in uns selbst und in den Kindern, in welchen sie noch unverwirrt und unverderbt liegt, ins Klare zu kommen, und den Weg kennen zu lernen, auf welchem wir zur wahren sittlichen Bildung oder zur Verbildung und Entartung geführt werden!

Das erste ist das Verhältniß der Triebe in ihren unmittelbaren, natürlichen Aeſſerungen zur Thatkraft des Willens ebenfalls in ihrem natürlichen Zustand, wie wir uns beyde in einem unverdorbenen, gutgearteten Kinde denken können, in welchem der Verstand noch nicht erwacht und noch zu keiner bestimmten Richtung gelangt ist. Hier wird freylich, weil noch kein das Leben überblickendes Bewußtseyn da ist, die Sinnlichkeit sich mit ihren augenblicklichen Anregungen geltend machen, und der Wille, der eben so wenig noch zu einer selbstthätigen Einheit und Beständigkeit gelangt ist, wird sich auch durch augenblickliche, sinnliche Gegenwirkung ohne Ueberlegung und Erwägung entschließen. Das ist die erste Stufe des sinnlichen Willens, auf welche uns die Natur gestellt hat. Aber hier wird der sinnliche Trieb nur naturgemäß wirken, und dasjenige fodern, was zur Befriedigung des Naturbedürfnisses nöthig ist. So beym Thiere. Dieses folgt den Antrieben des Triebes, ohne zu überlegen; aber es genießt nicht mehr, als das Bedürfniß erheischt; es übersättigt sich nicht, es sucht keine schädliche Nahrung; welche zwar vielleicht den Gaumen kitzeln, aber nachtheilige Wirkungen mit sich führen könnte. So der Naturmensch, der Hirt, der Nomade, der Wilde. Ihr Kreis des Genusses ist klein und unbeschränkt: die Früchte des Feldes, die Milch der Schafe, ernähren sie, und die Verfeinerungen der Kochkunst und der Leckerey kennen sie nicht. Die Arbeit würzt ihnen die Speise; das Leben in der frischen, freyen Natur bewahrt sie vor der schwächlichen Reizbarkeit der Nerven, welche feinere und wechselnde Genüsse fodert. So einfach und unschuldig, wie in Ansehung der Nahrung, leben sie auch in Ansehung der andern sinnlichen Bedürfnisse. Es genügt ihnen an dem nothdürftigsten Schutze gegen die Einflüsse der rauhen Witterung; der frischen, freyen Luft, der Bewegung und Arbeit gewohnt, bedürfen sie keiner Bequemlichkeit, und da sie sie nicht kennen, so kommen sie auch nicht in die Gefahr, sich dadurch zu verweichlichen. In ihrem starken, abgehärteten Körper bricht der Trieb der Geschlechtsliebe spät, aber kräftig hervor; die Phantasie greift in ihnen nicht der Naturentwickelung vor, erregt nicht die Sehnsucht des Herzens durch die Bilder eines künftigen Genusses, höchstens wecken unschuldige Lieder eine dunkle Ahnung im Gemüth; bringt nun die Natur das Bedürfniß, so bringt sie auch die Befriedigung, welche mit gesunder Kraft, aber mit Mäßigung genossen wird; denn die Natur ist überall mäßig, und nur die verwöhnte Einbildungskraft ist üppig und schwelgerisch. — So würden auch unsere Kinder, wenn ihnen nicht so mancherley Genüsse geboten würden, wenn nicht eine Fülle von Reizen sie umgäbe, welche die Natur nicht kennt, sich mit der Befriedigung der einfachen Naturbedürfnisse begnügen, so wie sie, wenn sie gesund sind und sich selbst überlassen werden, sich nicht leicht zu übersättigen pflegen. Der sinnliche Trieb an sich ist unschuldig und mäßig, wie der Naturmensch, wie das unverdorbene Kind. Wer die Natur anklagt, daß sie die Sünde mit sich führe, wer sie als die Quelle des sittlichen Giftes betrachtet, der versündigt sich an dem Schöpfer, welcher Alles gut erschaffen, und gesunde, reine Triebe in die Natur gelegt hat; der täuscht sich selbst über die Quelle des Verderbens, welche in ihm, in seinem verderbten Willen, liegt. Der Mensch verderbt und verführt die Natur dadurch, daß er sich in ihren Dienst begibt, und den Geist, dem sie gehorsam dienen will, zum Sklaven derselben macht, daß er den sinnlichen Genuß, die einfache, unschuldige Lust des Lebens, in einen geistigen, schwelgerischen Genuß verwandelt, daß er die heilsame Erregung und Nahrung des sinnlichen Lebens in einen giftigen, berauschenden Trank verkehrt, durch welchen der Geist umnebelt und in die Nacht der Körperwelt gestürzt wird.

Blick um dich her in der Natur, wo findest du diese Verderbniß und Verkehrtheit, dieses sich selbst aufreiben und gegen sich selbst wüthen, diese zerstörenden Flammen der Wollust, diese Selbstvergiftung der Begierde, wie im menschlichen Leben? Es gibt zerstörende Bewegungen und Zerrüttungen, Ungewitter, Sturm, Ueberschwemmung, Erdbeben, in denen die schaffende Kraft neue Bildungen hervorruft. Aber wo sie gebildet hat und ihre Werke sich entwickeln, da herrscht die Ordnung und das Maß. Blicke gen Himmel, und sieh, wie ruhig und sicher die Gestirne in den vom Schöpfer abgemessenen Bahnen wandeln, wie die Kräfte der Anziehung und Abstoßung im Einklang gegen einander wirken, wie selbst die abweichenden Bahnen der Irrsterne die Ordnung nicht stören, und sich durch die Kreise der Wandelsterne, ohne sie zu berühren, hindurchwinden. So geordnet, so still und ruhig, so im ewigen Einklang sich bewegend, könnte auch dein Gemüth seyn, wenn du wolltest, o Mensch! Wie im gestirnten Himmel könnte sich auch in dir der ewige Friede der Welt Gottes abspiegeln, auch dein Herz könnte ein Tempel Gottes seyn! — Sieh die liebliche, heitere, ruhige Pflanzenwelt, wie sie genügsam am Mutterbusen der Erde hängt, und in unschuldiger, stiller Lebenslust lächelt! Alles steht in kräftiger Fülle, keimt, wächst, grünt, blüht, duftet, befruchtet und besaamt sich, und sinkt, wenn es sein Daseyn vollendet hat, in den Mutterschooß zurück. Kein Streit und kein Unfriede bewegt diese ruhige, stille Welt. Im geordneten Kreislauf bewegen sich die gesunden Säfte, und das Gift der Erde sammelt sich in besonders dazu geschaffenen Pflanzen, in denen es selbst wieder eine gesunde Triebkraft gewinnt, und eigenthümliche Gestalten entwickelt. Dem sengenden Strahle der Sonne, dem eisigen Hauche des Nordwindes, den zerstörenden Fluthen des Wassers, erliegen, als dem höheren Schicksal, die sanften Kinder der Natur; aber in sich selbst tragen sie keine feindliche Kraft, wie der Mensch in seinem verkehrten Willen; sie gehorchen treu den Gesetzen der Natur, und weichen nicht aus der engen Bahn ihres Daseyns. — O wer so leben könnte, wie der gesunde, kräftige Baum, der die Zweige lustig in die Lüfte streckt, stolz den Gipfel der Sonne entgegenträgt, und die niedern Aeste, liebend, Schatten gebend, die Blumen im Grase küssend, zur Erde senkt, der sich mit duftigen Blüthen bedeckt und den Frühling schmückt, sich dann mit erquickenden Früchten beschwert und sie zur Nahrung und Erfrischung darreicht! Wer so gesund, kräftig, fruchtbar, wohlthätig und zugleich in solcher Fülle der Schönheit und Herrlichkeit leben könnte! Ja, wir können es, wenn wir wollen. Denn ein edleres Gewächs sind wir, edlere Kräfte liegen in uns, in freyeren, reicheren und schöneren Formen kann sich unsere Erscheinung entwickeln; wir tragen das Ebenbild Gottes, und sind die Herren der Natur. Wollen wir nur, so übertreffen wir nicht nur alle Geschöpfe der körperlichen Natur, sondern reihen uns an die höheren Wesen an, welche im Lichtreiche der Geisterwelt um den Thron des Ewigen stehen, sein Lob verkündend, seines Winkes gewärtig.

Die zweyte Stufe für die Aeusserung des Willens ist die der Gewohnheit. Die Wiederholung hat auf Alles einen mächtigen Einfluß; jeder Eindruck auf das

Gemüth verstärkt sich in der Wiederkehr; dadurch gewinnt er die Kraft eines Gesetzes, einer Regel. Alles ist der Macht der Gewohnheit unterworfen. Die Bahn des herabrinnenden Tropfens erweitert sich, wenn mehrere Tropfen folgen, zu einer Furche, und die Furche wird nach und nach zur Rinne, und wenn sich mehr Wasser darin sammelt und herabfließt, zum Bette des Baches, des Flusses, und zum geräumigen Thal. Der Baum, den der Nordwind immer beugt, nimmt nach und nach eine Richtung nach Süden an, um der andringenden Gewalt auszuweichen. Das Thier betritt den Pfad, auf dem es einmal Nahrung gefunden, immer wieder; es kehrt zu der Höhle zurück, in welcher es Schutz und Obdach gefunden. Durch die Macht der Gewohnheit, durch die wiederholten Eindrücke des Peitschenschlags, des Hungers und der belohnenden Liebkosung und Sättigung, zähmen und richten wir das Pferd und den Hund ab, so daß sie sich nach einer vom menschlichen Verstande vorgeschriebenen Regel bewegen. Durch Gewohnheit erziehen wir auch anfangs die Kinder, indem wir die Wiederholung sinnlicher Eindrücke der Lockung und Abschreckung zu Hülfe nehmen; wir gewöhnen sie, das eine zu lassen und das andere zu thun; wir gewöhnen sie, sich die Befriedigung mancher Begierden zu versagen, und gewisse Anstrengungen auszuhalten: dadurch prägen wir ihrem Geiste von aussen gewisse Regeln und Gesetze der Einheit ein, unter deren Schutze sich dann der Geist zu einer freyen, selbstthätigen Einheit und Regelmäßigkeit entwickelt, und der Verstand eine freye, eigene Lebensansicht auffaßt. O große, wohlthätige Macht der Gewohnheit, schützendes Gängelband der hülflosen Natur! Was wären wir, wenn uns nicht beym Eintritt ins Leben stützende, leitende Hände empfingen, und uns die ersten Schritte und Bewegungen lehrten! Könnte unser Geist erwachen, wenn ihn nicht die Winke und Mahnungen des schon wachen Menschengeistes weckten? Könnte er aus der ihn umfangenden Dämmerung der sinnlichen Traumwelt auftauchen, wenn ihn nicht die lichte Ordnung des geregelten Lebens zum klaren Bewußtseyn seiner selbst brächte? Ein Trieb der Einheit und Gesetzmäßigkeit liegt in uns: weißt ihm nur mit sanfter Hand die Bahn, in welcher er sich bewegen soll, so wird er sich schon hineinfügen! Schon der Säugling läßt sich gewöhnen, daß er nur zur bestimmten Stunde die Mutterbrust empfängt; er gewöhnt sich daran, zur bestimmten Stunde einzuschlafen; er läßt es sich gefallen, wenn er gesättigt ist, daß man ihn hinlegt und ihn sich selbst überläßt; er schreyt vielleicht anfangs, aber wenn es nicht hilft, so wird er auch wieder ruhig, und regt fröhlich seine Glieder. Beschäftigt man sich aber immer mit ihm, trägt und schaukelt ihn, so verlangt er diesen Dienst immer, und sucht ihn durch Weinen zu erzwingen. Schon der halbbewußten Seele läßt sich durch Gewohnheit die Form eines Gesetzes einprägen, weil die Natur nach einem Gesetze verlangt. Wagt es nur, Mütter, der jungen Seele den heilsamen Zügel anzulegen, nach dem sie verlangt, um daran zu erstarken! Die Ordnung, die Regel, das Gesetz, ist die geistige Lebensmilch, die stärkende Arzney der Seele; es liegt darin eine befriedigende Kraft, welche den Geist in sich selbst zusammenhält, und auf seinen eigenen Schwerpunkt stellt. Der

Wechsel, die Veränderung, die Regellosigkeit zieht ihn hingegen nach aussen, macht ihn unruhig und schwankend, und bringt ihn unter fremde Bothmäßigkeit; er wird unzufrieden mit sich selbst, weil er mit der Aussenwelt nicht zufrieden zu seyn, und unter ihren wechselnden Einflüssen sich nicht selbst zu behaupten gelernt hat.

Durch die Gewohnheit empfängt der Mensch seine erste Richtung sowohl im Handeln, als im Denken, denn, wie wir gezeigt haben, drückt sich auch im verständigen Bewußtseyn die Richtung ab, welche das Handeln nimmt, und das Gesetz, welches die Thätigkeit befolgt, wird zum anerkannten Gesetz des Verstandes. Erst auf der Stufe der Gewohnheit bildet sich durch die eingeprägten Regeln derselben der erste Anfang eines sittlichen Verstandes. Wo der Wille noch ganz in sinnlicher Anregung befangen ist, da entbehrt der Mensch noch des Verstandes. Aber es gibt kein menschliches Leben ohne die Herrschaft der Gewohnheit, und selbst das einfache, naturgemäße Leben der Naturmenschen ist von derselben beherrscht: und darum fehlt auch nirgends ganz ein gewisser Verstand. Ein Leben, in welchem die Gewohnheit mit den einfachen Naturtrieben in Einklang steht, und keine davon abweichende Richtung genommen hat, nennen wir vorzugsweise Naturleben. Aber betrachtet es in seinem einfachen Kreislauf, in dem wiederkehrenden Wechsel der Zustände, ob es nicht ganz ein Bild der Gewohnheit ist! Der Hirt der Wüste treibt seine Heerde im Winter herab in die wärmeren Niederungen, wo er Weide und Wasser findet; im Sommer, wenn hier die Sonne das Gras versengt und die

Brunnen austrocknet, wendet er sich nach den schattigen, kühlen Gebirgen. Gerade so trieb vor Jahrtausenden Abraham bald hinab nach Aegypten, bald zurück nach den Gebirgen Canaans. In dem Zelte eines solchen Hirten sieht es heute ungefähr eben so aus und geht es eben so zu, wie in Abrahams Zelt: dieselben einfachen Geräthe, dieselbe Lebensweise, dieselben Sitten. Es ist dieses Hirtenleben nicht der rein natürliche Zustand des Menschen; das Hüten der Schafe, Ziegen und Rinder, die Benutzung ihrer Milch, Wolle und ihres Fleisches, das Wohnen in Zelten, die patriarchalische Verfassung der Familie und Horde: alles dieses ist ein Werk der ersten Bildung; aber einfach ist dieses Leben, wie die Natur, und es ist durch die Gewohnheit zur andern Natur geworden.

Reine Aeusserungen des sinnlichen Triebes ohne den Einfluß der Gewohnheit und des Verstandes gibt es gar nicht mehr. Alle die Bilder sinnlicher Lebenslust, die wir uns in einer früheren Vorlesung vorführten, enthalten Bestandtheile der Gewohnheit und Bildung. Das Landleben, die Ernte, die Weinlese, Spiel, Tanz, Gesellschaft, sind lauter Formen der Bildung, in denen sich freylich zunächst und überwiegend die sinnliche Freude an unserm Daseyn zeigt, die aber nicht unmittelbar der Natur angehören.

Jeden Menschen empfängt, wenn er ins Leben tritt, eine bestimmte durch Gewohnheit festgestellte Form des Lebens: alles, was ihn umgibt, trägt das Gepräge der Bildung und des Verstandes. Die ersten Blicke unserer Kinder fallen auf die Wände und Geräthe des Zimmers, was alles Werk von Menschenhänden ist; ihr erster

Spielraum ist das Zimmer, die Hausflur, der Garten, alles von Menschenhänden gebildet und geordnet. Die Befriedigung ihrer Bedürfnisse und ihre Spiele verdanken sie ebenfalls der Cultur. Die Geschäfte, welche Vater und Mutter treiben, die Vergnügungen, die sie genießen, alles ist durch Gewohnheit und Bildung geregelt, und hat ein künstliches Gepräge. In diesem ganzen Leben aber sind eine Menge Bedürfnisse und Genüsse, welche die Natur nicht kennt, oder doch die Kunst sehr verfeinert hat, und welche sich dem jungen Erdenbürger gleich als nothwendig darstellen. Gleich von Anfang prägt sich ihm die Vorstellung ein, daß man so und so wohnen, essen und sich vergnügen müsse: erst durch die spätere Erfahrung sieht er, daß Andere geringer, Andere besser leben, und daß hierin eine beziehungsmäßige Verschiedenheit Statt findet. Aber eben diese Vergleichung weckt den Nacheiferungstrieb, daß man es nicht schlechter als Andere haben will, und unzufrieden wird, wenn man im Lebensgenuß vor Andern zurücksteht. Dagegen fühlt man sich auch durch diese Vergleichung glücklicher, indem man Andere mit Mangel und Sorgen kämpfen sieht, während man sicher und bequem lebt. Dieser Maßstab der **Vergleichung**, der an unsern Lebensgenuß angelegt wird, gibt demselben eine ganz andere, als die natürliche Bedeutung, so daß es uns nicht mehr bloß daran liegt, **daß** wir unsere Bedürfnisse befriedigen, sondern **wie** wir sie befriedigen. Beobachten wir uns selbst in unserm äusserlichen Leben und Streben: wie vieles könnten wir entbehren, wenn nicht die herrschende Meinung wäre, daß man es haben müßte! wie viele Genüsse werden uns eingeredet, die uns anfangs nicht behagen wollen, und uns erst durch den Nachahmungstrieb und die Gewohnheit gefallen, und zum Bedürfniß werden! Es liegt in diesem Nacheiferungsstreben offenbar etwas Gutes, und, richtig geleitet und auf Wesentliches gelenkt, kann dieser Trieb der Hebel der Vervollkommnung werden; aber leider ist er nur zu oft auf nichtige Ziele gerichtet. Die Gauklerin Mode mit ihren Blendwerken jagt ihn in einem endlosen Kreise umher, ohne ihn je an einem Ziele ankommen zu lassen; bald spiegelt sie ihm dieß, bald jenes als schön und wünschenswerth vor, und hat er es erlangt, so nöthigt sie ihn, es wieder weg zu werfen. Ach! und wie viel Unzufriedenheit und vergebliche Wünsche erweckt sie im Menschen: wenn er alles hat, was ihn sättigt, kleidet und ziert, so fehlt ihm doch Alles, weil ihm das Neueste der Mode fehlt!

Die Einbildungkraft und der Verstand lehren den Menschen in die Zukunft blicken, und für seine künftigen Bedürfnisse sorgen. Diese Fürsorge ist durchaus nothwendig, und ein richtiges Ehrgefühl zeigt sich in dem fleißigen Bestreben, die Mittel des Unterhalts für die Zukunft in Bereitschaft zu setzen, damit man nicht in Verlegenheit komme, und die Seinigen in Noth und Gefahr bringe. Aber hier öffnet sich eine neue Quelle künstlicher Bedürfnisse und Lebensfreuden. Wir sind nicht zufrieden, wenn wir bloß für heute unsere Bedürfnisse befriedigen können, und für morgen nichts vorräthig haben; dagegen genießen wir die heutige Lust doppelt, wenn uns eine sorglose, heitere Zukunft entgegen lacht. Offenbar hat der sinnliche Trieb mit dem Genusse der Zukunft nichts zu thun; denn er ist an den Augenblick gebunden: hier genießen und leiden wir nur in der Einbildung; aber die Empfindung, welche sie uns bringt, ist nicht weniger lebhaft und wirklich. Jene Vergleichung mit dem Lebensglück Anderer erhöht und belebt dieses Spiel der vorwärtsblickenden Einbildungskraft: wir sehen, daß Andere versorgt und reich sind, und wünschen, ihnen gleichzustehen; wir blicken gern vermöge eines richtigen Ehrgefühls über uns, und messen uns mit denen, welche es besser haben, als wir.

So kommt dem Menschen das Leben bey seinem Eintritt in dasselbe mit einer Menge künstlicher Anregungen entgegen, und lehrt ihn eine Menge Ansprüche an die Aussenwelt machen, welche der Naturmensch nicht macht. Von Natur schon abhängig vom Bedürfnisse, droht ihn die Cultur ganz in die Dienstbarkeit desselben zu bringen, und ihn zu einem arbeitenden und genießenden Thiere zu machen. Wehe ihm, wenn ihm die Erziehung nicht seine Unabhängigkeit bewahrt, und ihm nicht das freye Selbstgefühl weckt, daß er sich über all diese äusseren Umstrickungen zur Ansicht des Lebens in seinem wahren, innern Werth erhebt; wenn er nicht gewöhnt wird, mit seinen Bedürfnissen und Begierden einen glücklichen Kampf zu bestehen und ihnen entsagen zu lernen; wenn sein Wille und seine Thatkraft nicht gestärkt, und sein Verstand nicht zur freyen Richtung auf das Höhere hinaufgebildet wird!

Alle Verkehrtheit und Verderbniß, alle Laster und sittlichen Krankheiten, entspringen aus der verkehrten Richtung des Verstandes auf die Sinnlichkeit, welche durch Verwöhnung und durch den Einfluß des bösen

Beyspiels und der schlechten Gesinnung der Eltern, Erzieher und übrigen Gesellschaft bestimmt wird.

Wenn ein Kind von Eltern erzogen wird, welche seinen Begierden nicht nur den Zügel schießen lassen, sondern auch durch ihre Lebensweise und ihre Aeusserungen beweisen, daß sie auf nichts als auf die Genüsse des Lebens und die Mittel dazu Werth legen; wenn es ohne Stütze und Leitung von Jugend auf in den Strudel der Vergnügungen hineingezogen wird: so muß es schon sehr viel selbstständige Kraft des Geistes in sich haben, wenn es sich nicht der falschen Ansicht hingeben soll, daß der Mensch lebe, um zu genießen. Wird es nicht, von der Gewalt der Gewohnheit und Gemeinschaft hingerissen, die falsche Regel des Lebens auffassen, daß die sinnliche Lust der wahre Werth des Lebens sey?

Menschen, in denen durch eine solche falsche Erziehung die grobe Sinnlichkeit die Oberhand gewonnen hat, ergeben sich und ihr Leben dieser oder jener Art grober Genüsse, und werden Schwelger, Trunkenbolde, Wollüstlinge. Sie wählen sich mit verkehrtem, verblendetem, befangenem Verstande das eine oder andere nichtige Ziel des Lebens, und verlieren die wahren Zwecke aus dem Auge; durch die anfängliche, gewohnheitsmäßig befestigte Richtung wird ihr Wille und ihr Bewußtseyn Sklave der Sinnenlust in einer unnatürlichen, erkünstelten Befriedigungsweise, und sie gehen, als Opfer der Verwöhnung und Verbildung, unter im trüben Strome des Lasters.

Ein Anderer, ebenfalls in träumender Genußsucht befangen, gewinnt Geschmack am Spiel, und indem er dieser Neigung fortwährend fröhnt, wird sie zur unwiderstehlichen Leidenschaft, welche alle Kräfte der Seele in ihm gefangen nimmt, und seinen Verstand dermaßen verkehrt, daß er in einem Vergnügen, welches höchstens dazu erfunden ist, eine Lücke auszufüllen und eine kurze Erholung zu gewähren, den Zweck seines Lebens findet.

In Andern ist durch Unterricht und Geistesbildung eine höhere Thätigkeit des Geistes geweckt, so daß ihnen die groben, einseitigen Genüsse nicht genügen: diese suchen in der Mannichfaltigkeit des Vergnügens das Glück ihres Lebens, und stacheln die thierische Lust mit dem Reize geistiger Anspannung, sind aber darum nicht weniger Sklaven der Sinnenlust. Im Dienste einer solchen feineren Genuß- und Zerstreuungssucht verbringen Viele in den großen Städten ihr Leben. Ihre Tagesordnung ist ein Kreislauf eitler Vergnügungen, ohne das kräftige Gewürz der Arbeit, ohne den erwärmenden Funken einer höheren, geistigen Liebe. Ein solcher Mensch hat eine sogenannte feine Erziehung erhalten, und besitzt Kenntnisse und Geschmack; aber Alles gilt ihm nur als Mittel der Unterhaltung, und alle geistige Anregung verwandelt sich in ihm in einen sinnlichen Kitzel; die Ambrosia der Kunst und Dichtung wirft er seinem innern Thier als Futter vor. Den kurzen Morgen bringt er mit der Lesung des neuesten Romans oder Gedichts zu, theils um seine Einbildungskraft mit lüsternen Bildern zu nähren, theils um Stoff zur Unterhaltung zu gewinnen. Hierauf wird ein Morgenbesuch oder Spaziergang gemacht, und die Gefallsucht, die Eitelkeit, die tändelnde, gaukelnde Unterhaltung treiben dabey ihr leeres Spiel. Dann werden vielleicht drey oder vier Speisewirthe besucht, um die Leckereyen eines jeden zu kosten, oder dem Gotte des Magens wird in Einem Tempel geopfert, dem man täglich seinen treuen Dienst widmet. Dann wird die Oper oder das Schauspiel besucht, und die schönen Melodien, die kräftigen Sentenzen werden bemerkt und beklatscht, um den feinen Geschmack zu zeigen; man empfindet auch wohl eine Anwandlung von Rührung, die man aber gleich in das Gift der Eitelkeit und lüsternen Empfindsamkeit verwandelt. Das Schauspiel ist beendigt, und es ist schon späte Nacht; aber der mit Reizen aller Art aufgeregte Geist ist in sich leer und unbefriedigt; die bunte Seifenblase des Tages ist zerplatzt, und läßt nichts als ein wenig Schaum zurück: das stechende Gefühl der innern Nichtigkeit und Leerheit treibt den Sklaven seiner Lüste, das Bewußtseyn in den Rausch thierischer Lust zu begraben, und anstatt der Befriedigung findet er wenigstens Ermattung, und das nichtige Streben langt am Ziele innerer Vernichtung an.

Menschen von kälterer, ernsterer Natur und einem thätigeren Geiste, der aber nicht zur Klarheit und Freyheit und zur ächten sittlichen Lebensansicht gelangt ist, werfen sich andern Blendwerken, welche theils die sinnliche Lust, theils der befangene, verkehrte Verstand vor ihrem trüben Auge webt, mit aller Kraft ihres Geistes entgegen. Der Eine, kalt und den Genuß verachtend, ergibt sich der Habsucht und dem Geize. Er ist von Jugend auf gewöhnt worden, Besitz und Reichthum als ein wichtiges Gut zu betrachten; man hat ihn zur Sparsamkeit und zum Fleiß angehalten, und seine Gemüthsart bringt es mit sich, daß er berechnet, und vorsorglich in die Zukunft blickt. So bildet sich in ihm durch eine falsche Verstandesrichtung der Wahn, daß man lebe, um zu erwerben und zu haben; er vergißt, daß Geld und Gut bloße Mittel des Lebens sind, nicht selbst die Zwecke des Lebens; er macht das Mittel zum Zweck, und jagt einem leeren Trugbild nach. In ihm hat sich der sinnliche Trieb mittelbar durch die Thätigkeit des vorsorgenden Verstandes und die Gewohnheit des Lebens zum Herrn gemacht, beraubt sich aber selbst der Befriedigung, indem er mit der Aussicht auf den möglichen Genuß, mit der sorglosen Ruhe des Besitzes zufrieden ist.

Ein Anderer gefällt sich darin, seinen Reichthum zu zeigen, Gäste um sich zu versammeln, in Kleidung, Wohnung und andern Bequemlichkeiten und Zierden vor Andern zu glänzen: er ist kalter Natur und genießt selbst wenig, aber er fühlt sich in der Vergleichung mit den Glücksgütern Anderer glücklich, in dem Gefühle, daß er reicher als Andere ist. Er hat nicht gelernt, seinen Reichthum besser und nützlicher zu gebrauchen, er kennt die Zwecke nicht, wozu derselbe als Mittel dient, und betrachtet ihn selbst als Zweck, und unterscheidet sich vom Geizigen nur darin, daß er nicht so ängstlich ist und seinen Reichthum wenigstens dazu gebraucht, desselben bewußt zu werden.

In einem Andern ist der Beweggrund eines solchen Prahlens mit dem Reichthum die Eitelkeit, die selbstsüchtige, falsche Ehrliebe, indem er in seiner Person nichts findet, wodurch er sich geltend machen kann, und durch den äussern Glanz die Aufmerksamkeit und Achtung der Menschen auf sich ziehen will. Diese Eitelkeit und falsche Ehrliebe äussert sich auch in dem Bestreben nach äusserer Ehre, nach Auszeichnungen, Aemtern, Rang und Würden: ebenfalls eine verkehrte Richtung und sinnliche Befangenheit des Verstandes. Ein solcher Mensch hat von Jugend auf nur den Schein achten gelernt, und ist nicht in den Gehalt der Dinge eingedrungen; er sucht nicht die Wirksamkeit und das wirkliche, wohlerworbene Verdienst, sondern nur die äusserliche Geltung und Auszeichnung. Die wahren Zwecke des Lebens sind ihm verborgen geblieben, und er hascht nach den bloßen Mitteln. Er versagt sich in diesem Bestreben der falschen Ehre vielleicht alle Genüsse des Lebens, legt sich Arbeit und Anstrengung auf, und hat keine Ruhe und Rast; und doch ist es der sinnliche Trieb der ihn beherrscht, aber in einer erkünstelten, verbildeten Aeusserung; es ist die früh genährte und durch Gewohnheit und falsche Verstandesrichtung stetig und herrschend gewordene selbstsüchtige Leidenschaft, welcher er sein ganzes Leben widmet.

Der Neid ist eine häßliche Leidenschaft und Krankheit des Gemüths, und doch entspringt er aus einem gesunden Triebe der menschlichen Natur, in welchem der Hebel der Nacheiferung und Vervollkommnung liegt. Der Anblick des Glückes und der Vorzüge Anderer weckt in uns das Bestreben, es ihnen darin gleich zu thun; das Gefühl der Unzufriedenheit mit uns selbst und unserm Zustande soll der Sporn werden, der uns antreibt, die Zufriedenheit mit uns selbst zu erringen, indem wir uns die gleichen Vorzüge erwerben. Aber in manchen Menschen, in denen die Thätigkeit von Natur träge ist und nicht durch Erziehung geweckt wird, bleibt die Unzufriedenheit mit sich selbst bey der Vergleichung mit Andern ohne thätiges Streben, wirkt als ein träges, sinnliches Gefühl auf das Gemüth, und paart sich mit der gehässigen Empfindung, Andern das zu mißgönnen, was man selbst nicht besitzt. Der Verstand gewöhnt sich an diese Richtung des Gefühls, und unterstützt sie noch durch die unrichtig angestellte Vergleichung, indem der Mensch es sich verbirgt, daß seine eigene Trägheit die Ursache seines Zurückstehens ist, und den Wahn nährt, das Schicksal habe ihn vernachlässigt, und Andere über Verdienst begünstigt. So erscheint dem Neidischen und Mißgünstigen das Leben in der häßlichen Farbe der Gelbsucht, die Empfindung ist verbittert und versäuert, der Verstand blöde und trübe. Und doch ist die Natur unschuldig an dieser Krankheit, welche des Menschen eigenes Werk ist.

Aber ach! selbst die Natur wird durch das verkehrte Wesen der Menschen verkehrt und vergiftet, und das ist die beklagenswertheste Frucht menschlicher Thorheit und Lasterhaftigkeit. Möchten die Menschen für sich selbst auf irrigen Wegen wandeln, und für sich selbst auch die Früchte der Thorheit ernten: dadurch büßen sie an sich selbst, was sie verschuldet; möchten sie durch den Einfluß, den sie durch ihr Beyspiel und durch die Erziehung ihrer Kinder auf die Menschheit ausüben, verderblich wirken: dieser Einfluß wird vielleicht durch die Gegenwirkung der besseren Beyspiele und der besseren geistigen Anregungen geschwächt oder aufgehoben: aber daß sich die böse Gewohnheit in **Natur** verwandelt, daß sich böse Neigungen auf die Kinder fortpflanzen, daß sich die geistigen Begierden der Wollust, die trüben, irdischen Farben des unlautern

Gemüths und das Gift der angesteckten Einbildungskraft in die Natur des Menschenkeimes ergießen, daß die Sünde sich wie eine Krankheit vom Vater zum Sohne forterbt, und daß im Zustande der Entartung und Verbildung kein Kind aus der rein und gut schaffenden Hand der Natur hervorgeht, daß wir alle in Sünden empfangen und geboren und schon verderbt sind, ehe uns die verderblichen Einflüsse des Lebens empfangen: das ist der schrecklichste Fluch der Sünde und ihre schrecklichste Strafe, welche nicht den Schuldigen, sondern den Unschuldigen trifft.

Es ist eine anerkannte Wahrheit, daß sich die Neigungen, wie die Geistesgaben, von den Eltern auf die Kinder forterben, und nicht bloß die allgemeinen Richtungen auf die Sinnlichkeit, die heftigen Begierden des Genusses, die Triebe des Neides, des Zornes, sondern selbst ganz besondere lasterhafte Neigungen, wie z. B. die Neigung zum Stehlen, welche man an den Kindern von Dieben bemerkt hat, ehe sie durch die Erziehung in ihnen entwickelt worden war. Dagegen pflanzt sich auch das Gute und Edle fort, und manche Geschlechter behaupten durch mehrere Generationen hindurch den Ruhm der Tapferkeit, des Edelmuths, der Tugend. Auf diese Erfahrung und auf die Wirksamkeit des Beyspiels und der fortgeerbten guten Erziehung gründet sich der wahre Ahnenstolz und der Stolz der Volksthümlichkeit. Der Sohn eines edlen Geschlechts, eines edlen Volkes rühmt sich, und mit Recht, wenn er es durch Thaten beweißt, daß ein edles Blut in seinen Adern rolle. Auf die Erfahrung, daß sich geistige Eigenschaften fortpflanzen, grundet sich zum Theil die

Hoffnung, daß die christliche Menschheit immer mehr veredelt und geheiligt werden soll. Die Kraft des Vorbildes Christi und des Geistes, den er auf seine Kirche ausgegossen hat, wirkt fort und fort durch geistige Gemeinschaft, durch Beyspiel, Lehre, Anregung und alle die geheimen Wege, welche der Geist geht; aber der Geist soll auch Fleisch werden und wird Fleisch, und pflanzt sich in der Zeugung fort. Bis zu Christo herrschte die Sünde in der Welt; nun er die Gewalt derselben gebrochen, soll ihre Wirkung immer mehr und mehr aufhören, die Erbsünde in den Neugebornen soll immer ohnmächtiger werden, und, da sie nicht ausgerottet werden kann, immer mehr von ihrer Kraft verlieren.

Bedenke es, o Mensch, daß du nicht für dich allein stehst, sondern ein Glied bist an dem unendlichen Leibe der Menschheit, welcher sich fort und fort erzeugt, und in welchem jede gute That und jedes Laster ihre Spur eindrückt. Verletzest und verwundest du dich selbst, so schlägst du der Menschheit eine Wunde, welche vielleicht lange bluten und schwer vernarben wird. Wie wenn man einen Stein in den See wirft, und die erregte Bewegungen sich in immer weiteren Kreisen fortpflanzt und der ganzen Oberfläche mittheilt: so wirkt jede geistige Bewegung im menschlichen Leben fort und fort, es sey zum Heil oder zum Verderben O bedenkt dieß, Eltern, und schließt euch in heiliger, reiner Liebe, mit reinen, Gott geweihten Herzen zusammen, damit der Stamm gesund sey, aus welchem eure Sprößlinge entspringen, damit sich nicht die Krankheiten eurer Seele der zarten Seele des Kindes, welche noch nichts verschuldet hat, eindrücken, und das schuldlose Geschöpf nicht die Strafe eurer Verkehrtheit büße! Ist es aber rein erzeugt, und mit keiner Krankheit als der allgemein menschlichen behaftet, so empfange es, um ihm das erste Gepräge zu geben, ein wohlgeordnetes, gesundes, naturgemäßes Leben, einfach ohne Dürftigkeit und Härte, mäßig ohne finstere Strenge, regelmäßig ohne Aengstlichkeit, getragen und gehoben von einem fein selbstbewußten, kräftigen, lebendigen Geiste. O glücklich, dreymal glücklich der Mensch, der wohlgeboren und wohlerzogen ins Leben tritt, über dessen Geburtsstunde die Sterne mit mildem Lichte lächelten, den das Leben wie ein wohlgeordneter, fröhlichblühender Garten empfängt, in welchem ein weiser, aber freyer Verstand mit zarter Schonung der Natur gewaltet und gebildet und zugleich für das Bedürfniß und den Nutzen und für die Erquickung und die sinnige Betrachtung gesorgt hat! Eine frische Luft umspielt den kleinen Menschen, das freye Sonnenlicht sendet auf ihn seine erweckenden Strahlen, in ebenen, aber freyen Bahnen bewegt er sich, und bald findet er die Durchsicht in die freye Natur Gottes!

Neunte Vorlesung.

Fortsetzung über den Verstand: Verbildung durch Gewohnheit in Ansehung des Vollkommenheits- und sittlichen Triebes: Verstandes-Freyheit; deren Verirrungen in Ansehung des sinnlichen und Vollkommenheits-Triebes.

Wir haben gesehen, wie der Verstand oder das sittliche Selbstbewußtseyn, durch das von Jugend auf gewohnheitsmäßig bestimmte Uebergewicht der Sinnlichkeit verkehrt und mißleitet, die falsche Richtung auf den Sinnengenuß, den irdischen Besitz und die scheinbaren Güter des Lebens nimmt, und darin den Zweck und die Bestimmung des Menschen findet; wie er, gleich anfangs in Fesseln gelegt, sich nicht aus dem engen, dumpfen Kreise der Sinnenlust herauswinden, und nicht den Weg zu der freyen Bahn eines sittlichen, geistigen Strebens finden kann. Hingegen haben wir auch vorher gesehen, wie nothwendig und heilsam der vom freyen Verstande der Erziehung geregelte Einfluß der Gewohnheit auf den jungen Weltbürger ist, und daß wir alle anfangs durch die Gewohnheit erzogen werden müssen, um uns von den sinnlichen Reizen und Begierden zu befreyen, und unser selbstthätiges Selbst zu finden. Der Einfluß der Gewohnheit geht aber noch weiter, und muß noch weiter gehen, als auf das Verhältniß des Willens zum sinnlichen Triebe; auch die Aeusserungen der geistigen Triebe werden von der Gewohnheit beherrscht, zum Heile des Menschen, wenn der freye Verstand ihren Einfluß leitet, und zu seinem Verderben, wenn die Gewohnheit sich selbst und ihrer Trägheit überlassen bleibt.

Schon in die falchen Richtungen des sinnlich befangenen Verstandes, die wir betrachtet haben, mischen sich die Anregungen der geistigen Triebe. Der Wollüstling wird nicht allein von den Anreizungen der sinnlichen Natur getrieben, den stets wiederholten und veränderten Genuß zu suchen, es sey denn, daß er ganz zum Thiere herabgesunken ist; sondern es sind die Regungen der geistigen Liebe, wodurch ihm der Genuß gewürzt wird, der Liebe, welche die Vorzüge der Vollkommenheit: Schönheit, Anmuth, Zierlichkeit, Witz, Empfindsamkeit, an den Gegenständen seiner Begierden sucht, und die nur sinnlich verkehrt worden ist; es ist nicht bloß körperliche Wollust und Begierde, die ihn beherrscht, sondern ein sinnlichgeistiges Spiel der Einbildungskraft und des Verstandes macht in Verbindung mit der thierischen Sinnlichkeit das Triebwerk seines entarteten, verworfenen Lebens aus. — Jene Vergleichung, welche wir zwischen unserm Glückszustand und Wohlbefinden und dem der Andern anstellen, und die Sorge für die Zukunft, woraus so viele falsche Ansprüche an das Leben, so einseitige und selbstsüchtige Richtungen entspringen, gehört dem Triebe der Vollkommenheit ebenfalls mit an. Ein äusseres bequemes, sorgenfreyes Leben gehört, so wie die Gesundheit, zu dem Inbegriffe der Vollkommenheit, welchen der Verstand prüfend und schätzend anerkennt; es ist dieß die unterste Grundlage eines vollkommenen Lebens, und die Weisheit und Klugheit vereinigen sich darin, das Streben darnach zu billigen und anzurathen. Nur die Befangenheit und Einseitigkeit in diesem Streben ist es, was wir als Verkehrtheit bezeichneten. Die Erwerbsthätigkeit und Sparsamkeit sind für den Mann von Ehrgefühl und Kraft nothwendige Mittel, seine Unabhängigkeit zu behaupten und sich in der Gesellschaft geltend zu machen; der Habsüchtige und Geizige fehlt nur darin, daß er sich in dieses Streben verfängt und das höhere Ziel aus dem Auge verliert. — Die Mode mit ihrem unruhigen Wechsel ist eine entartete Ausgeburt des Triebes nach Vollkommenheit, des Suchens nach dem Zweckmäßigen und Schönen, und nur die überwiegende Sucht nach dem Reize der Neuheit ist in ihrem Dienste verwerflich. — Die Eitelkeit und Gefallsucht entspringen ebenfalls nicht allein aus dem sinnlichen Triebe; die Bildung, das erfindende Streben des Triebes nach Vollkommenheit, leiht ihnen die Mannigfaltigkeit, in welcher sie sich bewegen, und gibt ihrem leeren Treiben wenigstens einen Schein von geistigem Gehalt. — Die Ehrsucht, welche nach leeren Auszeichnungen jagt, gehört ganz in den Kreis der Vollkommenheit und Bildung, nur daß sie, in sinnlicher Befangenheit, nach dem Blendwerk des äussern Scheines haschend, das wahre Ziel des Strebens verfehlt. Und so schlingen sich in alle Entartungen und Verbildungen des Lebens, deren Grundstoff die überwiegende Sinnlichkeit ist, die Fäden und Bestandtheile des geistigen Lebens; dadurch aber wird das verwickelte Gewebe nur noch verwickelter, und die Fesseln, die es dem Leben anlegt, sind um so schwerer zu lösen.

Nun müssen wir noch zeigen, wie der sittliche Verstand des Menschen auch dadurch verkehrt wird, daß ihn die Macht der Gewohnheit sklavisch und einseitig an dasjenige fesselt, was als Aeusserung des Triebes der Vollkommenheit und des sittlichen Triebes im menschlichen Leben geltend gemacht und durch das Herkommen festgestellt und geheiligt ist; wobey der sinnliche Trieb zunächst nur durch die Kraft der Trägheit mitwirkt, ohne daß dessen Begierden nach Genuß dabey befriedigt werden. Es gibt gewisse Formen und Richtungen des Lebens, welche der Förderung der besondern und allgemeinen Vollkommenheit dienen sollen, in welche sich aber der menschliche Geist durch die Gewalt der Gewohnheit und durch die Trägheit der Natur wie in Fesseln fügen läßt, und seine Freyheit verliert. Eben so gibt es Gesetze und Sitten, welche dem Dienste des sittlichen Triebes, der Gerechtigkeit und Frömmigkeit, gewidmet sind, in welchen aber die Freyheit des Geistes ebenfalls verloren geht. Aus Mangel an Geistesfreyheit können aber auch durch die Lebhaftigkeit der sinnlichen Natur und Selbstsucht Leidenschaften entspringen, welche die Lebensansicht und Lebensrichtung verkehren, und für das eigene Leben und das Gesammtleben hemmend und verderbend wirken.

Zuerst wollen wir die Entartungen und Einseitigkeiten des Strebens nach Vollkommenheit unter dem Einflusse der Gewohnheit in einigen Richtungen kennen lernen.

Die Ordnung ist bey jedem Geschäfte nothwendig,

und bringt Einheit und Licht in alle Thätigkeit. Der vollkommene Mann wird keine Arbeit unternehmen, ohne sich einen Plan dafür zu entwerfen, und sich und seine Gehülfen an eine gewisse Form zu binden. Aber eines Theils soll diese Form nur dienen, und für nichts als eine Form angesehen werden, andern Theils soll sie immer nur um ihrer Zweckmäßigkeit willen mit freyem Urtheil gewählt, nicht sklavisch nachgeahmt werden. Ausser dem Geschäft, im freyen Leben der Muße, der Erholung und Unterhaltung, soll die Ordnung so viel als möglich bey Seite gesetzt werden; hier soll gerade die Phantasie herrschen und der Geist aus der engen Form gelößt werden. Aber viele Menschen macht die Gewohnheit zu Sklaven der Ordnung. Im Geschäfte wollen sie nicht von denjenigen Formen lassen, welche ihnen vom Vater und Großvater überliefert sind, obgleich vielleicht die neuere Zeit leichtere und zweckmäßigere gebracht hat. Es fehlt ihnen der freye Geist, mit welchem die Form geschaffen und gewählt werden soll; natürliche Trägheit und Gewohnheit hat sie des freyen Urtheils beraubt und zugleich die Willenskraft gelähmt. Ausser dem Geschäfte macht die übertriebene, gewohnheitsmäßige Ordnungsliebe den sogenannten Mann nach der Uhr, ein Zerrbild, welches ehedem häufiger als jetzt vorgekommen zu seyn scheint. — Des Morgens Schlag sechs Uhr steht er auf; in zehn Minuten ist er angekleidet; dann hält er seine Morgenandacht, welche nie länger als eine Viertelstunde dauert; fünf und zwanzig Minuten auf sieben Uhr muß das Frühstück bereit seyn, und er bringt nicht länger als fünf Minuten dabey zu. Dann erscheint die Dienerschaft des Hauses, um seine Befehle zu empfangen: es wage es keiner, um eine Minute später vorzukommen! Mit dem Glockenschlag sieben setzt er sich zur Arbeit, an welcher er ununterbrochen bis eilf Uhr sitzen bleibt. Nur sein erster Gehülfe darf ihn unterbrechen, wenn irgend ein ausserordentlicher Befehl oder Rath einzuholen ist. Kein Besuch als von Fremden, welche keine Zeit zu warten haben, wird vor 11 Uhr angenommen: dann kann jedermann vor ihm erscheinen, und er liest dazwischen Briefe und Zeitungen. Selten, daß er sich von ausserordentlichen Besuchen bis über 12 Uhr aufhalten läßt, und damit bringt er ein Opfer; denn mit dem Glockenschlage dampft die Suppe auf dem Tische. Um 1½ Uhr steht er auf, selbst in dem ausserordentlichen Falle, daß er sich später gesetzt hat: nun erwartet ihn die Mittagsruhe und die zum Lesen bestimmte Stunde. Der ganze Nachmittag mit Ausschluß einer Unterredungsstunde, an welche sich Alle binden müssen, ist der Erholung und Geselligkeit gewidmet; aber auch da ist alles genau abgemessen. Zu einer bestimmten Stunde wird spazieren gefahren, und das ganze Jahr nach einem und demselben Orte, wo der Kutscher zur festgesetzten Zeit eintreffen muß. Zur bestimmten Stunde wird eine Gesellschaft besucht, wo ein Spiel gemacht, aber nie über die gewöhnliche Zeit verlängert wird. Und so läuft das Tagwerk nach der Uhr ab, und schließt sich mit einem Abendgebet, dessen Dauer ebenfalls genau nach der Uhr abgezirkelt ist. Nur der Schlaf will sich nicht immer nach der Uhr richten, und kommt zuweilen eine halbe Stunde später. — Dieser Mann ist ehrlich und bieder, ein Mann von Wort und zuverlässig im Geschäfte; aber zu etwas

Ausserordentlichem ist er nicht leicht zu bringen. Er gibt den Armen jährlich viel, aber ungewöhnliche Hülfleistungen darf man von ihm nicht erwarten, es sey denn, daß besondere Unglücksfälle eingetreten. Er ist unverheyrathet geblieben, weil sein kaltes Herz nie eine Neigung empfunden, und weil er gefürchtet hat, durch das eheliche Leben aus seinem Geleise gebracht zu werden. So wenig er sich entschließen kann, in seinem alten, baufälligen, unbequemen Hause eine Aenderung vorzunehmen, und den alten, schweren Wagen mit einem neuen, leichteren zu vertauschen: eben so wenig leiht er Vorschlägen zur Verbesserung im gemeinen Wesen Gehör; denn in der Welt, wie in seinem Hause, soll sich Alles im alten, gewohnten Kreislaufe bewegen.

Fleiß und Arbeitsamkeit sind nicht nur die nothwendigen Hülfsmittel der Vollkommenheit, sondern auch um der geistigen Thätigkeit, die darin zum Vorschein kommt, schätzenswerth. Kinder müssen dazu angehalten werden; aber thut man es mit zu großer Strenge, und ist die Richtung, die man ihrer Thätigkeit gibt, zu einseitig, und die Bahn, in welche man sie einweist, zu eng; kommt nun noch eine ernste, finstere Sinnesart und Mangel an Empfänglichkeit und Geistesfreyheit dazu: so erzieht man sie zu Arbeitsthieren, steifen, strengen Geschäfts-Menschen, welche für nichts als ihr Geschäft Sinn haben, denen das Leben in der Arbeit ganz verloren geht. Der Kaufmann, ohne vielleicht habsüchtig zu seyn, lebt dann ganz allein für sein Geschäft, und die Angelegenheiten seiner Familie nehmen eben so wenig seine Theilnahme in Anspruch, als die Angelegenheiten des gemeinen Wesens; selbst in die

Stunden der Erholung trägt er die Sorgen und Entwürfe des Geschäfts. — Der Gelehrte läßt sich von dem Zweige der Wissenschaften, den er bearbeitet, das ganze übrige Feld der Geistesbildung verdecken, und die Aussicht auf das Leben verschließen. Er ist von Jugend auf dazu angehalten worden, sich mit den Sprachen zu beschäftigen, und Wörter und Sprachformen verdrängen in ihm die Gedanken. Die Entdeckung eines neuen Manuscripts ist ihm eine wichtigere Weltbegebenheit, als die Schlacht, die vielleicht vor den Thoren seiner Stadt geliefert worden, und auf dem Todtenbette empfiehlt er seinem Sohne den Gebrauch eines Wörterbuchs, wie dieß Joh. David Michaelis von seinem Vater erzählt.

Nichts ist gewöhnlicher, als die Befangenheit der Menschen in ihrer Berufsthätigkeit, so daß ihnen darin das ganze Leben verloren geht. Ein Rechtsgelehrter, schon von seinem Vater, einem eifrigen Sachwalter, der ihn mit nichts als mit der Erzählung von Rechtshändeln unterhielt, daran gewöhnt, in diesem Berufe die Lust und den Zweck des Lebens zu finden, ist dermaßen in dieser Thätigkeit befangen, daß er für nichts Anderes Sinn hat. Die Strenge seiner Sinnesart macht ihn unerbittlich gegen den Wunsch des Sohnes, der mehr die Natur der Mutter und Neigung zu einem andern Berufe hat. Er zwingt ihn, den des Rechtsgelehrten zu erwählen, so unglücklich sich der Jüngling dabey fühlt, und so wenig er, da er stets zu andern wissenschaftlichen Beschäftigungen hingezogen ist, in diesem Fache leistet. Die Tochter hat zwey Freyer, von denen der eine, ein tüchtiger Rechtsgelehrter, die Gunst des

Vaters für sich hat, der andere aber, ein Künstler, von der Tochter geliebt und von der Mutter unterstützt wird. Aber nicht die Thränen des liebenden Mädchens, nicht die Fürbitte der zärtlichen Mutter können den strengen Rechtsmann bewegen: wie er den Sohn gezwungen, so zwingt er auch die Tochter, und das Glück beider Kinder fällt seinem strengen, befangenen Sinne als Opfer. Der Mann ist ehrlich und bieder, und streng entscheidet er nach dem Gesetze; aber sein Wille und Verstand ist verknöchert, und er kann nicht aus seiner engen Lebensform heraus, um ein rein menschliches und väterliches Gefühl und einen freyen Entschluß zu fassen. — Der Seefahrer, von Jugend auf an den Seedienst gewöhnt, fühlt das Leben als eine unerträgliche Bürde, wenn ihn nicht das Schiff auf den Wellen schaukelt. Er hat nach geschlossenem Frieden wegen Kränklichkeit seinen Abschied und ein Weib genommen, und ist ein glücklicher Familienvater; aber er genießt seines Glückes nicht, weil er für die sanfteren Freuden des Lebens und die ruhigen Geschäfte des Familienlebens unempfänglich ist. Der Krieg beginnt von neuem, und nicht die Thränen der Gattin, nicht das Flehen der Kinder halten ihn ab, wieder Dienste zu nehmen, und sein Haus zu verlassen, ungeachtet er einsieht, daß die Erziehung der Kinder durch seine Abwesenheit leidet und sein geschwächter Körper die Beschwerden des Krieges nicht aushalten wird. — Ein heiteres Bild der Thorheit eines alten Kriegers, dessen Geist ganz von der Erinnerung seiner Kriegsthaten befangen ist, und in derselben mit seinem Diener, dem Gefährten seines Ruhmes, kindische Spiele treibt, entwirft uns die Meisterhand des Verfassers von Tristram Shandy. Onkel Toby war ein ehrlicher, biederer, gutmüthiger Mann; aber sein Leben war in der Liebe zu seinem Beruf eingerostet, und die freye, vorwärts blickende Ansicht des Lebens in der gewohnten Lieblingserinnerung untergegangen. —

Wie das Berufsleben, so machen auch Liebhabereyen die Menschen einseitig und steif. Für Geschäftsmänner, deren Arbeiten ermüdend und Geist ertödtend sind, ist eine Liebhaberey ein sehr heilsames Erholungs- und Erfrischungs-Mittel. Aber häufig geht die im Geschäft angenommene Einseitigkeit und Steifheit auch auf ihre Liebhaberey über, so daß diese, anstatt sie menschlicher zu machen, sie nur desto mehr abschließt. Ein Liebhaber dieser Art sammelt Alterthümer, und hat sich für dieses Fach Kenntnisse und ein scharfes Urtheil erworben; aber nicht nur macht ihm ausser demselben nichts anderes aus dem Gebiete der Kunst und Geschichte Freude, sondern er ist auch sonst für alles Menschliche verschlossen und verhärtet. Eine Feuersbrunst droht ihm seine kostbare Sammlung zu rauben, und über der Sorge, sie zu retten, vergißt er viel wichtigere Dinge, die er dem Untergange Preis geben würde, wenn nicht seine Hausgenossen besonnener wären, als er. Ein Anderer lebt in der Blumenwelt seines Gartens und seiner Pflanzenhäuser: für ihn blühen keine Blumen auf den Wiesen und Bergen, ihn läßt der Reiz der schönen Landschaft kalt. Um seine Tochter, die lieblichste Blume, welche neben ihm blüht, wirbt ein wackerer Jüngling; aber der Vater kann sich nicht entschließen, die Mitpflegerin seiner Blumen von sich zu lassen, bis der Liebhaber ihm von einem seltenen ausländischen Gewächs, welches noch niemand auf dem Festland besitzt, ein Exemplar verschafft: erst dann gibt er in der Freude seines Herzens über diesen Erwerb seine Einwilligung zu dem, was das Glück seiner Tochter macht.

Die Gewohnheit hat, wie wir später zeigen werden, auf die Sitten und Einrichtungen der Völker einen mächtigen Einfluß: dieser ist wohlthätig, weil dadurch Alles erst einen festen Bestand erhält und tief ins Leben einwurzelt; derselbe ist aber auch nachtheilig, weil er die Geistesfreyheit raubt, einseitige Richtungen gibt, und die Empfänglichkeit für bessere Anregungen verschließt.

Das merkwürdigste Beyspiel eines Volkes, in welchem alle Geistesfreyheit in Gewohnheit und Herkommen untergegangen, ist das Chinesische. Es ist eines der civilisirtesten Völker des Erdbodens, und hat eine hohe Stufe der Bildung erstiegen; aber es fehlt ihm aller Fortschritt und alle Empfänglichkeit; sein Leben bewegt sich in einem ewigen Kreislauf; die äussern Hülfsmittel und Stützen des Geistes, Gebräuche und Formen, sind mit dessen innerm Leben so verwachsen, daß es sich gar nicht mehr frey regen kann; wie eine große Mauer das Reich gegen Norden umgibt, so ist es vor allen Einflüssen fremder Bildung verschlossen, und gleicht einem ungeheuren Sumpfe, welchen kein frischer Wind bewegt und kein Sonnenstrahl erwärmt.

Ein anderes Beyspiel der Verstockung und Versumpfung sind die Juden, ob sie gleich unter alle Völker zerstreut und allen Einflüssen der Geistesbewegung ausgesetzt sind. In der That haben sie seit ihrer Zerstreuung Manches von den andern Völkern angenommen, und von Zeit zu Zeit sind berühmte Gelehrte, besonders Naturkundige und Aerzte, aus ihrer Mitte hervorgegangen. Aber diese Einflüsse fremder Bildung berühren und verändern nur die Oberfläche ihres Daseyns; ihr Leben im Ganzen ist ein Sumpf, der sich mit einer dichten Decke von Moos und Wasserpflanzen überzieht, und nach Maßgabe der äusseren Einflüsse bald diese, bald jene Gestalt zeigt, unter dieser Decke aber stets der alte faulende Sumpf bleibt. Die Juden hängen fest am Buchstaben ihres Gesetzes, obschon es für ihren Zustand nicht mehr paßt, und durch eine Menge willkürlicher, ängstlicher Deutungen in seinem innersten Geiste verkehrt ist; sie schleppen die Fesseln von Gebräuchen nach, welche längst veraltet sind, und deren Sinn sie nicht fassen. Sie sollten ihrer heiligen Sittenzucht nach sich der höchsten Reinlichkeit befleißigen, und sind eckelhaft schmutzig. Moses hatte sie bloß für den Ackerbau bestimmt, und ihnen den Handel erschwert, ja, fast unmöglich gemacht; und jetzt treiben sie beynahe nichts als Handel, und meistens den elenden Schacher.

Dieses Volk gibt zugleich das Beyspiel, wie der Mensch auch zweitens durch den Geist der Gewohnheit selbst dasjenige verderben und seiner Wirkung berauben kann, was zur Erweckung und Ausbildung des sittlichen Triebes dient. Das mosaische Gesetz, welches nicht allein die Juden selbst, sondern auch wir Christen als eine göttliche Offenbarung anerkennen, sollte sie zu dem gerechtesten der Völker machen; und ihr ganzes Daseyn im Großen beruht auf Ungerechtigkeit,

Trug und Tücke, indem sie, alle Arbeit verschmähend, vom Fleiße der Christen leben, und auf deren Verlegenheit, Noth und Schwachheit lauern, um davon Nutzen zu ziehen. Auserkoren aus allen Völkern, den Dienst des wahren Gottes in einer götzendienerischen Welt zu bewahren, sollten sie ein edles Selbstgefühl und einen erhabenen Stolz nähren; stolz und hoffärtig sind sie auch, aber dabey so niederträchtig, daß sie sich von denen, welche sie Hunde nennen, alle Demüthigung gefallen lassen. Und alle diese Verderbniß und Schmach ist über sie gekommen, weil sie das Herz gegen die wiedergebärende Kraft des Evangeliums verschlossen und verhärtet, und dem Geiste der Freyheit einen hartnäckigen Widerstand entgegengesetzt haben.

Ach! daß selbst in die Freystätte der Geistesfreyheit, in die christliche Kirche, diese verhärtende, ertödtende Gewalt der Gewohnheit eingedrungen ist, und so viel Unheil, Hemmung, Haß und Streit, ja selbst blutige Kriege mit sich geführt hat! Die katholische Kirche war unter der Last der Gebräuche, Formen und Satzungen dermaßen erstarrt, daß ihr eine Verjüngung und Erneuung Noth that, wenn sie nicht das Leben des Glaubens und der Liebe in der Christenheit ganz erdrücken sollte. Lange vor der Reformation regte sich bald da, bald dort ein heilsames Streben nach Freyheit, und erweckte fromme Seelen verlangten sehnsüchtig nach dem Lichte des Evangeliums. Es war zu früh! Die Macht der alten Gewohnheit war zu groß, die dunkle Welt konnte den Schimmer des neuen Lichtes nicht vertragen, und die gereizte Priesterschaft fand tausend dienstbare Hände, um ihren Zorn und Haß mit Strömen Blutes zu sättigen, und den versuchten Abfall mit Feuer und Schwert zu rächen. Als nun endlich doch nach langen Zuckungen und Krämpfen das neue Leben hervorbrach, und in einem Theile von Europa frey und mächtig die Glieder regte, da trennte sich die Christenheit in zwey große feindliche Partheyen, Deutschland ward ein Menschenalter hindurch verwüstet, und Frankreich und England wurden von innern Spaltungen zerrissen. In befangener, finsterer Schwärmerey waffnete sich der Orden der Jesuiten mit allen Künsten der Klugheit und Gelehrsamkeit zum Kampfe für die Erhaltung der alten Kirche; und mit teuflischer Arglist bereitete er ein geistiges Gift, um damit die Regungen der Geistesfreyheit zu lähmen, und die Wurzeln der Wahrheit in den Gemüthern zu verderben. In Spanien wachte die Inquisition als ein hundertäugiges, Flammen-sprühendes Ungeheuer an den Pforten der Kirche, um der Wahrheit des Evangeliums den Eingang zu wehren; sie verschlang hundert unschuldige Schlachtopfer, damit ihr nicht Ein schuldiges entgehen möchte. Sollen wir uns in den Seelenzustand eines Großinquisitors von Spanien versetzen, und die Härte erklären, mit welcher er die Sorge für die Erhaltung des wahren Glaubens handhabte: so finden wir, angenommen, daß auch fromme und ehrliche Männer dieses Amt verwalteten, den Erklärungsgrund nur in der Macht der Gewohnheit und in der Verstockung und Verblendung des Geistes, welche den Unsinn nicht entdecken ließ, daß man die Wahrheit, welche nur in der Geistesfreyheit lebt, durch die Schrecknisse der Folter und des Scheiterhaufens vertheidigen wollte. Die Herrschsucht der Priester wirkte natürlich überall mit, und die

Leidenschaft verband sich mit der Trägheit des unfreyen Geistes; aber daß diese Leidenschaft ihre Zwecke erreichte, geschah durch die auf dem ganzen Leben lastende Macht der Gewohnheit.

So lange die Erde ihren trägen Ball um die Sonne wälzt, und erdgeborne Menschen auf ihr wohnen, so lange wird auch die Gewohnheit mit der Geistesfreyheit im Kampfe stehen und sie bald da, bald dort, bald auf diese, bald auf jene Weise überwinden, und in Fesseln legen. Die Glaubensfreyheit hat bey uns im Großen gesiegt; aber in wie vielen Gemüthern trägt sie noch Fesseln! Selbst die Formen der Freyheit werden wieder als Fesseln gebraucht; die Stufe, auf welcher der befreyte Geist vor drey Jahrhundert die Fahne des Sieges schwang, soll nach dem Wahne Vieler nicht überschritten werden; die Worte, mit welchen er damals den Freyheitsbrief geschrieben, sollen auch noch heute gelten. Wenn nun solche Befangene still und dumpf vor sich hin lebten, auf ihre Weise Gott dienten und Andern auch ihre Weise ließen: so könnte man ihnen gern nachsehen. Aber der befangene Eifer für das, was sie als einzige, reine Wahrheit erkennen, macht sie lieblos, unduldsam, verfolgungssüchtig, und indem sie für den wahren Glauben an Christum zu streiten wähnen, übertreten sie das höchste Gebot desselben, das Gesetz der Liebe. Die Gewohnheit und ihre dumpfe, schwere Gewalt hat in ihnen den Willen und Verstand erdrückt, daß sie nicht den Mahnungen des Herzens auch in diesem Stücke gehorchen, dessen gute Regungen sie sonst in manchen schönen Tugenden beweisen.

Die Gesetze und Einrichtungen des Staats und bürgerlichen Lebens erhalten durch die Gewohnheit ihre Festigkeit, und so lange sie gelten, soll man sie achten und heilig halten, selbst wenn sie unvollkommen und ungerecht sind. Aber wenn die Mängel derselben allgemein anerkannt sind, wenn es bewiesen ist, daß sie sogar den heiligsten Grundsätzen der Gerechtigkeit zuwiderlaufen, und die allgemeine Stimme, ja, die Obrigkeit selbst ihre Verbesserung begehrt und durchsetzt: was ist es doch, was selbst ehrliche, wohldenkende Männer gegen solche Verbesserungen einnimmt? Oft ist es der Eigennutz, welcher die Menschen gegen Veränderungen verblendet, bey denen sie verlieren. Aber es gibt Widersacher öffentlicher Verbesserungen, welche in andern Fällen nicht eigennützig und vielleicht großmüthig handeln würden; und es sprechen und schreiben auch solche gegen Neuerungen, welche dabey weder unmittelbar noch mittelbar verlieren. Nur aus der Macht der Gewohnheit läßt sich der Widerstand erklären, welchen wohlthätige Neuerungen bey so Vielen finden. Sie verwechseln die geschichtlich entstandenen, durch Gewohnheit geheiligten Rechte mit den ewigen, in der Natur der Gesellschaft gegründeten Rechten; sie nehmen die Formen der Gerechtigkeit für deren inneres Wesen: und dieß darum, weil sie nicht das freye sittliche Bewußtseyn haben, um das natürliche Rechtsgefühl, welches der sittliche Trieb lehrt, in sich anzuhören und zu verstehen. Vermöge desselben sittlichen Stumpfsinnes machen Viele, die sonst rechtlich und sogar edel denken, von Befugnissen und Rechten Gebrauch, welche jedes unbefangene Herz empören müssen. Der Edelmann betrachtet seine Leibeigenen, der Pflanzer seine Sklaven, als eine Art von Thieren, welche dazu geschaffen seyen, ihm zu dienen, wie es ihm beliebt, und die vielleicht fromme und edle, aber in steifer Förmlichkeit erzogene Fürstin quält ihre Dienerinnen mit einem, Leib und Geist ertödtenden Dienste, welcher der Sklaverey nichts nachgibt. Die Gewohnheit kann dem Gefühle des guten Herzens von der einen Seite ganz den Willen und Verstand verschließen, und die gerechtesten Menschen in manchen Beziehungen ungerecht und hart machen. —

Nachdem wir nun die mannichfaltigen Einflüsse der Gewohnheit auf die sittliche Bildung des Menschen betrachtet haben, gehen wir zu der dritten Stufe der Ausbildung des Verstandes, welches die der Freyheit ist. Freyheit des Verstandes setzt Freyheit des Willens voraus. Frey ist der Wille, wenn er nicht von der Sinnlichkeit betäubt und überrascht, nicht von den Fesseln der Gewohnheit gehalten, stark und kräftig, sich in jedem Falle für dasjenige, was die Triebe der Vollkommenheit und Sittlichkeit begehren, entscheidet, und dem sinnlichen Triebe nur dann willfahrt, wenn die höheren Triebe nicht dagegen sind. Er behauptet seine Selbstständigkeit im Widerstreite der Triebe, im ersten Andrange der Aufwallung, im Sturme der Leidenschaften, und steht fest, wenn das Gemüth heftig bewegt und erschüttert ist; er widersteht sogar den Aufwallungen der geistigen Triebe, und entschließt sich eben so wenig im Sinnenrausche, als im Rausche der Begeisterung. Mit seiner Hülfe, und ihn dann wieder unterstützend, bildet sich das sittliche Bewußtseyn oder der Verstand zur klaren Besonnenheit. Der Wille lenkt die Aufmerksamkeit auf die bessern Forderungen des Herzens, und verstärkt dadurch ihr Gewicht, so daß sie der Verstand mit Ruhe beachtet, in die Reihe seiner Vorstellungen aufnimmt, und sich ein wohlgeordnetes Ganzes sittlicher Gesetze bildet, welche er dann wieder in Fällen der Gemüthsbewegung hervorruft und zum Maßstabe der Beurtheilung macht. Sowohl beym Entschlusse des Willens als bey der Selbsterkenntniß des Verstandes kommt alles, wie wir gesehen haben, auf die Willkür an, in welcher sich die Thatkraft wirksam zeigt. Jede Aeusserung der Willkür bringt einen gewissen Grad der Freyheit mit sich; denn sie kann sich dahin und dorthin lenken: aber nur, wenn sie sich nach dem ewigen, unwandelbaren Gesetze des Wahren und Guten entscheidet, verdient sie den hohen Namen der Freyheit. Die Willkür kann sich auch von diesem ewigen Gesetze losreißen, und auf Abwege gerathen; sie kann irren und ist eigentlich die Mutter alles Irrthums und aller Verkehrtheit, sowohl im Handeln als im Erkennen. Sie irrt, wenn sie sich mit sinnlicher Befangenheit und Schwäche nicht für die höheren Triebe und deren gesetzmäßige Foderungen, sondern für den sinnlichen Trieb oder für den Vollkommenheitstrieb mit Verletzung des sittlichen entschließt. Wie der Wille, durch Sinnlichkeit und Gewohnheit irre geleitet, falsche Richtungen nimmt, in Knechtschaft geräth und den Verstand verkehrt, haben wir schon gezeigt; aber er kann auch mit Selbstthätigkeit irren, wenn er einen gewissen Grad von Freyheit erlangt hat, dabey aber doch noch von der Sinnlichkeit und Gewohnheit beherrscht ist: und seine Irrthümer sind dann nur desto verderblicher, und die Leidenschaften, die auf diesem Wege entspringen, desto gewaltsamer. Ehe wir die wahre Willensfreyheit und die vollkommene Ausbildung des Verstandes betrachten, müssen wir uns von neuem in den Irrgarten menschlicher Verkehrtheiten begeben, und ein neues Gebiet desselben durchlaufen. Wir müssen nämlich sehen, wie die menschliche Willkür mit einem gewissen Grade von Freyheit sich *erstens* in den Dienst der Sinnlichkeit begibt und den Begierden derselben fröhnt: wie sie *zweytens* im Streben der Vollkommenheit irre geht und entweder in der Wahl der Zwecke fehlgreift oder einseitig wird, und wie sie *drittens* im Gehorsam gegen den sittlichen Trieb die Wahrheit verfehlt und sich falsche sittliche Gesetze vorschreibt.

Genau betrachtet, gibt es keinen Lebenszustand, auf welchen nicht die Willkür und der Verstand mit einzelnen, abgerissenen Aeusserungen, gleichsam mit Sonnenblicken der Freyheit, Einfluß haben; kein Mensch kann sich beständig von der blinden Gewalt der Sinnlichkeit treiben lassen, sondern wird doch auch mitunter frey handeln und denken. Wenn wir für das menschliche Leben eine Stufe der Sinnlichkeit annehmen, so wollen wir damit nur das *Uebergewicht* der Sinnlichkeit bezeichnen. So sehr der Naturmensch den einfachen Lebensform n treu bleibt, in denen sich schon seine Väter bewegt haben; so gibt es doch Fälle, wo er sich frey entschließt, und sich mit freyem Verstande irgend ein Gesetz oder einen Lebenszweck vorschreibt. Derselbe Fall ist mit dem Leben auf der Stufe der Gewohnheit: auch hier hat die Freyheit ihren wiewohl engen Spielraum; wenn auch die Gewohnheit mit vorherrschender Gewalt die Richtung des ganzen Lebens bestimmt hat, so bringt die Freyheit doch diese oder jene augenblickliche Abweichung hervor. Ja, die Gewohnheit selbst hat oft ihren Ursprung in der Freyheit. Allerdings kann der Zufall die Richtung geben, in welcher sich nachher die Gewohnheit fortbewegt; aber meistens wird es doch die Freyheit seyn, welche diese Richtung gibt. Das mosaische Gesetz ist das Werk der höchsten Verstandesfreyheit, und erst nachher ist es zum drückenden Joche der Gewohnheit geworden. Jetzt wollen wir nun die zum Theil sehr verwickelte Verbindung der erwachenden Freyheit mit der Sinnlichkeit und Gewohnheit betrachten, wodurch mannichfaltige Entartungen und Verkehrtheiten in das menschliche Leben kommen.

Erstens in Beziehung auf den sinnlichen Trieb. Hier bringt die durch frühe Gewohnheit festgestellte Vorherrschaft der Sinnlichkeit die Verderbnisse der Wollust und andere Laster und Verkehrtheiten hervor, von denen wir uns eine Uebersicht verschafft haben. Aber obgleich die Lasterhaften die sinnliche Gewohnheit als ihre Herrin erkennen, so bedienen sie sich doch selbst in diesem Dienste der Knechtschaft einigermaßen der Hülfe der Freyheit, um in das tödtende Einerley etwas Abwechselung zu bringen. Der Schwelger begnügt sich nicht mit den gewöhnlichen Nahrungsmitteln, und sinnt entweder selbst, oder läßt Andere auf neue Reizmittel des Gaumens sinnen. Ein Lucullus, ein Heliogabalus erschöpften die Erfindungen der Kochkunst, um ihre Tafeln mit neuen, ausgesuchten Gerichten zu zieren. Unzählige solcher Erfindungen sind verloren gegangen, und immerfort strengt sich der armselige Scharfsinn an, um Neues in diesem Fache zu erfinden. Dem verfeinernden, erfindungsreichen Verstande verdanken die abscheulichen unnatürlichen Laster ihren Ursprung. Ist die natürliche Wollust durch häufigen Genuß erschöpft, so sinnt man auf neue Reizmittel. Tiberius auf der Insel Capreä war ein solcher sinnreicher Erfinder; und da er seinen eigenen Scharfsinn unzureichend fand, so stiftete er ein neues Amt für den Dienst der Wollust, und umgab sich mit Menschen, deren Kunst darin bestand, neue Laster zu erfinden; selbst unfähig zu genießen, stachelte er die Einbildungskraft durch den Anblick der von Andern genossenen Lüste. Die verderblichste Art von Wollust ist diejenige, welche die Blüthen und Früchte der geistigen Bildung zum Reizmittel der Sinnlichkeit mißbraucht, und den Geist mit seinen eigenen, in Gift verwandelten Lebenskräften ertödtet. Jene feinere Genuß- und Zerstreuungssucht der großen Welt, welche wir als den höchsten Gipfel der sinnlichen Verkehrtheit betrachteten, braucht die geistige Unterhaltung, das freye Spiel des Verstandes und der Einbildungskraft, als das süßeste Reizmittel der Wollust. Hieher gehören auch die giftigen Auswüchse der Dichtung und Kunst, welche aus der lasterhaften, verdorbenen Phantasie entspringen, und dem Dienste der feineren Wollust gewidmet sind. Je mehr sie reizen und verführen, desto mehr wird in ihnen die freye Erfindungskraft des Verstandes und der Einbildung thätig seyn; denn eben in der Neuheit und dem überraschenden Wechsel liegt der Reiz der Anregung. O unwürdiger, schmachvoller Dienst des freyen Geistes, mit seiner göttlichen Schöpferkraft der thierischen, trägen Lust ein geistiges Scheinleben einzuhauchen, und die Reize und Farben, mit welcher er nur die Schönheit schmücken sollte, an die Scheusale des Lasters zu verschwenden!

Ein merkwürdiges Beyspiel der sinnlichen Dienstbarkeit des freyen Verstandes ist die Philosophie des Aristippus, welcher sich so weit von seinem Hange zum sinnlichen Genuß verleiten ließ, daß er sogar ein Gebäude sittlicher Weisheit auf dem Grundsatze, daß die sinnliche Lust das höchste Gut sey, dem selber die Tugend dienen müsse, aufführte. Er war ein Schüler des weisen Socrates, und hatte von diesem die Anregung zum freyen Selbstdenken empfangen: und doch konnte er sich so verirren, daß er freywillig sich in den Dienst der Sinnenlust begab.

Gar mannichfaltig sind die Verirrungen des Geistes, welcher halb in Freyheit, halb in der Knechtschaft der Sinnlichkeit lebt. Es gibt auch edlere, weniger verderbte Lebensrichtungen, deren Quelle in dieser sinnlichen Befangenheit des zur Freyheit erwachten Geistes liegt. Dahin gehört die Stimmung lüsterner Empfindsamkeit und trüber Schwärmerey in zarter gebildeten, edleren Gemüthern, in welchen die Einbildungskraft regsam, aber nicht von der Klarheit und Schönheit des ausgebildeten Verstandes und von den reineren, tieferen Gefühlen eines gesunden Geschmacks gehalten und gezügelt, und dabey die Thatkraft des Willens geschwächt ist. Aus dieser Stimmung aber wird bald diese, bald jene unglückliche Leidenschaft entspringen. Ein so gestimmter Jüngling liebt ein Mädchen, das ganz seiner Liebe würdig, dessen Besitz ihm aber unmöglich gemacht ist, und er kann die Gewalt seiner erhitzten Einbildungskraft nicht mäßigen. Sein ganzes Leben mit allen Zwecken und Bestrebungen geht an diese Leidenschaft verloren, er wirft es mit verblendetem Bewußtseyn als eine leere Schaale von sich, und löscht den Brand, der seine Seele durchglüht und verkohlt, im eigenen Blute. Die unglückliche Leidenschaft des jungen Werthers, welche einen solchen Ausgang nahm, entsprang offenbar aus der unseligen Verbindung eines freyen Geistes mit feiner Sinnlichkeit und sinnlicher Schwäche des Willens. In frischer, lebendiger Jugendkraft, mit freyem Geiste über die Verhältnisse des Lebens hinwegblickend, empfänglich für jeden Eindruck der Natur, Kunst und Dichtung, aber mehr im freyen Spiele der Phantasie und des viel bewegten Herzens, als in der festen Richtung eines thatkräftigen Willens lebend, tritt der Jüngling auf, und Aller Herzen schlagen ihm entgegen. Aber einer hoffnungslosen Neigung mit willenloser Empfindsamkeit sich hingebend, und sie mit schwermüthiger Phantasie geflissentlich nährend, verliert er zuletzt die Gewalt über sich selbst; alle Kräfte seines Geistes und Herzens verwendet er mit hartnäckigem Eigensinn darauf, sich in dieser unglücklichen Richtung auf einen Lebenszweck, den er nicht erreichen kann, zu befestigen, und sein Leben muthwillig zu zerstören. — Weniger ausschweifend und gewaltsam, aber nicht weniger verderblich wird die ähnliche Schwärmerey zweyer glücklichen Liebenden, welche sich einander vergötternd ihr künftiges Glück mit den glühendsten Farben, die eine von Kunst und Dichtung genährte, üppige Einbildungskraft leiht, ausmalen, vor deren trunkenen

Blicken sich die Zukunft, als ein Feenschloß von Morgenroth gewebt, aufbaut. Es lebt in dieser Stimmung eine gewisse Freyheit des Geistes, aber ohne Klarheit des Verstandes und ohne die Kraft einer thatenfrohen Lebensansicht; eine feine Art von Wollust und Lüsternheit führt, ihnen selbst unbemerkt, den Pinsel der Einbildungskraft, und mischt die Farben der Gefühle zum glühenden Roth des Verlangens. Nach geschlossener Verbindung dauert der geistige Sinnenrausch eine kurze Zeit, dann kehrt der Ernst des Lebens ein, und verscheucht das Blendwerk der schwärmerischen Hoffnungen; eine drückende Geistesleere folgt auf den Taumel der Freude, und das getäuschte Herz, von der schwärmenden Einbildung verführt, sucht anderwärts Befriedigung. Die mit tausend wiederholten Schwüren angeblich auf die Ewigkeit geschlossene Verbindung wird erst durch ausschweifende Sehnsucht und Lüsternheit und dann durch wirklichen Treubruch zerrissen, und das bunte Gaukelspiel endigt sich mit Verbrechen und Schande.

Zweytens wird durch die halb erwachte Freyheit des Willens und Verstandes das Streben nach Vollkommenheit auf Abwege geleitet, oder es wird, wenn die Richtung an sich nicht falsch ist, einseitig und leidenschaftlich.

Nahe an das Laster der Wollust grenzt die verkehrte Lebensrichtung der Liebesritter, welche einen beständigen Eroberungskrieg gegen weibliche Herzen führen, weniger aus sinnlicher Begierde, als um ihre geistige Ueberlegenheit geltend zu machen, und weil sie sich in dem stets erneuerten Spiel der Abentheuer und Intriguen gefallen, mithin aus einem mißleiteten Triebe der

Vollkommenheit. Dieselben sind zugleich gewöhnlich allezeit fertige Kämpfer für das, was sie Ehre nennen; sie haben Muth, Tapferkeit und Entschlossenheit, und hätten können auf dem Felde der wahren Ehre, im Kampfe für Gerechtigkeit und Freyheit, Lorbeern einernten, wenn sie nicht das eitle Spiel eines Treibens ohne Zweck und Ziel vorgezogen hätten. — Eine edlere Verkehrtheit war die Lebensart der fahrenden Ritter im Mittelalter, welche ohne zu wissen, warum, aus zweckloser Ruhmbegierde in die Welt zogen und Händel und Abentheuer aufsuchten, wodurch sie die damals herrschende Verwirrung nur vermehrten. Aehnlich war die Sucht des Reißlaufens bey den Schweizern, als sie durch ihre glücklichen Kriege Europa mit ihrem Ruhm erfüllt hatten und bey allen Fürsten willige Aufnahme fanden. Die Liebe zum Kriege und die Ruhmbegierde führte sie in eine wilde, ausschweifende Lebensart, wobey sie ihren eigenen Lebenszweck verloren und die Zerrüttung und Sitten-Verderbniß ihres Vaterlandes verschuldeten. — Von kurzer Dauer, aber oft von lebenslänglichen verderblichen Folgen ist die nunmehr immer seltener werdende Verirrung deutscher Studirenden, in Schlägereyen, Ausschweifungen und Sonderbarkeiten ihren Ruhm zu suchen; es war ein Blendwerk des irregeleiteten freyen Verstandes, welcher den sicheren Weg des geordneten, fleißigen Lebens verließ, um sich eine neue Bahn zu suchen.

Einseitig ist das Streben nach Vollkommenheit bey jedem Menschen; denn keiner kann Alles umfassen; einseitig sind auch alle Völker in ihren Lebensrichtungen, weil sie ebenfalls der menschlichen Beschränktheit unterworfen sind: aber diese Einseitigkeit tritt um so mehr hervor, je willkürlicher und eigenthümlicher durch Freyheit und Naturanlage die genommene Richtung ist.

Beyspiel eines willkürlich geleiteten und darum einseitigen Vollkommenheitsstrebens in einem Volke ist die Gesetzgebung des Lykurg bey den Spartanern, welche dadurch für alle Bildung durch Handel, Wissenschaft und Kunst verschlossen und einzig zu Staatsbürgern und Kriegern gebildet wurden. In manchen Stücken ist die mosaische Gesetzgebung ähnlich, durch welche die Juden von allen Völkern abgesondert, und ebenfalls für gewisse Zweige der Bildung verschlossen wurden.

Hieher gehört bey den einzelnen Menschen die einseitige Richtung auf das Berufsleben, in der sie das ganze übrige Leben aus dem Auge verlieren, welche zwar oft ein Werk der Gewohnheit ist, wie wir gezeigt haben, zu welcher aber auch die Willkür eines halbgebildeten freyen Verstandes führen kann, mit dem sich nachher noch die Gewohnheit verbindet, um die Einseitigkeit zu vollenden, und sie in scharfer Härte hervortreten zu lassen. Im Doktor Katzenberger hat uns Jean Paul das Bild eines für sein Fach ganz eingenommenen und dabey höchst geistreichen Arztes mit scharfen Zügen und glänzendem Witze gezeichnet. Eine Mißgeburt, welche sein Kabinet bereichern und seinen anatomischen Scharfsinn beschäftigen kann, ist ihm anziehender, als das schönste Bild menschlicher Vollkommenheit; und halb im Scherz, halb im Ernst beklagt er es, daß ihm seine Gattin anstatt einer merkwürdigen Mißgeburt eine gesunde, wohlgebildete Tochter gebracht habe. Jede Unterhaltung nimmt bey ihm eine medicinische

Wendung und Beziehung, und die Funken seines Witzes, die Flimmer des scharfgeschliffenen Diamantes seines Geistes, sind anatomisch oder physiologisch gefärbt. Eine von einem andern Arzte erhaltene litterarische Beleidigung bestraft er auf eine unbarmherzige Weise, und wird in dieser Sache sogar arglistig und gewaltthätig.— Auch gehören hieher zum Theil die Liebhabereyen für irgend einen Zweig menschlicher Vollkommenheit, indem die einen einzig in Leibesübungen, die andern in der Ausübung einer Kunst, wieder andere in der Bearbeitung eines ganz besondern Zweiges der Wissenschaften ihren Ruhm und ihre Vollendung suchen. Hier haben die Willkür und der Eigensinn nicht weniger ihr Spiel, als die Gewohnheit.

In manchen Menschen äussert sich die noch nicht zur Vollendung gelangte Geistesfreyheit in einem unruhigen Treiben, womit sie zu keinem Ziele kommen.

Reisen sind ein schönes Bildungsmittel; sie erweitern den Blick des Menschen, und lehren ihn manches Ziel der Vollkommenheit kennen, das ihm zu Hause im engen Kreise des Lebens nie würde aufgegangen seyn; aber eine Thorheit ist es, beständig zu reisen, und nie die eingesammelten Früchte zu genießen und nützlich zu machen. Und doch gibt es, zumal unter den Engländern, Menschen, welche nirgends zu Hause sind, und ihr ganzes Leben auf der Wanderschaft zubringen. Nicht Alle dieser Art sind träge, genußsüchtige Menschen; manche lernen alle Sprachen, erforschen fleißig die Sitten und Einrichtungen der Völker; aber sie wissen aus diesem Kreislaufe nicht den Ausweg zu finden, ein unruhiger Geist treibt sie umher, und sie verlieren das

Leben über einer Vorbereitung zum Leben. — Aehnlich ist die Thorheit derjenigen, welche immer fort lernen und Kenntnisse sammeln, von einer Sprache, die sie erlernt, zur andern, von einem Fache, das sie sich zu eigen gemacht, zum andern eilen, deren Wissensdurst nie gestillt wird, die sich im Eifer ihres Strebens Ruhe und Genuß versagen, und die doch nicht wissen, was sie wollen, die in ihrer Thätigkeit verfangen sind und das Leben verloren haben. Mangel an durchgebildeter Freyheit und Selbstständigkeit des Willens ist der Grund dieser ewigen Unruhe, in welcher sie bey aller Thätigkeit doch thatlos sind.

Herrschen will und soll der vollkommene, freye Mann: er soll seinen Geist so ausbilden, daß er Andern Führer seyn, und in dem Gebiete seiner Thätigkeit Gesetze geben könne; aber zugleich soll er gehorchen können, weil keiner allein und unabhängig steht, und wenigstens die Gesetze der bestehenden Ordnung anerkennen muß. Er soll die Umstände zu beherrschen und umzugestalten wissen, welche seinem Wirken im Wege stehen; aber er soll sich auch in das Unabänderliche fügen, und nicht gewaltsam und eigensinnig verfahren. Aber es gibt Menschen, welche im edlen Streben, Gutes zu wirken, immer ihr Ziel verlieren, weil sie sich aus falscher Liebe zur Freyheit nicht unterordnen können, die einen Wirkungskreis nach dem andern verlassen, weil es nicht ganz nach ihrem Willen geht, weil sie nicht das Vollkommene rasch verwirklichen können. Hier mag die sinnliche Selbstsucht mitwirken, vermöge deren sie sich stets als Mittelpunkt betrachten, oder sie sind von Jugend auf daran gewöhnt worden, sich selbst und Andern

Gesetze zu geben, oder der Trieb zum Herrschen ist zu stark in ihnen, und überwältigt den Willen und Verstand: genug, sie sind, indem sie Andere beherrschen wollen, unfähig, sich selbst zu beherrschen; der Wille ist in ihnen, obgleich zur Freyheit strebend, doch noch gebunden, und der Verstand unklar; sie kennen das Leben nicht, und können sich nicht in dessen Gesetze fügen.

Aus der unruhigen Bewegung des nach Freyheit strebenden und irgend ein Ziel des Ruhms ins Auge fassenden, sich selbst aber nicht erkennenden und beherrschenden Geistes entspringt die kriegerische Thatenlust und Eroberungssucht der Völker und ihrer Beherrscher.

Keine Leidenschaft ist gewaltiger; denn sie bewegt, erschüttert und zerstört die Welt, gleich großen Wasserfluthen; sie wirft die Hütten des Landmanns, die blühenden Städte der Bürger, die mächtigen Reiche der Völker über den Haufen, und bedeckt sie mit dem Schutte der Zerstörung; sie ist so gewaltig, daß sie nicht bloß die Werkzeuge, die sie sich zu ihren Ausbrüchen erwählt, der Vernunft und Besonnenheit beraubt, sondern selbst der Muse der Geschichte die Augen blendet, daß sie ihr mehr Bewunderung zuwendet, als sie verdient, und ihren Helden den Preis der Größe zuerkennt. Ja, groß ist die Hand der Vorsehung, welch diese Ungewitter und Vulcane des menschlichen Lebens als Mittel braucht, um neue Bildungen hervorzurufen, die engen Schranken, welche die Völker trennen, niederzuwerfen, und die Schätze der Bildung zu verbreiten: groß ist die Bewegung, welche diese Leidenschaft hervorbringt, und groß sind die Ergebnisse ihrer gewaltigen Wirkungen; groß ist auch die Geisteskraft, welche sie in den von ihr beherrschten Menschen in Wirksamkeit setzt: aber groß sind nicht diese selbst als Menschen, nach dem Maßstabe der Sittlichkeit gemessen, weil ihnen bey aller freyen, vorstrebenden Thätigkeit dennoch die Freyheit und Besonnenheit des Geistes fehlt. Auf der Woge der Völkerbewegung fahren sie daher, ohne sie lenken zu können; sie wähnen zu herrschen, weil ihre Diener ihnen gehorchen, weil die zitternden Völker ihnen den Zoll der Huldigung darbringen: aber sie folgen selbst dem Zuge des Sturmwindes, den sie erregt haben, und, genau betrachtet, haben sie ihn nicht einmal erregt, sondern nur den letzten Anstoß zum Ausbruche desselben gegeben; sie wissen nicht, wie weit er sie noch führen wird, und am Ende bricht er sich doch an den gewaltigen Gebirgen, welche ihm die Natur entgegengestellt hat, und schleudert sie selbst in den Abgrund. In wessen Seele ein Trieb des freyen Strebens die Oberhand gewonnen, zugleich aber den freyen Geist auf einen Abweg getrieben und aus seinem Mittelpunkt geworfen hat, so daß er, der Alles beherrschen will, sich nicht selbst beherrscht, und über Einen Zweck alle übrigen Zwecke des Lebens aus dem Auge verliert: der verfällt wieder der Gewalt der Natur, wird ein blindes Werkzeug des Schicksals, und verfehlt die Bestimmung des Menschen, welche ihn zwar zum Dienste Gottes und der Menschheit ruft, aber will, daß er die Zwecke, denen er dient, mit freyem Bewußtseyn anerkennt, und daß sein Wille mit dem Willen Gottes und den besseren Bestrebungen der Menschheit in Einklang trete.

Seit den Einwanderungen phönicischer und ägyptischer Ansiedler und dem trojanischen Kriege war Asien mit Europa theils in freundlichen Verkehr, theils in feindliche Reibung getreten, welche endlich die Flammen des persischen Krieges hervorrief. Asien hatte Europa die ersten Keime der Bildung gebracht, und es sollte von diesem die Früchte des unterdessen entwickelten Baumes zurück empfangen, dagegen wollte es demselben das Joch der Knechtschaft auflegen. Man sieht deutlich den Plan der Geschichte der Menschheit, mehr Einheit unter die Völker zu bringen, und die Einseitigkeiten der Bildung aufzuheben, damit der Schauplatz für das Christenthum und die Verehrung Eines Gottes vorbereitet würde. Aber die Völker erhitzen sich oft, ohne selbst zu wissen, warum, zum blutigen Streite mit einander, die Selbstsucht treibt ihre kleinen Spiele unter den großen, von der Hand der Vorsehung gelenkten Bewegungen, und durch die Gewalt ihrer eigenen Leidenschaften müssen die Menschen wider ihren Willen dahin geführt werden, wohin sie gelangen sollen. So gerieth Asien mit Europa in jene gefährliche Spannung: die wilden Horden des Xerxes überschwemmten Griechenland, und wollten ihm, von dem sie lernen sollten, Gesetze geben. Die Griechen siegten durch ihren Geist und Heldenmuth, und jagten die Völkerschwärme zurück; aber der Geist der Rachsucht trieb nunmehr die Sieger zur gewaltsamen Gegenbewegung; nunmehr wollte Europa Asien Gesetze geben, und, wie es ihm geistig überlegen war, es auch seiner Herrschaft unterwerfen. Dieses Gefühl der beleidigten Rachefodernden Volksehre, dieser im Griechen-Geist liegende Drang einer Gegenwirkung nach Osten, ward in Alexander von Macedonien persönlich. Es ist, als wenn zu gewissen Zeiten die

Natur absichtlich Menschen ins Daseyn riefe, in welchen sich der Geist und das Streben eines Volks, einer Zeit verkörpern und individualisiren sollte. Ein solcher Mensch war Alexander; er unternahm mit frey strebendem Geiste, aber doch halb unbewußt, wozu ihn die Zeit drang, und folgte der gewaltigen Bewegung der Geschichte. Seine persönliche Erscheinung ist anfangs groß und schön, weil er sich mit Begeisterung und jugendlich frischer Thatenlust dem großen Werke hingab; aber zuletzt erlag er der Gewalt des Glückes, dessen Strom ihn immer weiter fortriß; ohne Ziel und Plan erweiterte er seine Eroberungen, und ward aus dem Eroberer und Herrscher zum Länderentdecker und Abentheurer; und wie er die Zügel der Selbstherrschaft verlor, und der Tugend untreu wurde, so wußte er auch in seinem äussern Wirken die Selbstständigkeit seines Geistes nicht zu behaupten, und hinterließ eine große, ungeordnete Masse, welche nach seinem Tode zerfiel. Seine Person, nach dem sittlichen Maßstabe beurtheilt, ist als ein großes Naturwerk zu betrachten, in welchem, ihm selbst unbewußt, der Freyheitsdrang der vorwärtsstrebenden, Erweiterung suchenden Menschheit wirkte, in dem aber das reine Ebenmaß und die wahre Freyheit des Geistes nicht erscheint.

Asien war nunmehr mit Europa durch die gegenseitige Berührung und Durchdringung der verschiedenen Sitte und Bildung verbunden; aber das Abendland war mit dem östlichen Europa nur durch Handels- und Ansiedelungsverkehr in Berührung: es sollten zuletzt alle Völker in Eine Masse zusammengeworfen werden, und dieß zu bewerkstelligen waren die Römer ausersehen.

der freye Trieb der Herrschsucht und kriegerischen Thatenlust, durch welchen das Gebäude des großen Weltreiches nach und nach zu Stande kam, lebte in diesem Volke mit unbewußter, gewaltsamer Einseitigkeit. Große Tugenden wurden in diesem Drange der kräftigen, starken Natur entwickelt; Einzelne stellen die Musterbilder der Gerechtigkeit, Selbstbeherrschung und Hingebung auf: aber im Streben des ganzen Volkes ist, bey aller Unruhe und Thatenlust, kein wahrhaft freyes Bewußtseyn, keine freye Geistesrichtung, keine Liebe und keine Achtung für das Edelste und Heiligste der Menschheit; und was es vollbrachte, vollbrachte es von einer ungeheuern Leidenschaft getrieben, welche aus dem Triebe der Vollkommenheit entsprang, aber von der Selbstsucht und der stolzen Eigenliebe die sinnliche, gewaltthätige Kraft entlehnte. Wie die Lawine sich durch das Gesetz der Schwere als ein kleiner Ball vom Haupte des Berges löst, und durch die Kraft der Anziehung immer größer und größer wird, und die ganze Schneedecke des Abhangs mit sich herunter reißt und das Thal mit seinen Hütten und Dörfern unter seiner Masse begräbt: so die Römer. Aus ihrer kleinen Stadt, welche ihrem gewaltigen Geiste zu eng wurde, brachen sie alles mit sich fortreissend hervor, und schwollen zu einem Völkerstrome an, welcher die Welt überfluthete, und erst an den äussersten Grenzen seine Dämme fand, worauf er sich zu einem ungeheuren See aufstaute und dann nach und nach versumpfte, bis die Kinder des Nordens die Dämme einrissen, und die frischen Wasser einer jugendlichen Welt sich hinein ergossen. Es ist ein ungeheures Naturphänomen, das sich im Römervolke entwickelt: der freye Trieb, der in ihnen wirkte, Neues zu schaffen und zu gestalten, übermannte sie selbst, und gab sie der Gewalt des Schicksals Preis.

Daß in der französischen Revolution ein freyes, wahres Streben nach der Vervollkommnung des gesellschaftlichen Zustandes und selbst ein heiliges Gefühl der Gerechtigkeit und Geistesfreyheit hervorgetreten, ist für den unbefangenen Beobachter entschieden; aber wie vielen von denen, welche an diesem großen Werke gearbeitet haben, ist die Idee desselben klar erschienen, und wie viele haben mit vollkommener Geistesfreyheit und Besonnenheit daran gearbeitet? Es lag in der Natur der Sache, und die Verhältnisse Frankreichs zu den andern Völkern und Reichen brachten es mit sich, daß der ungeheure Vulkan tobend und gährend sich über ganz Europa entladen mußte. Die hemmende Einwirkung ruft die gewaltsame, zerstörende Gegenwirkung hervor. In Napoleon verpersönlichte sich die freye Verstandes- und Thatkraft der Revolution, aber ohne den freyen sittlichen Geist derselben; nie ist vielleicht in einem Menschen so viel Einsicht und Klugheit mit so viel Kraft vereinigt gewesen, und keinem standen so viele Mittel zum freyen Gebrauch zu Gebote; aber den eigentlichen Zweck der Revolution begriff er nicht, weil er nicht das freye sittliche Selbstbewußtseyn hatte, welches dazu gehörte, sich über seine Selbstsucht zu den Zwecken der Menschheit zu erheben; und so zog er es vor, anstatt des ersten Bürgers von Frankreich dessen Zwingherr, und anstatt des Befreyers von Europa dessen Eroberer zu werden, und indem er aus Mißtrauen gegen die Menschheit und aus Mangel an Begeisterung für die

Freyheit und Gerechtigkeit sich einer gemeinen, treulosen Staatsklugheit überließ, nie offen für eine gemeinsame Angelegenheit der europäischen Welt das Schwert zog, und das Rechts- und Freyheitsgefühl der Völker, das er hätte können zum Bundesgenossen haben, gegen sich auf den Kampfplatz rief: so erlag er endlich dem rächenden Schicksal, und mußte sein Werk mit eigenen Augen zerfallen sehen.

Das ist eine flüchtige Andeutung der menschlichen Verirrungen, zu welchen der noch nicht zur vollkommenen Freyheit gelangte freye Verstand führt, indem er sich in den Dienst der Sinnlichkeit begibt, und gewisse Ziele der Vollkommenheit mit leidenschaftlicher Befangenheit verfolgt.

Zehnte Vorlesung.

Beschluß über den Verstand: dessen Verirrungen in Ansehung des sittlichen Triebes, oder der sogenannte willkürliche Gottesdienst.

Die Verirrungen des sittlichen Verstandes auf dem Wege der Bildung haben wir in verschiedener Hinsicht betrachtet: zuerst wie ihn die durch Gewohnheit übermächtige Sinnlichkeit verführt, in gröberem oder feinerem Genuß den Zweck des Lebens zu suchen; sodann wie die Gewohnheit auch die Aeusserungen des Vollkommenheits- und sittlichen Triebes beherrscht, und dadurch den Verstand mißleitet; endlich wie der Verstand selbst im Gebrauche der Freyheit auf Abwege geräth, und erstens dem sinnlichen, zweytens dem Vollkommheitstriebe auf unrechtmäßige, einseitige, leidenschaftliche Weise dient. Noch ist aber der dritte schlimmste Abweg des willkürlichen Verstandes übrig, wie er nämlich, in diesem unrechtmäßigen Gebrauche der Freyheit, selbst die Gesetze des sittlichen Triebes mißversteht, und sich willkürliche Pflichten schafft, von denen das Gesetz Gottes nichts weiß. Wir können alles, was zu diesen Verirrungen des sittlichen Verstandes gehört, unter dem Namen des willkürlichen Gottesdienstes umfassen, indem sich zugleich die Irrthümer des Aberglaubens mit denen der sittlichen Lebensansicht verbinden.

Das Reich des frommen Irrthums ist unermeßlich und die willkürliche Sittengesetzgebung desselben enthält eine unendliche Mannichfaltigkeit von Verkehrtheiten, welche alle aufzuzählen um so weniger zweckmäßig seyn würde, als zu deren Entstehung die Gewohnheit und das Mißverständniß alter Ueberlieferungen sehr viel beygetragen hat. Ich erinnere nur an die Menschenopfer, welche bey den Phöniciern und Kananitern üblich waren. Eltern entschlossen sich aus Liebe zum Vaterlande oder aus andern sittlich frommen Beweggründen ihr Liebstes, ihre Kinder, der erzürnten Gottheit zu opfern. Das eherne Bild des Saturnus bey den Karthaginensern hielt die Arme zur Erde niedergestreckt: darauf wurden die zum Opfer dargebrachten Kinder gelegt, und rollten von da in einen Feuerschlund hinab, wo sie die Flamme verzehrte. Die Eltern brachten ihre Kinder selbst dar, selbst die zärtliche Mutter mußte gegenwärtig seyn, und durfte ihren Schmerz nicht laut werden lassen. Das Weinen der Kinder suchten die Eltern durch Küsse und Liebkosungen zu unterdrücken; eine lärmende Musik übertönte ihr Geschrey: denn das Opfer sollte mit heiterer Entsagung dargebracht werden. Welche grausame und doch ganz willkürliche Pflicht! Angenommen, daß der Wille Gottes solche schmerzliche Opfer foderte — und dieß glaubten freylich jene Verblendeten — so war es ein tugendhafter Gehorsam, die männliche Ueberwindung des Gefühls elterlicher Liebe, welche der angeblichen höhern Pflicht weichen mußte. Aber es war ein nichtiger Wahn, daß die Gottheit auf diese Weise versöhnt und das Vaterland gerettet werden könne, und die einzige heilsame Frucht, welche eine solche Aufopferung tragen konnte, war das dem abergläubigen Volke mitgetheilte ermuthigende Gefühl der Hoffnung beym Unglück des Vaterlandes, und die gestärkte Kraft der gemeinsamen Standhaftigkeit.

Wir wenden uns von diesen dunkeln, trüben Zeiten, in welchen der menschliche Geist von dunkeln Ahnungen geleitet und von den Schreckbildern des Aberglaubens gejagt wurde, dahin, wo das Freyheitsgefühl desselben unter dem erweckenden Lichte der Wissenschaft sich jugendlich frisch hervordrängte. Durch Sokrates hatte die Philosophie der Griechen die heilsame Richtung auf das sittliche Selbstbewußtseyn genommen, und war aus dem Gebiete der Natur in das handelnde Leben eingekehrt. Sokrates erkannte, wie kein Philosoph vor ihm, die Bestimmung des Menschen, die er in die wahre Tugend und Weisheit setzte; mit klarer Besonnenheit trat er in die rechte Mitte des Lebens, und faßte die wahren Zwecke desselben ins Auge. Aber nicht alle seine Schüler konnten sich auf diesem wahren Standpunkte behaupten; manche wurden einseitig, und ließen sich von dem frey strebenden Verstande auf Abwege bringen. Den Irrthum des Aristipp, welcher das höchste Gut im Genuß suchte, haben wir schon angeführt: in seinem sinnlichen Gemüth fand, ungeachtet des sittlichen Nachdenkens, das Gefühl des sittlichen Triebes kein Gehör und keine Anerkennung. Den entgegengesetzten Weg schlug der strenge, stolze Antisthenes ein, welcher zwar richtig das höchste Gut des Menschen in die Tugend, aber irriger Weise das Wesen derselben in die Entbehrung aller Annehmlichkeiten und Genüsse, in die höchste Einfachheit und Bedürfnißlosigkeit des Lebens setzte, und die finstere Strenge der Tugendübung bis zur Verachtung aller feineren Sitte und Wohlanständigkeit übertrieb, zugleich auch die Wissenschaft und Geistesbildung verachtete. Diogenes ging in dieser strengen Tugendübung noch weiter, nannte sich selbst wegen seiner in manchen Stücken ans Hündische grenzenden Lebensart einen Hund, und trieb die Unabhängigkeit und Bedürfnißlosigkeit so weit, daß er unter dem freyen Himmel lebte und oft in einem Fasse wohnte, daß er sogar die Wasserschale von sich warf, weil er sah, daß man auch mit der Hand Wasser schöpfen könnte, daß er sich allen Verhältnissen des Lebens entzog und nicht Bürger von Athen werden wollte, um nicht seine Unabhängigkeit zu verlieren. Mit Recht nannte man ihn den rasenden Sokrates, weil er dessen Weisheit übertrieb und zur Thorheit verkehrte. Jenen wahren, erhabenen Spruch des Sokrates: „Nichts bedürfen ist göttlich, am wenigsten bedürfen gottähnlich" hat die cynische Schule mit einseitiger, heftiger Strenge aufgefaßt, und in Einer sittlichen Richtung die ganze sittliche Ausbildung gefunden. Allerdings fodert die Tugend die Herrschaft des sittlichen Triebes über die niedern Triebe und die Unabhängigkeit des Geistes von Bedürfniß und Genuß; aber die sinnliche Lebenslust soll deßwegen nicht unterdrückt und ausgerottet werden, sondern unbeschadet der Geistesfreyheit im Leben ihr Recht behaupten.

Nur wenn das sittliche Gesetz mit den Foderungen des sinnlichen Triebes in Widerstreit kommt, sollen diese jenem weichen. Eben so sollen wir die Zierden und die Ausbildung des Lebens, welche wir vermöge des Vollkommenheitstriebes schätzen, dem Gebote der Tugend nöthigen Falls zum Opfer bringen, aber nicht unnöthiger Weise als etwas Unnützes oder Hemmendes von uns werfen, sondern beydes, den strengen Dienst der Tugend und das heitere Streben der Vollkommenheit, zu vereinigen suchen.

Diese Verirrung, im strengen Gehorsam gegen die Gebote des sittlichen Triebes und im Streben nach der höchsten, ewigen Bestimmung alle Lebenslust und Geistesbildung zu verschmähen, mit finsterer Strenge gegen den Körper und dessen Triebe zu wüthen, sich dem thätigen bürgerlichen Leben und dessen Verhältnissen zu entziehen, ist sehr alt, und hat schon in der Weisheit des Morgenlandes ihren Ursprung genommen. Da man wohl einsah, daß der Mensch von den Banden der Sinnlichkeit gelöst werden müsse, wenn er zur sittlichen Erkenntniß und Lebensrichtung gelangen solle, und da die Macht der Sinnlichkeit damals nach so stark und ungestüm war, daß sie nur mit Gewalt gebrochen werden konnte: so unterwarf man den Körper wenigstens von Zeit zu Zeit strengen Uebungen der Enthaltsamkeit; und daher ist das Fasten von uralten Zeiten her als ein vorzügliches Tugendmittel gebraucht worden. Die Weisen, welche sich der Heiligkeit und Frömmigkeit beflissen, unterwarfen ihr ganzes Leben solchen strengen Uebungen, zogen sich von der Welt zurück, entsagten allen Freuden und aller Thätigkeit des Lebens, und richteten in frommer Müßigkeit den betrachtenden Geist nach oben.

Der christlichen Kirche am nächsten steht die sonderbare Erscheinung frommer Sonderlinge unter den Juden in Aegypten, welche im Griechischen Therapeuten, d. h. Aerzte, genannt wurden, weil sie die Seele von ihren Gebrechen heilen wollten. Aber ihre Arzney war ein Taumeltrank der Schwärmerey, nicht der gesunde, stärkende, begeisternde Wein der Weisheit. Ihr Zweck war gänzliche Ertödtung des Leibes und Abziehung der Seele von der Erde, Erhebung des Geistes zu dem Anschauen Gottes. Wer den Trieb der himmlischen Liebe, die Regung des göttlichen Enthusiasmus, wie sie es nannten, empfand, der betrachtete sich aus Sehnsucht nach dem ewigen, unsterblichen Leben schon als todt für die gegenwärtige Welt, überließ sein Vermögen seinen Verwandten oder Bekannten, und floh, von nichts zurückgehalten, nach nichts zurückblickend, aus der Gesellschaft der Menschen in die Einsamkeit. Die meisten siedelten sich in der Gegend des Sees Maria an, wo sie ein jeder für sich in einer Hütte abgesondert, aber doch in einem gewissen Verkehr mit einander lebten. In jeder Hütte war ein Gemach, der heiligen Andacht gewidmet, und Heiligthum genannt, wo der Therapeut einsam den Tag mit dem Lesen heiliger Bücher, mit frommen Betrachtungen und der Dichtung heiliger Lieder zubrachte. An diesen Andachtsort brachten sie niemals Speisen oder Getränke und überhaupt kein Bedürfniß des Körpers, sondern allein die Hülfsmittel der frommen Beschäftigung, heil. Bücher und andere Dinge, welche der Wissenschaft und Frömmigkeit dienten. Sie dachten beständig an Gott; selbst im Traume schwebten ihnen die Bilder des höheren Lebens vor, und oft sprachen sie im Schlafe erhabene Lehren der heiligen Weisheit aus. Sie beteten zweymal des Tages: des Morgens beym Aufgang der Sonne, daß ihre Seele vom himmlischen Lichte erfüllt, und des Abends bey Sonnenuntergang, daß sie von der Last der Sinnlichkeit befreyt werden und in sich selbst zurückkehren möchte. Die ganze Zeit von Morgen bis Abend widmeten sie der frommen Uebung und Beschäftigung. Vor Sonnenuntergang nahm keiner Nahrung zu sich; der Weisheit obzuliegen hielten sie für die würdige Bestimmung des Tages, und nur die Nacht, glaubten sie, schicke sich für die Befriedigung der körperlichen Bedürfnisse: darum weihten sie jener den ganzen Tag, und dieser nur einen geringen Theil der Nacht. Einige, welche von einer heisseren Sehnsucht nach der göttlichen Weisheit glühten, dachten nur alle drey Tage an das Essen. Einige schwelgten so sehr im Genusse des höheren Lebens, daß sie kaum am sechsten Tage Speise zu sich nahmen. Nur am siebenten Tage, am Sabbath, erquickten sie ihren Körper, und gönnten ihm Erholung von der Arbeit. Niemals genossen sie kostbare Speisen, sondern einfaches Brod und Salz, zum Theil mit Ysop als Zuthat; ihr Getränk war Quellwasser. Sie assen und tranken nur, um ihren Hunger und Durst zu stillen. Sechs Tage brachten sie in ihrer Hütte zu, ohne heraus zu gehen oder auch nur heraus zu blicken. Aber am siebenten Tage hatten sie eine Versammlung, in welcher der Aelteste einen Vortrag hielt. Der Versammlungssaal war in zwey Theile abgetheilt und durch eine Mauer geschieden, welche hoch genug war, um das Hinübersehen zu verhindern. In dem einen Theile versammelten sich die Weiber, denn es gab auch weibliche Mitglieder dieser Sekte, wiewohl sich Alle der Ehe und des Umgangs mit dem zweyten Geschlechte streng enthielten, und das Gelübde der Keuschheit gethan hatten. Am siebenten Sabbath feyerten die Therapeuten ein großes Fest, wozu auch die Frauen zugelassen wurden. Sie versammelten sich am Abend in weißen Kleidern, und setzten sich nach einem mit Andacht gehaltenen Tischgebet zu Tische, die Männer zur rechten, die Weiber zur linken Seite des Saales. Speise und Trank waren die gewöhnlichen: während des Essens herrschte tiefes Stillschweigen; dann folgten gelehrte und fromme Unterredungen, wobey die Andern aufmerksam zuhörten. Einer nach dem andern sangen sie heilige Lieder, entweder neu verfaßt oder von alten Dichtern entlehnt, indem die Uebrigen still zuhörten, ausgenommen am Schlusse des Liedes, in welchen Alle, Männer und Weiber, laut einstimmten. Nach dieser Abendmahlzeit wurde ein sonderbarer Gebrauch gefeyert. Männer und Weiber bildeten zwey abgesonderte Chöre, von welchen jeder seinen Vorsteher und Vorsänger erhielt. Beyde Chöre sangen Loblieder auf Gott in verschiedenen Weisen, bald zusammen, bald abwechselnd, bald stehend, bald in Umgängen. Endlich vereinigten sich beyde im heiligen Enthusiasmus, und sangen zusammen im Einklang. So fuhren sie fort bis zum Anbruch des Tages: dann gegen die aufgehende Sonne gewendet, streckten sie die Hände gen Himmel, und flehten um einen guten Tag, um Wahrheit und Schärfung der Augen ihres Geistes, worauf ein jeder in seine Wohnung zurückkehrte.

So achtungswürdig das Streben dieser Menschen war, und so gut sie es meinen mochten; so ist doch ihre

Verirrung in die Augen fallend. Keine Lebensansicht und Richtung ist die wahre, welche nicht allgemein werden könnte, ohne die menschliche Gesellschaft aufzulösen: man denke sich aber, daß Alle so, wie diese Schwärmer, sich in die Einsamkeit begeben wollten: wie könnte dann die menschliche Gesellschaft bestehen? Der Fehler aber, den diese Sonderlinge begingen, bestand darin, daß sie erstens die Vorbereitung und Uebung zur Tugend, die Enthaltsamkeit und Andacht, mit der Tugend selbst verwechselten, und diese über jener verloren; zweytens daß sie die Entsagung und Enthaltsamkeit auf das Aeusserste übertrieben, und die Sinnlichkeit, welche das Werkzeug des Handelns ist, nicht bloß bezähmten, sondern unterdrückten, indem sie in dem Wahne standen, daß die Quelle des Bösen im sinnlichen Triebe liege; drittens daß sie mit der sinnlichen, weltlichen Liebe zugleich die Menschenliebe, die Liebe zur menschlichen Vollkommenheit, und den thätigen Eifer für das Gute aufgaben. Diese Irrthümer ins Licht zu setzen, wird uns für das Folgende förderlich und nützlich seyn.

Daß man sich eine oder die andere Art von Enthaltsamkeit auf einige Zeit oder für immer auflegt, ist ein Tugendmittel, das, wenn es zweckmäßig angewendet wird, Billigung verdient. Eltern können willkürlich ihren Kindern eine Zeit lang diesen oder jenen Genuß versagen, bloß um sie in der Enthaltsamkeit zu üben; und Erwachsene können sich selbst eine solche Uebung auflegen. Hat jemand Hang zur Unmäßigkeit, so ist ihm zu rathen, daß er sich der Anlässe, in Speise und Trank zu viel zu thun, enthalte, daß er sich gewisse Lieblings-Speisen und Getränke wenigstens auf einige

Zeit versage, oder daß er sich überhaupt ein strenges Maß im Genusse der Nahrungsmittel vorschreibe. Das alles aber ist keine Ausübung der Tugend, sondern eine bloße **Vorübung** zu derselben: die wahre Tugend in Beziehung auf den sinnlichen Genuß liegt in der freyen Mäßigung, die man in demselben behauptet, nicht aber in der strengen, ängstlichen Enthaltsamkeit. Es ist viel leichter sich etwas zu versagen oder ein vorgeschriebenes Maß im Genusse zu beobachten, als alles Erlaubte mitzugenießen und sich nie im Genusse zu übernehmen. Dort legt man, wie dem unbändigen Pferde, der Sinnlichkeit Zaum und Gebiß an, hier läßt man sie, die gebändigte und veredelte, frey gehen, und zügelt sie nur mit dem Gebote der Vernunft. Man kann viel leichter eine Lieblingsspeise ungenossen stehen lassen, als, wenn man sie gekostet, sich im Genusse derselben mäßigen; denn die Vorstellung des künftigen Genusses wirkt nicht so lebhaft auf den Willen, als die Empfindung des genossenen Reizes selbst. Viel leichter ist es, sich des Umgangs mit dem zweyten Geschlechte ganz zu enthalten, und so das Herz vor der Liebe zu bewahren, als, im Umgange mit demselben, die Neigung, die man zu einer liebenswürdigen Person faßt, zu überwinden. Dem ungeachtet ist es ein gutes Tugendmittel, sich, zumal in der Jugend, nicht in zu nahen Umgang mit Personen des andern Geschlechts einzulassen, um sich nicht Reizungen auszusetzen, welchen man erliegen könnte. Ueberhaupt ist, die Versuchungen zu meiden, ein oft rathsames Tugendmittel, aber die Tugend besteht allein in der Ueberwindung der Versuchung; sie besteht allerdings oft schon in der Vermeidung dessen, was uns in Versuchung führen kann, aber dieses ist schon der Anfang der Ueberwindung derselben. Die Therapeuten, wenn sie das Leben verließen, widerstanden vielleicht manchem mächtigen Reize, der sie dahin zurück zog: und das war eine Ausübung der Tugend; aber diese Ausübung hatte nur den Zweck, sich ungestört einer Vorübung derselben, dem Gebrauch eines Tugendmittels zu ergeben: mithin diente ihre Tugend nur einem Mittel. Sie hätten sollen jene Seelenstärke dazu anwenden, um diejenigen Neigungen, welche sie vom Wege der Tugend ablenken wollten, forwährend zu bekämpfen, nicht aber das Leben ganz zu verlassen, und jeder Versuchung aus dem Wege zu gehen.

Zu der Vorübung der Tugend, welcher sich die Therapeuten widmeten, gehörte auch die Andachtspflege und die fromme Betrachtung. Das Andenken an Gott und an seinen heiligen Willen, die liebende Hingebung an seinen Dienst, das Gefühl unserer höheren Bestimmung, die Richtung auf die ewigen Güter der Seele, die Begeisterung für das Reich Gottes auf Erden, mit einem Worte, die reinen, tiefen, ernsten Gefühle der Frömmigkeit sollen in jedem Augenblick in unserm Herzen leben und sich in unserm ganzen Wesen, in Worten und Handlungen, aussprechen. Nur das ist die wahre Tugend, die von einer solchen Herzensstimmung begleitet ist. Aber diese Stimmung bedarf der Erregung und Nahrung: wir müssen unsern Verstand durch ein frommes, auf das Ewige und Heilige gerichtetes Nachdenken erleuchten, unser Herz durch fromme Erweckungen beleben, und die reinen, tiefen Gefühle darin aufregen, um der himmlischen Liebe darin das Uebergewicht zu verschaffen, und die sinnlichen Neigungen zu unterdrücken, oder zu mäßigen. Das alles thut die Andachtsübung, welche als Tugendmittel von hohem Werthe ist, aber, selbst wenn sie lebendig und für die Heiligung des Gemüths wirksam ist, noch nicht die Tugend selbst ist. Nicht die frommen Gefühle in sich zu haben ist wahre Frömmigkeit, sondern aus den guten Antrieben, welche aus ihnen entspringen, zu handeln. Sie besteht in dem vollkommenen Einklange des reinen, frommen Herzens mit dem guten, starken Willen, oder in der guten Gesinnung, welche die Quelle eines tugendhaften, thätigen Lebens ist. Was thaten aber die Therapeuten? Sie lagen der Andachtsübung ob, und erfüllten Geist und Herz mit heiligen Gedanken und Gefühlen, ohne diese je anders, als etwa in frommen Reden und Liedern, welche aber selbst wieder nichts als die Nahrung der Andacht bezweckten, auszusprechen; sie hatten den Schauplatz des Handelns, das thätige Leben, verlassen, und konnten also nicht am Reiche Gottes, an der Besserung und Vervollkommnung der Menschen, arbeiten, nicht für den Sieg der Gerechtigkeit im menschlichen Leben wirken, nicht die Ungerechtigkeit und die Laster bekämpfen. Sie verloren also über der Vorübung der Tugend die Tugend selbst.

Zweytens gingen die Therapeuten in der Bekämpfung der Sinnlichkeit zu weit. Schon dadurch, daß sie allen Versuchungen, welche das Leben bietet, aus dem Wege gingen, und in der Einsamkeit lebten. Wozu dann diese den Körper abmattende Einfachheit und Sparsamkeit der Nahrung, welche sie zur Arbeit, wenn sie solche ausser dem Studiren gehabt hätten, ganz untüchtig machte?

Ja, zum Studiren selbst machte sie sie unstreitig untüchtig, und gab dem Geiste jene schwärmerische Richtung und jenes Uebergewicht der Phantasie, worin sie lebten. Ein gesunder, kräftiger Mensch, welcher körperliche Bewegung und Arbeit hat, wird auch in einer kräftigen, gleichmäßigen Geistesstimmung leben; hingegen die Schwächlichkeit und Kränklichkeit des Körpers reizt den Geist auf eine unnatürliche Weise, und gibt der Einbildungskraft und dem Gefühle das Uebergewicht, während die Thatkraft und der Wille geschwächt ist. Es scheint, daß zu einem kräftigen Willen auch ein kräftiger Körper gehört, und daß die körperliche Schwächlichkeit auch einen schwächlichen Willen mit sich bringt, wiewohl die besondere Eigenthümlichkeit der Natur hierin Ausnahmen herbeyführen kann, auch nicht jede Art von Kränklichkeit auf die innere Thatkraft wirken mag. Dieser Haß und diese Wuth gegen die sinnliche Natur hatte unstreitig ihren Grund in dem Wahne, daß der sinnliche Trieb und die Antriebe, welche durch Aufregung aus ihm entspringen, an sich schon sündhaft oder die Ursache der Sünde seyen. Wir haben aber gesehen, daß kein Antrieb für sich selbst schon die Handlung hervorbringt, sondern nur den Willen erregt, sich zu entschließen, und daß alle Schuld der Sünde diesem allein zur Last fällt. Nicht die Sinnlichkeit der Antriebe, sondern die sinnliche Schwachheit des Willens ist die Quelle der Sünde. Das ist eine äusserst wichtige Wahrheit, welche wir ja festhalten müssen. Selbst das allerdings sündhafte Uebergewicht der sinnlichen Antriebe, die gewaltsame Herrschaft der Leidenschaften, die lüsterne, unreine Stimmung der Seele, ist ein Werk des sinnlich schwachen Willens und des von ihm mißleiteten, verkehrten Verstandes. Die Therapeuten hätten mithin ihren Willen stärken, und dadurch die Gewalt der Sinnlichkeit mäßigen, nicht aber die sinnliche Natur ertödten sollen.

Endlich entsagten ja diese Schwärmer nicht allein dem sinnlichen Genusse des menschlichen Lebens, sondern auch jeder edlen Liebe und jedem edlen Streben. Indem sie die Reizungen der Wollust flohen, entsagten sie zugleich dem schönen, alle Tugenden entwickelnden ehelichen Leben: sie entsagten der edlen Liebe zur Gattin, der treuen Gefährtin des Lebens, der Liebe zu den Kindern und der Ausübung aller der heiligen Pflichten, welche diese Verhältnisse mit sich führen. Indem sie den Reizungen der Hab- und Ehrsucht und allen den, das Gemüth aus sich selbst hinausziehenden, zerstreuenden Beschäftigungen des bürgerlichen Lebens aus dem Wege gingen, wiesen sie alle die Pflichten des guten Bürgers, des fleißigen, nützlichen Arbeiters, von sich. Welch eine Thorheit! Wie würden wir denjenigen beurtheilen, der, um sich zum wackern und tüchtigen Krieger auszubilden, alle die Uebungen triebe, welche dazu gehören, und sich alle erforderlichen Kenntnisse verschaffte, aber stets jedem Anlaß, diesen Beruf auszuüben, aus dem Wege ginge, und, selbst wenn das Vaterland in Gefahr wäre, feig und müssig zu Hause bliebe? Wäre dieß Thorheit und Unsinn, so ist der Unsinn nicht geringer, wenn man, um fromm und heilig zu werden, jeder Ausübung der Frömmigkeit geflissentlich aus dem Wege geht.

Woher kam nun aber diese Verkehrtheit? Offenbar lag die Quelle in einer freyen, aber falschen Richtung des Willens und Verstandes auf den sittlichen Trieb und dessen Gesetze. Diese Schwärmer wollten allerdings fromm und tugendhaft leben; die Freyheit des Geistes regte sich in ihnen. Sie sahen auch ein, daß der sittliche Trieb das Uebergewicht über die niedern Triebe haben müsse, und strebten mit aller Kraft des Willens sich von den Fesseln der Sinnlichkeit zu befreyen; aber das Gefühl für das Gute und der Drang der sittlichen Freyheit wurde in ihrem Gemüthe selbst wieder sinnlich und gewaltsam, überschritt das Maß, und verwandelte sich in eine Art von Haß gegen die sinnliche Natur, welcher sich auf das ganze menschliche Leben erstreckte, und sie aus der Welt in die Einsamkeit trieb. Noch täglich machen wir die Erfahrung, daß Menschen, die sich von einem Irrthum oder einem Fehler befreyen, in das entgegengesetzte Aeußerste verfallen, und auf der andern Seite im Uebermaß sündigen. Wollüstlinge werden, wenn sie von ihrem Laster zurückgekommen sind, Frömmlinge, und befleißigen sich der strengsten, übertriebensten Mäßigkeit. Hat Einer sich von der Spielsucht befreyt, so flieht er nun alle auch die unschädlichsten Spiele. War Einer ungläubig und gottlos, und wird bekehrt, so wird er bekehrungs- und verfolgungssüchtig; und ein Anderer, der sich von den Fesseln des Aberglaubens losmacht, wird ungläubig und ein Zweifler, oder gar Religionsspötter. Der heftigste Anhänger der französischen Revolution wird von der einen Einseitigkeit zur andern eines heftigen Aristokraten und Royalisten getrieben. Und alles dieses geschieht dadurch, daß das Gefühl der Mißbilligung und des Hasses gegen die frühere Verirrung sinnlich heftig und gewaltsam wird. O die Sinnlichkeit mit ihrer blendenden und verwirrenden Gewalt verfolgt unsern Geist überall hin, selbst bis auf das Gebiet der Freyheit: gerade wenn wir uns von ihr losgemacht zu haben glauben, legt sie uns die stärksten Fesseln an, die, weil wir sie nicht gewahr werden, um so unauflöslicher sind. Alle die edlen, heiligen Gefühle der Begeisterung und Andacht, der Eifer für das Gute, der Zorn und Unwille über das Böse, nehmen, je lebendiger sie sind, um so eher die Gewalt der Sinnlichkeit an sich, und treiben den Geist, der sich mitten auf der Bahn zu den höchsten Zielen glaubt, auf die Abwege der entgegengesetzten Fehler. — Zugleich müssen wir die Verirrung dieser Schwärmer darein setzen, daß ihr sittliches Gefühl nicht von Selbstsucht frey war. Sie sorgten nur für sich, ihre Heiligung und Vervollkommnung, und kümmerten sich nicht um das Leben ihrer Brüder: dieses gaben sie vielmehr, in liebloser Strenge des Urtheils, als unheilbar auf, als etwas, wofür sich nichts thun lasse, das man nur fliehen, aber nicht zu bessern versuchen müsse. Es war ein geistlicher Stolz, der sie in die Wüste trieb; sie glaubten besser zu seyn, als ihre Brüder, und achteten sich zu einer für jene unerreichbaren sittlichen Vollendung berufen. Aber diese Selbstsucht und dieser Stolz ist ebenfalls nichts als Sinnlichkeit, eine befangene, heftige, einseitige Richtung auf die eigene sittliche Ausbildung, worin man vergißt, daß man nur in Gemeinschaft mit den Brüdern vollkommen werden kann, daß man, selbst wenn man ihre Fehler bekämpft, durch die Liebe, welche man für sie fühlt und in welcher man handelt, von ihnen gehoben und im Guten gestärkt wird.

Daß nun aber die Sinnlichkeit und Selbstsucht das sonst so freye sittliche Streben jener Sonderlinge mißleitete, und sie hinderte, die wahren sittlichen Gesetze zu erkennen, und die rechte Bahn der thätigen, liebevollen Tugend zu betreten: davon lag die letzte Ursache in dem Mangel eines thatkräftigen guten Willens, eines Willens, der sich weder auf die eine, noch auf die andere Seite hätte beugen lassen, sondern sich unverrückt auf das Gebot der Tugend gerichtet hätte.

Nunmehr erschien die Sonne der Wahrheit am irdischen Himmel, und vertrieb die finstern Nebel des Aberglaubens und Irrthums. Christus trat auf mit der Lehre der ewigen Wahrheit, mit dem Lichte des göttlichen Verstandes und mit der Kraft der wahren Freyheit, durch welche er die Gewalt des Fleisches brach. Durch sein reines, von Lust und Sünde freyes, und doch heiteres Leben bewies er, daß man nicht mit mürrischer Strenge der Sinnenlust den Krieg anzukündigen braucht, und sich doch vor ihrem vergiftenden Hauche bewahren und von ihrer schimpflichen Knechtschaft frey erhalten kann. Sein Joch war sanft, und seine Last war leicht; er legte den Seinigen keine schweren Tugendübungen auf, und hielt sie nicht einmal zum Fasten, dem so gewöhnlichen Tugendmittel, an. Allerdings wollte er den Geist der Menschen von der irdischen Richtung nach oben lenken, und die Gewalt der Sinnlichkeit zerstören: Alle sollten nach dem Reiche Gottes und der Gerechtigkeit, welche Gott wohlgefällt, streben, und alles Uebrige als zufällig betrachten. Aber kein Genuß, wider den nicht das Gesetz spricht, galt ihm als unrein, das Böse, sagte er, komme nicht durch unreine Speise in den Menschen, sondern entspringe aus dem Herzen oder dem Willen; das Herz solle man rein halten, nicht die Gefäße, und nicht in der äusserlichen Reinigkeit ängstlich seyn. Von denen, welche ihm nachfolgen und das Evangelium verkündigen wollten, verlangte er, daß sie Alles verlassen, und sich einzig diesem göttlichen Berufe widmen sollten; ja, er hielt es für rathsam, sich um des Evangeliums willen der Ehe zu enthalten, um sich die Unabhängigkeit zu behaupten. Von allen seinen Bekennern foderte er, daß sie im Bekenntniß des Glaubens an ihn fest stehen, alles dafür aufopfern und ihn mehr lieben sollten als Vater und Mutter. Eben dieses den damaligen Christen bevorstehenden Kampfes wegen rieth der Apostel Paulus, der, wie Keiner vom Geiste seines göttlichen Meisters durchdrungen war, seiner Gemeinde in Korinth, daß, wer die Gabe der Enthaltsamkeit habe, ehelos bleiben möchte, um nicht von irdischen Sorgen verstrickt in der Verfolgung zu wanken. Aber keinesweges lag es im Geiste des Christenthums, die sinnliche Natur und das bürgerliche Leben zu zerstören, und mit der Liebe zum himmlischen Leben Verachtung und Haß gegen das irdische einzuflößen. Wie hätte diese trübe Schwärmerey in der göttlich reinen Seele Christi Platz finden können? Wie konnte der, welcher Fleisch und Blut angenommen, um die Menschen von der Sünde zu erlösen, das Leben im Fleisch vernichten wollen? Nein: reinigen, heiligen, veredlen wollte er es, wie er es auch in seiner Person mit dem heiligen Geiste durchdrungen und verklärt, und im Menschen das verdunkelte und entstellte Ebenbild Gottes wieder hergestellt hat.

Diejenigen, welche im trüben, befangenen Eifer für das Heil ihrer Seele, in der ängstlichen Furcht, von der Sinnenlust überrascht zu werden, sich feindselig gegen ihre sinnliche Natur wenden und sie in sich zu ertödten streben, welche die fröhliche Lebenslust ausser sich nicht ohne Haß und Verdruß betrachten können: sie mögen hintreten an die Krippe im Stalle der Herberge von Bethlehem, und das göttliche Kind, den reinen Menschenkeim, vom himmlischen Lichte umstrahlt, betrachten. Ist dieß nicht Fleisch von unserm Fleische, und doch rein von der Sünde? Ist dieß nicht ein irdisches Gebild, und doch ein Licht von sich ausstrahlend, von welchem jene Nacht und die ganze Nacht der irdischen Sinnenwelt erleuchtet wurde? Sie mögen sich im Geiste an das Grab Christi stellen, wie der Engel im himmlischen Blitzstrahl herabfährt und den Stein von der Thüre wälzt, und der Sieger des Todes und der Hölle triumphirend daraus hervorgeht, mit demselben Leibe, mit welchem er am Kreuze geblutet, an welchem der Tod seine Macht verloren, und mit dem er doch noch auf der Erde wandelte, um die Seinigen zu bestärken und sein Werk auf Erden zu vollenden.

Aber schon der Apostel Paulus bestreitet Irrlehrer, welche eine unnatürliche Härte gegen den Körper und Enthaltung von Speisen, welche doch Gott zum Genusse mit Danksagung geschaffen, empfahlen und zu heyrathen verboten. Diese Menschen hatten den Ruf der christlichen Wahrheit, daß man sich von den irdischen Gütern zu den himmlischen wenden soll, vernommen, aber mit sinnlicher Befangenheit und Heftigkeit mißverstanden, und wollten die Christen über die Trümmer des zerstörten sinnlichen und bürgerlichen Lebens zum Himmel führen. Sie empfanden den Drang nach geistiger Freyheit, aber sie wollten dieselbe dadurch gewinnen, daß sie den Feind derselben, das Fleisch, nicht bekämpften, sondern ertödteten. Sie suchten irriger Weise die Quelle der Sünde in den sinnlichen Trieben, da sie doch in dem sinnlich schwachen Willen liegt, und glaubten jene zu verstopfen, wenn sie das Fleisch schwächten und zerstörten, statt daß sie den Willen hätten stärken und im Kampfe mit den Begierden üben sollen.

Nachdem die Apostel von hinnen geschieden, nahm diese Verkehrtheit in dem Grade zu, als der christliche Geist von seiner Reinheit und Lebendigkeit verlor. Häufig fanden sich nun in den christlichen Gemeinden Menschen, welche sich durch eine besonders strenge Lebensart den Namen der Enthaltsamen verdienten. Doch war die Verirrung dieser Menschen noch sehr zu entschuldigen, weil sie doch die menschliche Gesellschaft nicht verließen; ja, ihr Beyspiel konnte für die rohen Knechte der Sinnlichkeit erweckend und heilsam werden. Auch gab es schon in den ersten Zeiten, zumal in Aegypten, wo der menschliche Geist von jeher für die schwärmerische, trübe Stimmung empfänglich gewesen ist, christliche Einsiedler, welche als die Nachfolger jener Therapeuten zu betrachten sind. Viele wurden durch die Christenverfolgungen in die Wüste getrieben, wo sie Schutz und Ruhe fanden. Aber seit dem vierten Jahrhundert griff die heilige Raserey um sich, und ganze Schaaren von Christen kehrten dem Leben den Rücken zu, und wanderten in die Wüste. Einer dieser Einsiedler, Antonius, ist besonders berühmt geworden. Er verkaufte seine Güter, schenkte das Geld den Armen, und ging in die Einsamkeit. Er trank Wasser, aß Brod und Salz, stillte seinen Hunger erst nach Sonnenuntergang, fastete oft mehrere Tage, durchwachte betend ganze Nächte, hatte aber doch in diesem erhöheten, gespannten Zustande satanische Versuchungen, welche ihm wahrscheinlich seine erhitzte Einbildungskraft vorspiegelte. Da sich die Einsiedler immer mehr vermehrten, so fand man es zweckmäßig, sie in gemeinschaftlichen Wohnungen zu vereinigen, und so entstand das Klosterleben. Die Mönche unterwarfen sich einer gemeinschaftlichen Lebensregel, wie sie essen, trinken, sich kleiden, arbeiten und beten sollten. Bald wurden auch Klöster in der Nähe der Städte und in den Städten selbst errichtet, und die Strenge der Selbstpeinigung nahm ab. Daher gewann die heilige Wuth von Zeit zu Zeit in Einzelnen wieder einen neuen Aufschwung; solche zogen wieder das Einsiedlerleben vor, und suchten sich durch eine besondere Strenge auszuzeichnen. Ueber den Erfindungsgeist in der Wahl der Selbstpeinigungen muß man nicht selten erstaunen. Jakob von Nisibis lebte in Wäldern, und aß nichts als rohe Kräuter und Baumfrüchte. Viele streiften unbekleidet in der Wüste umher, genossen nichts als rohe Pflanzen, und wurden daher die Grasenden genannt. Julianus Sabbas wohnte in einer Höhle, und genoß Kleyenbrod mit Salz. Marcian wohnte in einer einsamen Hütte, und nahm nur so viel Nahrung zu sich, daß er sich eines unaufhörlichen Hungers rühmen konnte. Viele, wie Petrus aus Galatien, wohnten in Grabmählern, um das Bild des Todes beständig vor Augen zu haben. Eusebius verschloß sich in eine Hütte, wo er kein

Licht sah und keinen Menschen sprach. Theodosius von Rhosus saß beständig an Hals, Hüften und Armen mit Klumpen von Eisen behängt. Eine Einsiedlerin, Cyra, lebte, in ein einsames Haus eingemauert und an einen schweren Block Eisen angeschmiedet. Akepsimus verließ in sechzig Jahren seine Hütte nicht, und nährte sich mit aufgequellten Linsen. Baradatus saß in einem Gitterkasten, der oben auf einem Berge stand. Thaleläus wohnte in einem Käfich, der an Pfählen aufgehängt war. Alle aber übertraf Simeon der Säulenmann, welcher sich den Ruhm erwarb, einen großen Theil seines Lebens auf einer Säule stehend zugebracht zu haben. Als der Körper die Anstrengung nicht lange genug aushalten wollte, ließ er sich auf der Säule einen Balken aufrichten, an den er sich mit Ketten festband. So konnte er vierzig Tage ohne Speise zubringen. Welch ein Gottesdienst! Welch eine bis zum Wahnsinn gesteigerte Verkehrtheit des sittlichen Strebens! Diese Andachts- und Tugendübung des Stehens auf Säulen ist für diese ganze Art von Verirrungen sehr bezeichnend. Man wollte sich über das irdische Leben zur übersinnlichen Beschauung erheben, man vermochte es aber nicht mit der freyen Kraft des Geistes, sondern bedurfte dazu einer irdischen Unterlage; man erhob sich nur einige Schuhe über die Erde, welche den sinnlichen Geist immer gefesselt hielt.

So ist bis in die spätere Zeit des Katholicismus der menschliche Erfindungsgeist in dieser heiligen Raserey thätig gewesen. Ein gewisser Dominicus, genannt der Gepanzerte, trug fünfzehn Jahre einen eisernen Panzer auf bloßem Leibe, zwey eiserne Reifen um denselben und zwey dergleichen um die Arme. Täglich sang er die Psalmen zweymal durch, und zugleich strich er sich unaufhörlich mit Ruthen. Gegen das Ende seines Lebens legte er auch noch an die Schenkel und Füße eiserne Reifen. Franciscus von Assisi erwarb sich den Ruhm der Heiligkeit durch die übertriebenste Selbstpeinigung, die unnatürlichste Verachtung aller Lebensbedürfnisse und die härtesten Proben selbstaufgelegter Leiden, und der von ihm gestiftete Mönchsorden diente Gott im Gewerbe des Bettelns, welches wir mit Recht als ehrlos betrachten. Selbst nach der Reformation nahm die Mönchsraserey einen neuen Aufschwung; der Orden von La Trappe entstand, dessen Uebungen den höchsten Grad von Grausamkeit und Haß gegen die menschliche Natur erreichten.

Wir wollen nicht leugnen, daß Manche, welche sich diesem willkürlichen Gottesdienst ergaben, es nicht nur mit wahrem, aufrichtigem Eifer thaten, sondern auch in der Abgezogenheit und Einsamkeit eine Stufe des Nachdenkens, der Geistessammlung und höheren sittlichen Richtung erreichten, welche sie im weltlichen Leben nicht erreicht haben würden, und daß selbst die menschliche Gesellschaft davon wieder einen nicht unbedeutenden Gewinn zog. In jenen Zeiten war die Gewalt der sinnlichen Rohheit zu stark, als daß sich die einzelnen Besseren hätten derselben widersetzen können, ohne einen ausserordentlichen Weg einzuschlagen. Sie verließen das bürgerliche Leben, widmeten sich in der Einsamkeit der Beschauung, befestigten sich in der höheren Geistesrichtung und erwarben sich den Ruf der Heiligkeit. Dann mit dem klaren Blicke des gen Himmel gerichteten Auges und im Strahlenschein des heiligen Ansehens traten sie von Zeit zu Zeit hervor, wenn die Welt ihrer bedurfte, und stifteten Frieden, lösten die Verwirrung, gaben Rath, ermahnten, straften. So wirkte der heil. Bernhard von Clairvaux, der nie in seiner Einsamkeit die Kirche und deren Heil aus dem Auge verlor, und oft als Herold der Wahrheit und als Engel des Friedens hervortrat. — Wer hat die Schweiz durchwandert und nicht die Stätte besucht, wo Nikolaus von der Flue, der heilige Einsiedler, gehaußt hat? Nicht daß er angeblich viele Jahre ohne alle Nahrung ausser dem Genusse des heil. Abendmahls gelebt, daß er auf harten Bretern geschlafen und einen Stein zu seinem Kopfkissen gebraucht, können wir ihm zum Verdienst anrechnen; ja, wir tadeln es mit Recht vom Standpunkt unserer Zeit aus, daß er Weib und Kinder verlassen und sich in die Einsamkeit zurück gezogen hat: aber für seine Zeit war er doch eine heilbringende Erscheinung. Als die Boten der Schweizerorte zu Stanz eine Tagsatzung hielten, und um die Theilung der Burgunder Beute, um die Aufnahme der Städte Solothurn und Freyburg und um andere Dinge in Hader und Zerwürfniß geriethen, so daß man fürchtete, die Eidgenossenschaft werde sich auflösen, und wohl gar gegen einander das Schwert ziehen: da brachte jemand dem Bruder Nikolaus die Kunde, und dieser verließ seine Hütte und trat in die uneinige Versammlung. Alle erhoben sich ehrfurchtsvoll von ihren Sitzen, als der heil. Mann in hagerer, abgezehrter Gestalt, mit der hohen Würde eines göttlichen Boten, in ihrer Mitte erschien. Er ermahnte sie im Namen des Gottes, der ihnen und ihren Vätern soviel Siege gegeben, zur Eintracht, warnte sie vor Habsucht und Partheiung, und rieth, die beiden Städte, welche so tapfer für die Eidgenossenschaft gekämpft, in den Bund aufzunehmen. Aller Herzen waren von den Worten des frommen Mannes gerührt und bewegt, und ehrfurchtsvoll gehorchten sie ihm, so daß in einer Stunde aller Streit verglichen war. Die Verblendeten und Befangenen! Mußte sich die Wahrheit in die gespenstische Gestalt eines der Welt abgestorbenen frommen Sonderlings kleiden, um Gehör bey ihnen zu finden? Aber so sind die Menschen: sie bedürfen des sinnlichen Eindrucks, der leitenden Gewalt des Ansehens. Und ist es in unserer Zeit besser? Hat die reine geistige Kraft der Wahrheit mehr Gewalt über die Völker und ihre Herrscher? Leider gibt es bey uns nicht mehr solche ausserordentliche Erscheinungen frommer Würde und heiligen Ansehens; wir bedürften sie wohl, damit denen, die im Götzendienste der Macht und Herrschsucht befangen sind, die Anerkennung der ewigen Gesetze der Gerechtigkeit abgenöthigt, und sie aus ihrer Sicherheit aufgeschreckt würden. Des Verstandes, der Einsicht haben wir genug; aber die heilige Scheu fehlt uns, und die sittliche Kraft der Selbstbeherrschung.

Die verletzte Natur rächt sich immer, und so waren auch diese Verkehrtheiten nicht ohne die verderblichsten Folgen für diejenigen selbst, die denselben nachhingen, und für die menschliche Gesellschaft. Viele ergaben sich der heiligen Enthaltsamkeit, ohne die Naturgabe dazu empfangen zu haben: und so erlagen sie der Last, welche sie sich muthwillig aufgeladen hatten. Viele Klöster wurden, anstatt der Sitz der Keuschheit zu seyn, die Freystätten der abscheulichsten Laster, und ihre Bewohner trugen das Gift derselben in den Schooß der Familien, in welche ihnen der sie umgebende Schein der Heiligkeit Zutritt verschaffte. Der Wahn, daß der ehelose Stand Gott wohlgefälliger sey, wurde für die Geistlichen zum Gesetz, und schied sie nicht nur aus dem Familien-Leben ab, und entfremdete sie den edlen Gefühlen der Elternliebe, sondern machte sie nicht selten zu Verführern der arglosen Unschuld. Als dieser Wahn, daß man durch Ehelosigkeit einen höheren Grad von Vollkommenheit erreiche, die erste frische Gewalt auf die Gemüther ausübte, wurde manches Eheband zerrissen, manche liebende Gattin sah sich mit ihren Kindern verlassen; und welche Zerstörung hat schon allein die gewaltthätige Weise, mit welcher besonders seit Gregor VII. die Priesterehelosigkeit erzwungen wurde, in den Familien angerichtet! Gleich unsinnig und verderblich war der Zwang des Gelübdes, welcher bald ins Mönchsleben eingeführt wurde, vermöge dessen kein Rücktritt möglich war. Freywillig hätte doch wenigstens diese Lebensart seyn müssen, wenn sie einen Sinn und Zweck haben sollte. Aber nicht nur wurden die Verblendeten das Opfer ihrer eigenen Thorheit, sondern auch Kinder wurden von ihren Eltern, zufolge unbesonnener Gelübde, überredet und gezwungen, der Welt zu entsagen. War es zu verwundern, wenn solche die Pflichten nicht erfüllen konnten, die sie nicht freywillig übernommen hatten? Aber wehe ihnen, wenn ihre Treulosigkeit entdeckt wurde! Wie manche Jungfrau, welche der Verführung erlegen war, oder einen Versuch zur Flucht gemacht hatte, ist lebendig eingemauert, eines grausamen Todes gestorben! Das sind die schrecklichen Folgen, wenn der Mensch im verblendeten Eifer einem Gaukelbilde der Pflicht nachjagt, und die ewigen Gesetze, welche Gott in die Natur gelegt, mit schnöder Willkür mißdeutet und verkehrt; das ist der Fluch des willkürlichen Gottesdienstes!

Preisen wir den Gott der Wahrheit, daß er uns durch das wiedererweckte Licht des Evangeliums von diesen Verirrungen zurückgelenkt hat! Solcher zerstörende, gegen die menschliche Natur wüthende Unsinn kann in der evangelischen Kirche keine Wurzeln mehr schlagen. Aber ganz sind wir noch nicht von dem Mißverständniß frey, die Ausübung der Pflicht und den reineren Gottesdienst in der Unterdrückung der sinnlichen Lebenslust zu suchen. Es gibt eine fromme Stimmung und Geistesrichtung, welcher viele, sonst achtbare Glieder der evangelischen Kirche nachhängen, mit welcher eine gewisse düstere, strenge Abgezogenheit vom Leben, und das dunkler oder deutlicher im Bewußtseyn getragene Vorurtheil verbunden ist, daß die Freude am Lebensgenuß eines Christen unwürdig sey. Man beobachte solche Menschen unbefangen: sie sind meistens ehrliche, wohldenkende, treue und zuverlässige Menschen; aber die frische Lebenskraft fehlt ihnen, sie gleichen Pflanzen, welche im Schatten aufgewachsen, und vom Lichte der Sonne nicht geweckt und durchglüht, farblos und matt blühen. Sie halten sich freylich von den Verderbnissen frey, welche die fröhlichern, freyeren Sitten mit sich bringen; aber sie erkaufen diese Sittenreinheit mit einer öden, düstern Stille des Lebens. Sie verachten die Ehe nicht; aber die Neigung der Liebe, welche den Jüngling und die Jungfrau mit den Banden der Sehnsucht an einander zieht und sie für das Leben zu Einem Fleisch, zu Einer Seele zusammenknüpft, welche ihrem Zusammenleben die frische, fröhliche Lebenskraft verleiht und frische, kräftige Sprößlinge hervortreibt, halten sie für etwas sündhaftes, und geben ihr bey der Wahl des Gatten keine Stimme. Die ernsten Beweggründe der Pflicht und des Gehorsams leiten sie bey ihrer Wahl; ihr Eheband ist keine That des Lebens, in welcher Leib und Geist in kräftigem, frohem Einklange zusammenwirkt, und welche Leib und Geist verknüpft; sie kennen überhaupt nicht diesen vom Schöpfer geordneten Einklang, in welchem das Leben sich fröhlich bewegen soll. Sie schleppen ängstlich und mühselig den Leib, wie eine Fessel, nach; aber die Fessel liegt in ihrem Geiste, welchem die Kraft des freyen Aufschwungs fehlt.

Eben so düster und argwöhnisch betrachten sie alle geistigen Zierden des Lebens, welche die Künste gewähren; in dem Farbenspiel der Schönheit sehen sie nur die Giftfarben der sündhaften Lust; der Rhythmus und der Zauber der Töne widerstrebt der einförmigen Stille ihrer verdüsterten Seele. Daß Gott die Welt so schön geschaffen, daß sich im Lichte der Sonne der Reiz und die Pracht der Farben entfaltet, daß er die Landschaft mit tausendfältigen Reizen geschmückt, daß er die Nachtigall und Lerche lieblichen Gesang gelehrt hat: dieß alles muß ihnen wunderlich und ärgerlich seyn. Die Natur sollte den Trauerflor tragen, um in die Klage über die Sünden der Menschheit mit einzustimmen.

Wenn man diesen Menschen die Sorge für das menschliche Leben anvertraute und es ihnen überließe, die

Ausbildung desselben zu leiten; was würde die Folge seyn? Aller Trieb und alles Leben würde daraus weichen; alle Bewegung würde stille stehen. Für die Blüthe des öffentlichen Lebens haben sie keinen Sinn, sie lieben die Absonderung und Stille, und viele wollen sogar keine Kriegsdienste thun, und keine öffentlichen Aemter verwalten; die Wissenschaften, zumal die Gottesgelahrtheit, verachten sie, wie die Künste; alle die Erfindungen und Arbeiten, welche für die Bequemlichkeit und den heitern Genuß des Lebens bestimmt sind, würden ihnen unnöthig scheinen, es sey denn, daß der Handel und das Gewerbwesen, wofür sie fast noch allein thätig sind, eine Fürsprache dafür einlegten. Das Leben würde, von ihnen geordnet und geleitet, in die Stille des Kirchhofs versinken, alles Streben der Bildung erstarren und der Lauf der Geschichte gehemmt seyn.

Auch diese Verirrung hat ihren Grund in einer gewissen Vorherrschaft der Sinnlichkeit, welche den auf die sittliche Freyheit gerichteten Willen und Verstand hemmt und irre leitet, und den frommen Gefühlen eine Vorherrschaft verleiht, wodurch diese die freye Regung der Liebe und des Strebens zur Vollkommenheit unterdrücken. Dieß erhellet auch daraus, daß diese Menschen in den frommen Gefühlen mit einer Art von Wollust schwelgen, und durch ein armseliges Spiel der Einbildungskraft mit gewissen frommen Vorstellungen und Bildern tändeln; besonders aber erhellt es aus ihrer Abneigung vor dem klaren, freyen Nachdenken über die heiligen Wahrheiten. Der Verstand ist in ihnen verdunkelt durch die Macht der Gefühle, welcher der schwächliche Wille nicht widerstehen kann. Ja, in gewissen Arten von frommen Schwärmern bricht die Gewalt der frommen Gefühle in Raserey und körperliche Zuckungen aus, welche sich durch Ansteckung, gleich der Krankheit des Veitstanzes, auf die ganze Versammlung verbreiten. So wirkt nicht der Geist Gottes, der heilige Trieb der sittlichen Natur, welcher den Menschen frey macht, und ihm die Herrschaft über sich selbst verleiht: das ist die dunkle Macht des Fleisches, welche selbst die sittlichen Regungen trübt und verwirrt, und in ihren Dienst nimmt.

Auch der geistliche Stolz, mit welchem diese düstern, schwärmerischen Frommen alle Anderen, die nicht in ihrer Stimmung und Lebensansicht sind, als Gottlose und Verirrte betrachten, und sich von ihnen absondern, und dessen Quelle die selbstsüchtige Befangenheit ist, dient zum Beweise, daß ihre Geistesrichtung noch unter der Macht der Sinnlichkeit steht. Sie erkennen nicht die Wahrheit, daß die Liebe oder die sittliche Gesinnung höher, als der Glaube und die Hoffnung, ist: wenn sie recht liebten, wenn sie die Sorge für das Wohl ihrer Brüder in einem warmen Herzen trügen, und die Verbesserung und Vervollkommnung des menschlichen Lebens mit reinem Eifer zu fördern suchten: so würden sie über die Verschiedenheit des Glaubens und der frommen Stimmung hinwegsehen, mit Allen in den großen öffentlichen Bund der thätigen, begeisterten Liebe treten, und, wenn sie sich frömmer und reiner fühlten, als Muster und Vorbilder vorangehen, und Alle in Liebe und thätiger Begeisterung übertreffen.

Blicken wir zurück auf den unendlichen Irrgarten menschlicher Verkehrtheit, von dessen mannichfaltig verschlungenen Richtungen und Bahnen wir nur die wichtigsten verfolgt und eine Menge von Nebenwegen vorbeygelassen haben: so wird uns vor uns selbst bange. Wie schwach ist der menschliche Wille, wie leicht ist er von der Sinnlichkeit zu überwinden! Wie schwach ist der menschliche Verstand, wie leicht mit Blendwerken zu täuschen! Wie mannichfaltig sind die Verführungskünste der Sinnlichkeit, und wie gewandt weiß sie die Rollen zu wechseln! Selbst in das heilige Gewand der Tugend und Frömmigkeit hüllt sie sich ein, um ihre Wolfsgestalt zu bedecken, und den blöden Verstand zu täuschen; selbst in die hohen, seligen Gefühle der Andacht mischt sie das Gift der Lust, und in ihren lockenden Sirenengesang webt sie selbst die Anklänge himmlischer, heiliger Töne. Mit Sehnsucht blicken wir nach dem Lichte der wahren Weisheit, das uns aus dieser finstern Nacht, aus dieser noch mehr verwirrenden Dämmerung den Ausweg zeigen soll. — O erscheine, du Führerin des Lebens! zerstreue die Nebel des Trugs, laß deine untrügliche Stimme mit dem Rufe des Heils, mit dem Worte der Wahrheit vernehmen, belehre, erleuchte, führe uns, geh' uns voran mit deiner lichten Gestalt, und zeige uns den Weg ins Land der Freyheit, wo die Sonne der Wahrheit strahlt und unter ihrem erweckenden Einflusse das Leben in gesunder, frischer Kraft, im anmuthigen Spiele der Farben, im Wohllaut der Bewegung, blüht und spielt und tönt, wo der Ernst mit der Lust, das Erhabene und Heilige mit dem Heitern und Anmuthigen in Einklang verschmilzt, und aller Zwiespalt und Mißlaut sich auflöst!

Eilfte Vorlesung.

Die Vernunft und Weisheit: Verstand und Vernunft; deren Verhältniß; vernünftiger oder vollkommen freyer Verstand: Weisheit, der umfassende Verstand; worin sie besteht.

In mehreren Vorlesungen haben wir die Art und Weise, wie der Wille und der sittliche Verstand oder das Bewußtseyn sittlicher Lebensregeln ausgebildet und verbildet wird kennen gelernt, und gesehen, daß nicht nur die Sinnlichkeit und die verkehrte Richtung der Gewohnheit, sondern selbst die nach Freyheit strebende Willkür den Menschen auf Abwege treiben, ihn in Laster und Verkehrtheiten stürzen, und selbst die Gesetze des sittlichen Triebes durch Mißverständniß zum Blendwerk und Irrlicht machen. Wir sahen, daß der fromme Eifer nicht weniger, als die Leidenschaft, das Leben zerrüttet, die edelsten Gefühle mit Füßen tritt, Haß und Feindschaft stiftet Verfolgung erregt, Zerstörung und Blutvergießen verbreitet. Der willkürliche Gottesdienst ist eine nicht weniger reiche Quelle des Unheils für das Menschengeschlecht, als die verderbte Sinnlichkeit und Gewohnheit, nur daß jener eine der wahren sittlichen Freyheit nähere Stufe, als diese, ist.

Der vollkommen freye Verstand, den keine zur Leidenschaft gewordene Begierde des sinnlichen Triebes, keine Fessel der Gewohnheit, kein Mißverständniß der Triebe der Vollkommenheit und Sittlichkeit und kein leidenschaftliches Uebergewicht der an sich reinen und guten Gefühle in seiner freyen Selbsterkenntniß und Lebensansicht mißleitet, behindert und verblendet, welcher jedem Triebe der Natur nach Maßgabe der ihm zukommenden Wichtigkeit Gehör gibt und Befriedigung verschafft: ein solcher Verstand wird den Namen der Vernunft verdienen; denjenigen Menschen, der in einem solchen freyen verständigen Selbstbewußtseyn lebt, werden wir vernünftig nennen.

Hier kommt der wichtige Unterschied des Verstandes und der Vernunft zur Sprache, den wir ins Klare zu setzen suchen müssen.

Erstens unterscheidet sich der Verstand von der Vernunft, wie das Mittelbare, Gebildete, von dem Unmittelbaren, Natürlichen. Die Vernunft lebt unmittelbar im Menschen, und ist einem jeden, der geistig gesund ist, eigen, als Gabe der Natur. Der Verstand aber ist mittelbar, und bildet sich erst durch Gewöhnung, Erziehung und andere Anregungen und Einflüsse der Bildung. Der Verstand ist die bewußte, abgespiegelte, reflectirte Vernunft oder das ausgebildete Bewußtseyn unser selbst.

Daraus folgt ein zweyter Unterschied, daß nämlich die Vernunft in allen von der Natur nicht verwahrlosten Menschen dieselbe, der Verstand hingegen verschieden ist, und auf verschiedenen Stufen der Bildung steht. In dem Einen ist der Verstand noch sinnlich befangen, in dem Andern steht er unter der Herrschaft der Gewohnheit, in dem Dritten ist er im Zustande der vordringenden, aber noch nicht ihrer selbst mächtig gewordenen Freyheit oder Willkür, in dem Vierten endlich ist er vollkommen zur freyen Erkenntniß des eigenen Innern und der Aussenwelt gelangt.

Hiermit hängt nun der dritte und Hauptunterscheid zusammen, daß der Verstand irren kann, die Vernunft aber nicht. Wir haben gesehen, wie der Verstand theils durch die Sinnlichkeit, theils durch die Gewohnheit, theils durch halb freye Willkür, immer aber eigentlich durch die Gewalt der sich überall eindrängenden Sinnlichkeit, irre geleitet wird. Die Vernunft hingegen bleibt in ihrem unmittelbaren Leben und Wirken immer dieselbe. Lebt ein Mensch ihren Gesetzen zuwider, so geschieht es dadurch, daß er ihr in der Richtung seines Verstandes untreu geworden und gleichsam von ihr abgefallen ist. Die Vernunft kann freylich im Menschen in dem Grade unterdrückt werden, daß sie als nicht vorhanden anzusehen ist; aber dieß geschieht nur durch die Verkehrtheit des Verstandes und die verderblichen Folgen derselben, durch lasterhafte Leidenschaften und die Krankheit der Seele und des Leibes, welche dadurch herbeygeführt wird. Aber so wenig die Natur sich selbst untreu wird, wenn sie durch verderbliche Einflüße zerrüttet wird, sondern immer fort nach den ihr eingeprägten Gesetzen wirkt, selbst dann, wenn ihre Kräfte sich in Gift und Krankheitsstoff verwandeln: eben so wenig wird die Vernunft sich selbst ungetreu; selbst dann, wenn der Geist in Wahnsinn verfällt, und seine Kräfte sich in gewaltsamer, zerstörender Wirkung äussern, bleibt sie ihren Gesetzen getreu.

Dieß ist eine äusserst wichtige Wahrheit. Es gab eine Zeit, und sie ist noch nicht lange vorüber, wo man in der Sprache die Ausdrücke Verstand und Vernunft verwechselte, und daher diese Wahrheit verkannte, so daß man die Quelle menschlicher Verkehrtheit und Irrthumsfähigkeit in die menschliche Vernunft setzte, da sie doch allein im Verstande liegt. Luther eiferte sehr gegen den Gebrauch der Vernunft in Erkenntniß des Glaubens; aber er meinte den Verstand, welcher allerdings viel Verwirrung angerichtet hatte durch die Spitzfindigkeiten der Schulgelehrten und die Willkür der herrschsüchtigen Priester. Weil man diesen Sprachgebrauch beybehielt, und nicht den Unterscheid zwischen Verstand und Vernunft beachtete: so hat sich bis auf unsere Zeiten das Vorurtheil fortgepflanzt, daß die Vernunft der göttlichen Dinge unfähig sey, und aus ihr aller Unglaube und Aberglaube fließe. Allerdings ist sie endlich und beschränkt, weil sie in endlichen, unvollkommenen Geschöpfen erscheint; aber in dieser Beschränktheit ist sie der übersinnlichen Wahrheit auf eine gewisse Weise empfänglich. Sie ist auch vermöge ihrer Endlichkeit schwach und hat keine vollkommene Selbstständigkeit; aber jene Verderbniß der Erkenntniß und des Willens, welche wir mit Recht als ursprünglich betrachten, und mit dem Namen Erbsünde benennen, hat ihren Sitz im Willen, welcher, wie wir gesehen haben, dem Einflusse der Sinnlichkeit unterliegt, und durch seine verkehrte Richtung auch den Verstand mit verkehrt. Die Vernunft ist an sich unschuldig, wie die Natur; und nur durch den Einfluß, den die Verbildung und Verderbniß auf die Natur äussert, so daß diese in unserm jetzigen Zustande nie mehr so rein erscheint, wie sie aus der Hand des Schöpfers hervorgegangen, wird die Vernunft in den einzelnen Menschen Theilnehmerin der Verkehrtheit des Willens und Verstandes.

Was ist nun aber die Vernunft? Wir verstehen darunter allgemein genommen, das ganze geistige Leben des Menschen mit den demselben von der Natur eingedruckten Gesetzen, und diesen gemäß sich entwickelnd und gestaltend. Der Verstand ist mit seiner Thätigkeit selbst ein Theil von ihr, und zwar, nebst dem Willen, ihr vorzüglichstes Werkzeug. In der Erkenntniß des Verstandes und den Thaten des Willens erscheint allein das verborgene Wirken der Vernunft; wo wir etwas Vernünftiges erblicken und erkennen, da erscheint es uns in den Formen der Sprache und den Werken der vom Willen geleiteten Hände. Nur in der Gestalt und Bewegung des menschlichen Leibes tritt uns die Vernunft als in ihrem Abbilde gleichsam in ihrer ganzen Erscheinung entgegen; aber von der Ausbildung des Willens und Verstandes wird die Vollkommenheit ihrer Erscheinung abhängen, und je gebildeter der Mensch ist, desto mehr werden wir ihn als den Stellvertreter der Vernunft gelten lassen. Weil nun, wie wir gesehen haben, der Wille und Verstand fast nie von Irrthum und Verkehrtheit frey sind: so gibt es eigentlich keine reine und vollkommene Erscheinung der Vernunft; und in wie fern sie in den einzelnen Menschen erscheint, in so fern ist sie auch nicht von Irrthum und Sünde frey. Sie ist ein Urbild, von welchem es mehr oder weniger unvollkommene Abbilder gibt, das aber selbst in seiner vollendeten Herrlichkeit und Schönheit in der Wirklichkeit nicht vorkommt. Man pflegt sie auch eine Idee oder den Inbegriff aller Ideen zu nennen; Idee nämlich heißt Urbild, Uranschauung, Urerkenntniß.

Im engern Begriffe versteht man unter der Vernunft die unmittelbare Erkenntniß des Menschen. Sie hat ihren Namen vom Vernehmen, und ist sonach das Vermögen der Vernehmung. Diese Vernehmung ist theils eine sinnliche und äussere, theils eine innere und geistige. Durch die erstere, mittelst der Sinne, erkennen wir das Daseyn der Welt in Zeit und Raum mit ihren Gesetzen; durch die zweyte werden wir der geistigen und übersinnlichen Welt, welcher unser eigener Geist angehört, und ihrer Gesetze inne: beydes zusammen macht die Offenbarung Gottes in der Natur aus. Mit den innern und äussern Werkzeugen unsers Geistes, mit unsern Sinnen und unserm Verstande, mit welchen wir die Dinge, deren Gesetze und uns selbst erkennen, vernehmen wir eigentlich nur das, was uns Gott in seiner Schöpfung offenbart; und es ist eine Selbsttäuschung, wenn wir uns in dieser Erkenntniß für unabhängig halten. Diese Vernehmung ist die erste und letzte Quelle aller Wahrheit, aus welcher das Kind seine erste Erkenntniß und Geistesnahrung, aus welcher der reife, denkende Mann immer neue Anregungen und Enthüllungen empfängt, und aus welcher noch der Greis, der mit aller menschlichen Erkenntniß gesättigt ist, die Vorahnungen der Ewigkeit mit sehnsuchtsvollem Herzen schöpft. Alles, was der Verstand erkennt, kommt aus der Vernunft; der Verstand ist an sich leer, ein bloßer Beobachter und Bildner; den zu bildenden Stoff empfängt er erst aus der Vernunft; was ihm nicht die Natur und der Geist offenbart und darreicht, kann er nicht erkennen, noch gestalten. Das ganze Gebäude der Naturwissenschaft besteht aus dem Stoffe der Erfahrung, welcher uns von den Sinnen geliefert ist; und der Verstand hat diesem Stoffe nur das Gepräge der gesetzmäßigen Einheit aufgedrückt, und denselben zum Gegenstande einer deutlichen Erkenntniß gemacht. Derselbe Fall ist mit dem Gebäude der Wissenschaft, welche die Natur und Gesetze des Geistes selbst zum Gegenstande hat. Der Verstand hat dabey nichts gethan, als daß er den Geist in seiner innern Erscheinung und Thätigkeit beobachtet, und die Gesetze desselben in Zusammenhang gebracht hat. Die Erkenntniß der Gesetze, nach welchen wir die Welt ausser uns vorstellen und denken, und nach welchen wir uns des geistigen Lebens bewußt werden, macht dasjenige aus, was wir Wahrheit nennen. Alle Wahrheit liegt unmittelbar in der Vernunft, und der Verstand erkennt sie erst mittelbar durch die Formen der Begriffe und des Denkens überhaupt. Aber die Erkenntniß der Wahrheit ist freylich immer nur Sache des Verstandes; in der Vernunft liegt der Stoff derselben, und der Verstand bildet daraus ein Gebäude selbstbewußter Erkenntniß.

Zu der Selbsterkenntniß des Geistes gehört auch die Erkenntniß der Gesetze des Handels, der sittlichen Gesetze. Diese liegen so, wie sie Gott unserer Natur eingedrückt hat, in der Vernunft unmittelbar. Wie der körperliche Stoff dem Gesetze der Schwere gehorcht und die Kraft der Anziehung äussert: so lebt auch die Vernunft mit unwandelbarer Nothwendigkeit in ihren

Gesetzen. Sie vernimmt sie als eine göttliche Offenbarung, und gehorcht ihnen mit kindlicher Treue. Sie vernimmt sie mit dem Herzen, aus welchem die Triebe entspringen. Das Herz ist theils sinnlich erregbar und nach aussen gewandt, so wie die Sinne, welche ihm die äusserlichen Erregungen zuführen; theils ist es nach dem ewigen, unwandelbaren Wesen des Geistes hingerichtet, so wie es auch in uns eine unmittelbare Erkenntniß unseres ewigen geistigen Seyns gibt. Die Vernunft ist in diesen empfangenen Erregungen des Herzens untrüglich; sie vernimmt nichts als die Gesetze der Natur und des Geistes: die Sinnlichkeit empfindet, wie sie ihren Gesetzen gemäß empfinden soll; der geistige Trieb des Herzens fühlt, wie er seinen Gesetzen gemäß fühlen soll; hier ist kein Irrthum, kein Trug, keine falsche Richtung. Diese von der Vernunft vernommenen Gesetze soll nun der Verstand beobachten, anerkennen, verstehen. Aber er ist es, der in diesem Verständniß irret, indem er sich von der Sinnlichkeit blenden und verleiten läßt, und ihr hinwiederum schmeichelt und nachgibt. Der Verstand und der Wille irren und sündigen, indem sie der Vernunft untreu werden. Die richtige Erkenntniß der sittlichen Gesetze kann freylich nur durch den Verstand geschehen, welcher uns alles zum Bewußtseyn bringt; aber unabhängig von ihm liegen sie in der Vernunft.

Wenn nun der Verstand des Menschen die Wahrheit, wie sie in der Vernunft liegt, richtig erkennt, so sagen wir: er denkt vernünftig, er hat Vernunft. Wir wollen damit sagen, die Vernunft, die er ohnehin hat, sey in ihm mittelst des richtigen Verstandes zum Bewußtseyn gekommen.

Noch aber schränkt man den Begriff der Vernunft auf die Urtheilskraft des Menschen ein; wir nennen denjenigen besonders vernünftig, welcher richtig urtheilt. Ein richtiges Urtheil nämlich ist die richtige Anwendung einer richtigen allgemeinen Regel, einer Regel der Vernunft, auf einen besondern Fall, z. B. wenn man etwas für gut und recht erklärt, was wirklich jeder vernünftige Mensch für gut und recht hält. Durch dieses vernünftige Urtheil wird alle Erkenntniß der Wahrheit erst bewährt und verwirklicht. Es ist möglich, daß ein Mensch richtig denkt im Allgemeinen, daß er richtige Regeln der Wahrheit und Gerechtigkeit hat, daß er aber im besondern Falle nicht richtig urtheilt, diese Regeln nicht richtig anwendet: dann, er mag noch so vernünftig denken, werden wir ihn doch nicht überhaupt einen vernünftigen Mann nennen, weil er in dieser Probe des vernünftigen Urtheils nicht besteht.

Da jeder Mensch für sich ein besonderes Wesen ist, und mit seiner Erkenntniß und Handlungsweise, worin immer eine besondere Eigenthümlichkeit liegen wird, sich nach allgemeingültigen Gesetzen zu bilden hat: so ist es immer ein Werk der gesunden, richtigen Urtheilskraft, wenn er diese Gesetze erkennt und befolgt: er unterwirft sich, ein Besonderes, dem Allgemeinen, er bringt die allgemeinen Gesetze der Welt in sich zur Anwendung, er urtheilt richtig über sich und sein Leben. Und so können wir bey diesem Begriff der Vernünftigkeit stehen bleiben: es ist die Unterordnung alles Besondern unter allgemeingültige Gesetze, oder die Bewährung und Verwirklichung dieser Gesetze im Besondern und Einzelnen.

Vernünftig ist das Leben der Menschen, wenn sie nach den allgemeingültigen Gesetzen der Sittlichkeit leben; vernünftig ist eine Staatsverfassung, wenn darin die ewigen, allgemeingültigen Gesetze der Gerechtigkeit ausgesprochen und verwirklicht sind; vernünftig ist die Erziehung, wenn sie den wahren Gesetzen der Menschenbildung gemäß geführt wird.

Daß nun eine sittliche Lebensansicht nur dann vernünftig seyn könne, wenn der Verstand des Menschen, frey von der Macht der Sinnlichkeit und Gewohnheit und von dem Eigensinne der Willkür, die wahren sittlichen Gesetze zum Bewußtseyn bringt, ist durch sich selber klar. Der Verstand kann nämlich die Vernunft nicht beobachten, wenn er nicht frey und besonnen alle Seiten des menschlichen Lebens, alle Triebe des Herzens in Erwägung zieht, wenn er sich von der Sinnlichkeit blenden, von der Gewohnheit verstocken, von der Willkür auf Abwege treiben läßt. Die allgemeingültigen, obersten Gesetze des Handelns liegen im sittlichen Triebe: um diese aber zu verstehen, muß er dem Dienste der Sinnlichkeit und Gewohnheit entsagt, und sich nicht irgend einem Blendwerke selbst erfundener Pflicht ergeben haben. Unvernünftig sind alle die Lebensweisen, welche wir als Verirrungen des sittlichen Verstandes aufführten; unvernünftig ist der lasterhafte Knecht der Sinnlichkeit; der Gewohnheitsmensch und der abergläubige Diener des willkürlichen Gottesdienstes. Die Freyheit des Verstandes und Willens, welche wir als die oberste Stufe des sittlichen Lebens bezeichnet haben, enthält die wahre sittliche Kraft und Richtung des Gemüths, aber es ist die Vernunft, welcher der freye Verstand gehorcht, deren Gesetze er erkennt und befolgt.

Was ist es nun aber, was der Freyheit des Willens und Verstandes einen solchen Werth gibt, daß wir darin die sittliche Vollendung finden? Das sehen wir wohl, daß der Verstand nur mittelst der Freyheit die wahren sittlichen Gesetze erkennen und der Wille sie befolgen kann; aber wenn nun durch menschliche Wissenschaft oder göttliche Offenbarung die sittliche Wahrheit erkannt ist, so könnte man es ja für hinreichend halten, wenn die Menschen dieselbe durch Unterricht empfingen, und durch Zwang und Gewohnheit dahin gebracht würden, darnach zu leben. Wozu bedürfte es dann der freyen, erfindenden Erkenntniß und der sich selbst bestimmenden Willenskraft? Setzen wir den Fall, daß die sittlichen Gesetze des Christenthums nicht nur im Religionsunterricht richtig mitgetheilt würden, sondern daß darnach auch die Staatsgesetze eingerichtet und die Regierung und Rechtspflege verwaltet wären; so scheint ja nichts weiter nöthig zu seyn, als daß alle Menschen nur diesen Gesetzen nachlebten, und dieß ließe sich vielleicht durch die Mittel der Erziehung und der öffentlichen Sittenzucht erreichen. Dann würden wir, könnte man hoffen, gerecht und ruhig leben, alles wäre in Ordnung gebracht, und bewegte sich in seinem Gleise: keine Laster und Verbrechen würden ausgeübt, ein jeder könnte ungestört seinen Weg wandeln, und ein allgemeiner Friede beglückte die Menschheit.

Angenommen, daß dieses alles möglich wäre, daß sich das ganze menschliche Leben, wie eine wohlgesittete Gesellschaft, in die Gesetze der Ordnung und des

Friedens fügen ließe: so wäre dieser Zustand doch nicht das wahre Ziel, wornach wir mit unserer Sittenbildung streben. Ein solches Leben wäre nicht wahrhaft sittlich, sondern nur gesittet und gesetzlich; die Gewohnheit und die Gewalt herrschte, nicht die Tugend. Die äusserliche Erscheinung der Sittlichkeit wäre da, aber nicht ihr inneres, eigenes Leben, welches in der Gesinnung besteht. Die Gesinnung nämlich läßt sich weder auf dem Wege des Unterrichts, noch der Zucht und Gewöhnung herstellen, sondern sie ist allein das Werk des freyen Geistes. Man kann allerdings den Menschen gewisse Gesetze, Regeln und Meinungen einreden; aber wenn dabey nicht die Selbstthätigkeit des Geistes wirkt, so daß aus der Ueberredung lebendige Ueberzeugung wird, so hat ein solcher innerer Zustand nicht den Werth einer sittlichen Gesinnung, und die daraus hervorgehenden Handlungen haben nicht den Werth wahrhaft sittlicher Werke. Die Sittlichkeit soll eine geistige Richtung und That seyn; alles Geistige aber besteht in der Innerlichkeit und Freyheit. Dadurch unterscheidet sich der Geist vom Körper, daß er sich nur durch sich selbst mit Freyheit bestimmt, dieser hingegen sich leidend von aussen bestimmen läßt. Wenn nun die Seele des Menschen sich äussern Eindrücken und Anregungen leidend hingibt, ihrer Freyheit entsagt, und aus Furcht vor Strafe oder aus Begierde nach Lohn und Genuß handelt: so verleugnet sie in sofern ihre geistige Natur, und verfällt der Gewalt der Körperwelt: und das ist der geistige Tod des Menschen. Er lebt geistig nur in der Freyheit und Selbstbestimmung; die leidende Trägheit ertödtet seinen Geist.

Eigentlich besteht alles Leben in der Freyheit, auch das der körperlichen Natur; denn wir nennen nur dasjenige lebendig, was von innen heraus mit einem gewissen Maße der Kraft wirkt und bildet. Die Pflanze hat einen gewissen Grad von Leben, weil sie mit organischer Bildungskraft den sie umgebenden irdischen Stoff der Erde, des Wassers und der Luft sich aneignet und nach ihren innern Gesetzen gestaltet. Und in wie fern diese organische Kraft frey ist, in sofern ist sie auch Geist. Es ist eine schwache Erscheinung des Geistes, weil seine Kraft noch ganz in das nothwendige Getriebe der Körperwelt verschlungen ist, aber es ist immer doch eine Erscheinung des Geistes. Alles ist durch das Wort des Herrn gemacht, und aus dem Hauche seines Mundes hervorgegangen. Der Lebensstrom des schaffenden, wirkenden Geistes geht durch die ganze Natur, und alles, was ist, ist durch seine allmächtige Kraft. Im menschlichen Geist aber hat sich der durch die ganze Natur verbreitete Geist gleichsam selbst gefunden, indem derselbe sein selbst bewußt wird in der Erkenntniß, und sich selbst bestimmt in seinem Handeln. Freye Selbstbestimmung ist der hohe Vorzug des Menschen, und sich derselben vollkommner zu bemächtigen, das Ziel seiner Bildung. Das ist es auch, was das Christenthum will; das ist die Bedeutung der christlichen Erlösung. Die Menschen sollen, von den Fesseln der Sinnlichkeit gelöst, frey im Geiste leben. „Wo der Geist des Herrn ist, da ist Freyheit."

Demnach ist klar, daß durch jene Herstellung eines ordentlichen, gesetzlichen, friedlichen Lebens die sittliche Bestimmung des Menschen nicht erreicht, und das

Erlösungswerk Christi nicht vollendet würde. Aber eine solche äusserlich vollkommene Ausbildung des Lebens, wodurch die Freyheit entbehrlich gemacht würde, ist auch ganz und gar nicht möglich. Die menschliche Weisheit kann es nie dahin bringen, daß sie die sittlichen Gesetze des Lebens vollständig und in vollständiger Anwendung auf alle vorkommenden Fälle und Verhältnisse aufstellte; und selbst vom Lichte der Offenbarung geleitet, vermag sie es nicht. Das Evangelium ist die Quelle aller heilbringenden Wahrheit; aber nie kann sie erschöpft, und daraus ein genügender Lehrbegriff dargestellt werden; Keiner kann sich auf die Aussagen seiner Lehrer ganz verlassen, sondern Alle müssen immer wieder zur Quelle zurückkehren, und die Wahrheit selbst daraus schöpfen. Dieses kann aber nur mit freyem Geiste geschehen.

Erinnern wir uns an die Erfahrung, welche in dieser Hinsicht in der christlichen Kirche gemacht worden ist. Es war eine Zeit, wo der große Haufe der Christen, alles Selbstdenkens und Selbstforschens überhoben, sich einzig auf die Aussprüche der Priesterschaft über die christliche Wahrheit verließ. Welches waren aber die Folgen dieses unbedingten, leidenden Gehorsams? Der freye Geist entwich aus der Kirche, willkürliche Satzungen traten an die Stelle der wahren sittlichen Gesetze, Werkheiligkeit und Heucheley an die Stelle wahrer, lebendiger Sittlichkeit. Keine Erkenntniß kann ohne freyen Geist empfangen werden, am wenigsten aber die sittliche: man fasse sie noch so bestimmt in Begriffe und Worte, sie wird doch mißverstanden, wenn die Selbstthätigkeit des Geistes fehlt.

Die sittliche Wahrheit ist von der Art, daß, wenn sie ganz allgemein ausgedrückt wird, ihr Verständniß und ihre Anwendung erschwert wird: sie bezieht sich auf alle besonderen Verhältnisse und Fälle des Lebens, und muß sich in der Anwendung darauf bewähren: wie kann nun diese Anwendung geschehen ohne das freye, eigene Urtheil? Die Gesetzgeber und Sittenlehrer bemühen sich zwar, die allgemeinen Gesetze des Rechts und der Tugend auf das Besondere anzuwenden; aber noch ist kein Gesetzbuch abgefaßt worden, das nicht bey der Auslegung und Anwendung Zweifel zuließe, und jede sittliche Beyspielsammlung ist arm und dürftig im Vergleich mit dem reichen Leben. Dazu kommt, daß die Verhältnisse des Lebens sich ändern, die sich darauf beziehenden Gesetze veralten, und neue nothwendig werden: mithin erneuert sich beständig das Bedürfniß des freyen sittlichen Urtheils, und keine noch so weise und umsichtig abgefaßte Gesetzgebung kann dasselbe überflüssig machen.

Endlich ist die Beobachtung der Gesetze, wenn sie mit Aufrichtigkeit und Eifer geschehen soll, nicht möglich ohne den freyen sittlichen Geist, ohne die lebendige Gesinnung. Der träge, widerstrebende Wille wird nie dem Gesetze genug thun, und immer irgend etwas daran fehlen lassen: was er vollbringt, hat keine Kraft und kein Leben. Der böse Wille findet tausend Schlupfwege, auf denen er die Pflicht umgehen und die Wachsamkeit der Richter täuschen kann. Nur der Bürger von guter, freyer Gesinnung, dem die Gesetze, als wären sie von ihm selbst gegeben, am Herzen liegen, wird sie ganz und im rechten Sinne vollziehen. Keine noch so wachsame Aufsicht, kein noch so kluger Gebrauch der Zwangsmittel, welche der Regierung zu Gebote stehen, wird den Mangel eines guten sittlichen Geistes im Volke ersetzen. Umstellt die Menschen, wo sie gehen und stehen, mit hundertäugigen Wächtern, laßt die Treiber noch so fleißig die Geißel schwingen: ihr bezwingt die träge, böse Natur nimmermehr, und je mehr ihr List und Gewalt anwendet, desto mehr unterdrückt ihr die gute Natur, und ruft das Wiederstreben und die Bosheit hervor. Das sollten die Machthaber bedenken, und anstatt auf ihre Gewalt zu trotzen und Alles von der Anwendung derselben zu erwarten, den freyen Geist der Liebe in ihren Völkern zu wecken suchen. Die Freyheit kann gemißbraucht werden, aber in ihr regt sich doch das Leben; die Knechtschaft hingegen, der Zwang und Mechanismus sind der Tod.

O Freyheit! Lebenskraft, Schöpferkraft, deren allmächtiges Walten durch die ganze Natur geht, deren Geisteshauch erfrischend, erneuend das Reich des Lebens durchdringt! Was ist der Mensch ohne Freyheit! was ist all sein Erkennen, Bilden, Thun und Wirken ohne die Kraft, die unversiegbar aus dem Innern sprudelt, die sich neue Wege bahnt, neue Bildungen hervorruft, und selbst durch ihre Zerstörungen gestaltend wirkt! Alle Wissenschaft und Gelehrsamkeit, welche nur Gedächtnißwerk und künstliches Erzeugniß der Schule ist, und des freyen, lebendigen, durchdringenden Geistes entbehrt, ist eine leere Schale. Die künstlichstgestellte und zierlichste Rede, ohne den ursprünglichen, freyen Geist, der sich in überraschenden Wendungen und Verknüpfungen, in Gedankenblitzen und in der frischen, eindringenden Kraft des Gefühls kund thut, läßt das

Herz kalt. Das fleißigste Gemälde, das die größte Kunstfertigkeit, die besonnenste Anwendung der Kunstmittel verräth, aber ohne Ursprünglichkeit und Erfindung ist, steht an Werth der flüchtig hingeworfenen Skizze des Meisters nach, in welcher sich sein schaffender Geist in kühnen, freyen Zügen offenbart. Das Leben eines Menschen, der unbescholten, redlich und fleißig, ja, selbst wohlthätig gegen seine Mitmenschen ist, dabey aber sich ganz im gewöhnlichen Gleise bewegt, spricht uns bey weitem nicht so an, wie dasjenige eines ungewöhnlichen, sich neue Bahnen brechenden, vielleicht manche Irrwege betretenden, aber kräftig und redlich strebenden Menschen, in welchem sich der menschliche Geist in seiner Fülle und Kraft offenbart. Selbst an den Kindern erfreut uns dasjenige, was sie aus freyem Antriebe thun, mehr, als was ihnen eingelernt und angewöhnt worden ist. Sie müssen allerdings gelehrt, geübt, gezogen werden, und wir bemerken mit Vergnügen die Früchte unserer und fremder Bemühungen; aber wie freuen wir uns, wenn die Geistes-Entwickelung unseres Kindes auf einmal eine überraschende Wendung nimmt, wenn es durch seine wißbegierigen Fragen einen forschenden Geist verräth, wenn es einen Zweig des Wissens mit besonderer Vorliebe umfaßt, und darin unerwartete Fortschritte macht! Wir fühlen uns belohnt, wenn das Kind gehorsam und artig ist und seinen Eltern die gebührende Ehrfurcht beweißt; aber wie schlägt unser Herz, wenn es aus eigner Bewegung thut, was wir wünschen, und unsern Wünschen zuvorkommt, wenn es uns mit einem Beweise kindlicher Dankbarkeit und Liebe überrascht, zu welchem es kein Lehrer und

Erzieher angehalten, worin sich sein eigenes, lebendiges Gefühl kund gibt! Ja, die Freyheit ist es, welche allein der Liebe, so wie der Tugend, den Werth gibt. Kann die Liebe erzwungen und angewöhnt werden? Oft nennen wir die Anhänglichkeit, welche durch ein langes Zusammenleben und durch Gewohnheit erzeugt wird, Liebe, und auch dieses Gefühl ist schätzenswerth. Aber es kommt doch nicht der wahren Liebe gleich, welche zwey Herzen durch innere, freye Regung an einander zieht, und ähnlich der Kraft, welche, durch keine Entfernung und keine dazwischen tretenden Hindernisse gehemmt und geschwächt, den Magnet unverwandt nach dem Norden richtet, die Geistesverwandten und Gleichgestimmten sich einander unter Tausenden finden läßt. Das ist eine verwerfliche Ansicht, welche die Neigung zweyer Herzen zu einander aus körperlichen Gründen erklärt und mit der Wahlverwandtschaft der Stoffe vergleicht. Frey ist die Wahl der Liebe, und frey waltet der Wille über ihre Bewegungen. Es ist keine Naturnothwendigkeit, welche die Herzen zu einander neigt; sonst könnte man ihrer Gewalt nicht widerstehen, und müßte sich leidend dahin treiben lassen, wohin sie wollte. Wer die Liebe so betrachtet, der wird wohl auch die Tugend wie einen chemischen Proceß der Anneigung und Abstoßung betrachten. O lasse sich Niemand den Glauben an die Freyheit rauben! Mit dem Glauben an sie verliert er zugleich ihre Kraft, und mit dieser alle Kraft des Lebens, und entsagt der Würde des Menschen!

Der seiner sittlichen Freyheit mächtig gewordene, vernünftige Mensch wird auf seinem Standpunkte, in seinem Kreise, den richtigen Gesetzen gemäß leben, fröhlich das Leben genießen, sich seiner Ausbildung mit Eifer befleißigen, und mit festem, freyen Willen der Tugend und Gerechtigkeit dienen. Aber, mehr oder weniger befangen in seinem Streben, wie es die meisten Menschen ihren Verhältnissen nach sind, wird er das menschliche Leben nicht im vollen Umfang und in voller Tiefe begreifen, und keine umfassende Lebensansicht gewinnen. Dieß ist allein dem Weisen vorbehalten. Wir erheben uns jetzt zur höchsten Stufe der Ausbildung der sittlichen Erkenntniß, welches die Weisheit ist.

Die Weisheit hat ihren Namen vom Wissen, aber die Sprache hat sich dieses Wort vorbehalten, um die höchste Stufe und gleichsam das innerste Heiligthum des Wissens damit zu bezeichnen. Wir nennen den Gelehrten, der eine Masse von Kenntnissen in sich vereinigt, nicht weise; denn sein Wissen ist vielleicht bloßes Gedächtnißwerk. Wir nennen auch den Denker nicht weise, welcher zwar mit selbstthätiger Kraft des Geistes in die Geheimnisse der Natur eindringt, den Zusammenhang der Naturerscheinungen und Geschichtsbegebenheiten aufklärt, und die Grenzen des menschlichen Wissens erweitert, aber sonst einseitig, kalt und ungebildet ist, und für die Richtung und Ausbildung des menschlichen Lebens keine Lehre und keinen Rath geben kann. Selbst derjenige verdient den Namen eines Weisen nicht, der über die Natur des menschlichen Geistes scharfsinnige und geistreiche Untersuchungen anstellt, und auch über die sittlichen Gesetze nachdenkt, wenn seine Wissenschaft nicht mit dem Leben in Einklang steht, und nicht durch seine eigene Gesinnung und Handlungsweise bewährt wird. Es haben uns Viele Lehrgebäude der Sittenlehre geliefert, ohne dadurch den Namen von Weisen zu verdienen, weil ihre Lehre nicht die wahre Lebensweisheit war. Sie enthüllten vielleicht mit Scharfsinn eine Seite des Lebens, oder stellten gewisse Ansichten auf, welche anzogen und blendeten; aber das Ganze des menschlichen Lebens faßten sie nicht, und gaben nicht die wahre, allseitige Verständigung. Durch Mißbrauch gibt man manchen Regenten den Beynamen der Weisen, weil sie sich in schwierigen Verhältnissen mit Klugheit zu benehmen, und trotz allen Hindernisse ihre Plane durchzuführen wußten. Friederich der zweyte von Preußen scheint den Namen des Weisen zu verdienen, weil er für die Beförderung des Wohlstandes, des Kunstfleißes und der geistigen Ausbildung seiner Völker sorgte, und die Geistesfreyheit beschützte. Aber erstens war er nicht gerecht, wie die Eroberung Schlesiens und die Theilung Polens bezeugt, und die Weisheit kann nicht ohne die Gerechtigkeit seyn. Zweytes kannte er die höchsten Zwecke des Volkslebens und die höchsten Aufgaben der Regierung nicht, denn ihm war die Bedeutung der Religion verborgen, und der Geist, die Sprache, und die Bildung seines Volkes fremd: mithin konnte er auch zur Beförderung der letztern nicht ganz dasjenige thun, was ein weiser Fürst thun soll. Sein erster und höchster Zweck war, seine und seines Hauses Herrschaft zu erweitern und zu behaupten. Dieser Zweck aber ist nicht der eines Weisen; denn er ist ganz eigensüchtig. Einem Volke kann nichts daran liegen, wer es regiert, sondern nur, daß es weise und gerecht regiert werde; und selbst einer Familie, wenn sie edel denkt, kann es nicht daran liegen, daß sie regiere, sondern daß sie zum Heile der Menschheit regiere. Wir nennen denjenigen ehrsüchtig, der nach einem Amte strebt, zu dessen Verwaltung er nicht die erforderlichen Eigenschaften hat, oder der ein solches nicht aufgeben will, das unter den eingetretenen Umständen unnöthig oder wohl gar verderblich geworden ist. Nicht anders aber ist es mit den Herrschern der Völker. Will einer den Namen eines Weisen verdienen, so schätze und suche er nur das, was wahrhaften Werth und Nutzen hat, und ordne sich dem allgemeinen Besten unter: er suche nicht zu herrschen, um zu herrschen, sondern um die Völker zu beglücken und zur Vollkommenheit zu führen. Man kann nicht sagen, daß Friederich dem zweyten eine Idee vorgeschwebt habe, welche er in der Preußischen Monarchie verwirklichen wollte. Durch die Erhebung dieses Reiches zum Range der ersten Mächte Europas wurde die Zersplitterung des deutschen Reiches vollendet: soll dieses sein Zeil gewesen seyn? Allerdings war sein Bestreben, den Einfluß Oestreichs auf Deutschland zu schwächen, und Eifersucht gegen dieses Haus war die Seele seiner Politik. Aber dieser Zweck ist nur verneinend, und kein Mensch strebt nach einem bloßen Nein; auch sieht man wohl, daß Friederich etwas aufrichten und schaffen wollte. Es scheint also wirklich, daß er eine große Macht zu gründen suchte, ohne eigentlich zu wissen, zu welchem Ende; daß er für sich und sein Haus nach Herrschaft strebte, bloß um der Herrschaft willen. Den nennen wir aber nicht weise, der nicht weiß, wornach er eigentlich strebt, der eine Gewalt sucht, ohne einen bestimmten Zweck der

Wirksamkeit vor Augen zu haben. — Man kann vielleicht sagen, daß dieß zu strenge über den großen Mann geurtheilt sey, und daß wir einen Maßstab an ihn legen, den man an keinen Regenten legen dürfe. Aber es handelt sich hier nur darum, ob er den Namen des Weisen verdiene. Von einem Weisen auf dem Throne wird viel gefordert, weil er an der Spitze eines ganzen Volkes steht, und seine Thätigkeit sich über einen ungeheuer großen Kreis verbreitet. Da er an den großen Angelegenheiten der Völker Theil nimmt, und gleichsam in der Werkstätte der Geschichte arbeitet: so verlangen wir von ihm, daß er mit vorausblickendem Geiste das Ziel entdecke, welchem sein Volk vom Schicksal entgegengeführt wird, und die Bahn dahin ebne, daß er über die augenblicklichen und eigensüchtigen Bestrebungen der Völker und ihrer Herrscher hinwegsehend die wahren naturgemäßen Richtungen und Bewegungen der ersteren erkenne und leiten helfe, daß ihm Gerechtigkeit und Geistesbildung die obersten Zwecke des Lebens, Macht aber und Reichthum nur die Mittel zu diesem Zwecke seyen.

Man verwechselt oft die Weisheit mit der Klugheit. Klug war Friederich im hohen Grade, klug im Felde und im Kabinet. Er war vorsichtig, und kam den Planen seiner Feinde zuvor. Er ergriff den rechten Augenblick zur That, brauchte die ihm zu Gebote stehenden Mittel aufs Beste, und wußte, wenn die vorhandenen erschöpft waren, sich neue zu schaffen. Er betrat in der Kriegskunst neue Wege, und überschritt kühn die damals bestehenden Schranken derselben; er war unerschöpflich in Kriegslisten. In der Verwaltung eines von

Natur armen und durch den Krieg ausgesaugten Landes hat er das Unglaubliche geleistet durch Ordnung und Sparsamkeit. Er bemächtigte sich der ganzen europäischen Politik, und lenkte sie nach seinen Absichten, und man konnte wohl sagen, daß ohne seinen Willen kein Kanonenschuß in Europa fallen durfte. Kein Regent hat mit verhältnißmäßig so geringen Mitteln so viel geleistet, und wegen der großen Geisteskraft, die er entwickelt hat, mag er wohl groß heißen; aber den Namen eines Weisen verdient er wenigstens nicht ganz.

Er war freylich auch Philosoph und Gelehrter: und das gereicht ihm allerdings zum Ruhm, daß er auf die Geistesbildung einen Werth legte, sich selbst ihrer befleißigte, und für die Beförderung der Wissenschaften in seinem Reiche sorgte. Aber auch der billigste Beurtheiler wird ihm als Denker nicht einen sehr hohen Rang anweisen, und seine Bildung wenigstens nicht höher stellen, als die damalige französische Bildung steht, welcher die Tiefe und der sittliche Ernst fehlt. Eine Philosophie ohne Glauben und Begeisterung, verdient den hohen Namen der Weisheit nicht.

Salomo, König von Israel, führt den seit Jahrtausenden unbestrittenen Namen eines Weisen; und in der That, wenn wir auf die weisen Sprüche sehen, welche seinen Namen tragen, in welchen nicht nur die Weisheit gepriesen und empfohlen, sondern auch so viele weise Lebensregeln gegeben sind, deren Befolgung zur Tugend, Frömmigkeit und Glückseligkeit führen mußte, und in welchen ein Schatz von Lebenserfahrung und Menschenbeobachtung niedergelegt ist, so verdient er diesen Namen im hohen Grade. Wenn auch die Sittenlehre dieser Sprüche nicht immer die reinsten Triebfedern enthält, wenn sie auch oft den Eigennutz und die Sorge für das eigene Glück zum Antriebe braucht und überhaupt die Höhe der christlichen Sittenlehre nicht erreicht: so muß man die Verhältnisse und den Geist der damaligen Zeit in Betrachtung ziehen, und erwägen, daß die menschliche Weisheit ihre Schranken hat. Diese Sprüche enthalten für die damalige Zeit die höchste Weisheit, und das ist genug. Immer ist auch in denselben der wahre, höchste Zweck des Lebens, die Gerechtigkeit und Tugend, erkannt, und es offenbart sich darin eine umfassende und klare Ansicht des Lebens nach dem Standpunkte der damaligen Bildung. Aber als Regent und Mensch verdient Salomo den Namen eines Weisen nicht; denn er drückte sein Volk durch unerträgliche Lasten, ergab sich der Wollust, und fiel, durch fremde Weiber verleitet, vom Dienste des wahren Gottes ab.

Das Orakel zu Delphi erkannte Sokrates für den Weisesten der Griechen; und in der That, verdient irgend ein Mensch den Namen des Weisen, so ist es Sokrates. Er war kein schulgerechter Denker, und hat uns kein allseitig ausgebildetes und in allen Theilen abgewogenes und genau bestimmtes Lehrgebäude der Wissenschaft hinterlassen, wie wir denn überhaupt nichts schriftliches von ihm besitzen. Wir können ihm, da seitdem die Wissenschaft so sehr weit vorgeschritten ist, manche Irrthümer und Unklarheiten nachweisen, namentlich scheint er sich von dem Aberglauben der Vielgötterey nicht ganz gereinigt zu haben. Er war auch kein großer Naturkundiger und Meßkünstler, und suchte vielmehr die Wissenschaft von diesen Gegenständen ab, und auf die Lebensweisheit zu lenken. Aber eben daß er sich dieser mit aller Liebe eines reinen Gemüths widmete, und sich ohne Eigennutz und Ruhmsucht der sittlich geistigen Ausbildung seiner Zeitgenossen befliß, daß er die wesentlichen Wahrheiten der Weisheit erkannte, daß er in ihr und in der Tugend die höchsten Güter des Lebens fand, daß, wenn er auch nicht die sittliche Gesetzgebung mit der Klarheit und Vollständigkeit entwickeln konnte, mit welcher wir es können, und die reinen Beweggründe der Sittlichkeit nicht immer von denen der Klugheit schied, doch die Ahnung einer vollendeten Tugend in sich trug, und die Gottesfurcht, Gerechtigkeit, Mäßigkeit und alle Haupttugenden empfahl; daß er so lebte, wie er lehrte, daß er seine leidenschaftliche Natur durch Mäßigung veredelt, die Häßlichkeit seiner Gesichtsbildung durch den Ausdruck innerer Anmuth verschönt, und durch Selbsterkenntniß die Klarheit und Herrschaft über sich gewonnen hatte, daß er im Gehorsam gegen die Gesetze des Vaterlandes als Märtyrer der Wahrheit mit Würde und heiterer Ruhe den Giftbecher trank; daß er mit seiner Wissenschaft die reine Liebe der Wahrheit, mit seiner Weisheit die Tugend und Frömmigkeit verband: das macht ihn zum wahren Weisen.

Zur Weisheit gehört demnach nothwendig die gute sittliche Gesinnung, die Richtung auf die Sittlichkeit. Die Wissenschaft läßt sich von der Weisheit nicht trennen: der Weise muß klar sehen, die Welt und das Leben kennen, und in die ewigen Gesetze der Wahrheit eingedrungen seyn. Er muß den Schein vom Wesen unterscheiden, im Vergänglichen das Ewige und Unwandelbare erkennen, das Zufällige vom Nothwendigen sondern. Die Gesetze der Natur braucht er weniger tief zu erforschen, als die Gesetze des Geistes, weil er ohne diese Wissenschaft nicht zur Selbsterkenntniß gelangt; denn die Selbsterkenntniß ist der Schlüssel zum Heiligthum der Weisheit. Der Weise muß auch Klugheit, Welt- und Menschenkenntniß haben, weil er ohne diese nicht über das menschliche Leben klar sehen kann; er muß wissen, was die Menschen sind, um zu erkennen, was sie werden sollen; und er muß wissen, wie sie zu behandeln sind, um zu erkennen, wie man sie besser und vollkommner machen soll. Genug, er muß nicht bloß die Zwecke kennen, sondern auch die Mittel, die dazu führen. Aber die Weisheit an sich besteht in der vollkommenen und tiefen Erkenntniß der Zwecke und Gesetze des menschlichen Lebens oder der sittlichen Wahrheit; im Weisen hat alle Erkenntniß eine sittliche Richtung, und ist dadurch geweiht und geheiligt.

Selbsterkenntniß, sagten wir, ist der Schlüssel der Weisheit. Darum war Sokrates ein ächter Weiser, weil er jenen Spruch: Erkenne dich selbst! zum Grundsatz gewählt hatte Alle Erkenntniß geht von Selbsterkenntniß aus, und das Rüstzeug aller Wissenschaften, die Logik, ist nichts weiter, als die Erkenntniß der Gesetze des Denkens. Nur dann, wenn wir wissen, was für den menschlichen Geist Wahrheit ist, und nach welchen Gesetzen sie gefunden wird, können wir sie finden. Selbsterkenntniß, Erkenntniß der nothwendigen Anschauungsformen des Geistes, ist die Größenlehre; sie lehrt uns, wie wir uns die Gestalten und Verhältnisse der

Dinge nach unwandelbaren Regeln vorstellen müssen. Selbsterkenntniß ist die ganze Philosophie; sie lehrt uns die nothwendigen Gesetze, nach denen wir uns die Welt als ein Ganzes und eine Einheit zu denken haben. Die Erfahrungs- und Geschichts-Wissenschaften entlehnen freylich ihren Stoff von aussen; aber die geistige Form, in welchen wir denselben fügen, der Zusammenhang und die Einheit, in welche wir sie fassen, entspringen in unserm Geiste, und alle äusseren Erscheinungen verstehen wir nur, wenn wir sie in unser inneres Eigenthum verwandeln. Wir verstehen ein Buch nur dann, wenn wir es gleichsam zu unserm eigenen Werke machen, es in seine Bestandtheile zerlegen und wieder aufbauen, wenn wir in das Gemüth des Verfassers eindringen, und uns mit ihm in geistige Wechselwirkung setzen. Einen Menschen kennen wir nur dann vollkommen, wenn wir uns sein geistiges Bild in unserm Geiste entwerfen, seine Denkart und Gesinnung mit der unsrigen vergleichen, und mit ihm denken und fühlen gelernt haben. Das alles geschieht durch Anwendung der Selbsterkenntniß; wer sich nicht selbst versteht, kann nichts ausser sich verstehen.

Besonders aber ist die Selbsterkenntniß unerläßlich für die Erkenntniß der sittlichen Gesetze des Menschen. Es ist unmöglich, irgend eine sittliche Wahrheit zu erkennen, ohne sie in sich selbst zu tragen. Die Grundbegriffe des sittlichen Werthes und Zweckes, oder dessen, was zu achten und zu lieben ist, können schlechterdings nicht gefaßt werden, ohne daß man sich bewußt wird, was es mit der Liebe und Achtung auf sich habe. Ein Mensch, der nichts liebt und achtet, oder, da dieß unmöglich ist, dessen Herz verdorben und einer reinen Liebe und Achtung nicht mehr fähig ist, wird auch keine wahre Vorstellung davon fassen können. Der Unterschied des Guten und Bösen wird für den Gewissenlosen eben so wenig in der Vorstellung gelten, als im Leben. Genug, alle sittliche Erkenntniß bezieht und gründet sich auf Selbstbewußtseyn, und von aussen kann nichts in den Menschen hineingetragen werden, Selbst die Offenbarung knüpft ihre Belehrungen und Ermahnungen an dasjenige an, was schon im Menschen liegt, und sucht dieses zu reinigen, zu entwickeln und zu vervollkommnen, nicht aber trägt sie in die menschliche Natur etwas hinein, wozu nicht die Anlage in ihr wäre. Auch in der Erziehung ist es der beste Weg, auf die sittliche Besserung der Kinder zu wirken, daß man sie zur Selbsterkenntniß leitet und sie dazu bringt, anzuerkennen, daß, wenn sie ihre Pflicht thun, sie dasjenige erfüllen, was sie eigentlich mit ihrem bessern Selbst wollen, daß sie den bessern Trieb ihres Herzens erfüllen Die Tugend selbst beruht auf Selbsterkenntniß. Was ist das Gewissen, auf dessen Stimme der Tugendhafte hört, anders als Selbsterkenntniß? Und wie kann er seine Pflicht thun, ohne dieselbe zu kennen? Wie kann er sie aber kennen, wenn er nicht sich selbst und sein Herz kennt? Ist ihm auch die Pflicht erst durch das Evangelium gelehrt worden, so geschah dieses doch nur durch Erweckung seines sittlichen Gefühls oder seines Gewissens, und er mußte die göttliche Belehrung in sein Inneres aufnehmen und zu seinem Eigenthum machen, oder sie ging an ihm wirkungslos vorüber.

Diese Selbsterkenntniß aber kann nur durch einen guten Willen gelingen, indem der Verstand in seiner willkürlichen Richtung vom Willen geleitet wird, und es von diesem abhängt, ob jener die der innern Natur eingeprägten Gesetze erkennen und verstehen, und ob er sie recht erkennen und verstehen wird. Es kann daher Keiner weise seyn, ohne zugleich tugendhaft zu seyn; und die Weisheit kann nicht erworben werden, ohne daß sie zugleich thätig geübt und erprobt wird. Es ist eine geheimnißvolle Wechselwirkung zwischen der Weisheit und Tugend, die eine fördert die andere, und die eine gründet sich auf die andere: der gute Wille ist allerdings das erste und die Quelle von allem; allein je weiser Einer ist, desto tugendhafter wird er auch seyn; ohne die umfassende, klare Erkenntniß wird das sittliche Leben der Richtung ins Große entbehren. Erkenntniß und Wille, Wahrheit und Güte vereinigen sich in dem Weisen, um die Vollendung der sittlichen Bildung zu Stande zu bringen. — — O könnte ich das Bild des Weisen in großen, starken Zügen, würdig seiner Erhabenheit und Größe, und zugleich mit der sanften Gewalt der Anmuth und Liebenswürdigkeit, welche ihm eigen ist, schildern! Könnte ich den Blick eröffnen in seinen hohen, hellen Geist, in sein großes, reines Herz: wie das Leben, ähnlich einer großen Landschaft, die man von einem Berge schaut, in umfassender, sonnenheller Ansicht vor ihm liegt, mit allen seinen Bahnen und Zielen, mit den stillen, lieblichen Thälern, wo sich die ruhigen Hirten angesiedelt haben, mit den vielbewegten, lärmenden Städten, in welchen sich ein vielfaches Streben durchkreuzt, mit den großen Heerstraßen, welche die

Völker mit einander verbinden: wie ihm nichts fremd und unbedeutend erscheint, und er ein Jegliches an seiner Stelle würdigt und schätzt, wie er das spielende Kind, den strebenden Jüngling, den kämpfenden Mann, den sinnigen Greis mit liebender Aufmerksamkeit betrachtet, und einem Jeglichen seinen Platz im Leben anweißt: wie er an der frohen Lebenslust der Jugend, und an dem ernsten Streben und Sinnen des Alters Theilnahme begt, wie er den Erwerbfleiß des rührigen Bürgers, die verständige Thätigkeit des Beamten, die rüstige Tapferkeit des Kriegers, das stille Nachdenken des Gelehrten, die fromme Beschaulichkeit des Geistlichen, den Bildungstrieb des Künstlers, die Begeisterung des Dichters, ein jegliches nach Verhältniß schätzt und ehrt, und jede gute Anlage und Gabe erkennt und in Schutz nimmt: wie er mit seiner Geistesklarheit jeden Zwiespalt des Lebens, jede Verwickelung und jedes Mißverständniß zu lösen, und mit dem innern Wohllaut jeden Mißton in Einklang zu bringen weiß: wie sein Herz für alles Große und Erhabene, und zugleich für das Schöne und Liebliche schlägt, und kein menschliches Gefühl ihm fremd ist, wie die kriegerische Trommete, die Flöte des Hirten und der Orgelton heiliger Andacht die verwandten Saiten seines innern Saitenspiels rühren: wie er am fröhlichen Treiben der Menge Theil nimmt, und zugleich als heiliger Priester die Flammen der Begeisterung und Andacht auf dem Altar seines Herzens nährt, und wie er, ein froher Erdenbürger, zufrieden mit seinem Loos und den ihm angewiesenen Kreis treu erfüllend, sehnsuchtsvoll den Blick nach der ewigen Heimath wendet: könnte ich dieses Bild treu, lebendig, ergreifend hinstellen, so hätte ich eine große Aufgabe gelößt, und dem, was mein Gemüth erfüllt und bewegt, Ausdruck und Darstellung gegeben.

Aber wenn mir dieses irgend gelingen kann, so kann es nur durch allmähliche Entwickelung gelingen. Nach und nach muß ich die Lebensansicht des Weisen vor Ihren Augen enthüllen, und aus einzelnen Zügen das ganze Gemählde zusammensetzen. Die Wissenschaft kann nicht, wie die Kunst, die Fülle der Ideen in Ein Bild zusammendrängen, welches mit der anschaulichen Gewalt der Darstellung Herz und Gemüth ergreift, und in der innersten Tiefe aufregt. Ihr steht nicht die Gluth und Pracht der Farben, nicht die wunderbare Kraft der Töne zu Gebote, sie darf sich nicht mit der Dichtung den Fittichen der Einbildungskraft anvertrauen; sondern sie muß ruhig, besonnen und fest ihren Weg gehen, und den denkenden Geist an dem Faden der Begriffe zum Ziele der Wahrheit führen. Aber ans Herz darf sie sich wenden, und dessen innerste, heilige Gefühle in Anspruch nehmen; ans Herz soll sie sich wenden, denn nur im Einklange mit dem Herzen kann der Geist das Höchste erfassen, und in die heilige Tiefe dringen. O könnte es mir gelingen, den hohen Gedanken, das erhabene Gefühl, worin die Idee der Weisheit besteht, in Ihrem Geist und Herzen anzuregen! Wie alles Große höchst einfach ist, so ist es auch die Weisheit. Wie viel auch darüber gesagt werden muß, Alles kommt nur auf Eines zurück; nach verschiedenen Seiten müssen wir die Betrachtung hinrichten, aber Alles läuft in einen Mittelpunkt zusammen; das ganze reiche Leben mit all seinen Richtungen und Bestrebungen fügt sich in die Lebensansicht des Weisen, und doch ist es nur Ein Lebensgesetz, Eine Richtung, worin sich Alles vereinigt. Gelänge es mir aber, diesen Einen Gedanken klar zu machen, dieses Eine Gefühl anzuregen, dann hätte ich eigentlich mehr gethan, als die Dichter und Künstler durch ihre Bilder thun können. In diesem Grundgedanken und Grundgefühl liegt eine schöpferische Fülle verborgen; alles, was das menschliche Leben Großes, Herrliches, Schönes hat, ist darin, wie in einem Keime, eingeschlossen. Wer diesen Gedanken und dieses Gefühl in sich trägt, dem offenbaren sich alle Geheimnisse und Wunder der Welt; alle Knospen springen vor ihm auf, und enthüllen ihre Schönheitsfülle; alle Nebel fallen vor seinem geweiheten Auge, und die Welt steht im Sonnenglanze vor ihm; alle zerstückelten und verwirrten Züge ordnen sich zu einem lebendigen Bilde der Schönheit; alle mißhelligen Töne verschmelzen zum wunderbaren Einklang. Wie das schöpferische Wort aus dem dunkeln Chaos die lichtvolle Ordnung der Welt hervorrief, die Urwasser sich sonderten, der Himmel mit seinen Lichtern sich ausspannte über der mit Pflanzen und Blumen bekleideten, von lebendigen Wesen bevölkerten Erde, und auf dieser endlich der Mensch, der Herr der Schöpfung, das Ebenbild Gottes, erschien: so besitzt der Weise, der Gott innige, Gottes bewußte, Gott ähnliche Mensch im Verständniß des göttlichen Gesetzes die Kraft, die vom Menschen mißverstandene Welt, das durch seine Irrthümer entstellte und verwirrte Leben, mit freyem Geiste der göttlichen Weisheit nachzuschaffen, die ewige Harmonie und Schönheit der Schöpfung mit erleuchtetem Seherauge zu schauen, alle Räthsel zu deuten, alle

Verwirrung zu lösen. Wenn Künstler und Dichter einzelne Bilder der Erhabenheit und Schönheit hinstellen, so ist der Weise der Dichter, welcher das unendliche Bild der Welt mit umfassendem Geiste in sich gestaltet, und alle Urbilder der Schönheit in sich trägt. Er steht an der Quelle, aus welcher alles geistige Leben strömt, und schlürft den Trank der Unsterblichkeit, der ewigen Jugend und Schönheit.

Zwölfte Vorlesung.

Die Lehre der Weisheit oder die Lebensansicht des Weisen: das Princip derselben; Prüfung der bisherigen falschen und ungenügenden Principe; das Princip des Lebens als das wahre.

Die Lebensansicht des Weisen, welcher über alle Verkehrtheiten, Irrthümer und Einseitigkeiten der Lasterhaften, Thoren und Halbgebildeten erhaben, den wahren Weg zur Tugend und Vollkommenheit mit klarem, festem Blicke erkennt, soll nunmehr der Gegenstand unserer Betrachtungen werden. Lange habe ich Sie, V. Z., damit beschäftiget, die sittlichen Anlagen des Menschen, seine Triebe, seinen Willen und sein sittliches Bewußtseyn, dann die verschiedenen Stufen und Richtungen seiner Bildung zur Sittlichkeit kennen zu lernen: nun ist es endlich Zeit, daß wir alles dieses in ein Ganzes zusammenfassen, und mit Hinweglassung aller verzerrten Züge ein gesundes, in sich einstimmiges Bild des sittlichen Lebens darstellen. Aber hier muß ich vor allen Dingen um Nachsicht und Geduld bitten, indem ich zuvörderst Ihr Nachdenken etwas stark in Anspruch nehmen werde. Meine Aufgabe ist nicht, zu schildern, sondern zu belehren; weil es sich aber gerade um das Höchste und Allgemeingültigste handelt, um dasjenige, worin gleichsam der Quell und Mittelpunkt des Lebens liegt: so kann ich nicht anders, als von Grundideen ausgehen, deren Auffassung einige Anstrengung fodert, und wenigstens nicht zur leichten Unterhaltung dient. Es ist auch nöthig, daß wir uns ein wenig mit den früheren, meist verunglückten Versuchen, die Lehre der Lebensweisheit zu behandeln, bekannt machen; denn durch die Fehler Anderer wird man belehrt, und durch den Schatten des Irrthums wird das Licht der Wahrheit gehoben. Darum muß ich Sie eine kurze Zeit mit trockenen, abgezogenen Begriffen belästigen, und Sie vielleicht ermüden; aber ich tröste mich mit der Hoffnung, daß Sie späterhin mit dem Wege, den ich sie geführt, zufrieden seyn werden, und daß derselbe doch nicht so dornig und unfruchtbar ist, wie der, welchen Andere eingeschlagen haben.

Nur Wenigen unter Ihnen wird es unbekannt seyn, daß die Sittenlehrer ihren Gebäuden ein sogenanntes Princip zum Grunde legen, daß sie von einem Grundsatze ausgehen, und daraus jede sittliche Vorschrift ableiten; auch haben Sie vielleicht von dem Streite gehört, den sie darüber unter einander geführt haben. Die Wissenschaft ist stets darauf gerichtet, Einheit in das Wissen zu bringen; denn nicht der hat ein wahres Wissen, der von dieser und jener Wahrheit überzeugt ist, sondern der den Zusammenhang aller Wahrheiten einsieht. Wer den Zusammenhang kennt, sieht auch die Gründe ein; er weiß, warum wir dieses und jenes für wahr halten, und sein Fürwahrhalten ist nicht eine bloße Meinung, sondern ächte, klare, feste Erkenntniß. In der Einsicht des Zusammenhangs der Wahrheiten liegt aber auch die Quelle neuer Einsichten: kommt uns etwas vor, was wir noch nicht erkannt haben, so verstehen wir es leicht aus dem Zusammenhange der schon erkannten Wahrheiten; kein Zufall kann uns durch das Neue, daß er bringt, in unsern Ueberzeugungen irre machen, wir wissen uns mit Hülfe unserer früheren Einsichten sogleich zurecht zu finden. Nach einer solchen Einheit der Erkenntniß streben wir in jedem Gebiete des Lebens. Die Bemühung des Naturforschers geht dahin, alle Erscheinungen der Natur auf wenige Gesetze zurückzuführen; und zeigt sich irgend eine neue Erscheinung, so ist sein angelegentliches Bestreben, sie dadurch zu erklären, daß er zeigt, welche Naturkräfte dabey wirksam gewesen sind, und wie sich deren Wirkung zum allgemeinen Naturleben verhält. Der Sternkundige erbaut sich ein Weltgebäude, das nur wenige einfache Naturgesetze zur Grundlage hat; und erscheint ein neuer Stern am Himmel, so sucht er demselben eine Stelle in diesem Gebäude anzuweisen. Daß nun auch die Sittenlehrer alle Lebensregeln auf eine Grundeinheit zurückzuführen suchen, ist ein Unternehmen, das an sich nicht zu tadeln ist. Das Leben ist zu mannichfaltig, als daß die Fälle desselben sich unter eine gewisse Anzahl von Regeln bringen ließen, nur wenn man es in seiner innern Einheit gefaßt hat, kann man es in allen einzelnen Erscheinungen verstehen und beurtheilen. Das menschliche Leben gleicht dem Menschen selber. Wenn jemand nicht den vollen Einheitsbegriff dessen, was ein Mensch ist, in seinem Geiste trüge, sondern nur einzelne Merkmale desselben aufgefaßt hätte: so könnte ihm leicht ein

Mensch vorkommen, den er nach diesen Merkmalen nicht für einen Menschen zu halten hätte. Wenn z. B. jemand, der immer nur Europäer mit weißer Haut und glattem Haar gesehen, diese Merkmale als nothwendig aufgefaßt hätte, so würde er einen Neger mit schwarzer Haut und wolligem Haar nicht für einen Menschen erkennen dürfen; und hätte er nun nach dieser Erfahrung seinen Menschenbegriff erweitert, so würde er wieder anstehen, ob er den kupferfarbigen Amerikaner für einen Menschen erkennen sollte. Nicht nach einzelnen Merkmalen, sondern nach einer allgemeinen Idee, welche wir mehr im Herzen, als im Kopfe tragen, erkennen wir, was ein Mensch ist. So können wir auch das menschliche Leben nicht nach einzelnen Regeln, sondern nur nach einem Grundgesetze verstehen und beurtheilen.

Aber dieses Bestreben, den höchsten Grundsatz der Lebensweisheit zu finden, führt gar leicht irre; und anstatt des gesuchten Einheitsbegriffs, aus welchem sich alle Mannichfaltigkeit ableiten lassen soll, langt man oft bey einem Worte an, welches zwar einen obersten Begriff nennt, der aber für sich ganz leer ist, und bey dem man denken kann, was man will. Die Sprache hat eine Menge Wörter, welche beständig gebraucht, aber von dem Einen in diesem, von dem Andern in jenem, und von Vielen, ja, den Meisten in einem ganz unbestimmten Sinne verstanden werden. Dahin gehören gerade die Wörter, welche die höchsten und allgemeinsten Begriffe, als Wahrheit, Vollkommenheit, Schönheit, bezeichnen; denn diese Begriffe sind lauter unbekannte Größen, welche erst gemessen und bestimmt werden sollen. Ein Jeder denkt sich etwas dabey, oder wenigstens sagt ihm ein dunkles Gefühl, was damit angedeutet werde; aber genaue Rechenschaft können sich nur Wenige davon geben. Die Wissenschaft soll keines dieser Wörter unbestimmt gebrauchen, sondern den Inhalt und Umfang des damit bezeichneten Begriffs genau bestimmen. Aber oft ist es geschehen, daß man genug gethan zu haben glaubte, wenn man einen solchen allgemeinen Ausdruck an die Spitze eines Systems stellte, und anstatt der wahren Einheit nur eine leere Stelle dafür aufzeigte. Wenn mich jemand fragte: was eigentlich das Wesen eines Menschen ausmache, und ich ihm antwortete: die Vernunft: so würde er glauben, daß ich ihn zum Besten haben wolle; denn ich hätte ihm ja nur ein Wort zurückgegeben, und keine wirkliche Erkenntniß, indem es sich ja eben fragt, was die Vernunft sey. Aber viele Bearbeiter der Wissenschaft machen es nicht besser. Es ist die Aufgabe der Philosophie, dem denkenden, nach den letzten Gründen fragenden Menschen die Verständigung über die Welt und sein eigenes Daseyn zu geben, und ihm das letzte und höchste Gesetz der Einheit und Nothwendigkeit aufzuzeigen. Nun nennt die Sprache Gott als das höchste, nothwendige Wesen, in welchem Alles den Grund seines Daseyns hat; aber Wenige wissen, was sie sich eigentlich unter Gottes Wesen zu denken haben; sie glauben an ihn, sie fühlen die Wahrheit ihres Glaubens, verstehen aber doch nicht, was es eigentlich heiße, wenn man sagt: Gott ist die oberste Ursache alles dessen, was ist. Demungeachtet fangen die Naturphilosophen ihr System mit der Idee Gottes an und leiten alles daraus ab; es ist eine leere Stelle, gleichsam eine Null, ein unbestimmter Begriff, ein Wort: aber eben darum ist es leicht, alles daraus herzuleiten; indem man Alles und nichts dabey denkt, kann man Alles, was man braucht, unterschieben und dann wieder hervorziehen. Solche Philosophen haben den Ausspruch des Dichters wohl bedacht und befolgt:

Gerade wo Begriffe fehlen,
Da stellt ein Wort zur rechten Zeit sich ein.
Mit Worten läßt sich trefflich streiten,
Mit Worten ein System bereiten,
An Worte läßt sich trefflich glauben,
Von einem Wort läßt sich kein Jota rauben.

Auf diesem bequemen Wege, die Wißbegierigen mit Worten abzuspeisen, finden wir nicht wenige Sittenlehrer. Es ist ein natürliches Gefühl, aus welchem die Menschen nach Glückseligkeit streben, und daher die Sittenlehrer fragen, wie sie dazu gelangen können. Darauf antworten diese nun behende: dadurch daß ihr sittlich lebt, denn die Sittenlehre ist die Anweisung zu einem glückseligen Leben; und nun fangen sie an, Alles, was zur Sittlichkeit gehört, aus dem Begriffe der Glückseligkeit abzuleiten. Aber da diese nur die Folge der Sittlichkeit ist, und erst richtig begriffen werden kann, wenn man einen richtigen Begriff von der Sittlichkeit hat: so sind die Vorstellungen der Menschen von dem, was sie zu ihrem Glücke fodern, so sehr unbestimmt und nach Maßgabe ihrer sittlichen Bildung so sehr verschieden, daß man eben so wohl thäte, man setzte ein X an die Spitze der Sittenlehre, als den Begriff der Glückseligkeit; denn bey jenem könnte man sich eben sogut Alles denken, was man will. Ja es wäre besser; denn da ein Jeder seine oft unreinen Wünsche in diesem unbestimmten Begriff trägt, so wird dadurch die ganze sittliche Ansicht verunreinigt, und alle, auch die höchsten Gedanken gewinnen die falsche Beziehung auf den Eigennutz und die Selbstsucht.

Eben so unbestimmt ist der Grundsatz der allgemeinen Glückseligkeit oder der allgemeinen Wohlfahrt, den man, nebst jenem der eigenen Glückseligkeit, an die Spitze der Sittenlehre gestellt hat. Es fragt sich eben, was die allgemeine Wohlfahrt sey? Und ein Jeder beantwortet sich diese Frage nach seiner Gesinnung, die vielleicht ganz unsittlich ist. Viele denken sich unter der allgemeinen Wohlfahrt die öffentliche Ruhe und Sicherheit, und glauben, daß dieser Alles zum Opfer zu bringen sey. Setzen wir den Fall, daß der Feind vor den Thoren einer Stadt erschiene, und nichts forderte, als die Herausgabe eines ihm verhaßten Bürgers, im Falle aber, daß man ihm nicht willfahrte, die Stadt zu verderben drohte: würden da nicht Viele der Meinung seyn, daß man diesen Bürger, obschon er von Allen geachtet und geliebt ist, der allgemeinen Wohlfahrt aufopfern müßte? Und doch wäre dieses eine ehrlose Handlung, und durch Ehrlosigkeit kann die öffentliche Wohlfahrt nicht begründet werden. Etwas anderes ist es freylich, wenn man die allgemeine, wie die besondere, Glückseligkeit von der Tugend und Ehre abhängig macht; aber eben weil jener Begriff erst selbst bestimmt werden muß, sollte man ihn nicht als Grundsatz aufstellen.

Sehr oft ist der Begriff der Vollkommenheit, namentlich der göttlichen Vollkommenheit, zum

Grundsatz der Sittenlehre gemacht worden. Es ist allerdings kein gutgearteter Mensch, der nicht nach der Vollkommenheit strebte, und ein Jeder trägt in sich ein gewisses Bild derselben; aber Jeder stellt sie sich doch auf seine Weise vor, und Mancher vielleicht irrig. Darum werden auch die Sittenlehrer gefragt, welches die wahren Lebensregeln sey, und sie sollten den Fragenden nicht dasselbe Wort leer zurückgeben, dessen Bestimmung man eben von ihnen verlangt. Dieselbe Bewandtniß hat es mit dem Begriffe der göttlichen Vollkommenheit. Wir alle tragen im Herzen eine Ahnung von derselben, und ein Jeder faßt mit dem Verstande dieses oder jenes Merkmal davon auf; aber den richtigen, umfassenden Begriff kann man nirgends voraussetzen. Ja, ein solcher Begriff kann gar nicht aufgefaßt werden, denn das Allervollkommenste kann der endliche Verstand nicht denken. Wir helfen uns in unserem Unvermögen damit, daß wir uns die menschliche Vollkommenheit in der Ueberschwenglichkeit denken, und diese Gott beylegen. Alle von uns gedachten Eigenschaften Gottes sind nichts als vollendet gedachte menschliche Eigenschaften: die göttliche Weisheit ist die zur Ueberschwenglichkeit erhobene menschliche Weisheit, die göttliche Heiligkeit ist die vollendet gedachte menschliche Sittlichkeit. Mithin werden wir doch, wenn wir bestimmter wissen wollen, was unter der göttlichen Vollkommenheit zu denken sey, auf den Begriff der menschlichen Vollkommenheit zurück gewiesen. Halten wir uns nun an das Wort: menschliche Vollkommenheit, und verstehen darunter die Vollkommenheit alles dessen, was im Menschen liegt, wozu sich derselbe ausbilden kann: so werden wir ohne Richtschnur und Zielpunkt in ein weites, unendliches Gebiet verwiesen. Der Mensch kann unendlich viel werden; er kann die Kräfte seines Körpers ausbilden, und sich diese und jene Geschicklichkeit erwerben; er kann seine Erkenntniß ausbilden, und sich die eine oder die andere Wissenschaft zu eigen machen, und so kann er auch sein Herz durch Bildung für edlere Gefühle empfänglich machen. In allen diesen Richtungen der Bildung gibt es nun auch verschiedene Stufen, und Keiner steht, genau genommen, mit dem Andern auf der gleichen Stufe; der Eine bringt es in diesem Stücke weit, der Andere in dem andern; Keiner kann in Allem vollkommen seyn. Was ist nun eigentlich das, was man von uns fodert, wenn man uns die Vollkommenheit als das Ziel unsers Strebens nennt? In dem Begriffe der Vollkommenheit liegt nichts Festes, Sicheres und Nothwendiges. Und doch fühlen wir in unserm Herzen einen Trieb, der uns auf ein solches hinweißt; unser Gewissen straft uns mit unerbittlicher Strenge, wenn wir unsere Pflicht nicht gethan, und ist nicht zufrieden, wenn wir sie nur halb gethan haben, und an dem Tugendhaften loben wir nicht diesen oder jenen Vorzug, welcher kleiner oder größer seyn kann, sondern etwas, was schlechthin ist, was es ist, und rein in sich selbst gilt. — Aus diesen wenigen Bemerkungen ist klar, daß der unbestimmte Begriff der Vollkommenheit eben so wenig zum sittlichen Grundsatz taugt, als der der Glückseligkeit.

Die Annahme dieser beyden Grundsätze hat der richtigen Behandlung der Sittenlehre sehr geschadet. Ausser daß durch den Grundsatz der Glückseligkeit der Eigennutz

Eingang in dieselbe fand, so wurde sie auch durch diesen und durch den der Vollkommenheit zur Klugheitslehre und Erfahrungssache herabgewürdigt. Wenn der Mensch nach der Glückseligkeit in dem gewöhnlichen groben Sinne, wornach sie nichts ist als Wohlbefinden, Ruhe und Sicherheit, strebt, so ist es die Klugheit, welche ihn zu diesem Ziele führt. Sie lehrt uns für unsere Gesundheit sorgen, sie ermuntert uns zum Fleiß und zur Betriebsamkeit, sie zeigt uns die Wichtigkeit der bürgerlichen Achtung, welche man durch ein redliches Betragen verdient: und so bedarf man gar nicht der eigentlichen Sittenlehre, welche den innern Menschen bildet; befindet sich der äussere Mensch wohl, so ist derjenige, der nach dieser Art von Glückseligkeit strebt, zufrieden. Eigentlich bedarf ein solcher gar keiner Belehrung und keiner Lebensregeln: er hat nichts zu thun, als dem großen Haufen zu folgen, und es zu machen, wie es die Meisten machen, besonders aber sich an die Gewohnheit und das Herkommen zu halten; und die eigene Erfahrung, mit einigem Nachdenken benutzt, vervollständigt leicht die dürftige Lebensansicht, welche er braucht. Leider sind die Sittenlehren, welche auf den Grundsatz der Glückseligkeit gebaut sind, nichts als eine Zusammensetzung von Klugheitsregeln, und lehren den Menschen nichts weiter, als wie er es anfangen müsse; um sich wohl zu befinden, und ruhig zu leben, sie würdigen die Tugend zu einem Mittel herab, da sie doch oberster Zweck seyn soll. Das war der Irrthum des Aristippus, welcher die Tugend nur um des angenehmen Gefühls willen schätzte, welches ihre Ausübung mit sich bringt. Wenn spätere, zumal christliche Glückseligkeitslehrer dieses nicht so deutlich sagten, so kam es nur daher, daß ihnen die christliche Wahrheit nicht erlaubte, diesen Irrweg ganz entschieden einzuschlagen, oder daß sie nicht klar und bestimmt genug dachten.

Durch diese Art von Sittenlehre ist jene Lebensansicht der Nützlichkeit, die leider noch immer häufig genug ist, herrschend geworden, nach welcher derjenige der beste Mensch ist, der am meisten nützlich wird, recht viele Wohlthaten erzeigt, Andern Arbeit und Brod schafft, die Gewerbe fördert u. s. w. Diese Lehre brachte man in der sogenannten Aufklärungsperiode in allerley Volksschriften, im Noth- und Hülfsbüchlein und ähnlichen, unter das Volk, und sie sollte Ersatz seyn für den alten frommen Glauben, dem man durch die Aufklärung entgegenarbeitete. Fleiß, Betriebsamkeit und Förderung des Wohlstands ist wohl zu schätzen, man soll aber daraus nicht das Hauptziel des Menschen machen. Leider drang diese Lebensansicht in den Geist der Regierungen, und gab der Staatsklugheit eine niedrige Richtung, so daß man in der Bevölkerung, im Wohlstand, in der Gewerbsthätigkeit die Blüthe eines Staats suchte, und die öffentliche Tugend und Gesinnung ganz aus den Augen setzte. Es war manchen Regierungen einerley, ob ihre Unterthanen Christen oder Juden waren, wenn sie nur den Beutel gefüllt hatten und durch ihre Gewerbthätigkeit die Amtskassen füllten. Die Verwaltung that alles, um den Gewerbfleiß zu heben und die Einkünfte des Staats zu vermehren, und führte im Verein mit den Aufklärern einen systematischen Krieg gegen Alles, was noch von Volksfreude und Volksdichtung aus den alten Zeiten übrig war, weil es als Aberglaube und Hinderniß des Fleißes galt; die überflüssigen Feste wurden abgeschafft, alte, freylich mit Aberglauben verbundene, aber doch auf etwas Höheres hinleitende Gebräuche ausgerottet, und selbst den Kindern die Weihnachtsfreude verkümmert, indem man verbot, junge Tännenbäume zu fällen, damit den Forsten kein Schade geschähe. Durch diese, auf das Nützliche gerichtete Thätigkeit der Regierungen ist allerdings viel Gutes gestiftet worden, aber auch viel Schlimmes; die Richtung war einseitig, und ging nach unten; nur darin, daß man die Wissenschaft beförderte, lag das Gegengift für diese Verirrung, und mit ihrer Hülfe haben wir die höheren Ziele des Lebens wieder gefunden.

Nicht viel höher verstiegen sich diejenigen, welche von dem Begriffe der Vollkommenheit ausgingen. Weil sie denselben nicht bestimmt dachten und eigentlich ganz leer auffaßten, so waren sie genöthigt, sobald sie bestimmte Regeln für das Leben geben wollten, jedes Mal die Erfahrung über dasjenige zu fragen, was unter den Menschen als recht und gut und vollkommen gilt. Sie thaten daher nicht viel mehr, als daß sie die hergebrachten sittlichen Meinungen ohne wahren, innern Zusammenhang und ohne Begründung zusammenstellten; und den Schein eines wissenschaftlichen Zusammenhangs erschlichen sie dadurch, daß sie alle diese einzelnen Lebensregeln auf den Begriff oder vielmehr das Wort der Vollkommenheit zurückführten. Im Einzelnen konnten sie manches Wahre auch vielleicht auf eine eindringende Weise sagen, weil sie aus ihrem Herzen und ihrer guten Gesinnung sprachen, und das Herz ihrer Lehrlinge in Anspruch nahmen; doch war dieses immer ein Werk des Zufalls, und hatte keine wissenschaftliche Nothwendigkeit.

Dieses Anlehnen an die Erfahrung raubt der Sittlichkeit alle Selbstständigkeit, alle Kraft und allen Geist. Diejenigen Menschen, die kein eigenes, selbstständiges Urtheil haben und sich immer nur nach Erfahrungsregeln richten, sind auch in andern Gebieten des Lebens, in den Geschäften, in der Wissenschaft, in der Kunst unbedeutend und untüchtig. In den Geschäften kommt ein solcher immer, sobald ein ausserordentlicher Fall eintritt, in Verlegenheit, und sieht sich rathlos nach Hülfe und Beystand um; er weiß nicht den rechten Augenblick zu ergreifen, und nicht die besten Mittel zu wählen. In der Wissenschaft weiß ein solcher nicht, neue Aufgaben zu lösen, und schlägt vergebens alle Bücher nach; was er vollbringt ist Flickwerk, und seinen Arbeiten fehlt das, warauf alles ankommt, der Geist. In der Kunst folgt der Erfahrungsmensch sklavisch fremden Mustern, und ahmt entweder nur nach, oder, wenn er Neues bildet, so ist es nur eine Zusammensetzung aus fremden Bestandtheilen. Als Kunstkenner spricht er nur fremde Urtheile nach; und wenn ihm ein neuer Gegenstand vorkommt, so kann er nur mit Mühe seine Urtheillosigkeit verbergen, und lauscht auf das, was Andere sagen. Wenn aber das Anschließen an die Erfahrung in andern Thätigkeiten des Lebens nicht zureichend ist, um etwas Tüchtiges zu leisten: sollte sie in der Sittlichkeit unsere Führerin seyn? Sollten wir in der Ausübung unserer Pflicht, in dem Streben nach Vollkommenheit, nur Andern nachahmen und unsere Handlungen ängstlich nach fremden Mustern einrichten? Nein! aus dem freyen Gedanken, aus dem frischen, lebendigen Gefühle sollen wir handeln, der Stimme in unserm Innern sollen wir folgen, nicht den oft abweichenden Meinungen Anderer. Nur dann, wenn unser sittliches Handeln aus innerer Quelle strömmt, wird es ein Werk aus Einem Guß und Fluß seyn, und Leben und Kraft haben; nur dann wird ihm ein eigenthümliches, scharfes Gepräge aufgedrückt seyn, das Gepräge des freyen, selbstständigen Geistes. Die Erfahrungsmenschen werden weder durch ihre Gesinnungen, noch durch ihre Handlungen Andere rühren und ergreifen; wie es ihnen nicht aus dem Herzen kommt, was sie sagen und vollbringen, so dringen sie auch nicht damit zum Herzen; sie sind kalt und lassen kalt. So kann auch eine erfahrungsmäßige Sittenlehre das Herz nicht ergreifen, den Geist nicht wecken, und kein wahres Leben entzünden. — Gibt man sich zu sehr der Erfahrung hin, so wird man in nichts eine höhere Richtung gewinnen; man folgt dem großen Haufen, welcher immer den sichern, ebenen Weg wählt, und sich nicht gern zum Erhabenen und Ungemeinen versteigt. In den gewöhnlichen Geschäften kann die Erfahrung noch am ersten Führerin seyn, weil hier keine Richtung auf das Höhere Statt findet; aber in den geistigen Gebieten des Lebens wird sie, wenn man ihr zu viel vertraut, mehr hemmend als fördernd. Die Gelehrten, welche aus der Wissenschaft eine bloße Gedächtnißsache machen, sind unempfänglich für das Höhere, und kriechen beständig am Boden. In der Kunst sind die Erfahrungsmenschen keines Aufschwungs und keiner Begeisterung fähig, und ihr höchstes Verdienst wird seyn, daß sie die Natur mit Treue nachahmen. Die Sittenlehre soll die höchsten Ziele des Menschenlebens ins Auge fassen und den Menschen auf das Ewige und Himmlische richten;

wie kann sie das aber, wenn sie sich nicht der freyen Geisteskraft überläßt, um sich in die höheren Regionen aufzuschwingen, sondern auf der betretenen Bahn der Erfahrung fortschleicht? Daher ist eben diejenige Sittenlehre, welche auf den Grundsatz der Vollkommenheit gebaut war, der Vervollkommnung des Menschen recht hinderlich gewesen, und verdiente eher den Namen Unvollkommenheitslehre, als den einer Vollkommenheitslehre. Steckt man dem Menschen nicht das höchste Ziel, und zieht seinen Geist nicht nach oben, so wird er träge am Boden bleiben und sich mit dem Gemeinen begnügen. Die Richtung auf das Nützliche war dieser Unvollkommenheitsmoral ebenfalls eigen, weil die Erfahrung dahin am bestimmtesten weißt; und so langte sie mit der Glückseligkeitslehre an demselben niedrigen Ziele an.

Einen höheren Schwung nahm die Kantische Sittenlehre. Der Tiefblick des großen Philosophen von Königsberg erkannte die Leerheit und schwankende Unsicherheit der herrschenden Lehre; nach einem festen, nothwendigen Gesetze suchend, wandte er sich nach innen in die Tiefe des menschlichen Geistes, und hier fand er das unbedingte, ewige Gesetz, das seine Erfüllung ohne alle Rücksicht auf das Wohl und Weh des Menschen fodert, und seine Gültigkeit nicht von der Erfahrung entlehnt. Er vernahm den großen Spruch des Gewissens; du sollst, weil du sollst! das ewige, unwandelbare Gebot des Gehorsams gegen die Pflicht aus Pflicht. O großer Gedanke, würdig des ewigen, selbstständigen Wesens des Menschen, ohne alle äussern Beweggründe des Nutzens und Erfolgs, ohne allen Seitenblick auf die äussern Verhältnisse des Lebens, ein inneres Gesetz anzuerkennen, zu welchem der Geist durch sein inneres Wesen verpflichtet ist! Während die gemeine Erfahrungs- und Klugheits-Sittenlehre ihre Vorschriften auf die Betrachtung des Nutzens und Schadens, den die entgegengesetzten Handlungen mit sich führen, auf die Verhältnisse des Lebens und die geltende Meinung, und zuletzt auf das Gebot Gottes in der Schrift gründete, und den Blick der Menschen nach aussen richtete und bald dahin, bald dorthin lenkte: so trat die Sittenlehre Kants mit dem einfachen Spruch auf: sey dir selbst getreu, folge deiner innern Stimme, übe die Pflicht, zu der du verpflichtet bist! Diese Entdeckung der wissenschaftlichen Forschung ist darum nicht weniger groß, weil sie so einfach ist. Gerade die einfachsten Gedanken verbergen sich am leichtesten; sind sie gefunden, dann meint ein Jeder, er habe sie auch finden können. Alle Lehrsätze der Größenlehre sind dem menschlichen Geiste von Natur eingeprägt, und ein Jeder trägt sie in sich; und doch müssen sie erst entdeckt werden. Indem jeder wahrhaft Tugendhafte pflichtmäßig aus Pflicht handelte, und was er that, nur darum that, weil er es thun sollte: wähnten die Sittenlehrer doch immer, man übe die Tugend um eines andern willen, und suchten, den wahren letzten Beweggrund übersehend, nach diesem und jenem anderweitigen Beweggrund. Der Kantische Grundsatz war längst im Christenthum geltend gemacht: es lehrt uns das Gute thun aus Gehorsam gegen Gott; aber Gott gehorchen wir, weil er das Gute will, und indem wir ihm gehorchend das Gute thun, gehorchen wir dem Guten. Aber niemand war darauf gefallen, diese innere Nothwendigkeit anzuerkennen, und man dachte sich unter dem

Gebote Gottes gleichsam ein äusseres Gebot, das seine Gültigkeit anderswoher entlehne.

Der menschliche Geist ist so beschränkt, daß er immer nur Schritt vor Schritt vorwärts gehen kann, und so eitel, daß, wenn er etwas gefunden hat, er Alles gefunden zu haben glaubt, und im Triumphe darüber vergißt, was noch übrig bleibt. So ging es auch dem großen Kant. Indem er erkannte, daß ein Gesetz des gesetzmäßigen Handelns in der menschlichen Natur liegt, vergaß er zu untersuchen, was dieses Gesetz gebiete. Weil die früheren Sittenlehrer sich bloß damit abgegeben hatten, zu zeigen, worin die tugendhafte Handlung bestehe oder was der Gehalt der Pflicht sey, und sich dabey hatten von der Erfahrung leiten lassen, wollte er gar nicht auf den Gehalt eingehen, um nicht ebenfalls auf den Weg der Erfahrung zu gerathen, und blieb bey dem bloßen Gesetze der Gesetzmäßigkeit oder der Form stehen; damit wollte er die ganze Sittenlehre beherrschen und daraus alle sittlichen Gesetze herleiten. Seinen obersten Grundsatz nannte er den kategorischen Imperativ oder das unbedingte Gebot, und drückte ihn so aus: handle so, daß das Gesetz deines Handelns allgemeines Gesetz für alle vernünftigen Wesen werden könne. Aber dieser Grundsatz ist nichts als die leere Regel der Gesetzmäßigkeit; es ist wohl wahr, daß wir als vernünftige Wesen nach einem allgemeinen Gesetze handeln sollen, aber es fragt sich doch noch, worin dieses Gesetz bestehe? Es ist mit diesem Grundsatze ausgesprochen, daß wir verflichtet sind, Pflichten zu erfüllen; aber nicht, welches unsere Pflichten sind. Was würde aus unsern Kindern werden, wenn wir ihnen bloß sagen wollten: seyd gehorsam, thut eure Pflicht, wenn wir sie aber nicht zugleich zu demjenigen anhalten wollten, was wir für recht und gut erkennen? — Dieser Grundsatz läßt auch das Herz ganz kalt. Es ist zwar darin ein Gefühl ausgesprochen, das der Achtung für die Pflicht oder das Gesetz; aber dieses Gefühl ist ganz vag und unbestimmt; und bestimmt ist allein der Gedanke der Einheit, Allgemeinheit und Nothwendigkeit, den wir mit dem Verstande auffassen. Es ist daher ein bloßer Verstandesgrundsatz, und folglich nicht dazu geeignet, das ganze Wesen des sittlichen Handelns in sich zu schließen. Freylich kommt bey der Sittlichkeit viel auf den Verstand und dessen richtige Erkenntniß an, wie wir gesehen haben; allein der Verstand erkennt an sich nichts, als was die Vernunft vernimmt, und mit einem bloßen abgezogenen Verstandesbegriffe läßt sich nicht die Fülle des sittlichen Lebens umfassen. Wollte jemand ganz streng diesem Grundsatze folgen, so würde sein Leben zwar gesetzmäßig und regelrecht, aber ohne alle Wärme und Kraft und ein trockenes Verstandeswerk seyn; er müßte sich in jedem Fall des Lebens fragen, wie hier ein vernünftiges Wesen handeln würde, und genau berechnen, welche Handlungsweise allgemeine Gültigkeit haben könnte: das wäre aber nichts als eine Sache des Verstandes, und das Herz hätte, dem Grundsatze gemäß, keinen Theil daran. Wirklich will auch die Kantische Sittenlehre keine Triebfeder, als die Achtung vor dem Sittengesetze, gelten lassen, und das Herz mit seinen Trieben soll aus dem Spiele bleiben. Die Gefühle der Frömmigkeit, welche dem sittlichen Leben erst die rechte Weihe geben, wurden von derselben ganz verkannt, und dem Sittengesetze untergeordnet; man sollte nur aus Pflicht, nicht aus frommer Begeisterung, handeln. Aber denken wir uns einen Menschen, der nicht aus den Gefühlen der Liebe, sondern allein zufolge der Berechnung des Verstandes handelte: würden wir wohl Zutrauen zu ihm haben? Wir wissen freylich wohl, daß wir uns nicht den Aufwallungen unsers Herzens blindlings überlassen dürfen, und daß die Triebe desselben verunreinigt und verkehrt werden können; wir wissen daß der Wille den leidenschaftlichen Regungen widerstehen, und der Verstand nur die wahren Grundtriebe der Natur als Gesetz anerkennen soll: aber wenn die Handlungen des Menschen doch gar nichts mit dem Herzen gemein haben, wenn sie nicht aus der warmen Quelle der reinen Liebe hervorgehen, so wird uns dabey unheimlich zu Muthe, und der berechnende Verstand erregt uns fast ein Grauen.

Wir unterlassen es tiefer in die Kantische Sittenlehre einzugehen und zu zeigen, wie sie dennoch aus jenem leeren Grundsatze alle besondern Pflichten abzuleiten wußte, was freylich nur durch Folgewidrigkeit geschah: und bemerken bloß die Folgen, welche diese Lehre auf die Bildung unserer Zeit hatte. Es verbreitete sich unter ihrem Einflusse eine engherzige, klügelnde, ängstliche Lebensansicht. Menschen, die, kalt von Natur und leeren Herzens, und dabey ernst, gewissenhaft und für ihre sittliche Bildung besorgt waren, ließen sich von dem kategorischen Imperativ, gleichwie von einem Gespenst, ängstigen, indem sie bey jedem Schritt, den sie thaten, sich fragten, was sie thun sollten, und sich bald über dieses, bald über jenes Vorwürfe machten.

Eine solche Gewissenhaftigkeit aber raubt dem Leben alle Kraft und Freudigkeit, und bringt den Menschen mit sich selbst in Zwiespalt. Die Sucht zu moralisiren nahm dermaßen überhand, daß man von den Canzeln fast nichts als Moral hörte, und daß man selbst die armen Kinder damit quälte, und ihnen anstatt der erweckenden und erheiternden Kindermärchen langweilige moralische Geschichten in die Hände gab. Diese moralisirende Ansicht des Lebens verband sich nun auch mit jener Wuth der Aufkläreren, welche dem Volke mit dem Aberglauben allen Glauben zu nehmen drohte; und diesem flachen Treiben gab die Kantische Religionslehre, welche ganz auf die Moral gebaut war, einen wissenschaftlichen Schein. Ungeachtet seines Tiefblickes hatte Kant doch nicht das Leben in seiner Mitte und ganzen Fülle erfaßt, und in seiner Lehre war der menschliche Geist noch nicht seiner selbst vollkommen inne geworden: daher wurde auch die Lebensansicht des Volkes dadurch nicht höher gehoben, vielmehr, weil das Gefühl erkältet wurde, niedergedrückt, und jene, gemeine träge Anhänglichkeit an die Erfahrung, jene Richtung auf die Nützlichkeit blieb im Ganzen herrschend.

Worein werden wir nun das Wesen und den Hauptinbegriff der Weisheit setzen, welchen obersten Grundsatz der Sittenlehre werden wir annehmen? Wir brauchen nur Kants Forschung zu vollenden, um das zu finden, was wir suchen. Kant entdeckte jenes wahre Gesetz der sittlichen Natur, daß die Pflicht um ihrer selbst willen verpflichtet, durch einen Blick in sich selbst, durch Selbsterkenntniß; er verfolgte diese aber nicht genug, und blieb auf halbem Wege stehen: wir nun wissen schon, daß die Selbsterkenntniß die wahre Quelle der Lebensweisheit ist, und haben schon die Ergebnisse derselben aufgestellt in der Untersuchung der Triebe und andern sittlichen Vermögen: mithin werden wir Kants Forschung vollenden und den gesuchten Hauptgrundsatz finden, wenn wir jene Ergebnisse in eins zusammenfassen.

Wir haben gesehen, daß der Mensch vermöge seiner Triebe gewisse Werthe anerkennt, daß er mit der sinnlichen Empfindung das Angenehme und mit dem tiefern Gefühle des Herzens das Edle, Gute und Schöne schätzt, achtet und liebt. Was dem einen oder dem andern Triebe zusagt, hat Werth für uns. Die Empfindung aber und das Gefühl des Werthes treibt den Willen an, das Geschätzte, Geachtete und Geliebte mit der Handlung zu suchen und zu behaupten. So wird uns der Werth zum Zwecke des Handelns. Nun ist die Frage, die wir jetzt beantworten wollen, eigentlich die: welches sind die Zwecke des Lebens und worin liegt die Einheit aller Zwecke? Denn wir wissen wohl, daß die Befriedigung der Triebe für uns Zweck ist, aber da die Triebe Verschiedenes fodern, ja zum Theil mit einander in Widerstreit stehen: so ist die weitere Frage: worin kommen alle diese Zwecke überein, oder welches ist der oberste und Gesammtzweck? Wir haben gesehen, daß die Achtung vor der Tugend und deren Gesetz alle übrigen Neigungen und Bestrebungen überwiegt, und man könnte mithin sagen: der oberste Zweck ist die Tugend, und ihm muß Alles übrige weichen. Allein wir haben zugleich gesehen, daß man der Tugend zwar alles übrige aufopfern, dieses aber doch nicht ohne Noth thun soll; denn wir haben das als eine Verirrung erkannt, wenn man die sinnliche Natur willkürlich unterdrückt und mißhandelt, und wenn man im übertriebenen frommen Eifer das Streben nach Vollkommenheit und die Freude an der Entwickelung und Bildung unseres Geistes verdächtigt und verachtet. Mithin kann der Zweck des Lebens nicht allein in der Tugend liegen.

Was ist es doch, was wir an der sinnlichen Lust und Freude des Lebens eigentlich schätzen? Die Empfindung des Angenehmen entsteht uns, wenn die Erregung unseres organischen Lebens ihren ordentlichen Fortgang hat; die des Unangenehmen hingegen, wenn wir eine Störung und Hemmung unsers Lebens erfahren. Es ist unser Leben, welches wir in der sinnlichen Lust schätzen, unser Leben, in wiefern es an den Organismus und dessen Zusammenhang mit dem ganzen Leben der Erde gebunden ist, und in den Schranken der Natur erscheint. Diese Schätzung unseres sinnlichen Lebens ist, wie dieses selbst, sinnlich befangen und selbstsüchtig; wir empfinden nur ein Jeder für sich, was uns angenehm ist. Aber wenn wir uns über diese Befangenheit der Selbstsucht erheben, und um uns blicken: so schätzen wir auch ausser uns die Lust des sinnlichen Lebens. Es macht uns nicht nur Vergnügen, unsere Kinder, die wir als einen Theil unser selbst lieben, in Gesundheit und Lebensfülle und in kindlicher Fröhlichkeit vor uns zu sehen; es freut uns auch, Andere, die uns nicht besonders angehen, in der Fülle der Lebenslust zu sehen; wir betrachten mit Vergnügen die fröhlichen Feste des Landmanns, die Spiele der

Kinder; ja selbst an dem fröhlichen, kräftigen Leben der Thiere ergötzen wir uns, und betrachten mit Lust das Hüpfen der Lämmer und Kälber auf der Weide, hören mit inniger Freude das muntere Zwitschern der Vögel. Was ist es endlich, was uns an dem Anblick einer in der Fülle des Frühlings prangenden und gerade nicht malerischen Landschaft erfreut? Es ist ausser dem Wohlbehagen, welches uns die laue Frühlingsluft und die Bewegung im Freyen erregt, die Empfindung der Fülle des Naturlebens, die Frischheit der Farben, das kräftige Wachsthum, das fröhliche Gedeihen der Pflanzenwelt, mithin dieselbe Empfindung, die wir in uns, nur in der Befangenheit der Selbstsucht, haben, wenn wir das Angenehme genießen und uns wohlbefinden, und die uns hier ohne Beziehung auf uns selbst in der Theilnahme am allgemeinen Leben der Natur gefällt. Demnach ist es klar, daß wir mit dem sinnlichen Triebe das Leben in dessen sinnlicher Erscheinung lieben.

Liebe zum Leben, Schätzung seines Werthes, und zwar schon mehr des innern, geistigen, liegt auch dem Triebe der Vollkommenheit zum Grunde. Warum streben wir nach Ausbildung unseres Geistes, nach Erweiterung unserer Kenntnisse, nach Aufklärung unseres Verstandes? Weil das Leben des Geistes sich dadurch mehr entwickelt, und kräftiger hervortritt. Im rohen Menschen schlummert gleichsam der Geist, oder lebt nur träumend; Schlummer und Träume aber sind kein volles, freyes Leben. Zur Vollkommenheit rechneten wir auch die Ausbildung des Körpers, körperliche Gewandtheit und Zierlichkeit: auch hieran hat der Geist seinen Theil, indem er dadurch seine Herrschaft über den

Körper erweitert. Der gewandte Kämpfer, Ringer, Tänzer hat offenbar seinen Körper mehr in seiner Gewalt, und hat mithin das Leben des Geistes mehr in sich entfaltet, als der Rohe und Ungeschickte. Aber selbst das körperliche Leben ist dadurch erweitert und vervollkommnet; wer seinen Körper ausgebildet hat, fühlt sich in demselben kräftiger, leichter, freyer. Beydes, Erweiterung und Erhöhung der Geistes- und der Körperkraft, gewinnen wir durch Kunstfertigkeit. Daß der Maler den Pinsel so führen kann, daß die Gestalten, welche seine Einbildungskraft empfangen hat, in Farben lebendig werden, daß sein Geist gleichsam die Materie schaffend durchdringt, ist eine Lebensäusserung, welche wir Anderen, die nicht Maler sind, entbehren müssen, und wir leben mithin in dieser Beziehung weniger, als er. Aber in der Betrachtung nehmen wir an seiner Lebensthätigkeit Theil; die Bilder, die er auf die Leinwand hinzaubert, sind uns die sprechenden Zeichen seiner Geistesthätigkeit und überhaupt des geistigen Lebens. Seht einen jener Engelsköpfe, welche die Meisterhand Raphaels geschaffen: seht ihr nicht darin das kindliche Leben in der vollendeten Reinheit und Fülle ausgedrückt? Ist es nicht, als wenn alle Einfalt und Unschuld, alle Heiterkeit, Anmuth, Lieblichkeit und alle kindliche Liebe, deren Ausdruck uns je in einem Kindesantlitz entgegengelächelt, darin vereinigt wäre? Seht einen Kopf der Maria von demselben Meister! Alle mütterliche Liebe, alle weibliche Sanftheit und Güte, alle Frommheit und Ergebenheit, alle Anmuth und Schönheit, die uns je an Frauen erschienen ist, sehen wir darin in der Reinheit, Innigkeit und Verklärung, in welcher gleichsam der Schöpfer die Weiblichkeit ursprünglich gedacht und geschaffen, vereinigt. Seht den Christuskopf von Hämmelink: ist darin nicht alles vereinigt und zugleich veredelt und verklärt, was irgend rein Menschliches auf irgend einem menschlichen Antlitz erscheinen kann, die Heiterkeit mit dem Ernste, die Milde mit der Strenge, die menschenfreundliche Theilnahme mit dem himmlischen Sinne, und alle Geisteskraft, Erkenntniß, Weisheit, Güte, Tugend, Begeisterung, Gottergebenheit, Seligkeit, alles Geisteslicht, dessen zerstreute, oft getrübte Strahlen uns irgend aus menschlichen Gesichtern entgegengeleuchtet haben? Es ist das Leben, das innere, geistige Leben, dessen Darstellung uns an solchen Bildern erfreut und erhebt, weil uns das Leben Gegenstand der Liebe und höchster Werth ist. Darum schätzen und lieben wir jede Vollkommenheit an Andern, bewundern jeden großen, reichen Geist in seinem Erkennen und Wirken, darum schließen wir jedes gute, reine, sanfte Herz an das unsrige, darum halten wir uns an jeden festen, großen Charakter: weil wir darin menschliches Leben finden, und unser eigenes Leben durch die Theilnahme und Gemeinschaft erweitert und erhöhet wird. Darum treibt uns die Liebe zu allem, was wir für die Erhöhung fremder Vollkommenheit und Glückseligkeit thun können, weil wir dadurch selbst an Leben gewinnen. Wir pflegen und erziehen unsere Kinder, weil, wenn in ihnen sich das Leben gesund, kräftig und rein entwickelt, unser eigenes Leben mit wächst und sich erhöht und erweitert, weil der Baum der Menschheit, an welchem auch wir leben, in ihnen neue Blüthen und Früchte gewinnt, die uns auch mit angehören. Wir wirken und streben für das Wohl unserer Freunde und Geliebten, für Eltern, Geschwister, Verwandte, damit in ihnen das menschliche Leben voll und reich, ohne Schmerz und Klage, ohne Störung und Verletzung, in Einklang und Frieden sich entfalte und vollende; und wenn sie glücklich und zufrieden, sich und der Welt zum Heile, der Menschheit und Gott zu Ehren, ihre Tage vollbringen, so hat das Leben der Menschheit an Vollendung gewonnen und unser eigenes Leben hat davon reichen, schönen Gewinn. Und wenn wir für die Geliebten in den Tod gehen, und sterben, damit sie leben, damit sie glücklicher und besser leben, so leben wir im Geiste mit ihnen, und sterben, um das Leben zu gewinnen. Liebe zum Leben, zum Leben des Geistes in seiner Fülle und Schönheit, liegt also dem Triebe der Vollkommenheit zum Grunde.

Den höchsten Werth geben wir vermittelst des sittlichen Triebes der Tugend, oder der festen, unwandelbaren Ausübung der Pflichten der Gerechtigkeit und Ehre. Was ist es, was wir darin schätzen und lieben? was gebietet uns das ewige Gesetz der Pflicht? Es ist die Achtung vor dem menschlichen Leben in Andern und in uns selbst, und zwar dessen innerem, ewigem, heiligem Wesen nach, in seiner inneren Würde und Hohheit. Der Tugendhafte gehorcht dem ihm eingebornen nothwendigen Gesetze, welches mit unbedingter Strenge gebietet: du sollst thun, was recht ist! und bewahrt dadurch die Einheit und Selbstständigkeit seines innern Wesens. Derjenige, welcher diesem Gesetze zuwiderhandelt, zerstört gleichsam sein inneres Selbst. So wie der körperliche Stoff in sich selbst dadurch besteht, daß die Kräfte der

Anziehung und Abstoßung in ihm zum Gleichgewicht gekommen sind: so besteht die menschliche Seele auch nur dadurch, daß sie ihrem innersten Gesetze der Pflicht treu bleibt, und gleichsam in sich selbst zusammenhängt; und thut sie das nicht, so ist es so, als wenn im körperlichen Stoffe jenes Gleichgewicht der Kräfte aufgehoben, und derselbe in sich aufgelößt und zerstreut wird. Der Geist ist dadurch Geist, daß er ganz in sich selbst einig und selbstständig, und von äussern Einwirkungen unabhängig ist. Der körperliche Stoff ist auflösbar, sey es durch dieses oder jenes Mittel; irgend eine Kraft ist im Stande, seinen innern Zusammenhang aufzulösen; nicht so der Geist: jede Thätigkeit entspringt aus ihm selbst; er ist zwar durch äussere Eindrücke erregbar, wird aber dadurch nicht unmittelbar bestimmt. Wenn er sich nun aber doch dadurch bestimmen und gleichsam aus sich heraus ziehen läßt; so vernichtet er sich selbst, verletzt sein inneres Wesen und beugt seine Würde; er lebt dann weniger, weil er sein inneres Lebensgesetz nicht behauptet. Wenn wir also die Tugend zu oberst achten, so entspringt diese Achtung aus unserer Achtung vor dem innersten Wesen und Bestand des menschlichen Lebens, und im sittlichen Triebe erscheint ebenfalls jene Schätzung und Liebe des menschlichen Lebens, nur in ihrem höchsten Grade, schlechthin und unbedingt.

Auf dasselbe Ergebniß kommen wir, wenn wir untersuchen, aus welcher Triebfeder der Tugendhafte handelt, und was ihm das Gesetz, dem er treu lebt, eigentlich gebietet. Der Tugendhafte beweißt seine pflichtmäßige Gesinnung nicht darin, daß er für sein sinnliches Leben und für seine Vollkommenheit sorgt, sondern eher darin, daß er, wenn es nothwendig ist, dasjenige aufopfert, was zum Lebensgenuß und zur Erhöhung seiner Vollkommenheit dient. Er beweißt seine Tugend darin, daß er das Recht, die Würde des Andern nicht verletzt, und nicht störend in das fremde Leben eingreift. Es gibt von Natur und kraft der bürgerlichen Gesetzgebung, welche die Gesetze der Natur näher bestimmt hat, gewisse Menschenrechte, welche einem jeden Gliede der menschlichen Gesellschaft zukommen, ohne welche die verschiedenen Menschen nicht mit einander leben können. Es gebührt einem jeden Menschen, als solchem, eine Stelle in der Gesellschaft, in welcher er geschätzt und geachtet werden muß. Wie auch seine Erscheinung in der Aussenwelt sey, welches die Eigenschaften seines Körpers und Geistes seyn mögen, wie vollkommen oder unvollkommen er sey, welches Geschäft und welche Wirksamkeit er erwählt haben, wie hoch oder niedrig er stehen mag; er ist Mensch, in ihm erscheint das Wesen des menschlichen Geistes, er ist Glied der Gesellschaft, Bürger, und als solcher muß er geachtet werden. Dieses, was am Menschen, abgesehen von seinen besondern Eigenschaften und Verhältnissen, geachtet werden muß, nennen wir die Würde des Menschen, die persönliche Würde, und das, was er vermöge derselben fodern darf, und was ihm gewährt werden muß, das Recht des Menschen. Dieses achtet der Tugendhafte als heilig, in dieser Achtung erkennt er die Foderung jenes unbedingten Gesetzes, dem er unwandelbar treu bleibt. Wenn er aber die Würde und das Recht des Menschen achtet, so ist dieß doch weiter nichts als die Achtung vor dem Leben desselben, in dessen wesentlicher Nothwendigkeit. Und so trifft der Gehorsam des Tugendhaften gegen sein inneres Lebensgesetz zusammen mit der Achtung vor dem fremden Leben; es ist ein und dasselbe Gefühl, das ihn sich selbst und den Andern im innersten Wesen achten lehrt.

Dieselbe Bewandtniß hat es mit der Pflicht des Menschen gegen sich selbst oder der Ehre. So wie der Mensch die Würde des Andern achten und unversehrt lassen soll, so soll er auch seine eigene Würde behaupten, und sie eben so wenig selbst verletzen, als sie von Andern verletzen lassen. Andere verletzen seine Würde, indem sie seine Rechte antasten und ihn aus der Stelle, die er in der Gesellschaft einnimmt, stoßen wollen. Er selbst kann freywillig Vieles von seinen Rechten aufgeben, und seine Güter, ja sein Leben aufopfern; aber der Willkür Anderer darf er sich nicht Preis geben, die Achtung, die ihm als Mitglied der rechtlichen Gemeinschaft gebührt, darf er sich nicht rauben lassen, ohne, so viel an ihm ist, zu widerstreben, widrigenfalls er seine Ehre verletzt, und seine Menschenwürde erniedrigt. Ehrlos wird er aber auch dadurch, daß er die Pflicht gegen den Nebenmenschen verletzt und dem in seinem Herzen ruhenden ewigen Gesetze der Gerechtigkeit untreu wird. Der Ungerechte, der die sittliche Ordnung nicht achtet, und dem Andern seine Stelle darin nicht läßt, behauptet seine eigene Stelle nicht, die er in derselben einnimmt, und gibt seine Würde als sittliches Wesen auf. Hier zeigt sich das Zusammenfallen der Achtung vor dem Sittengesetz und der Achtung vor dem Gegenstande, den dieses zu achten gebietet, recht klar.

Der Mensch achtet sich selbst, indem er das Gesetz der Menschenachtung in sich achtet. Zugleich sehen wir auch hier wieder, daß die Achtung vor der Menschenwürde mit der Achtung des Lebens eins ist. Wer das Gesetz achtet, und demselben treu bleibt, bleibt sich selbst getreu, und bleibt in der Einheit seines Lebens.

Hier haben wir die Vervollständigung jenes Kantischen Imperativs gefunden. Es fehlte demselben der Gehalt und Gegenstand: dieser besteht in der zu achtenden Würde des Menschen, deren Heilighaltung unbedingt geboten wird. Der kategorische Imperativ lautet demnach, so vervollständigt, also: du sollst die Würde des Menschen achten rein aus Achtung vor derselben. Diese Achtung hat ihren Grund in sich selbst, ist unbedingt, und findet eben so wenig ihre Begründung als ihre Einschränkung in irgend einer Nebenrücksicht: immer, überall und unter allen Umständen sollen wir die Würde des Menschen um ihrer selbst willen achten.

Aber zugleich zeigt sich noch eine andere Einseitigkeit des Kantischen Grundsatzes: er schließt nämlich nur die strengen Pflichten des sittlichen Triebes, und zwar von Seiten der gesetzmäßigen Einheit in sich, nicht aber das, was der sinnliche und der Vollkommenheitstrieb fodert. Diese Foderungen mußte die Kantische Sittenlehre in die Sittengesetzgebung gleichsam einschwärzen und nach und nach unterschieben, indem sie dabey die Erfahrung als Quelle gebrauchte; in ihrem Grundsatze lag nichts davon.

Wir haben dagegen erkannt, daß wir, um das ganze menschliche Leben und dessen Gesetze aufzufassen, nicht allein bey dem Gebote des sittlichen Triebes stehen bleiben dürfen, sondern auch die Foderung der andern Triebe damit vereinigen müssen. Wie aber werden wir sie vereinigen, und welches wird endlich unser oberster Grundsatz seyn?

Offenbar kommen alle Triebe darin überein, daß sie das Leben des Menschen zu seinem Zwecke machen. Es sey also unser Grundsatz, die Formel, welche alle Zwecke des Menschen in sich vereinigt, das Leben, und das allumfassende Gesetz, aus welchem sich alle Gesetze ableiten lassen: lebe, lebe um zu leben, aus reiner Achtung und Liebe des Lebens.

Man kann uns nicht vorwerfen, daß wir es nicht besser, als andere Sittenlehrer, machen, und auch ein allgemeines, leeres Wort an die Spitze des Systems stellen. Leben ist kein Begriff, der ganz leer gedacht werden kann, und in den man erst allerley nach Bedürfniß hineinlegen muß, sondern ein solcher, der sich durch die unmittelbare Thatsache des Lebens erfüllt, und einen Gehalt mit sich führt, der zwar unendlich und in vielfachen Beziehungen denkbar, auch dem Mißverstand unterworfen ist, aber nie ganz verfehlt werden kann. Wer da lebt, weiß und fühlt dunkler oder klarer, was das Leben ist; er trägt das Bewußtseyn davon in sich, und bedarf darüber nur der Verständigung. Man kann das Leben sinnlich fassen, in dem Sinne, in welchem wir sagen: er hat viel gelebt d. h. genossen; aber dieses Mißverständniß schließt doch einen Theil der Wahrheit in sich, indem zum Leben auch der Genuß gehört. Die biblische Sittenlehre selbst faßt die Idee des Lebens als den höchsten Grundsatz und das höchste Ziel; Leben ist der Inbegriff aller geistigen Güter; Christus ist das Leben, weil er uns den Weg des wahren Heils, der Weisheit, Tugend, Frömmigkeit und Seligkeit gezeigt hat.

Leben — welch ein großes Wort, welch ein überschwenglicher, unergründlicher Gedanke! Wer denkt es ganz aus, was das Leben, diese wunderbare, geheimnißvolle Erscheinung, ist? Aus verborgener Quelle strömt es hervor, und alles, was sich unter dem Lichte der Sonne entwickelt, ist Werk und Erscheinung seiner bildenden Kraft. Von allem, was athmet und sich regt und wandelt, bis zu dem, was in einem dumpfern, engern Daseyn saugend an den Brüsten der Luft und des Wassers liegt, ja bis zum erstarrten Gestein, lebt Alles, und trägt die Spur eines ehemaligen Lebens. Aber in der Menschheit tritt das Leben in seiner Herrlichkeit und Schönheit hervor; in ihr drängt sich alle Kraft und alles Licht desselben zusammen. Geheimnißvoll, wie das Leben hervortritt, verschwindet es auch wieder, aber es wechselt nur die Gestalt seines Daseyns; und es gibt — so sagt der Glaube — ein unsterbliches Leben, wohin kein Wechsel dringt, und welchem unser Geist, das Lebendigste, was diese Erde kennt, angehört. Unsterblichkeit, ewiges Leben — in diesem Gedanken drängen sich unsere schönsten Hoffnungen und unsere reinsten, heiligsten Bestrebungen zusammen; dieser Gedanke beschwichtigt allen Schmerz, erhebt und verklärt jede Freude, gibt der Sehnsucht Flügel, weihet und heiligt unsere Entschlüsse. Das unsterbliche Leben ist das wahre Leben, denn es ist frey von allem Wechsel der Vergänglichkeit: dahin sey unser Geist mit allem Dichten und Trachten gerichtet, das ist sein Ziel und seine Heimath. Er entkleide sich der irdischen Wandelbarkeit, sey in sich fest, einig, unerschütterlich, sich selbst getreu, erhebe sich über Schmerz und Lust, über Bedürfniß und Genuß, über alles was entsteht, wächst und vergeht, über Geburt und Tod: dann lebt er schon hier ein unsterbliches, wahres Leben, der Tod hat keine Macht über ihn, und über dem zerfallenen Leibe steht er triumphirend als Sieger.

Druckfehler.

Erster Band.

Seite 34. letzte Zeile lies unverlierbar statt unverwirrbar.
— 40. 3. Z. l. so daß statt so.
— — 16. Z. l. wölbte statt wölkte.
— — 2. Z. v. u. l. im statt ein.
— 41. 14. Z. l. in statt an.
— — 16. Z. l. ewigen statt einigen.

Kolibri 360 GmbH
Ferdinand-Jühlke-Straße 7
99095 Erfurt, Deutschland
produktsicherheit@kolibri360.de